엑스포지멘터리

역대하

2 Chronicles

엑스포지멘터리 역대하

초판 1쇄 발행 2015년 3월 30일
2판 1쇄 발행 2020년 9월 30일

지은이 송병현

펴낸곳 도서출판 이엠
등록번호 제25100-2015-000063
주소 서울시 구로구 공원로 3번지
전화 070-8832-4671
E-mail empublisher@gmail.com

내용 및 세미나 문의 스타선교회: 02-520-0877 / EMail: starofkorea@gmail.com / www.star123.kr

ISBN 979-11-86880-04-3 93230

※ 가격은 표지 뒷면에 있습니다.

「이 도서의 국립중앙도서관 출판시 도서목록(CIP)은 서지정보유통지원시스템 홈페이지(http://seoji.nl.go.kr)와 국가자료공동목록시스템(http://www.nl.go.kr/kolisnet)에서 이용하실 수 있습니다. (CIP제어번호:CIP2015000753)」

엑스포지멘터리

역대하

2 Chronicles

| 송병현 지음 |

EXPOSItory comMENTARY

EM Exposi Mentary

한국 교회를 위한 하나의 희망

저의 서재에는 성경 본문 연구에 관한 많은 책이 있습니다. 그중에는 주석서들도 있고 강해서들도 있습니다. 그러나 그중에 송병현 교수가 시도한 이런 책은 없습니다. 엑스포지멘터리, 듣기만 해도 가슴이 뛰는 책입니다. 설교자와 진지한 성경학도 모두에게 꿈의 책이 아닐 수 없습니다. 이런 책이 좀 더 일찍 나올 수 있었다면 한국 교회가 어떠했을까를 생각해 봅니다. 저는 이 책을 꼼꼼히 읽어 보면서 가슴 깊은 곳에서 큰 자긍심을 느꼈습니다.

이 책은 지금까지 복음주의 교회가 쌓아 온 모든 학문적 업적을 망라하고 있을 뿐만 아니라 한국 교회 강단이 목말라하는 모든 실용적 갈망에 해답을 던져 줍니다. 이 책에서는 실제로 활용할 수 있는 충실한 신학적 정보가 일목요연하게 제시됩니다. 그러면서도 또한 위트와 감탄을 자아내는 감동적인 적용들도 제공됩니다. 얼마나 큰 축복이며 얼마나 신나는 일이며 얼마나 큰 은총인지요. 저의 사역에 좀 더 일찍 이런 학문적 효과를 활용하지 못한 것이 아쉽기만 합니다. 진실로 한국 교회의 내일을 위해 너무나 소중한 기여라고 생각합니다.

일찍이 한국 교회 1세대를 위해 박윤선 목사님과 이상근 목사님의 기여가 컸습니다. 그러나 이제 한국 교회는 새 시대의 리더십을 열어야 하는 교차로에 서 있습니다. 저는 송병현 교수가 이런 시점을 위해 준비된 선물이라고 생각합니다. 진지한 강해 설교를 시도하고자 하는 모든 이와 진지한 성경 강의를 준비하고자 하는 모든 성경공부 지도자에게 어떤 대가를 지불하고서라도 우선 이 책을 소장하고 성경을 연구하는 책상 가까운 곳에 두라고 권면하고 싶습니다. 앞으로 계속 출판될 책들이 참으로 기다려집니다.

한국 교회는 다행스럽게 말씀과 더불어 그 기초를 놓을 수 있었습니다. 이제는 그 말씀으로 어떻게 미래의 집을 지을 것인가를 고민하고 있습니다. 이 〈엑스포지멘터리 시리즈〉는 분명한 하나의 해답, 하나의 희망입니다. 이 책과 함께 성숙의 길을 걸어갈 한국 교회의 미래가 벌써 성급하게 기다려집니다. 더 나아가 한국 교회 역사의 성과물 중의 하나인 이 책이 다른 열방에도 나누어졌으면 합니다. 이제 우리는 복음에 빚진 자로서 열방을 학문적으로도 섬겨야 하기 때문입니다. 이 책을 한국 교회에 허락하신 우리 주님께 감사와 찬양을 드립니다.

이동원(지구촌교회 원로목사)

총체적 변화를 가져다 줄 영적 선물

교회사를 돌이켜 볼 때, 교회가 위기에 처해 있었다면 결국 강단에서 하나님의 말씀이 제대로 선포되지 못한 데서 그 근본 원인을 찾을 수 있습니다. 영적 분별력이 있는 사람이라면 모두 이에 대해 동의할 것입니다. 사회가 아무리 암울할지라도 강단에서 선포되는 말씀이 살아 있는 한, 교회는 교회로서의 기능이 약화되지 않고 오히려 사회를 선도하고 국민들의 가슴에 희망을 안겨 주었습니다. 백 년 전 영적 부흥이 일어났던 한국의 초대교회가 그 좋은 예입니다. 이러한 영적 부흥은 살아 있는 하나님의 말씀이 강단에서 영적 권위를 가지고 "하나님께서 이렇게 말씀하셨다"라고 선포되었을 때 나타났던 현상입니다.

오늘날에는 날이 갈수록 강단에서 선포되는 말씀이 약화되거나 축소되고 있습니다. 이런 상황 속에서 출간되는 송병현 교수의 〈엑스포지멘터리 시리즈〉는 한국 교회와 전 세계에 흩어진 7백만 한인 디아스포라에게 주는 커다란 영적 선물이 아닐 수 없습니다. 이 시리즈는 하나님의 말씀을 쉽게 이해할 수 있도록 풀이한 것으로, 목회자와 선교사는 물론이고 평신도들의 경건생활과 사역에도 큰 도움이 될 것입니다. 무엇보다도 저는 이 시리즈가 강단에서 원 저자이신 성령님의 의도대로 하나님 나라 복음이 선포되게 하여 믿는 이들에게 총체적 변화(total transformation)를 다시 경험할 수 있는 계기를 마련해 주리라 확신합니다.

송병현 교수는 지금까지 구약학계에서 토의된 학설 중 본문을 석의하는 데 불필요한 내용들은 걸러내는 한편, 철저하게 원 저자가 전하고

자 하는 메시지를 현대인들이 가장 잘 이해할 수 있도록 전하고자 부단히 애를 썼습니다. 이 시리즈를 이용하는 모든 이에게 저자의 이런 수고와 노력에 걸맞은 하나님의 축복과 기쁨과 능력이 함께하실 것을 기대하면서 이 시리즈를 적극 추천합니다.

이태웅(GMTC 초대 원장, 글로벌리더십포커스 원장)

주석과 강해의 적절한 조화를 이뤄낸 시리즈

한국 교회는 성경 전체를 속독하는 '성경통독' 운동과 매일 짧은 본문을 읽는 '말씀 묵상'(QT) 운동이 세계 어느 나라 교회보다 활성화 되어 있습니다. 얼마나 감사한 일인지 모릅니다. 그러나 상대적으로 책별 성경연구는 심각하게 결핍되어 있는 것이 사실입니다. 때때로 교회 지도자들 중에도 성경해석의 기본이 제대로 갖춰 있지 않아 성경 저자가 말하려는 의도와 상관없이 본문을 인용해서 자신이 하고 싶은 말을 하는 분들이 적지 않음을 보고 충격을 받은 일도 있습니다. 앞으로 한국 교회가 풀어야 할 과제가 '진정한 말씀의 회복'이라면 이를 위해 가장 중요한 것은 바른 말씀의 세계로 인도해 줄 좋은 주석서와 강해서를 만나는 일일 것입니다.

좋은 주석서는 지금까지 축적된 다른 성경학자들의 연구 결과가 잘 정돈되어 있을 뿐 아니라 저자의 새로운 영적 · 신학적 통찰이 번뜩이는 책이어야 합니다. 또한 좋은 강해서는 자기 견해를 독자들에게 강요하는(impose) 책이 아니라, 철저한 본문 석의 과정을 거친 후에 추출되는 신학적 · 실제적 교훈을 잘 드러내는(expose) 책이어야 합니다. 또한 독자가 성경의 교훈을 자기 상황에 적용할 수 있도록 안내해 주는 인문학적 · 사회과학적 연구가 배어 있는 책이어야 할 것이며, 글의 표현이 현학적이지 않은, 독자들에게 친절한 저술이어야 할 것입니다.

그러나 솔직히 말씀드리면, 저는 서점에서 한국인 저자의 주석서나 강해서를 만나면 한참을 망설이다가 내려놓게 됩니다. 또 주석서를 시리즈로 사는 것은 어리석은 행동이라는 말을 신학교 교수들에게 들은 뒤로 여간해서 시리즈로 책을 사지 않습니다. 이는 아마도 풍성한 말씀의 보고(寶庫) 가운데로 이끌어 주는 만족스러운 주석서를 아직까지 발견하지 못했기 때문일 것입니다. 그러나 제가 처음으로 시리즈로 산 한국인 저자의 책이 있는데, 바로 송병현 교수의 〈엑스포지멘터리 시리즈〉입니다.

송병현 교수의 〈엑스포지멘터리 시리즈〉야말로 제가 가졌던 좋은 주석서와 강해서에 대한 모든 염원을 실현해 내고 있습니다. 이 주석서는 분명 한국 교회 목회자들과 평신도 성경 교사들의 고민을 해결해 줄 하나님의 값진 선물입니다. 지금까지 없었던, 주석서와 강해서의 적절한 조화를 이뤄낸 신개념의 해설주석이라는 점도 매우 신선하게 다가옵니다. 또한 쉽고 친절한 글이면서도 우물 깊은 곳에서 퍼 올린 생수와 같은 깊이가 느껴집니다. 이 같은 주석 시리즈가 한국에서 나왔다는 사실에 저는 감격하지 않을 수 없습니다. 이 땅에서 말씀으로 세상에 도전하고자 하는 모든 목회자와 평신도에게 이 주석 시리즈를 적극 추천합니다.

이승장(예수마을교회 목사, 성서한국 공동대표)

시리즈 서문

"너는 50세까지는 좋은 선생이 되려고 노력하고, 그 이후에는 좋은 저자가 되려고 노력해라." 내가 시카고 근교에 위치한 트리니티 신학교(Trinity Evangelical Divinity School) 박사과정을 시작할 즘에 지금은 고인이 되신 스승 맥코미스키(Thomas E. McComiskey)와 아처(Gleason L. Archer) 두 교수님께서 주신 조언이었다. 너무 일찍 책을 쓰면 훗날 아쉬움이 많이 남는다며 하신 말씀이었다. 박사학위를 마치고 1997년에 한국에 들어와 신대원에서 가르치기 시작하면서 나는 이 조언을 마음에 새겼다. 사실 이 조언과 상관없이 내가 당시에 당장 책을 출판한다는 일은 불가능한 일이었다. 중학교를 다니던 70년대 중반에 캐나다로 이민을 갔다가 20여 년 만에 귀국하여 우리말로 강의하는 일 자체가 당시 나에게는 매우 큰 도전이었으며, 책을 출판하는 일은 사치로 느껴졌기 때문이다.

세월이 지나 어느덧 나는 선생님들이 말씀하신 50을 눈앞에 두었다. 1997년에 귀국한 후 지난 10여 년 동안 나는 구약 전체에 대한 강의안을 만드는 일을 목표로 삼았다. 내 자신에게 동기를 부여하기 위해서 내가 몸담고 있는 신대원 학생들에게 매 학기마다 새로운 구약 강해과목을 개설해 주었다. 감사한 것은 지혜문헌을 제외한 구약 모든 책의 본문관찰을 중심으로 한 강의안을 13년 만에 완성할 수 있었다는 점이다. 앞으로 수년에 거쳐 이 강의안들을 대폭 수정하여 매년 2-3권씩을 책으로 출판하려 한다. 지혜문헌은 잠시 미루어두었다. 시편 1권(1-41편)에 대해서 강의안을 만든 적이 있었는데, 본문관찰과 주해는 얼마든지 할 수 있었지만, 무언가 아쉬움이 남았다. 삶의 연륜이 가미되지 않은 데서 비롯된 부족함이었다. 그래서 나는 지혜문헌에 대한 주석은 60을 바라볼 때쯤 집필하기로 작정했다. 삶을 조금 더 경험한 후로 미루어 놓은 것이다. 아마도 이 시리즈가 완성될 때쯤이면, 자연스럽게 지혜문헌에 대한 책들을 출판할 때가 되지 않을까 싶다.

이 시리즈는 설교를 하고 성경공부를 인도해야 하는 중견목회자들과 평신도 지도자들을 마음에 두고 집필한 책들이다. 나는 이 시리즈의 성향을 exposimentary("해설주석")이라고 부르고 싶다. Exposimentary라는 단어는 내가 만들어낸 용어이다. 해설/설명을 뜻하는 expository라는 단어와 주석을 뜻하는 commentary를 합성하였다. 대체적으로 expository는 본문과 별 연관성이 없는 주제와 묵상으로 치우치기 쉽고, commentary는 필요 이상으로 논쟁적이고 기술적일 수 있다는 한계를 의식해서 이러한 상황을 의도적으로 피하고 가르치는 사역에 조금이나마 실용적이고 도움이 되는 교재를 만들기 위해서 만들어낸 개념이다. 나는 본문의 다양한 요소와 이슈들에 대해서 정확하게 석의하면서도 전후 문맥과 책 전체의 문형(文形; literary shape)을 최대한 고려하여 텍스트의 의미를 설명하고 우리의 삶과 연결하려고 노력했다. 또한 히브리어 사용은 최소화했다.

이 시리즈를 내놓으면서 감사할 사람이 참 많다. 먼저, 지난 25년 동안 나의 인생의 동반자가 되어 아낌없는 후원과 격려를 해주었던 아내 임우민에게 감사한다. 아내를 생각할 때마다 참으로 현숙한 여인을 (cf. 잠 31:10-31) 배필로 주신 하나님께 감사할 뿐이다. 아빠의 사역을 기도와 격려로 도와준 지혜, 은혜, 한빛에게도 고마운 마음을 표한다. 평생 기도와 후원을 아끼지 않는 친가와 처가 친척들에게도 감사하다는 말을 전하고 싶다. 항상 옆에서 돕고 격려해준 평생 친구 장병환 · 윤인옥, 박선철 · 송주연 부부들에게도 고마움을 표하는 바이며, 시카고 유학시절에 큰 힘이 되어주셨던 이선구 장로·최화자 권사님 부부에게도 이 자리를 빌려 평생 빚진 마음을 표하고 싶다. 우리 가족이 20여 년 만에 귀국하여 정착할 수 있도록 배려를 아끼지 않으신 백석학원 설립자 장종현 목사님에게도 감사하는 바이다. 우리 부부의 영원한 담임목자이신 이동원목사님에게도 고마움을 표하고 싶다.

– 2009년 겨울 방배동에서

감사의 글

『엑스포지멘터리 역대하』를 허락해 주신 하나님께 감사 드립니다. 스타선교회의 사역에 물심양면으로 헌신하여 오늘도 하나님의 말씀이 온 세상에 선포되는 일에 기쁜 마음으로 동참하시는 김성남, 김형국, 백영걸, 조선호, 정진성, 장병환, 이명순, 임우민, 정채훈, 이진옥, 강숙희, 송은혜 이사님들께 감사의 마음을 전하고 싶습니다. 이사님들의 헌신이 있기에 세상은 조금 더 살맛 나는 곳이 되고 있습니다.

– 2014년 온 나라와 함께 세월호 참사를 슬퍼하며 방배동에서

일러두기

엑스포지멘터리(exposimentary)는 "해설/설명"을 뜻하는 엑스포지토리(expository)라는 단어와 "주석"을 뜻하는 코멘터리(commentary)를 합성한 단어이다. 본문의 뜻과 저자의 의도와는 별 연관성이 없는 주제와 묵상으로 치우치기 쉬운 엑스포지토리(expository)의 한계와 필요이상으로 논쟁적이고 기술적일 수 있는 코멘터리(commentary)의 한계를 극복하여 목회현장에서 가르치고 선포하는 사역에 실질적으로 도움이 되도록 하는 새로운 장르이다. 본문의 다양한 요소와 이슈들에 대하여 정확하게 석의하면서도 전후 문맥과 책 전체의 문형(文形; literary shape)을 최대한 고려하여 텍스트의 의미를 설명하고 성도의 삶과 연결하려고 노력하는 설명서이다. 엑스포지멘터리는 다음과 같은 원칙을 바탕으로 인용한 정보를 표기한다.

1. 참고문헌을 모두 표기하지 않고 선별된 참고문헌으로 대신한다.
2. 출처를 표기할 때 각주(foot note) 처리는 하지 않는다.
3. 출처 표기는 괄호 안에 하되 페이지는 밝히지 않는다.
4. 여러 학자들이 동일하게 해석할 때 모든 학자들을 표기하지 않고 일부만 표기한다.
5. 한 출처를 인용하여 설명할 때, 설명이 길어지더라도 각 문장마다 출처를 표기하지 않는다.

주석은 목적과 주 대상에 따라 인용하는 정보 출처와 참고문헌 표기가 매우 탄력적으로 제시되는 장르이다. 참고문헌이 없이 출판되는 주석들도 있고, 각주가 전혀 없이 출판되는 주석들도 있다. 또한 각주와 참고문헌이 없이 출판되는 주석들도 있다. 엑스포지멘터리 시리즈는 이 같은 장르의 탄력적인 성향을 고려하여 제작된 주석이다.

선별된 약어표

개역	성경전서 개역한글판
개정	성경전서 개역개정판
공동	공동번역성서 개정판
새번역	성경전서 새번역
현대	현대인의성경
아가페	아가페 쉬운성경
BHK	Biblica Hebraica Kittel
BHS	Biblica Hebraica Stuttgartensia
ESV	English Standard Version
CSB	Nashville: Broadman & Holman, Christian Standard Bible
KJV	King James Version
LXX	칠십인역(Septuaginta)
MT	마소라 사본
NAB	New American Bible
NAS	New American Standard Bible
NEB	New English Bible
NIV	New International Version
NRS	New Revised Standard Version
TNK	Jewish Publication Society Tanakh
TNIV	Today's New International Version
AAR	American Academy of Religion
AB	Anchor Bible

ABD	The Anchor Bible Dictionary
ABRL	Anchor Bible Reference Library
ACCS	Ancient Christian Commentary on Scripture
AJSL	American Journal of Semitic Languages and Literature
ANET	J. B. Pritchard, ed., The Ancient Near Eastern Texts Relating to the Old Testament. 3rd. ed. Princeton: Princeton University Press, 1969.
ANETS	Ancient Near Eastern Texts and Studies
AOTC	Abingdon Old Testament Commentary
ASORDS	American Schools of Oriental Research Dissertation Series
BA	Biblical Archeologist
BAR	Biblical Archeology Review
BASOR	Bulletin of the American Schools of Oriental Research
BBR	Bulletin for Biblical Research
BCBC	Believers Church Bible Commentary
BDB	F. Brown, S. R. Driver & C. A. Briggs, A Hebrew and English Lexicon of the Old Testament. Oxford: Clarendon Press, 1907.
BETL	Bibliotheca Ephemeridum Theoloicarum Lovaniensium
BibOr	Biblia et Orientalia
BibSac	Bibliotheca Sacra
BibInt	Biblical Interpretation
BJRL	Bulletin of the John Rylands Library
BJS	Brown Judaic Studies
BLS	Bible and Literature Series
BN	Biblische Notizen
BO	Berit Olam: Studies in Hebrew Narrative & Poetry
BR	Bible Review
BRS	The Biblical Relevancy Series
BSC	Bible Student Commentary

BT	The Bible Today
BV	Biblical Viewpoint
BTCB	Brazos Theological Commentary on the Bible
BZAW	Beihefte zur Zeitschrift für die alttestamentliche
CAD	Chicago Assyrian Dictionary
CBC	Cambridge Bible Commentary
CBSC	Cambridge Bible for Schools and Colleges
CBQ	Catholic Biblical Quarterly
CBQMS	Catholic Biblical Quarterly Monograph Series
CB	Communicator's Bible
CHANE	Culture and History of the Ancient Near East
DSB	Daily Study Bible
EBC	Expositor's Bible Commentary
ECC	Eerdmans Critical Commentary
EncJud	Encyclopedia Judaica
EvQ	Evangelical Quarterly
ET	Expository Times
ETL	Ephemerides Theologicae Lovanienses
FOTL	Forms of Old Testament Literature
GCA	Gratz College Annual of Jewish Studies
GKC	E. Kautszch and A. E. Cowley, Gesenius' Hebrew Grammar. Second English edition. Oxford: Clarendon Press, 1910.
GTJ	Grace Theological Journal
HALOT	L. Koehler and W. Baumgartner, The Hebrew and Aramaic Lexicon of the Old Testament. Trans. by M. E. J. Richardson. Leiden: E. J. Brill, 1994-2000.
HBT	Horizon in Biblical Theology
HSM	Harvard Semitic Monographs
HOTC	Holman Old Testament Commentary

HUCA	Hebrew Union College Annual
IB	Interpreter's Bible
ICC	International Critical Commentary
IDB	Interpreter's Dictionary of the Bible
ISBE	G. W. Bromiley (ed.), The International Standard Bible Encyclopedia. 4 vols. Grand Rapids: 1979-1988.
ITC	International Theological Commentary
J-M	P. Joüon-T. Muraoka, A Grammar of Biblical Hebrew. Part One: Orthography and Phonetics. Part Two: Morphology. Part Three: Syntax. Subsidia Biblica 14/I-II. Rome: Editrice Pontificio Istituto Biblico, 1991.
JAAR	Journal of the American Academy of Religion
JANES	Journal of Ancient Near Eastern Society
JNES	Journal of Near Eastern Studies
JBL	Journal of Biblical Literature
JBQ	Jewish Bible Quarterly
JJS	Journal of Jewish Studies
JSJ	Journal for the Study of Judaism
JNES	Journal of Near Eastern Studies
JSOT	Journal for the Study of the Old Testament
JSOTSup	Journal for the Study of the Old Testament Supplement Series
JPSTC	JPS Torah Commentary
LCBI	Literary Currents in Biblical Interpretation
MHUC	Monographs of the Hebrew Union College
MOT	Mastering the Old Testament
MSG	Mercer Student Guide
NAC	New American Commentary
NCB	New Century Bible
NCBC	New Century Bible Commentary

NEAEHL	E. Stern (ed.), The New Encyclopedia of Archaeological Excavations in the Holy Land. 4 vols. Jerusalem: Israel Exploration Society & Carta, 1993.
NIB	New Interpreter's Bible
NIBC	The New International Biblical Commentary
NICOT	New International Commentary on the Old Testament
NIDOTTE	W. A. Van Gemeren, ed., The New International Dictionary of Old Testament Theology and Exegesis. Grand Rapids: Zondervan, 1996.
NIVAC	New International Version Application Commentary
OBC	Oxford Bible Commentary
Or	Orientalia
OTA	Old Testament Abstracts
OTE	Old Testament Essays
OTG	Old Testament Guides
OTL	Old Testament Library
OTM	Old Testament Message
OTS	Old Testament Series
OTWAS	Ou-Testamentiese Werkgemeenskap in Suid-Afrika
PBC	People's Bible Commentary
PEQ	Palestine Exploration Quarterly
PSB	Princeton Seminary Bulletin
RevExp	Review and Expositor
RTR	Reformed Theological Review
SBJT	Southern Baptist Journal of Theology
SBLDS	Society of Biblical Literature Dissertation Series
SBLMS	Society of Biblical Literature Monograph Series
SBLSymS	Society of Biblical Literature Symposium Series
SHBC	Smyth & Helwys Bible Commentary

SJOT	Scandinavian Journal of the Old Testament
SJT	Scottish Journal of Theology
SSN	Studia Semitica Neerlandica
TBC	Torch Bible Commentary
TynBul	Tyndale Bulletin
TD	Theology Digest
TDOT	G. J. Botterweck and H. Ringgren (eds.), Theological Dictionary of the Old Testament. Vol. I-. Grand Rapids: Eerdmans, 1974-.
TGUOS	Transactions of the Glasgow University Oriental Society
THAT	Theologisches Handwörterbuch zum Alten Testament. 2 vols. Munich: Chr. Kaiser, 1971-1976.
TJ	Trinity Journal
TOTC	Tyndale Old Testament Commentaries
TS	Theological Studies
TWAT	Theologisches Wörterbuch zum Alten Testament. Stuttgart: W. Kohlhammer, 1970-.
TWBC	The Westminster Bible Companion
TWOT	R. L. Harris, G. L. Archer, Jr., and B. K. Waltke (eds.), Theological Wordbook of the Old Testament, 2 vols. Chicago: Moody, 1980.
TZ	Theologische Zeitschrift
UBT	Understanding Biblical Themes
VT	Vetus Testament
VTSup	Vetus Testament Supplement Series
W-O	B. K. Waltke and M. O'Connor, An Introduction to Biblical Hebrew Syntax. Winona Lake: Eisenbrauns, 1990.
WB	Westminster Bible Companion
WBC	Word Biblical Commentary

WCS	Welwyn Commentary Series
WEC	Wycliffe Exegetical Commentary
WTJ	The Westminster Theological Journal
ZAW	Zeitschrift für die Alttestamentliche Wissenschaft

선별된 참고문헌

Ackroyd, P. R. *I & II Chronicles, Ezra, Nehemiah*. Torch Bible. London: SCM, 1973.

________. "History and Theology in the Writings of the Chronicler." Concordia Theological Monthly 38 (1967): pp. 501-515.

Aharoni, Y. *The Land of the Bible: A Historical Geography*. Trans. by A. F. Rainey, 2nd rev. ed. Philadelphia: Westminster Press, 1979.

Allen, L. C. "The First and Second Books of Chronicles." pp. 297-659 in *The New Interpreter's Bible*, vol. 3. Nashville: Abingdon Press, 1999.

________. *1, 2 Chronicles*. ComC. Waco, Tex.: Word, 1987.

Braun, R. L. *1 Chronicles*. WBC. Waco, Tex.: Word, 1986.

________. "The Message of Chronicles: Rally 'Round the Temple." Concordia Theological Monthly 42 (1971): pp. 502-514.

Bright, J. *A History of Israel*. 3rd ed. Philadelphia: Westminster Press, 1981.

Cogan, M. *I Kings*. AB. New York: Doubleday, 2001.

Cogan, M.; H. Tadmor. *II Kings*. AB. New York: Doubleday, 1988.

Coggins, R. J. *The First Book and the Second Book of the Chronicles*. CBC. Cambridge: Cambridge University Press, 1976.

Curtis, E. L.; A. A. Madsen. *The Books of Chronicles*. ICC. Edinburgh: T & T Clark, 1910.

Day, P. *An Adversary in Heaven: Satan in the Hebrew Bible*. Atlanta: Scholars Press, 1988.

Dentan, R. C. *The First and Second Book of the Kings; The First and*

Second Book of the Chronicles. LBC. Richmond: John Knox, 1964.
De Vries, S. J. *1 and 2 Chronicles*. FOTL. Grand Rapids: Eerdmans, 1989.
Dillard, R. B. *2 Chronicles*. WBC. Waco, Tex.: Word, 1987.
________. "Reward and Punishment in Chronicles: the Theology of Immediate Retribution. WTJ 46 (1984): pp. 164-172.
________. "The Literary Structure of the Chronicler's Solomon Narrative." JSOT 30 (1984): pp. 85-93.
Dirksen, P. B. *1 Chronicles. Historical Commentary on the Old Testament.* Leuven: Peeters Publishers, 2005.
Duke, R. K. *The Persuasive Appeal of the Chronicler: A Rhetorical Analysis*. JSOTSS. Sheffield: JSOT Press, 1990.
Dumbrell, W. J. "The Purpose of the Books of Chronicles. JETS 27.3(Sept. 1984): pp. 257-266.
Eisenmann, M. *I and II Chronicles: A New Translation with a Commentary Anthologized from Talmudic, Midrashic, and Rabbinic Sources*. Brooklyn: Mesorah, 1992.
Ellison, H. L. "I and II Chronicles." pp. 369-394 in *New Bible Commentary*. Ed. by D. Guthrie et al. Grand Rapids: Eerdmans, 1970.
Elmslie, W. A. L. "The First and Second Books of Chronicles." pp. 339-548 in *The Interpreter's Bible*, vol. 3. Nashville: Abingdon Press, 1954.
Eskenazi, T. C. *In an Age of Prose: A Literary Approach to Ezra—Nehemiah*. SBLMS. Atlanta: Scholars Press, 1988.
Evans, P. "Divine Intermediaries in Chronicles 21 An Overlooked Aspect of the Chronicler's Theology." Biblica 85 (2004): pp. 545-558.
Fritz, V. "What Archaeology Can Tell Us about Solomon's Temple." BAR 13 (1987): pp. 38-49.
________. *1 & 2 Kings.* CC. Trans. by Anselm Hagedorn. Minneapolis: Fortress, 2003.
Goldingay, J. "The Chronicler as Theologian." BTB 5 (1975): pp. 99-126.

Graham, M. P. The Chronicler as Theologian: Essays in Honor of Ralph W. Klein. JSOTSS. Sheffield: Sheffield Academic Press, 2003.

Graham, M. P.; S. L. McKenzie, eds. *The Chronicler as Author: Studies in Text and Texture*. JSOTSS. Sheffield: Sheffield Academic Press, 1999.

Hamilton, V. P. *Handbook on the Historical Books*. Grand Rapids: Baker Books, 2004.

Hanks, T. D. "The Chronicler: Theologian of Grace." EQ 51 (1981): pp. 16-28.

Hill, A. E. *1 & 2 Chronicles*. NIVAC. Grand Rapids: Zondervan, 2003.

House, P. R. *1, 2 Kings*. NAC. Nashville: Broadman & Holman, 1995.

Japhet, S. *I & II Chronicles*. OTL. Louisville: Westminster/John Knox, 1993.

________. "The Supposed Common Authorship of Chronicles and Ezra-Nehemiah Investigated Anew." VT 18 (1968): pp. 330-371.

________. "Conquest and Settlement in Chronicles." JBL 98 (1979): pp. 205-218.

________. "The Historical Reliability of Chronicles." JSOT 33 (1985): pp. 83-107.

Jarick, J. *1 Chronicles*. Sheffield: Sheffield Phoenix Press, 2007.

________. *2 Chronicles*. Sheffield: Sheffield Phoenix Press, 2007.

Johnson, M. D. *The Purpose of the Biblical Genealogies*. SNTSMS. Cambridge: Cambridge University Press, 1969.

Johnstone, W. *1 and 2 Chronicles. Volume 1: 1Chronicles 1-2Chronicles 9: Israel's Place among the Nations*. JSOTSS. Sheffield: Sheffield Academic Press, 1997.

________. *1 and 2 Chronicles. Volume 2: 2Chronicles 10-36: Guilt and Atonement*. JSOTSS. Sheffield: Sheffield Academic Press, 1997.

Jones, G. H. *1 & 2 Chronicles*. OTG. Sheffield: Sheffield Academic Press, 1999.

________. *1 and 2 Kings*. NCBC. 2 vols. Grand Rapids: Eerdmans, 1984.
Kalimi, I. *The Reshaping of Ancient Israelite History in Chronicles*. Winnona Lake, Ind.: Eisenbrauns, 2004.
Kaufman, A. "Determining the Length of the Medium Cubit." PEQ 116 (1984): pp. 120-132.
Keil, C. F. *Biblical Commentary on the Old Testament: The Books of the Chronicles*. Grand Rapids: Eerdmans, 1954.
Kitchen, K. *On the Reliability of the Old Testament*. Grand Rapids: Eerdmans, 2003.
Klein, R. W. *1 Chronicles*. Hermenia. Philadelphia: Augsburg Fortress, 2006.
________. *2 Chronicles*. Hermenia. Philadelphia: Augsburg Fortress, 2012.
Kleinig, J. W. *The Lord's Song: The Basis, Function and Significance of Choral Music in Chronicles*. JSOTSS. Sheffield: JSOT Press, 1993.
Knoppers, G. N. *I Chronicles 1-9: A New Translation with Introduction and Commentary*. AB. New York: Doubleday, 2004.
________. *I Chronicles 10-29: A New Translation with Introduction and Commentary*. AB. New York: Doubleday, 2004
Knoppers, G. N.; P. B. Harvey. "Omitted and Remaining Matters: On the Names Given to the Book of Chronicles in Antiquity." JBL 121 (2002): pp. 227-243.
Mabie, F. J. "1 and 2 Chronicles." pp. 23-336 in *The Expositor's Bible Commentary*. rev. ed. Ed. by T. Longman and D. E. Garland. Grand Rapids: Zondervan, 2010.
Mabie, F. J. "1 and 2 Chronicles." pp. 23-336 in *The Expositor's Bible Commentary. rev. ed*. Ed. by T. Longman and D. E. Garland. Grand Rapids: Zondervan, 2010.
Malamat, A. "A Political Look at the Kingdom of David and Solomon and Its Relations with Egypt." pp. 189-204 in *Studies in the Period of David*

and Solomon and Other Essays. Ed. by T. Ishida. Winnona Lake, Ind.: Eisenbrauns, 1982.

Mason, R. A. *Preaching the Tradition; Homily and Hermeneutics After the Exile*. Cambridge: Cambridge University Press, 1990.

McConville, J. G. *I & II Chronicles*. DSB. Philadelphia: Westminster, 1984.

McCarter, P. K. *II Samuel*. AB. New York: Doubleday, 1984.

McKenzie, S. L. *1-2 Chronicles*. AOC. Nashville: Abingdon Press, 2004.

Millard, A. R. "Solomon in All His Glory." VE 12 (1981): pp. 5-18.

Meyers, C. "Jachin and Boaz in Religious and Political Perspectives." CBQ 45 (1983): pp. 167-178.

Myers, J. M. *I Chronicles: Introduction, Translation, and Notes*. AB. Garden City, N. Y.: Doubleday, 1965.

________. *II Chronicles: Introduction, Translation, and Notes*. AB. Garden City, N. Y.: Doubleday, 1965.

Newsone, J. D. "Toward a New Understanding of the Chronicler and His Purposes. JBL 94 (1975): pp. 204-217.

North, R. "The Theology of the Chronicler." JBL 82 (1963): pp. 369-381.

Noth, M. *The Chronicler's History*. Sheffield: Sheffield Academic Press, 1987

Patterson, R. D.; H. J. Austel. "1, 2 Kings." pp. 615-954 in *The Expositor's Bible Commentary*. Rev. ed. Grand Rapids: Zondervan, 2009.

Payne, J. B. "The Validity of the Numbers in Chronicles, Part I." BibSac 136 (1979): pp. 109-128.

________. "The Validity of the Numbers in Chronicles, Part II." BibSac 136 (1979): pp. 206-222.

Pechawer, L. *The Lost Prayer of Jabez*. Joplin, Missouri: Mireh Publishing Co., 2001.

Petersen, D. L. *Late Israelite Prophecy*. SBLMS. Missoula, Mont.: Scholars Press, 1977.

Provan, I. W. *1 and 2 Kings*. NIBC. Peabody, Mass.: Hendrickson, 1995.
Richardson, H. N. "The Historical Reliability of Chronicles." JBR 26 (1958): pp. 9-12.
Rudolph, W. "Problems of the Books of Chronicles." VT 4 (1954): pp. 401-409.
Sailhamer, J. "1 Chronicles 21:1—A Study of Inter-Biblical Interpretation." TJ 10 (1989): pp. 33-48.
Schniedewind, W. M. *The Word of God in Transition; From Prophets to Exegete in the Second Temple Period*. JSOTS. Sheffield: Sheffield Academic Press, 1995.
Selman, M. J. *1 Chronicles*. TOTC. Downers Grove, Ill.: InterVarsity Press, 1994.
________. *2 Chronicles*. TOTC. Downers Grove, Ill.: InterVarsity Press, 1994.
Sugimoto, T. "Chronicles as Independent Literature." JSOT 55 (1992): pp. 61-74.
Thiele, E. R. *The Mysterious Numbers of the Hebrew Kings*. 3rd ed. Grand Rapids: Zondervan, 1983.
Thompson, J. A. *1, 2 Chronicles*. NAC. Nashville: Broadman & Holman, 1994.
Throntveit, M. *When Kings Speak: Royal Speech and Royal Prayer in Chronicles*. SBLDS. Chico, Cal.: Atlanta: Scholars Press, Press, 1987.
________. "Linguistic Analysis and the Question of Authorship in Chronicles, Ezra and Nehemiah." VT 32 (1978): pp. 9-36.
Townsend, J. L. "The Purpose of 1 and 2 Chronicles." BibSac 144 (1987): pp. 277-292.
Tuell, S. S. *First and Second Chronicles. Interpretation*. Louisville: John Knox Press, 2001.
Van Beek, G. W. "The Land of Sheba." pp. 40-63 in Solomon and Sheba.

Ed. by J. B. Pritchard. London: Phaidon, 1974.
Von Rad, G. "The Levitical Sermon in I and II Chronicles." pp. 267-280 in *The Problem of the Hexateuch and Other Essays*. Edinburgh: Oliver & Boyd, 1966.
Walsh, J. T. *1 Kings*. BO. Collegeville, MN: Liturgical Press, 1996.
Watson, W.G.E. "Archaic Elements in the Language of Chronicles." Biblica 53 (1972): pp. 191-207.
Wilcock, M. *The Message of Chronicles: One Church, One Faith, One Lord*. BST. Leicester: IVP, 1987
Williamson, H. G. M. *1 and 2 Chronicles*. NCBC. Eugene, Oregon: Wipf & Stock, 1982.
_____ _. *Israel in the Books of Chronicles*. London: Cambridge University Press, 1977.
Wright, J. W. "The Innocence of David in 1 Chronicles 21." JSOT 60 (1993): pp. 87-105.
________. "The Legacy of David in Chronicles: The Narrative Function of 1 Chronicles 23-27. JBL 110 (1991): pp. 229-242.

차례

역대하

EXPOSIMENTARY
2 Chronicles

3장. 솔로몬의 통치

(1:1-9:31)

다윗은 하나님의 전을 짓고 싶었지만, 하나님은 허락하지 않으셨다. 대신 그의 아들인 솔로몬이 그 일을 하게 될 것이라고 하셨다. 드디어 온 이스라엘의 숙원 사업이자 다윗이 염원했던 성전 건축을 하는 솔로몬의 이야기를 시작한다. 성전 건축의 준비와 완공에 관한 솔로몬 이야기는 다윗 이야기의 속편이 된다. 이와 같은 연관성을 강조하듯 역대기 저자는 여러 텍스트에서 다윗의 업적과 솔로몬 사역의 연계성을 강조한다(대하 2:3, 7; 3:1; 6:42; 7:10; 8:14)(Selman).

솔로몬도 다윗처럼 40년 동안 이스라엘을 통치했지만(ca. 970-931 BC), 저자는 다윗의 이야기(대상 11-29장)처럼 솔로몬의 이야기에서도 정치적·군사적 성과보다는 성전 건축과 연관된 업적을 중심으로 이야기를 진행해 나간다. 솔로몬의 40년 통치는 성전 건축 및 헌당과 연관해서 처음 20년과 나머지 20년으로 구분할 수 있는데, 저자가 솔로몬 이야기에서 성전과 관련된 처음 20년을 전체 분량의 4분의 3에 달하는 152절을 할애하는 반면(대하 1:1-7:22), 나머지 20년은 겨우 49절(대하 8:1-9:31)로 기록하고 있는 것에서도 이러한 사실이 드러난다.

저자는 솔로몬 이야기를 구성하면서 열왕기에 기록된 솔로몬 자료에 크게 의존하고 있고, 독자들이 열왕기에 기록된 솔로몬 이야기를 익히 알고 있음을 전제한다(Hill). 그렇다고 해서 열왕기 내용 모두를 그대로 인용한 것은 아니며, 열왕기의 많은 부분을 아예 인용하지 않거나 일부 이야기와 텍스트에는 변화를 주고 있다. 또한 역대기 저자가 열왕기가 아닌 다른 출처들을 인용해서 솔로몬 이야기에 추가한 내용을 합하면 19절밖에 되지 않지만, 때로는 다른 자료들을 인용해 열왕기에서 언급하지 않은 내용을 추가하기도 한다. 솔로몬 이야기를 구성하면서 역대기 저자가 인용한 열왕기 텍스트와의 유사성과 차이점에 대해서는 다음 도표를 참조하라(cf. Japhet).

미세한 변화 혹은 변화 없이 인용된 텍스트	왕상 3:4-15; 4:21, 26; 5:2-11, 15-16; 6:1-27; 7:15-51; 8:1-50, 52, 54, 62-66; 9:1-28; 10:1-29; 11:41-43
역대기에 인용되지 않은 텍스트	왕상 2:13-46; 3:1-3, 16-28; 4:1-20, 22-25; 4:27-5:1; 6:28-37; 7:1-15; 8:52-53, 55-66; 11:1-40
열왕기에 없는 역대기 텍스트	대하 1:1b-5; 3:3-6, 8, 11-13; 6:13, 41-42; 7:1-3; 8:2-3, 13-15

위 도표를 살펴보면 열왕기 텍스트 중 솔로몬의 과오와 죄를 언급한 내용은 거의 인용되지 않고 있음이 역력히 드러난다. 이러한 현상을 역대기 저자가 열왕기에 기록된 솔로몬의 죄와 과오의 역사성을 부인하거나 왜곡하는 행위로 생각해서는 안 된다. 왜냐하면 가장 중요하고 이미 정경으로 자리를 굳힌 열왕기 내용을 부인하면서 새로운 역사서를 저작할 가능성은 전혀 없기 때문이다.

저자는 열왕기에 기록된 내용을 단순히 반복하는 수준을 넘어, 더 관심을 갖고 있는 주제를 중심으로 열왕기를 제한적으로 인용한다. 무엇보다도 다윗 언약과 성전 건축에 관심을 집중한다. 두 주제와 연관해서 별로 중요하지 않은 내용은 과감히 생략한다.

솔로몬 이야기는 다음과 같이 교차대구법적 구조를 지닌다(cf. Selman, Dillard, Kleinig, Mabie). 이 구조에 의하면 솔로몬의 통치에서 성전 건축과 헌당이 중심에 있다. 성전 건축과 헌당식을 솔로몬 왕권의 가장 중요한 사건으로 강조하고 있는 것이다.

A. 솔로몬의 지혜와 부(1:1-17)

B. 솔로몬이 성전 건축을 준비함(2:1-18)

C. 솔로몬이 여호와의 성전을 건축함(3:1-5:1)

C'. 솔로몬이 여호와의 성전을 헌당함(5:2-7:22)

B'. 솔로몬이 성전과 궁을 완공함(8:1-16)

A'. 솔로몬의 지혜와 부(8:17-9:31)

본 주석에서는 솔로몬의 이야기를 다음과 같이 네 부분으로 나누어 주해해 나가고자 한다. 위 구조에서 B와 C를 하나로 묶고, B'과 A'를 하나로 묶은 것이다. 그렇게 해도 본 텍스트는 다음과 같이 짜임새 있는 구조를 지니고 있다.

A. 솔로몬의 왕권(1:1-17)

B. 성전 건축(2:1-5:1)

B'. 성전 헌당(5:2-7:22)

A'. 솔로몬의 나머지 업적(8:1-9:31)

1. 솔로몬의 왕권(1:1-17)

역대기 저자는 솔로몬에 관해서 회고하면서 왕에 관한 부정적인 시각을 갖게 하는 사건들은 아예 언급하지 않는다. 정권 초기 때 지지자들이 아도니야와 갈등한 일(왕상 1:5-2:9), 다윗의 사주를 받아 요압과 시므이를 죽인 일(왕상 2:26-46), 말년에 우상들을 숭배하여 하나님의 심판을 자청한 일(왕상 11장) 등이 역대기 저자가 솔로몬의 삶에서 지나치는 주요 사건들이다. 저자에게 솔로몬은 하나님의 계획에 따라 다윗이 준비해 놓은 재물로 화려한 여호와의 성전을 건축한 일 때문에 그 외 다른 일들은 별로 중요하지 않다.

솔로몬의 죄를 언급하지 않는 것은 저자가 역대기를 저작한 이유를 엿볼 수 있는 기회를 준다. 저자는 성전을 매우 중요하게 여기고 부각하려 하는데, 그 성전을 건축한 주인공 솔로몬을 결함이 많은 죄인으로 묘사한다면 스스로 목표를 무너뜨리는 일이 된다. 죄 많은 인간이 건축한 성전이 뭐 그렇게 좋은 것이겠냐는 반론이 제기될 수 있기 때문이다(cf. Dillard, McConville). 그러므로 포로기 이후 시대를 살아가던 이스라엘 백성들에게 성전 재건을 통해서 새로운 비전과 정체성을 부여하려고 책을 저술한 저자가 솔로몬의 죄와 과오에 대해서 최대한 언급을 회피하는 것은 당연한 일이다. 솔로몬의 전기를 쓰고 있는 것이 아니라, 성전 건축에 있어서 그의 역할을 조명하고 있을 뿐이기 때문이다. 본 텍스트는 다음과 같이 세 부분으로 나눈다. 부분마다 강조하는 것이 다르지만(A:예배, B:지혜, C:재물), 궁극적으로 세 가지 모두 성전 건축에 꼭 필요한 것들이다(Williamson).

A. 솔로몬이 기브온에서 예배드림(1:1-6)
B. 솔로몬이 지혜를 구함(1:7-13)
C. 솔로몬의 위상과 부(1:14-17)

II. 통일왕국의 역사(대상 9:35–대하 9:31) 3장. 솔로몬의 통치(대하 1:1–9:31) 1. 솔로몬의 왕권(1:1–17)

(1) 솔로몬이 기브온에서 예배드림(1:1-6)

1 다윗의 아들 솔로몬의 왕위가 견고하여 가며 그의 하나님 여호와께서 그와 함께
하사 심히 창대하게 하시니라 2 솔로몬이 온 이스라엘의 천부장들과 백부장들과
재판관들과 온 이스라엘의 방백들과 족장들에게 명령하여 3 솔로몬이 온 회중과
함께 기브온 산당으로 갔으니 하나님의 회막 곧 여호와의 종 모세가 광야에서 지

은 것이 거기에 있음이라 4 다윗이 전에 예루살렘에서 하나님의 궤를 위하여 장막
을 쳐 두었으므로 그 궤는 다윗이 이미 기럇여아림에서부터 그것을 위하여 준비한
곳으로 메어 올렸고 5 옛적에 훌의 손자 우리의 아들 브살렐이 지은 놋제단은 여호
와의 장막 앞에 있더라 솔로몬이 회중과 더불어 나아가서 6 여호와 앞 곧 회막 앞
에 있는 놋 제단에 솔로몬이 이르러 그 위에 천 마리 희생으로 번제를 드렸더라

하나님이 지명하시고 다윗이 후계자로 추대한 솔로몬은 왕위에 오르자마자 자신의 정권을 확고하게 확립했다(1a절). 저자는 열왕기에 기록된 솔로몬 정권 초기에 있었던 아도니야와의 갈등에 대해서 전혀 언급하지 않는다. 성전 건축 프로젝트에서 솔로몬의 역할에만 관심을 가지고 책을 전개해나가고 있기 때문이다. 또한 독자들이 열왕기의 내용을 익히 알고 있음을 전제하기 때문에 더욱더 솔로몬의 나머지 이야기를 이곳에 언급할 필요를 느끼지 못했다.

역대기는 솔로몬이 정권을 굳건하게 세웠다고 회고한 후 곧장 그 일에 있어서 하나님이 어떤 역할을 하셨는가를 언급한다(1b절). 솔로몬의 왕권이 굳건하게 설 수 있었던 것은 하나님이 함께하시면서(עִמּוֹ) 그를 높여주셨기 때문이라는(וַיְגַדְּלֵהוּ לְמָעְלָה) 것이다. 솔로몬이 누린 모든 축복과 영화의 근원이 하나님이심을 강조하고 있다. 하나님이 다윗을 높이신 것처럼 말이다(cf. 대상 11:9).

솔로몬의 모든 축복이 하나님이 함께하심에서 비롯되었다. 하나님이 솔로몬과 함께하시니 정권이 굳건하게 세워졌고, 하나님이 함께하시면서 그의 명성도 높아졌다. 솔로몬은 하나님이 함께하시면 어떤 복을 누리게 되는가를 실감한 사람이었다. 또한 성경은 명예와 명성은 하나님이 복으로 주시는 것이지 인간이 스스로 세우는 것이 아님을 거듭 강조한다. 인간이 스스로 세운 명예는 오래가지 못한다. 그렇다면 우리가 일평생 추구해야 할 가장 기본적인 복은 바로 하나님의 함께하심이다. 세상 그 어떤 것도 결코 하나님의 함께하심에 견줄 수 없다.

하나님의 축복을 마음껏 누린 솔로몬도 하나님께 합당한 반응을 했다. 왕이 된 다음 처음으로 한 일은 기브온 산당에 있는 성막을 찾아가 하나님을 예배하는 일이었다(2-6절). 솔로몬은 천부장, 백부장, 재판관, 사회 지도자들 및 각 가문의 족장 등 이스라엘의 리더들을 이끌고 기브온으로 갔다(2-3절). 전에는 아버지 다윗이 사회 지도자들을 모아 성전 건축을 논한 적이 있다(cf. 대상 28-29장). 솔로몬은 하나님을 함께 예배하기 위해서 사회 지도자들을 모았다. 하나님의 성전을 건축하기에 앞서 온 백성이 한마음이 되어 하나님을 예배하는 것은 필수적이다.

여러 유형의 리더십을 언급하고 "온 이스라엘"(כָּל־יִשְׂרָאֵל)(2절)을 강조하는 것은 모든 백성이 솔로몬의 왕권을 전적으로 지지하고 솔로몬의 지도력 아래 하나가 되었음을 의미한다. 성전 건축에 있어서 온 백성이 하나가 되어 기쁜 마음으로 참여하는 것은 매우 중요한 일인데, 솔로몬은 통치 초기 때부터 온 이스라엘의 마음을 하나로 묶었던 것이다.

역대기 저자는 하나님이 사울을 버리신 이유를 여호와의 말씀을 지키지 않고 신접한 자를 찾았기(דרשׁ) 때문이라며 여호와를 찾지(דרשׁ) 않은 것을 가장 큰 죄로 지적했다(대상 10:13). 이에 반해 다윗은 하나님과 법궤를 "찾은"(דרשׁ) 왕이었다(대상 13:3; 15:13). 저자는 "찾다"(דרשׁ) 동사를 매우 전략적으로 사용해 다윗과 사울을 대조한다(McConville). 저자는 본문에서 솔로몬과 연관해서 이 중요한 동사를 사용한다. 다윗의 아들 솔로몬이 하나님을 찾기(דרשׁ) 위해서 기브온까지 온 것이다(5절). 솔로몬과 다윗은 같은 믿음의 소유자들임을 암시한다.

솔로몬이 지도자들을 이끌고 찾아간 기브온은 어떤 곳인가? 기브온은 베냐민 지파에게 기업으로 주어진 땅에 있는 성읍이었으며(수 18:25), 하나님이 레위 지파에게 기업으로 주신 곳이다(수 21:17). 이스라엘의 가나안 정복 초기에 기브온 사람들은 여호수아를 속이고 상호보호 조약을 얻어내 이스라엘 중에 살 수 있게 되었다(cf. 수 9장). 헤브론에서 유다의 왕이 된 다윗이 이스보셋을 앞세운 이스라엘 군대와 가장 치열한 전쟁을 했던 곳이 기브온이었다. 요압의 형제 아사헬이 이 전투에서 아브넬의 손에 죽었고(cf. 삼하 2장), 동생의 죽음을 복수하기 위해서 요압은 훗날 아브넬을 살해했다(cf. 삼하 3장). 사울이 기브온 주민들을 억울하게 죽인 일로 다윗이 통치하던 시대에 이스라엘에 3년 동안 기근이 임한 적도 있다(cf. 삼하 21:1-6). 기브온은 이스라엘 역사를 억울한 자들의 피로 얼룩지게 한 폭력적인 권력의 상징이 되었다.

세월이 지나면서 언제부턴가 이곳이 이스라엘의 성지가 되었다. 열왕기상 3:4은 이곳에 "제일 유명한 산당"(새번역)/"큰 산당"(개역; 공동)(הִיא הַבָּמָה הַגְּדוֹלָה)이 있었다고 한다. 열왕기 저자는 왜 기브온에 있는 산당이 제일 유명한 산당이었는지 말하지 않는다. 반면에 본문은 기브온 산당의 명성이 이곳에 세워진 "하나님의 회막"(אֹהֶל מוֹעֵד הָאֱלֹהִים)에서 비롯되었다는 사실을 밝힌다(3절). 다윗이 기럇여아림에 있던 법궤를 예루살렘으로 운반했을 때에도 기브온에 있던 성막은 옮기지 않았기 때문에 이곳에 계속 있게 되었다(4-5절).

또한 모세 시대에 성막과 기구들을 모두 만들었던 브살렐이 만든 번제단이 이곳에 있다(5절). 그러므로 기브온 산당은 출애굽 때부터 시작된 역사와 전통이 있는 곳이다. 솔로몬이 이곳에 와서 옛적 성막에서 옛 기구들을 사용해서 하나님께 예배를 드린 일은 앞으로 세울 성전이 출애굽 때 만들어진 성막의 역사성을 그대로 이어갈 것임을 시사한다(McConville, Allen).

성경은 엘리 제사장 시대에 실로에 있었던 하나님의 회막이 어떻게 해서 기브온으로 옮겨지게 되었는가에 대해서 침묵한다. 다만 본문을 통해 법궤는 다윗에 의해서 예루살렘에 안치되어 있지만, 회막과 브살렐이 만든 놋제단이 기브온에 있었기에 이곳이 성지가 되었음을 알 수 있다. 이러한 이유에서 솔로몬은 온 이스라엘을 대표하는 지도자들을 거느리고 기브온으로 갔다(5절). 이 예배는 이스라엘 왕이 기브온에 있는 성막에서 드리는 마지막 예배라는 상징성을 지니고 있다(Allen). 앞으로는 모든 왕이 예루살렘에서 예배를 드리게 될 것이기 때문이다.

기브온에 도착한 솔로몬은 백성들과 함께 그곳에 있는 번제단에 많은 제물을 바쳤다. 저자는 솔로몬이 하나님께 "일천 번제"(עלות אֶלֶף)(6절; cf. אֶלֶף עלות, 왕상 3:4)를 드렸다고 한다. 이 텍스트를 근거로 일부 한국 교회에서는 "일천 번제"를 성도들에게 권장하게 되었다. 솔로몬이 기브온에 있는 산당을 1,000번씩 찾아가 제물을 드렸던 것으로 해석해 하나님께 서원한 것/간구하는 것을 얻으려면 1,000번의 제물을 드리라는 것이다. 이러한 해석이 타당한지 생각해 보자. 본문은 단순히 "그〔솔로몬〕가 이 제단 위에서 1,000〔마리의〕 제물을 드렸다"(וַיַּעַל עָלָיו עלות אֶלֶף)라고 한다(cf. 왕상 3:4). 초점은 솔로몬이 몇 차례 예배를 드렸던 게 아니라 얼마만큼의 제물을 드렸는가에 맞추어져 있다. 그래서 모든 영어 번역본들뿐만 아니라 한국어 번역본들도 솔로몬이 이곳에서 드린 제물의 숫자를 부각시킨다(cf. NAS; NIV; NRS; TNK; 개역; 공동; 새번역).

아울러 "1,000"이라는 숫자를 실제가 아닌 "많은 양"을 뜻하는 개념으로 해석하는 학자들도 많다(Cogan, Mabie, cf. 신 1:11). 또한 솔로몬이 기브온을 1,000번씩이나 찾았을 확률이 얼마나 되는가를 생각해 보자. 기브온은 예루살렘에서 10㎞ 북서쪽에 있는 곳이었다(Walsh, Cogan). 왕이 한 번 움직이면 얼마나 많은 준비가 필요하고 얼마나 긴 행렬이 가야 하는지를 쉽게 상상할 수 있다. 그렇다면 솔로몬이 왕복 20㎞의 거리를 1,000번씩이나 왕래할 가능성은 얼마나 되겠는가? 일부 한국 교회에서 행해지는 관례의 성경적 근거가 잘못되었음을 뜻한다. 또한 하나님은 여러 차례(혹은 많은 양)의 제물에 매수되실 분이 아니다. 제물은 예배의 일부이며, 아무런 조건 없이 하나님을 예배하는 수단으로 사용되는 것이 가장 바람직하다.

(2) 솔로몬이 지혜를 구함(1:7-13)

7 그 날 밤에 하나님이 솔로몬에게 나타나 그에게 이르시되 내가 네게 무엇을 주
랴 너는 구하라 하시니 8 솔로몬이 하나님께 말하되 주께서 전에 큰 은혜를 내 아
버지 다윗에게 베푸시고 내가 그를 대신하여 왕이 되게 하셨사오니 9 여호와 하나
님이여 원하건대 주는 내 아버지 다윗에게 허락하신 것을 이제 굳게 하옵소서 주
께서 나를 땅의 티끌 같이 많은 백성의 왕으로 삼으셨사오니 10 주는 이제 내게 지
혜와 지식을 주사 이 백성 앞에서 출입하게 하옵소서 이렇게 많은 주의 백성을 누
가 능히 재판하리이까 하니 11 하나님이 솔로몬에게 이르시되 이런 마음이 네게 있
어서 부나 재물이나 영광이나 원수의 생명 멸하기를 구하지 아니하며 장수도 구
하지 아니하고 오직 내가 네게 다스리게 한 내 백성을 재판하기 위하여 지혜와 지
식을 구하였으니 12 그러므로 내가 네게 지혜와 지식을 주고 부와 재물과 영광도
주리니 네 전의 왕들도 이런 일이 없었거니와 네 후에도 이런 일이 없으리라 하시
니라 13 이에 솔로몬이 기브온 산당 회막 앞에서부터 예루살렘으로 돌아와서 이스
라엘을 다스렸더라

산당을 찾아 하나님께 제물을 드린 후 밤에 잠이 든 솔로몬에게 여호와께서 찾아오셨다(7절). 어떤 이들은 솔로몬이 성경이 금하는 산당에서 드린 예배를 하나님이 받으시고 응답하시는 것에 의아해 할 수도 있다. 그러나 당시는 성전이 아직 건축되지 않았기 때문에 융통성을 가지고 바라보는 것이 바람직하다(cf. Dillard). 열왕기에서는 산당 문제가 아주 심각하게 부각되기 때문에 다른 시각에서 이 사건을 해석할 수도 있지만, 역대기에는 이러한 관점이 별로 반영되지 않는다(cf. Allen).

하나님은 솔로몬의 소원을 무엇이든 들어주시겠다며 원하는 것을 구하라고 하셨다. 솔로몬은 하나님의 말씀을 듣고 서슴없이 말했다. "주께서 나를 땅의 티끌 같이 많은 백성의 왕으로 삼으셨사오니 주는 이제 내게 지혜와 지식을 주사 이 백성 앞에서 출입하게 하옵소서"(9-10절). 이스라엘이 땅의 티끌처럼 많아졌다는 것은 하나님이 선조들에게 약속하신 것이 성취되었음을 시사한다(cf. 창 13:16; 28:14). 솔로몬 시대에 이르러 이스라엘은 하나님이 오래전에 선조들에게 약속하신 대로 큰 민족이 되었고, 솔로몬은 별 어려움 없이 이상적인 통치를 할 수 있게 되었다(Williamson, Allen).

솔로몬은 주의 백성을 통치하는 막대한 임무를 수행하기에 자신의 지혜와 경험이 부족하다는 것을 알았다. 그래서 하나님께 백성들을 공평과 정의로 다스릴 수 있는 "지혜와 지식"(חָכְמָה וּמַדָּע)을 달라고 호소했다(10절). 솔로몬이 지혜와 지식을 구한 일은 바빌론에서 돌아온 이스라엘 백성들이 하나님께 무엇을 구해야 되는지를 알려주는 좋은 본보기가 되었을 것이다(Hill).

솔로몬은 아버지 다윗에 대해 말하면서 "은혜"(חֶסֶד)라는 단어를 사용한다(8절). 솔로몬은 자신이 왕이 된 것도 순전히 하나님이 아버지 다윗에게 베푸신 은혜 덕분이라는 것을 알고 있다(8절). 이 히브리어 단어(חֶסֶד)는 일상적인 선처를 뜻하는 은혜라기보다 "언약적/언약에 근거한 사랑"(covenant love)(cf. 삼하 7:15; 왕상 8:23)으로 해석하는 것이 더 바람직하다(cf. HALOT, Provan).

솔로몬의 간구를 들으신 하나님이 매우 기뻐하셨다(11-12절). 부와 재물과 영화, 원수들을 제거하는 일 혹은 오래 살게 해 달라는 등 개인적인 축복을 구하지 않고, 온 이스라엘 공동체를 더욱더 바로 세우고 하나님의 공평과 정의를 실현하는 통치에 필요한 것들을 구했기 때문이다. 솔로몬을 기특하게 여기신 하나님은 그에게 누구와도 비교할 수 없는 총명함을 주셨을 뿐만 아니라 부(עֹשֶׁר)와 재물(נְכָסִים)과 영광(כָּבוֹד)도 덤으로 주셨다(12절). 물질과 명예에서 솔로몬과 견줄 자가 없을 것이라는 하나님의 축복이다. 실제로 솔로몬은 지적인 면에서나 물질적인 면에서 누구도 누릴 수 없는 풍요로움을 누린 왕이었다.

같은 사건을 회고하면서 열왕기 저자는 솔로몬이 얻게 된 놀라운 지혜를 부각하는데, 역대기 저자는 부수적으로 얻은 부귀영화를 강조한다(Allen). 역대기 저자가 솔로몬의 가장 큰 업적으로 지혜로운 통치가 아니라 성전을 완벽하게 건축한 일을 꼽다보니, 성전 건축에 필요한 재정이 충당되도록 하나님이 왕에게 물질적으로 축복하셨다는 것을 강조하는 것은 당연한 일이다. 또한 솔로몬이 역대상 22:14에서 다윗이 그에게 한 권면에 따라 하나님이 내려주신 축복을 다윗이 모은 성전 건축 기금에 더했다고 한다.

물론 성전을 건축하는 데는 큰 지혜도 필요하다. 옛적에 오홀리압과 브살렐이 성막과 도구들을 만들 때 하나님이 지혜를 주셨던 것처럼 솔로몬에게도 주실 것이다. 실제로 이스라엘 역사에 솔로몬처럼 지혜로운 사람은 전무후무했다. 그는 수천 편의 격언과 잠언을 남겼으며, 온갖 자연 만물에 관한 대단한 지식을 가졌던 사람이다(cf. 왕상 3-4장). 솔로몬은 하나님을 만나 많은 복을 받고 예루살렘으로 돌아왔다(13절).

II. 통일왕국의 역사(대상 9:35-대하 9:31)
3장. 솔로몬의 통치(대하 1:1-9:31)
1. 솔로몬의 왕권(1:1-17)

(3) 솔로몬의 위상과 부(1:14-17)

14 솔로몬이 병거와 마병을 모으매 병거가 천사백 대요 마병이 만 이천 명이라 병
거성에도 두고 예루살렘 왕에게도 두었으며 15 왕이 예루살렘에서 은금을 돌 같이
흔하게 하고 백향목을 평지의 뽕나무 같이 많게 하였더라 16 솔로몬의 말들은 애
굽과 구에에서 사들였으니 왕의 무역상들이 떼로 값을 정하여 산 것이며 17 애굽
에서 사들인 병거는 한 대에 은 육백 세겔이요 말은 백오십 세겔이라 이와 같이
헷 사람들의 모든 왕들과 아람 왕들을 위하여 그들의 손으로 되팔기도 하였더라

하나님은 지혜를 구한 솔로몬에게 지혜뿐만 아니라 엄청난 부까지 주겠다고 약속하셨다(12절). 본문은 하나님이 어떻게 약속을 지키셨는가를 요약적으로 회고한다. 솔로몬은 온갖 부귀영화와 함께 막강한 군사력도 가졌다. 그가 거느린 병거가 1,400대, 기병이 1만 2,000명에 달했다(14절). 이스라엘 영토의 대부분이 험한 산악 지대인 것을 감안하면 이스라엘에게 병거와 기병은 그다지 효과적인 무기는 아니었다. 병거들과 기병은 아마도 군대의 능력보다는 왕과 이스라엘의 위상을 과시하는 수단인 것으로 생각된다. 출애굽 때 이집트 군의 병거에 쫓겼던 이스라엘이 이제 자신들의 병거를 가졌다는 것은 상징적인 중요성을 지닌다. 이집트의 노예였던 그들이 이제는 이집트와 견줄만한 막강한 나라로 발돋움한 것이다.

그런데 솔로몬이 말들을 어디서 샀을까? 개역한글은 16절에서 이집트에서 모두 사들인 것으로 해석한다. "솔로몬의 말들은 애굽에서 내어 왔으니 왕의 상고들이 떼로 정가하여 산 것이며". 반면에 개역개정과 새번역은 이집트와 구에라는 곳에서 샀다고 한다. "솔로몬은 말들을 이집트와 구에에서 수입하였는데, 왕실 무역상들을 시켜 구에에서 사들였다"(새번역). 공동번역은 길리기아와 큐에(구에)에서 사들였다고 한다. "솔로몬은 왕실 소속 무역상들을 시켜 길리기아와 큐에에서 말을 사들였다."

개역한글이 솔로몬이 모든 말을 이집트에서 사들인 것으로 해석하는 것은 본문에 사용하는 히브리어 단어(מִקְוֵה)를 전치사 "~으로부터"(מִן)+고유명사 "구에"(קְוֵה)의 합성어로 보지 않고 "수집/모집한 것"을 뜻하는 한 단어(מִקְוֵה)로 보았기 때문이다(cf. Mabie). 그러나 이 경우 모음의 표기가 잘 어울리지 않는다. 그러므로 개역개정과 새번역처럼 구에(קְוֵה)에서 사들인 것으로 이해하는 것이 바람직하다.

그렇다면 구에는 어디에 있는 곳인가? 구에는 소아시아 남동쪽 지중해 해안에 있는 길리기아(Cilicia)의 주요 도시이며, 말 사육으로 유명한 곳이었다. 사실 본문의 더 큰 해석적인 논란은 "이집트"(מִצְרַיִם)에 있다. 대부분의 주석가들과 번역본들이 이 단어를 이집트로 이해하고, 마소라 사본들에서도 다른 변형이 없다. 그러나 많은 학자는 이 단어를 이집트를 뜻하는 "미쓰라임"(miṣrayîm)으로 읽을 게 아니라 길리기아를 뜻하는 "무쓰리"(muṣri)로 읽어야 한다고 주장한다(cf. 공동, Tadmor, Noth, De Vries Vries, Jones).

학자들이 이렇게 주장하는 것에는 그만한 이유가 있다. 본문이 솔로몬이 이집트와 구에에서 말을 사들인 것으로 말하면서, 마치 상인들이 이집트의 말들도 구에에 모았다가 한꺼번에 가져오는 듯 말을 하는 것이다(16절). 만일 본문이 길리기아가 아니고 이집트를 염두에 두고 이런 말을 했다면 잘 이해가 가지 않는다. 이집트에서 말을 싣고 소아시아로 가서 구에에서 말을 더 구해서 왔단 말인가? 또한 이집트에서 말을 구했다면 도로를 통해 끌고 오면 된다. 반면에 이미 언급한 것처럼 길리기아는 말 사육으로 유명했던 곳이고 이 지역의 말들이 주요 항구도시인 구에에서 거래되었던 것은 당연한 일이다. 그러므로 조금 어렵기는 하지만 공동번역의 해석이 가장 적합하다. "솔로몬은 왕실 소속 무역상들을 시켜 길리기아와 큐에에서 말을 사들였다." 이 번역을 따를 경우 16-17절에 묘사되고 있는 솔로몬의 말과 병거 수입 노력이 이스라엘에서 한참 북쪽인 소아시아에서부터 남쪽인 이집트에 이를 정도로 광범위했다는 점을 강조하는 표현으로 생각할 수 있다.

솔로몬은 길리기아의 말을 사들이는 것에 만족하지 않고 이집트에서도 병거와 말을 사들였다(17절). 병거 한 대당 은 600세겔(6.9kg)을 지불했고 말은 한 필당 은 150세겔(1.7kg)을 지불했다. 공교롭게도 솔로몬이 병거와 말 값으로 지불한 은의 무게 차이가 솔로몬이 금으로 만든 큰 방패(600세겔)와 작은 방패(150세겔)의 무게와 같다(cf. 왕상 10장). 솔로몬은 이집트에서 산 말과 병거를 가나안 지역의 다른 왕들에게 되팔기도 했다(17절). 솔로몬은 왕실 무역상들로 하여금 남쪽으로는 이집트에서 북쪽으로는 길리기아와 구에에 이르는 지역을 돌며 무역을 하도록 했고, 엄청난 수익을 올렸다(Dillard, Hill).

솔로몬의 지혜로운 통치와 막강한 군사력에 힘입어 이스라엘은 전에 없는 풍요를 누리게 되었다. 금과 은은 돌처럼 흔했고 백향목은 뽕나무 만큼이나 많았다(15절). 물론 과장된 표현이겠지만, 솔로몬 때문에 온 백성이 온갖 부를 마음껏 누리게 된다. 이와 같은 내용이 막강한 군사력에 대한 언급들(14절과 16-17절) 사이에 등장하는 것은 솔로몬의 막강한 군대로 인해 백성들이 평안과 번영을 누리게 된 점을 강조하는 듯하다. 물론 우리는 솔로몬이 막강한 군대를 갖게 된 일 자체가 하나님의 축복에서 비롯되었다는 것을 기억해야 한다.

솔로몬의 영화와 부귀를 묘사하고 있는 이 섹션이 전하는 긍정적인 메시지는 하나님이 솔로몬과 하신 약속을 확실하게 지키셨다는 사실이다. 하나님은 솔로몬에게 엄청난 지혜를 주셨고, 솔로몬은 이 지혜로 하고 싶은 일을 마음껏 하였고, 개인적인 소득도 많이 올릴 수 있었다(cf. 17절). 또한 하나님은 솔로몬에게 이스라엘이 전에 맛보지 못했던 평안을 주셨다. 그의 군대와 병거는 사실 별로 쓸 일이 없는 과시용에 불과했다. 솔로몬은 엄청난 부를 축적하고 누릴 수 있었다. 역시 하나님이 그에게 한 약속을 잘 지켜주셨다는 증거이다.

이미 언급한 것처럼 역대하 1장은 열왕기상 3장을 인용하고 있다(1:2-13=왕상 3:4-15). 한 가지 특이한 점은 역대기 저자가 솔로몬의 지혜를 유명하게 만든 재판 사건을 언급하지 않는다는 것이다. 열왕기에서처럼 역대기에서도 솔로몬은 기브온에 있는 산당에 가서 예배를 드리고 나서 꿈에 하나님을 만났다(7절=왕상 3:5). 무엇을 원하느냐는 하나님의 질문에 솔로몬은 지혜를 구했고, 하나님은 그에게 지혜뿐만 아니라 큰 부귀와 영화도 덤으로 주셨다(11-12절=왕상 3:12-13). 하나님이 솔로몬에게 얼마나 큰 지혜를 주셨는가를 증명하는 사건이 바로 한 아이를 두고 서로 자신의 아이라고 주장한 두 창녀의 상소에 대한 왕의 판결 이야기이다(왕상 3:16-28). 그런데 이 중요한 이야기가 역대기에는 빠져있다.

만일 역대기 저자가 솔로몬의 통치 전반을 조명하고자 했다면 이 판결 사건은 분명 역대기에 포함되었을 것이다. 솔로몬이 어떤 지혜를 바탕으로 이스라엘을 통치했는가를 보여주는 좋은 예이기 때문이다. 그러나 이미 언급한 것처럼 역대기 저자에게 솔로몬의 중요성은 성전을 건축한 일로 제한되어 있다. 그래서 판결 사건을 언급하지 않고 지나쳐 버렸다.

물론 솔로몬이 성전 건축을 진두지휘하기 위해서는 큰 지혜가 필요했다. 옛적에 브살렐과 오홀리압이 성막과 그 안에서 사용될 물건들을 만드는 일을 감독했을 때처럼 말이다(cf. 출 36장). 두 창녀의 상소에 대한 판결도 분명 솔로몬의 지혜에 관한 이야기다. 그러나 오홀리압과 브살렐이 성막과 물건들을 만드는 일에 사용한 지혜와 솔로몬이 올바른 판결을 위해 사용한 지혜는 근본적으로 기능과 목적이 다르다.

오홀리압과 브살렐의 지혜는 거룩한 물건들을 하나님이 보여주신 청사진대로 한 치의 오차도 없이 잘 만들기 위한 지혜였다. 반면에 올바른 판결을 이루어낸 솔로몬의 지혜는 백성들을 정의와 공평으로 다스리기 위한 지혜였다. 백성들은 지혜롭고 정확한 판결을 하는 왕을 두려워하기 시작했다(왕상 3:28). 하지만 성전을 짓는 데 필요한 지혜는 이러한 판결을 통해서 드러난 솔로몬의 지혜와 다른 종류의 지혜였다. 그래서 역대기 저자는 이곳에서 재판 이야기를 하지 않는다(cf. Japhet).

대신 솔로몬의 지혜가 가져다준 번영과 풍요에 대해서 언급한다(1:13-17＝왕상 10:26-29). 번성과 풍요를 가져다준 지혜는 곧 하나님이 원하시는 대로 성막과 도구들을 만들어 헌물함으로써 이스라엘이 누렸던 복들과 맥을 같이하기 때문이다. 솔로몬은 예배(1-6절), 지혜(7-13절), 재물(14-17절) 등 성전 건축에 필수적인 세 분야에서 모두 충분한 자격과 자질을 지녔기 때문에 성전 건축을 주도할 적임자라는 것이 저자의 주장이다(Williamson).

II. 통일왕국의 역사(대상 9:35-대하 9:31)
3장. 솔로몬의 통치(대하 1:1-9:31)

2. 성전 건축(2:1-5:1)

성전은 이스라엘의 정치, 역사, 신앙의 결정체였다. 솔로몬은 이스라엘의 연합과 안정적인 통치를 위해서 여호와 종교를 중앙화하는 것이 얼마나 중요한 일인가를 잘 알고 있었다. 솔로몬이 성전을 예루살렘에 건축하게 되면 엄청난 정치적인 힘을 얻게 된다. 매년 세 차례씩 성전을 찾는 이스라엘 사람들을 감시하여 관리하면 그만큼 효율적인 통제와 통치가 가능하다.

성전 건축은 출애굽 이후 이스라엘의 숙원 사업이었기에 엄청난 역사적 중요성을 띠고 있다. 하나님은 이미 모세를 통해 언젠가는 한 곳에서 예배할 날이 올 것이라고 하셨다(신 12:11; 16:15-16). 이제 약 500년이 지난 이 순간 역사적인 숙원이 이루어지고 있다. 신앙적으로는 성전 건축이 여호와 종교를 중앙화함으로써 이스라엘을 하나님으로부터 멀어지게 하는 바알, 아세라와 같은 경쟁 종교들을 배척하고 이스라엘이 하나님과 맺은 언약대로 순수하게 살아갈 수 있게 하는 사업이었다.

다윗은 죽기 전에 솔로몬이 성전을 건축하는 데 필요한 물자를 충분히 준비해 두었다. 그렇다고 해서 솔로몬이 별 노력 없이 손쉽게 성전을 건축한 것은 아니다. 공사를 진행하는 자로서 솔로몬만이 감당해야 할 역할이 있었다. 본문은 이와 같은 솔로몬의 노력에 대해서 회고하고 있다. 열왕기에는 본 텍스트에 반영된 것들 외에도 솔로몬의 통치에 대한 다른 내용들이 많이 기록되어 있다(cf. 왕상 3:16-28; 4:1-19, 22-23, 27-34). 그러나 역대기 저자는 그 내용들을 아예 사용하지 않고 성전 건축에 관한 내용만 인용함으로써 마치 솔로몬의 즉위 목적이 유일하게 성전을 세우는 일이었던 것처럼 이야기를 진행한다(Japhet, cf. McConville). 이 텍스트를 네 섹션으로 구분한다.

A. 노동력 준비(2:1-2)
B. 두로 왕과의 서신 교환(2:3-16)
C. 노동자들의 신분(2:17-18)
D. 성전과 집기 공사(3:1-5:1)

Ⅱ. 통일왕국의 역사(대상 9:35–대하 9:31)
3장. 솔로몬의 통치(대하 1:1–9:31)
2. 성전 건축(2:1–5:1)

(1) 노동력 준비(2:1-2)

1 솔로몬이 여호와의 이름을 위하여 성전을 건축하고 자기 왕위를 위하여 궁궐 건
축하기를 결심하니라 2 솔로몬이 이에 짐꾼 칠만 명과 산에서 돌을 떠낼 자 팔만
명과 일을 감독할 자 삼천 육백 명을 뽑고

히브리어 성경은 "솔로몬은 주님의 이름을 받들어 모실 성전과 자기의 궁전을 짓기로 작정하였다"(1절)를 1:18로 분류한다. 2장을 시작하는 서론보다는 1장을 마무리하는 결론으로 간주한 것이다. 그러나 1장에 전개된 내용과 이 구절의 내용을 비교해보면 이 구절은 2장의 서론 기능을 하는 것이 더 확실하다. 1절은 2장 전체에 대한 요약이자 타이틀이기 때문이다(Allen). 솔로몬이 성전 건축을 시작한 때는 왕위에 오른 지 4년째 되던 해인 주전 967년 시브월(오늘날 달력으로 4-5월)에 있었던 일이며, 7년 동안 공사를 하여 즉위 11년째 되던 해인 주전 960년에 완공했다(cf. 왕상 6:1; 대하 3:2).

고대 사회에서 성전과 같이 크고 화려한 건물을 지을 때 가장 큰 어려움은 인력을 확보하는 일이었다(Mabie). 다행히 솔로몬은 많은 인력을 확보할 수 있었다. 솔로몬은 15만 명을 징집하여 7만 명은 짐을 운반하는 일을, 8만 명은 산에서 채석하는 일을 시켰다(2절; cf. 왕상 5:15). 또한 일꾼들을 감독하는 감독자들 3,600명을(왕상 5:16은 3,300명이라고 함) 두었다. 잠시 후 2:17-18은 이 15만 3,600명이 모두 이스라엘에 정착한 이방인들(גֵּרִים)이었다고 한다. 그러나 학자들 사이에 솔로몬이 징집한 일꾼들의 정체에 대해서 논란이 많다. 이들이 이스라엘 사람들이었는가, 아니면 가나안 사람들이었는가 하는 문제이다. 열왕기상 5:13-14과 열왕기상 9:20-22이 논쟁을 가중시킨다.

열왕기상 5:13에 의하면 솔로몬은 본문이 언급하고 있는 15만 명 외에도 전국에서 3만 명의 일꾼들을 추가로 징집했다. 이 사람들은 한 달은 레바논에서 일했고, 두 달은 본국에서 일했다. 이 일을 관리하는 총책임자는 아도니람이었다(왕상 5:14). 그러나 3만 명과 15만 명의 관계가 명확하지 않다. 또한 열왕기상 9:20-22은 동원된 사람들에 대해서 이렇게 증언한다. "이스라엘 자손이 아닌 아모리 사람과 헷 사람과 브리스 사람과 히위 사람과 여부스 사람 가운데서 살아 남은 백성이 있었다. 솔로몬은 그들을 노예로 삼아서, 강제 노역에 동원하였다. 그들은, 이스라엘 자손이 다 진멸할 수 없어서 그 땅에 그대로 남겨 둔 백성들이었다. 그래서 그들은 오늘날까지도 노예로 남아 있다. 그러나 솔로몬은, 이스라엘 사람 가운데서는, 어느 누구도 노예로 삼지 않았다. 이스라엘 사람은 군인, 신하, 군사령관, 관리 병거대 지휘관, 기병대원이 되었다"(새번역).

위와 같은 내용들을 어떻게 합리적으로 조화시킬 수 있는가? 일부 학자들은 이스라엘 사람들 3만 명이 징집되었다는 열왕기상 5:13과 이스라엘 사람은 하나도 징집되지 않았다는 열왕기상 9:20-22은 결코 합리적으로 설명될 수 없는 모순이라고 주장한다(Gray, Skinner, Matheney). 반면에 다른 학자들은 두 곳에서 사용하는 용어가 다르다는 사실에 근거하여 합리적으로 설명될 수 있다고 생각한다(Keil, Patterson and Austel, Jones). 저자는 5:13에서 솔로몬이 징집한 이스라엘 사람들을 단순히 "일꾼"(מַס)이라 한다. 반면에 9:20-22에서는 징집된 가나안 사람들을 "노예 일꾼"(מַס־עֹבֵד)이라 한다.

이 학자들의 주장에 의하면 온 이스라엘에서 징집된 일꾼들(מַס)은 일 년에 3개월만 일하고 나머지 기간에는 집으로 돌아갈 수 있었고, 가나안 사람 중에서 징집된 노예 일꾼(מַס־עֹבֵד) 15만 명은 일 년 내내 강제 노동에 시달렸다. 그렇다면 솔로몬은 본문이 언급하고 있는 이방인 15만 명 외에도 이스라엘 사람 3만 명을 추가한 총 18만 명의 일꾼들을 성전과 왕궁을 건설하는 일에 동원했다. 그러나 문제는 이 용어들이 사용된 성경의 다른 예들(수 16:10; 삿 1:30, 33, 35; cf. 왕상 9:21과 대하 8:8 대조)을 살펴보면 이러한 해석의 타당성이 약하다(Cogan). 그럼에도 불구하고 현재까지는 가장 합리적인 추측이다(cf. Mabie).

II. 통일왕국의 역사(대상 9:35–대하 9:31)
3장. 솔로몬의 통치(대하 1:1–9:31)
2. 성전 건축(2:1–5:1)

(2) 두로 왕과의 서신 교환(2:3-16)

솔로몬은 아버지 다윗에게 엄청난 성전 건축 자금을 물려받았고, 하나님의 축복을 받아 많은 부를 더 축적했다. 성전 건축에 투입될 인력도 모두 확보한 상황이다. 만반의 준비를 갖춘 솔로몬이 두로 왕 후람에게 성전 건축을 도와달라는 서신을 보냈다. 본 텍스트는 다음과 같이 두 파트로 나눈다.

A. 솔로몬의 편지(2:3-10)

B. 후람의 회신(2:11-16)

II. 통일왕국의 역사(대상 9:35–대하 9:31)
3장. 솔로몬의 통치(대하 1:1–9:31)
2. 성전 건축(2:1–5:1)
(2) 두로 왕과의 서신 교환(2:3–16)

① 솔로몬의 편지(2:3–10)

3 솔로몬이 사절을 두로 왕 후람에게 보내어 이르되 당신이 전에 내 아버지 다윗에게 백향목을 보내어 그가 거주하실 궁궐을 건축하게 한 것 같이 내게도 그리 하

> 소서 [4] 이제 내가 나의 하나님 여호와의 이름을 위하여 성전을 건축하여 구별하여 드리고 주 앞에서 향 재료를 사르며 항상 떡을 차려 놓으며 안식일과 초하루와 우리 하나님 여호와의 절기에 아침 저녁으로 번제를 드리려 하오니 이는 이스라엘의 영원한 규례니이다 [5] 내가 건축하고자 하는 성전은 크니 우리 하나님은 모든 신들보다 크심이라 [6] 누가 능히 하나님을 위하여 성전을 건축하리요 하늘과 하늘들의 하늘이라도 주를 용납하지 못하겠거든 내가 누구이기에 어찌 능히 그를 위하여 성전을 건축하리요 그 앞에 분향하려 할 따름이니이다 [7] 이제 청하건대 당신은 금, 은, 동, 철로 제조하며 자색 홍색 청색 실로 직조하며 또 아로새길 줄 아는 재주 있는 사람 하나를 내게 보내어 내 아버지 다윗이 유다와 예루살렘에서 준비한 나의 재주 있는 사람들과 함께 일하게 하고 [8] 또 레바논에서 백향목과 잣나무와 백단목을 내게로 보내소서 내가 알거니와 당신의 종은 레바논에서 벌목을 잘하나니 내 종들이 당신의 종들을 도울지라 [9] 이와 같이 나를 위하여 재목을 많이 준비하게 하소서 내가 건축하려 하는 성전은 크고 화려할 것이니이다 [10] 내가 당신의 벌목하는 종들에게 찧은 밀 이만 고르와 보리 이만 고르 포도주 이만 밧과 기름 이만 밧을 주리이다 하였더라

솔로몬은 두로의 왕 후람(חוּרָם)에게 서신을 보내 도움을 구했다(3절). 후람은 다윗의 노년기에 두로의 왕이 되어 솔로몬이 왕권을 굳건히 세운 때까지 30여 년을 통치했던 사람이다(Bright). 통치 연대는 주전 970-936년으로 추측되며 아버지 아비바알(Abibaal)에게서 왕권을 계승 받았다(Katzenstein). 후람(히람)은 이미 다윗과 거래한 적이 있었을 뿐만 아니라(3절; cf. 삼하 5:11) 다윗과 솔로몬에 대해서 매우 우호적인 입장을 지닌 사람이었기에(cf. 왕상 5:1) 대화는 자연스럽게 진행되었다. 본문에 기록된 두 사람의 서신은 열왕기상 5장에 기록된 것들보다 더 자세하다.

솔로몬은 왜 여러 나라 중에서 두로에게 도움을 청한 것일까? 두로는 아프리카, 이집트, 가나안, 지중해 연안 등지를 돌아다니며 무역을 하던 나라였다. 두로는 당시 세상의 가장 진귀한 것들을 구할 수 있는

능력을 지니고 있었다. 솔로몬은 당연히 세상의 가장 귀한 것들로 여호와의 성전을 건축하고자 했고, 이러한 것들을 구하는 역할을 후람이 충분히 해낼 수 있었다. 또한 두로는 대륙들을 오가면서 무역을 하는 나라였으므로 성전을 건축하는 일에 필요한 최첨단 공법을 얼마든지 구해 제공할 수 있었다.

솔로몬 시대 때 두로를 포함한 가나안 전 지역이 솔로몬의 통치 아래 있었다(cf. 왕상 9:19). 그러므로 후람은 두로의 평안을 위해서뿐만 아니라, 가나안 지역의 상권을 따내기 위해서 당연히 솔로몬에게 잘 보여야 했다. 게다가 이스라엘은 두로의 경쟁자였던 블레셋을 없애준 고마운 나라이기도 했다. 블레셋 사람들은 원래 해적들의 자손들로서 바다에서 막강한 힘을 발휘했다(Peckham). 이런 블레셋 사람들을 다윗이 정복하여 힘을 못쓰게 했으므로 두로의 입장에서는 이스라엘은 참으로 고마운 나라였다. 그러므로 후람은 여러 가지 이유에서 솔로몬과의 관계를 잘 유지할 필요가 있었다. 이스라엘과 두로의 이해관계가 잘 맞아떨어진 것이다.

솔로몬은 서신에서 여호와의 성전을 건축하고자 하니 지난날 다윗왕이 궁을 지을 때 후람이 백향목을 보내 주었던 것처럼 이번에도 백향목을 보내 줄 것을 부탁했다(3절). 백향목은 향과 튼튼함, 그리고 목재의 표면 처리가 용이함 등의 이유로 가장 각광받는 건축자재였다(Mabie). 두로는 백향목의 산지로 유명한 곳이다.

솔로몬이 건축하고자 하는 성전은 어떤 곳인가? 성전은 여호와의 이름(שֵׁם יְהוָה)을 모시는 곳이다(4a절; cf. 신 12:5). 성전에 여호와의 이름을 모신다는 것이 무엇을 뜻하는가? "주 앞에서 향 재료를 사르며 항상 떡을 차려 놓으며 안식일과 초하루와 우리 하나님 여호와의 절기에 아침 저녁으로 번제를 드리는 것"을 의미한다(4b-c절). 하나님께 드리는 모든 제사를 드리는 곳이라는 뜻이다.

새로이 건축될 성전은 하나님의 이름을 모신 곳이며, 이곳에서 예배와 제사가 끊이지 않도록 하는 것이 바로 이스라엘의 의무이다(4d절). 하나님이 이스라엘과 언약을 맺으셨기 때문이다. 하나님이 이스라엘과 맺으신 언약은 온 열방을 아우른다는 특징이 있다. 그러므로 여호와의 이름이 드높여지는 성전에서는 이스라엘뿐만 아니라 온 열방을 위한 기도가 끊임없이 여호와께 드려져야 한다(Mabie, cf. 6:32-33; 사 56:7). 이스라엘이 이미 모든 일을 성막에서 하고 있다는 사실을 감안할 때, 성전은 성막을 대체하는 건축물이다. 하나님의 이름을 모신 성소가 이동식 천막에서 영구적인 건물로 탈바꿈한 것이 바로 성전이다.

솔로몬은 자신이 건축할 성전은 규모가 매우 클 것이라고 한다. 여호와 하나님이 세상의 모든 신보다 크신 만큼 그분의 성전도 커야 한다는 것이다(5절; cf. 9절). 당시 두로 사람들은 바알을 숭배했으므로 후람도 분명 바알 숭배자였을 것이다. 이런 정황에서 솔로몬은 어떠한 변명도 하지 않고 하나님을 바알을 포함한 세상의 그 어떤 신들과는 견줄 수 없는 분이라고 찬양한다. 그의 담대함이 참으로 대단하다. 이렇게 솔로몬이 여호와를 찬양하는 것을 보는 후람은 어떤 심정이었을까? 아마도 훌륭한 다신(多神)주의자였던 후람은 별로 개의치 않았을 것이다.

넓은 하늘도 하나님을 모시기에 비좁은 상황에서(6a절) 도대체 성전이 얼마나 커야 하나님께 어울린단 말인가? 그래서 솔로몬은 곧바로 자신이 건축하고자 하는 성전이 결코 하나님의 위상과 어울릴만한 곳이 되지 못할 것을 고백한다(6b절). 더 나아가 솔로몬은 자신은 가장 초라한 성전마저도 지을 능력과 자격이 없는 보잘것없는 사람이라며 자신을 낮춘다(6c절). 솔로몬은 그저 하나님 앞에 향이나 피워 올릴만한 곳을 건축하는 꿈을 실현하려는 것뿐이라고 한다(6d절, cf. 새번역). 물론 솔로몬은 매우 화려하고 놀라운 성전을 건축한다. 그러나 자신이 건축할 최고의 건축물마저도 하나님의 위대하심에 비하면 너무나도 초라한 공간에 불과하다는 사실을 고백한다. 솔로몬의 고백은 하나님의 위상을 극대화시킨다.

여호와의 성전을 짓고자 한다는 의도를 밝힌 솔로몬은 후람에게 실질적인 도움을 요청했다. 솔로몬은 갖가지 광물과 천을 다룰 줄 알고 조각에도 능숙한 기능공 한 사람을 보내달라고 했다(7절). 이스라엘에는 이미 다윗이 준비해둔 여러 분야의 장인들이 있으니 모든 분야의 장인들을 총괄하고 지휘하여 세상에서 최고로 멋진 성전을 건축할만한 인물을 소개해 달라는 뜻이다.

솔로몬은 레바논의 백향목(אֶרֶז)과 잣나무(בְּרוֹשׁ)와 백단목(אַלְמֻגִּים)도 요청했다(8절). 이 목재 중 백향목 외 나머지 두 종류가 정확히 무엇을 뜻하는지 확실하지 않다(cf. 영어 번역본들; Mabie). 그러나 한 가지 확실한 것은 건축자재로 사용할만한 나무였다는 사실이다. 솔로몬은 벌목을 위해서 이스라엘 사람들을 보내 두로 사람들과 함께 일하게 할 것을 약속했다(9절). 필요하면 인력은 얼마든지 보내 줄 수 있다는 뜻이다.

솔로몬은 또한 후람의 벌목꾼들에게 밀가루 2만 석/섬(כֹּר=חֹמֶר, 1섬=350-400ℓ)과 보리 2만 섬, 포도주 2만 말(בַּת, 1말=40-45ℓ)과 기름 2만 말을 주겠다고 제안했다(10절). 솔로몬은 두로 사람들의 노동에 대해서 적절한 대가를 지불하겠다는 의도를 밝힌다. 비록 두로가 이스라엘의 눈치를 보며 살고 있지만, 이러한 상황을 결코 이용하지는 않겠다는 왕의 의도가 엿보인다. 예나 지금이나 경건하고 거룩한 일을 하기 위해서 약자들을 착취하는 것은 바람직한 일이 아니다. 하나님의 일을 한다면서 노동력을 착취하고 약자들을 차별하는 일은 없어야 한다.

II. 통일왕국의 역사(대상 9:35-대하 9:31)
3장. 솔로몬의 통치(대하 1:1-9:31)
2. 성전 건축(2:1-5:1)
(2) 두로 왕과의 서신 교환(2:3-16)

② 후람의 회신(2:11-16)

11 두로 왕 후람이 솔로몬에게 답장하여 이르되 여호와께서 자기 백성을 사랑하시
므로 당신을 세워 그들의 왕을 삼으셨도다 12 후람이 또 이르되 천지를 지으신 이

> 스라엘의 하나님 여호와는 송축을 받으실지로다 다윗 왕에게 지혜로운 아들을 주
> 시고 명철과 총명을 주시사 능히 여호와를 위하여 성전을 건축하고 자기 왕위를
> 위하여 궁궐을 건축하게 하시도다 13 내가 이제 재주 있고 총명한 사람을 보내오
> 니 전에 내 아버지 후람에게 속하였던 자라 14 이 사람은 단의 여자들 중 한 여인
> 의 아들이요 그의 아버지는 두로 사람이라 능히 금, 은, 동, 철과 돌과 나무와 자
> 색 청색 홍색 실과 가는 베로 일을 잘하며 또 모든 아로새기는 일에 익숙하고 모
> 든 기묘한 양식에 능한 자이니 그에게 당신의 재주 있는 사람들과 당신의 아버지
> 내 주 다윗의 재주 있는 사람들과 함께 일하게 하소서 15 내 주께서 말씀하신 밀과
> 보리와 기름과 포도주는 주의 종들에게 보내소서 16 우리가 레바논에서 당신이 쓰
> 실 만큼 벌목하여 떼를 엮어 바다에 띄워 욥바로 보내리니 당신은 재목들을 예루
> 살렘으로 올리소서 하였더라

이스라엘이 가나안 지역의 강대국으로 자리를 굳히고 있었고, 두로는 이스라엘의 눈치를 보아야 했던 당시 정치적 정황을 고려할 때 솔로몬이 후람에게 보낸 서신은 매우 공손했다. 후람도 이처럼 정중한 솔로몬의 편지를 받고 기뻐했다. 비록 하나님을 알지 못한 이방인이었지만, 여호와의 전을 짓는 데 결정적인 역할을 할 사람이 기쁜 마음으로 이 일에 동참하는 것은 매우 바람직한 일이었다.

후람은 솔로몬에게 보낸 회신에서 하나님에 관한 두 가지 사실을 상기시킨다. 첫째, 솔로몬을 이스라엘의 왕으로 세우신 분은 하나님이시며, 솔로몬의 왕권은 이스라엘을 향한 하나님의 사랑의 표현이다(11절). 솔로몬은 하나님이 이스라엘에게 주신 선물이라는 것이다. 둘째, 이스라엘의 하나님 여호와는 찬양 받기에 합당한 창조주이시다(12절). 다윗에게 솔로몬처럼 명철과 총명을 고루 갖춘 슬기로운 아들을 주셔서 성전을 짓도록 하셨기 때문이다. 하나님은 스스로 모든 것을 준비하는 분이시라는 의미이다. 다신주의자 후람은 여호와를 인격적으로 알지 못했지만, 여호와 하나님의 주권과 섭리에 대해서 깊은 이해가 있는

사람이었다. 후람은 성경이 하나님을 찬양하도록 격려하는 이방인의 모형이다(Allen).

후람은 솔로몬에게 성전 건축을 맡길만한 적격자를 소개한다. 이름은 후람아비(חוּרָם אָבִי; lit., "후람 나의 아버지")라는 사람이다(13절, 왕상 7:13-14은 히람[חִירָם]이라고 함). 열왕기는 후람아비(히람)가 어떻게 해서 성전 공사를 총괄하기 위해 솔로몬에게 오게 되었는가를 전혀 언급하지 않는다(cf. 왕상 7:13). 반면에 역대기 저자는 그가 솔로몬에게 오게 된 것은 솔로몬의 요청에 후람 왕이 추천해서 오게 되었다고 한다. 성전 건축을 총괄할 후람아비는 여러 가지 면에서 모세 시대에 성막 건설을 지휘했던 브살렐에 버금가는 사람이었다. 즉 제2의 브살렐이다(Allen).

우리말 번역본들은 이 사람의 이름을 각자 다르게 번역하거나 풀이하고 있다. 그의 이름이 두 단어의 결합으로 이루어져 있으며, 두 번째 단어를 문자적으로 해석하면 "나의 아버지"라는 뜻을 지녔기 때문이다. 개역한글과 개역개정은 "후람아비"를 기능공이 아니라 후람 왕의 선왕을 위해 일했던 사람으로 해석하여 "내 부친 후람에게 속하였던 자"라고 한다(cf. KJV; LXX). 공동번역은 두 번째 단어를 기능공을 높이는 호칭으로 해석하여 "기술자 후람 선생"이라고 한다(cf. TNK). 새번역도 두 번째 단어를 공인을 치켜세우는 말로 이해하여 "전문가 후람"이라고 번역했다(cf. Mabie). 그러나 "후람아비"(חוּרָם אָבִי)를 고유명사로 취급하여 후람아비로 번역하는 것이 바람직하다(cf. NIV; NAS; NRS).

후람아비는 두로 사람을 아버지로, 단 지파 사람을 어머니로 둔 혼혈아였다(왕상 7:14은 어머니가 납달리 지파에 속했다고 함). 혼혈아로서 후람아비는 이스라엘 문화와 세상의 문화를 연결하는 역할을 하고 있다(Johnstone). 성전 건축에 필요한 온갖 광물질과 나무를 잘 다룰 줄 알뿐만 아니라 갖가지 천에 대해서도 깊은 조예가 있었고, 조각도 잘하는 팔방미인이었다. 솔로몬이 요구한 모든 재능을(cf. 7절) 두루 갖춘 장인이었다.

두로 왕 후람은 후람아비가 이미 해본 일만 잘하는 것이 아니라, 어떤 것을 요구해도 잘할 수 있는 창의력을 지닌 사람이며, 같이 일하는 사람들을 지혜롭게 부릴 줄 아는 인간적인 기술도 겸비한 사람이라고 극찬한다(14b절). 하나님이 이 일을 위해 후람아비를 미리 준비해 두셨다는 생각이 우리의 머리를 강하게 스쳐간다. 큰 과업을 앞두고 초조했던 솔로몬에게 후람아비는 "여호와 이레"의 실현이며, 하나님의 격려였다. 그래서 이 일은 솔로몬이 확신을 가지고 성전 건축을 추진해 나가는 데 큰 힘이 되었을 것이다. 하나님은 이처럼 우리에게 필요한 사람을 가장 적절한 때에 보내셔서 만나게 하신다. 이게 하나님의 사역 방식이다.

후람 왕은 솔로몬이 일꾼들의 삯으로 제안한 물자를 그대로 보내달라고 했다(15절). 솔로몬이 제시한 조건에 따라 계약을 맺겠다는 뜻이다. 열왕기상 5:6은 솔로몬이 후람에게 삯을 결정하게 했는데, 본문은 솔로몬이 액수를 제안했다고 한다. 또한 성전 공사에 필요한 목재는 얼마든지 보내 줄 수 있으며, 레바논에서 벌목한 나무들을 뗏목으로 묶어 지중해 해안 바닷길을 통해 욥바까지 보낼 테니 욥바에서부터 예루살렘까지의 운반은 솔로몬에게 담당하라고 했다(16절).

레바논에서 욥바까지는 150㎞의 뱃길이며, 욥바에서 예루살렘까지는 55㎞에 달하는 산악길이다(Johnstone). 솔로몬과 후람 왕 사이에 성립된 계약에 대한 세부 정보가 많이 빠져버린 역대기에서는 모든 것이 편안해 보이고 둘 사이에 체결된 계약이 무난해 보인다. 그러나 열왕기에서는 협상 과정 중 두 사람 사이에 상당한 기(氣) 싸움이 전개되었으며, 결국 지혜로운 솔로몬이 이스라엘과 자신에게 불리하게 계약한 것으로 묘사되었다(cf. 왕상 5장).

(3) 노동자들의 신분(2:17-18)

17 전에 솔로몬의 아버지 다윗이 이스라엘 땅에 사는 이방 사람들을 조사하였더니
이제 솔로몬이 다시 조사하매 모두 십오만 삼천 육백 명이라 18 그 중에서 칠만 명
은 짐꾼이 되게 하였고 팔만 명은 산에서 벌목하게 하였고 삼천 육백 명은 감독으
로 삼아 백성들에게 일을 시키게 하였더라

저자는 이미 솔로몬이 성전 건축을 위해서 15만 명 이상의 인력을 확보했다는 사실을 밝혔다(2:1-2). 짐꾼으로 7만 명, 채석장에서 일할 사람 8만 명과 관리자들 3,600명 등이었다. 그러나 이들이 누구인지에 대해서는 언급하지 않았다. 본 텍스트는 이들이 이스라엘 사람들이 아니라, 이스라엘에 정착한 외국인들(גֵּרִים)이었다고 한다.

본문이 말하지 않는 중요한 이슈는 이 사람들이 임금 없이 강제로 동원되었는지, 아니면 솔로몬이 정당한 임금을 지불하고 이 사람들을 고용했는지이다. 다윗이 이미 성전 건축을 위해서 엄청난 재물을 쌓아 둔 점을 감안하면 솔로몬이 굳이 이들의 노동력을 착취할 필요가 있었을까 싶지만, 저자가 이곳에서 이들이 이스라엘 중에 거하던 이방인들이라는 점을 밝히는 것을 보면 솔로몬이 이들의 노동력을 착취한 것이 거의 확실하다(cf. 왕상 9:20-23). 온 우주의 창조주 여호와의 성전은 단순히 이스라엘 사람들만이 건축한 것이 아니라, 최고의 기술력과 최상의 재료를 구입하는 일에는 당시 최고의 무역국이었던 두로가 동원되었고, 노동력 역시 이방인들이 제공하여 세워진 범국제적 프로젝트였다(cf. Johnstone).

(4) 성전과 집기 공사(3:1-5:1)

본 텍스트는 열왕기상 6-7장을 배경으로 한다. 그러나 저자는 열왕기의 77절에 이르는 내용을 27절로 압축해 이곳에서 회고한다. 열왕기에 기록된 내용을 3분의 1로 줄여 요약하고 있다. 그러므로 성전 건축 과정을 이곳에 상세하게 회고하는 것이 역대기 저자의 목적이 아니다. 솔로몬이 성전을 건축했다는 사실만 강조하고자 한다(McConville). 그러나 열왕기의 모든 내용이 모두 같은 비율로 요약되고 있는 것은 아니다. 열왕기상 6:1-38은 3:1-14로 줄어든 반면, 열왕기상 7:40-51은 별다른 변화 없이 4:11-5:1에 그대로 인용한다. 역대기 저자는 이미 솔로몬 정권의 초기 시대를 1장에 회고하면서도 열왕기의 내용을 파격적으로 요약한 적이 있었기 때문에 이런 현상이 별로 새로운 일은 아니다.

그러나 저자는 다윗 이야기에서부터 지금까지 성전 건축과 연관된 세부사항에 대해서 큰 관심을 가지고 매우 상세하게 기록해 왔다. 심지어 열왕기에 기록된 내용을 많이 확대해서 기록해 왔다. 이러한 상황에서 성전을 건축하는 공사 자체와 성전에서 사용할 기구들을 만든 일에 대해서는 열왕기의 내용을 상당 부분 과감하게 요약하고 있다는 사실이 특이하다. 마치 저자가 성전 건축을 준비하는 과정을 실제 건축 공사보다 더 중요하게 여기는 듯한 느낌을 준다. 본 텍스트는 다음과 같이 두 부분으로 나눈다.

A. 솔로몬이 성전을 건축함(3:1-17)

B. 성전 집기들(4:1-5:1)

Ⅱ. 통일왕국의 역사(대상 9:35-대하 9:31)
3장. 솔로몬의 통치(대하 1:1-9:31)
2. 성전 건축(2:1-5:1)
(4) 성전과 집기 공사(3:1-5:1)

① 솔로몬이 성전을 건축함(3:1-17)

1 솔로몬이 예루살렘 모리아 산에 여호와의 전 건축하기를 시작하니 그 곳은 전에
여호와께서 그의 아버지 다윗에게 나타나신 곳이요 여부스 사람 오르난의 타작
마당에 다윗이 정한 곳이라 2 솔로몬이 왕위에 오른 지 넷째 해 둘째 달 둘째 날
건축을 시작하였더라 3 솔로몬이 하나님의 전을 위하여 놓은 지대는 이러하니 옛
날에 쓰던 자로 길이가 육십 규빗이요 너비가 이십 규빗이며 4 그 성전 앞에 있는
낭실의 길이가 성전의 너비와 같이 이십 규빗이요 높이가 백이십 규빗이니 안에
는 순금으로 입혔으며 5 그 대전 천장은 잣나무로 만들고 또 순금으로 입히고 그
위에 종려나무와 사슬 형상을 새겼고 6 또 보석으로 성전을 꾸며 화려하게 하였으
니 그 금은 바르와임 금이며 7 또 금으로 성전과 그 들보와 문지방과 벽과 문짝에
입히고 벽에 그룹들을 아로새겼더라 8 또 지성소를 지었으니 성전 넓이대로 길이
가 이십 규빗이요 너비도 이십 규빗이라 순금 육백 달란트로 입혔으니 9 못 무게
가 금 오십 세겔이요 다락들도 금으로 입혔더라 10 지성소 안에 두 그룹의 형상을
새겨 만들어 금으로 입혔으니 11 두 그룹의 날개 길이가 모두 이십 규빗이라 왼쪽
그룹의 한 날개는 다섯 규빗이니 성전 벽에 닿았고 그 다른 날개도 다섯 규빗이니
오른쪽 그룹의 날개에 닿았으며 12 오른쪽 그룹의 한 날개도 다섯 규빗이니 성전
벽에 닿았고 그 다른 날개도 다섯 규빗이니 왼쪽 그룹의 날개에 닿았으며 13 이 두
그룹이 편 날개가 모두 이십 규빗이라 그 얼굴을 내전으로 향하여 서 있으며 14 청
색 자색 홍색 실과 고운 베로 휘장문을 짓고 그 위에 그룹의 형상을 수놓았더라 15
성전 앞에 기둥 둘을 만들었으니 높이가 삼십오 규빗이요 각 기둥 꼭대기의 머리
가 다섯 규빗이라 16 성소 같이 사슬을 만들어 그 기둥 머리에 두르고 석류 백 개
를 만들어 사슬에 달았으며 17 그 두 기둥을 성전 앞에 세웠으니 왼쪽에 하나요 오
른쪽에 하나라 오른쪽 것은 야긴이라 부르고 왼쪽 것은 보아스라 불렀더라

솔로몬이 성전을 건축하기 시작한 때는 왕위에 오른 지 4년째 되던

해 둘째 달(시브월) 2일이었다(2절; cf. 왕상 6:1). 저자는 바빌론 달력을 사용하고 있으며, 두 번째 달인 시브월은 오늘날 달력으로 4-5월에 해당한다. 솔로몬은 왜 성전 건축을 왕위에 오른 직후에 하지 않고 4년씩이나 기다렸다가 한 것일까? 아마도 준비 기간이 필요했기 때문일 것이다(Mabie). 다윗이 성전 건축을 위해서 이미 많은 준비를 해 두었지만, 솔로몬도 추가적인 준비를 할 시간이 필요했다.

저자는 솔로몬이 건축할 성전의 터가 매우 중요한 곳임을 네 가지로 강조한다(1절). 첫째, 지리적으로 성전 터전은 예루살렘의 모리아 산이다. 옛적에 아브라함은 모리아에 있는 산에서 이삭을 제물로 바치려고 했다(cf. 창 22장). 둘째, 이곳은 여호와께서 다윗에게 나타나셨던 곳이다(cf. 대상 21장). 다윗이 인구조사를 했다가 하나님께 벌을 받을 때 있었던 일이다. 셋째, 다윗이 성전 터로 지정한 곳이다(cf. 대상 21:27-22:1). 넷째, 여부스 사람 오르난이 타작마당으로 쓰던 곳이다. 또한 모세가 언젠가는 하나님이 유일한 예배 처소로 지정하실 것이라고 말했던 바로 그곳이다(cf. 신 12:5-7; 대하 7:12). 저자는 성전 터를 이스라엘의 대표적인 인물들인 아브라함-모세-다윗과 연관시키고 있다(Mabie).

열왕기 저자는 성전 터의 중요성을 강조하는 역대기와는 달리 성전 터에 대한 정보를 전혀 제공하지 않는다. 반면에 성전을 건축하기 시작한 때가 이스라엘이 이집트를 떠난 지 480년째 되던 해라는 사실에 초점을 맞추었다(왕상 6:1). 두 책이 성전 건축의 시작을 언급하면서 하나는 장소의 중요성을(역대기), 하나는 시기의 중요성을(열왕기) 강조하는 것이다. 역대기 저자는 성전이 세워진 터전과 건물 자체의 중요성을 강조하고 있으며(Hill), 열왕기 저자는 성전이 이스라엘 역사에서 차지하는 중요성을 강조하고 있기 때문이다(cf. Japhet).

아브라함이 이삭을 바치려 했던 산이 창세기에는 "모리아 땅(אֶרֶץ הַמֹּרִיָּה)에 있는 한 산"이었다(창 22:2). 또한 성경에서 "모리아 산"(הַר הַמּוֹרִיָּה)이라는 표현은 이곳에만 등장한다. 그러므로 성전 터가 된 예루살렘에 있는 "모리아 산"이 아브라함이 이삭을 바치려 했던 "모리아 땅에 있는 산"이었는지는 확실하지 않지만, 본문에 등장하는 모리아 산은 아브라함이 이삭을 바치려 했던 일과 장소를 연상시키기에 충분하다(Japhet, Hill).

저자는 독자들에게 솔로몬이 건축한 성전 전반의 투어(tour)를 제공하고 있다(Selman). 성전은 뜰, 성소, 지성소 등 세 가지 공간으로 구성되어 있는데, 이러한 구조와 형태는 후기 청동기 이후 시리아와 가나안 지역 신전들과 비슷한 면모를 지녔다(Fritz, cf. Mabie). 성전은 길이가 옛날에 쓰던 규빗으로 60규빗(אַמָּה), 너비가 20규빗이었다. 규빗은 고대 바빌론과 이집트에서 유래한 규격으로 시대에 따라 크기가 변하기도 했다(cf. Kaufman). 바빌론에는 왕족 규빗(이집트의 "옛날 규빗"〔본문의 אַמּוֹת בַּמִּדָּה הָרִאשׁוֹנָה〕)과 일반 규빗(이집트의 "보통 규빗")이 있었다. 왕족 규빗(옛날 규빗)은 사람의 손 넓이 6개를 더한 것으로써 20.4인치(50.4cm)로, 일반/보통 규빗은 사람의 손 넓이 5개를 뜻하는 것으로써 17.4인치(43.9cm)로 계산한다(ISBE, cf. Hill). 한 규빗이 사람의 팔꿈치에서 가운데 손가락 끝까지의 길이였다는 기록도 있다(ISBE).

편의상 규빗을 45cm로 잡을 때, 성전의 길이는 27m, 너비는 9m에 달했다. 오늘날 기준에 의하면 상당히 작은 공간이라는 것을 알 수 있다. 본문은 건물의 높이가 120자(54m)였다고 하는데, 성전이 그다지 큰 면적을 차지하지 않았다는 점과 건물 높이를 열왕기가 30자(13.5m)로, 시리아어 번역본(Peshita)과 일부 헬라어 사본들(LXX)이 20자로 표기하고 있는 점을 감안할 때 마소라 사본이 부패된 것으로 생각한다. 높이는 열왕기가 기록하고 있는 대로 30자(13.5m)로 간주하는 것이 바람직하다(cf. Japhet, Hill). 반면에 유태인들의 한 전승은 본문이 지성소의 높이가 20규빗, 성소가 30규빗, 그리고 입구가 120규빗이었던 것으로 회고하는 것으로 생각해 성전의 옆모습이 먹이를 공격하기 위해서 움츠리고 있는 사자(crouching lion)의 모양과도 같다는 주장을 내놓았다(cf.

Johnstone).

성전의 본당 앞에는 현관이 있었는데 길이는 9m(20규빗)로 성전의 너비와 같았다(4절). 역대기 저자는 더 이상 성전의 구조에 대해서 언급하지 않지만, 열왕기상 6장에 의하면 성전은 3층 건물이었으며 방들이 성전 전체를 감싸고 있었다(왕상 6:10). 아마도 제사장들이 사용하는 방들이었을 것이다. 성전은 이처럼 매우 아름답고 정교한 동시에 기능적이었다. 열왕기 저자는 성전 건축에 사용한 돌은 채석장에서 이미 디자인하고 다듬어서 가져왔으므로 성전 터에서는 망치나 정 등, 쇠로 만든 어떠한 연장 소리도 들리지 않았다고 한다(왕상 6:7). 성전 건축에 당대 최고의 공법이 동원된 것이다.

솔로몬은 성전 내부의 방들을 목재로 꾸민 뒤 그 위에 금을 입혔다(4-5절). 역대기 저자는 이 부분에 대해서 자세하게 언급하지 않지만, 열왕기에 의하면 성전 내부의 벽은 백향목으로, 바닥은 잣나무로 마무리했으며 내부 어디에도 돌이 보이지 않고 나무만 보였다고 한다(왕상 6:15, 18). 금을 입힌 벽에는 종려나무 가지, 사슬 모양 등을 새겼다(5절). 이 외에도 갖가지 진귀한 보석으로 성전을 꾸며서 매우 화려하게 하였다. 본문은 이처럼 성전의 화려함, 특히 엄청난 양의 금을 사용한 화려함을 강조한다. 성전은 금으로 도배하다시피 했는데, 금은 성전의 화려함을 강조하는 가장 중요한 재료였다(Mabie). 지성소는 전체가 백향목으로 꾸며졌으며 그 위에 순금을 입혔고, 길이 9m, 너비 9m의 정사각형 방이었다(11절; cf. 왕상 6:16, 20, 21). 저자가 성전 전체를 금과 연관시키지만, 입구를 통해 들어와 지성소 쪽으로 갈수록(viz., 거룩의 수위가 높아질수록) 순도가 더 높고 많은 양의 금이 사용되어 화려함을 더한다(Dillard, McConville).

성전을 장식하는 데 금 600달란트(32,400kg)가 사용되었다. 이 많은 금이 지성소 장식에 사용된 것인지(Johnstone, Japhet), 아니면 성전 전체 장식에 사용된 것인지(Hill) 확실하지 않지만, 양이 얼마나 많았던지 훗날 세바의 여왕이 솔로몬에게 선물한 양의 5배나 된다(대하 9:9). 사용된 금 못들의 무게만도 50세겔(550g)에 달했다(9절). 저자가 간략하게 언급하고 있기 때문에 이 못들이 정확히 어디에 쓰였는지 알 수 없다. 성소와 지성소를 나누는 휘장을 고정시키는 데 사용했을 가능성도 있다.

성전의 전반적인 구조를 투어해 주던 저자가 지성소에 있던 속죄소에 특별한 관심을 갖는다(10-13절). 속죄소(mercy seat)는 법궤의 뚜껑으로 두 천사가 서로 한쪽 날개를 맞대고 있는 모양을 하고 있다. 금으로 치장했고 규모가 대단했다. 속죄소(법궤 뚜껑)는 4.5m 높이의 그룹 둘이 날개를 펴고 있는 모습을 지녔다. 각 날개는 2.25m, 둘을 합하면 4.5m, 두 그룹의 날개 길이를 모두 합하면 9m에 이르렀다. 지성소 너비 전체를 차지하는 규모였다.

이 그룹들이 에덴동산의 입구를 막고 에덴을 보호한 그룹들과 같이 성전 안에 안치된 법궤를 보호하는 기능을 했을 수 있다(Gray). 아니면 하나님의 개인 마차 역할을 했거나(cf. 삼하 22:8ff.; 시 18:8ff.), 심지어는 하나님의 보좌를 상징했을 수도 있다(Montgomery & Gehman). 한 가지 확실한 것은 성전에 하나님이 임재하신다는 사실이다. 속죄소를 형성하는 천사들은 제사장들이 일상적으로 사역하는 성소 쪽(viz., 동쪽)을 바라보고 있었다(13절). 성소와 지성소 사이에는 청색 실과 자주색 실과 홍색 실과 가는 베로 그룹 모양을 수놓은 휘장이 있었다(14절; cf. 출 26:31-36).

본문은 솔로몬이 성전 앞에 높이가 35규빗(15.75m)에 달하는 놋쇠 기둥(הָעַמּוּדִים נְחֹשֶׁת) 둘을 세웠다고 한다(15절). 반면에 열왕기상 7:15는 기둥들의 높이가 18자(8.1m), 둘레가 12자(5.4m)였으며 각각 위에 5자(2.25m) 높이의 머리(כֹּתֶרֶת)가 추가되었다고 한다. 어느 쪽이 더 현실적인가? 성전의 높이가 30자였던 점을 감안할 때(cf. 15절), 열왕기의 18자(8.1m)가 더 어울리는 듯하다. 게다가 열왕기의 높이 18자, 둘레 12자, 머리 5자를 합하면 역대기가 말하는 35자가 나온다(Rudolph, Curtis). 아마도 세월이 흐르면서 기둥에 대한 역대기 텍스트의 일부가 빠져버린 것으로 생각된다.

열왕기는 기둥의 머리 장식에 대해서 상당히 자세하게 서술하고 있다(왕상 7:20). 반면에 본문은 두 가지 사실만 지적한다. 그물/고리에 묶인 놋쇠 석류들이 기둥들을 장식했다. 이러한 사실은 저자가 성전 건물의 실체보다는 상징과 의미에 더 관심이 있음을 시사한다(Japhet). 각 기둥에 석류가 100개씩 달려 있었다. 열왕기상 7:20은 기둥들이 각각 석류 200개씩 가졌다고 하고, 역대하 4:13도 400개의 석류를 언급한 것으로 보아 여기에 기록된 100은 부패된 텍스트로 생각하는 것이 바람직하다. 석류는 씨앗이 많은 과일로 풍요와 다산을 상징했다(Provan).

성전 오른쪽에 세워진 놋쇠 기둥은 야긴이라 불렸고, 왼쪽에 세워진 기둥은 보아스라 불렸다(17절). 야긴(יָכִין)이란 이름은 "그가 〔확고히〕 세우실 것이다"라는 뜻이다(Meyers). 성경에는 보아스(בֹּעַז)는 룻의 남편이자 다윗의 조상을 연상시키는 이름으로 "여호와의 능력 속에 〔왕이 즐거워할 것이다〕"로 해석한다(Scott, Cogan). 두 기둥은 하나님이 다윗에게 약속하신 것을 이루실 것과 성전을 건축한 왕에게 능력 주실 것을 확신한다는 의미를 지닌다(Meyers, Provan).

아마도 이러한 상징성 때문에 역대기 저자가 성전의 다른 기구들은 그냥 지나치다시피 하는 상황에서 기둥들에 대해서는 상당히 자세하게 기록한다(저자는 4:12-13에서 다시 기둥들에 대해서 언급함). 하나님이 다윗에게 약속하신 것을 꼭 이루실 것과 하나님이 성전을 건축한 왕〔귀향민들〕에게 능력 주실 것을 확신하는 것이 옛적 솔로몬에게 중요했던 만큼이나 저자가 살던 시대 귀향민들에게도 중요했기 때문이다.

성전은 솔로몬이 건축한 가장 큰 건물은 아니지만 가장 중요한 건물이었다. 성전은 400여 년 동안 존재하다가 주전 586년에 바빌론의 손에 의해 파괴되었다. 파괴된 솔로몬의 건물 중 유일하게 귀향민들이 돌아와서 재건한 건물이 성전이다. 그만큼 성전은 이스라엘의 종교와 역사에 중요했다.

② 성전 집기들(4:1–5:1)

1 솔로몬이 또 놋으로 제단을 만들었으니 길이가 이십 규빗이요 너비가 이십 규빗
이요 높이가 십 규빗이며 2 또 놋을 부어 바다를 만들었으니 지름이 십 규빗이요
그 모양이 둥글며 그 높이는 다섯 규빗이요 주위는 삼십 규빗 길이의 줄을 두를 만
하며 3 그 가장자리 아래에는 돌아가며 소 형상이 있는데 각 규빗에 소가 열 마리
씩 있어서 바다 주위에 둘렸으니 그 소는 바다를 부어 만들 때에 두 줄로 부어 만
들었으며 4 그 바다를 놋쇠 황소 열두 마리가 받쳤으니 세 마리는 북쪽을 향하였고
세 마리는 서쪽을 향하였고 세 마리는 남쪽을 향하였고 세 마리는 동쪽을 향하였
으며 바다를 그 위에 놓았고 소의 엉덩이는 다 안으로 향하였으며 5 바다의 두께는
한 손 너비만 하고 그 둘레는 잔 둘레와 같이 백합화의 모양으로 만들었으니 그 바
다에는 삼천 밧을 담겠으며 6 또 물두멍 열 개를 만들어 다섯 개는 오른쪽에 두고
다섯 개는 왼쪽에 두어 씻게 하되 번제에 속한 물건을 거기서 씻게 하였으며 그 바
다는 제사장들이 씻기 위한 것이더라 7 또 규례대로 금으로 등잔대 열 개를 만들어
내전 안에 두었으니 왼쪽에 다섯 개요 오른쪽에 다섯 개이며 8 또 상 열 개를 만들
어 내전 안에 두었으니 왼쪽에 다섯 개요 오른쪽에 다섯 개이며 또 금으로 대접 백
개를 만들었고 9 또 제사장의 뜰과 큰 뜰과 뜰 문을 만들고 그 문짝에 놋을 입혔고
10 그 바다는 성전 오른쪽 동남방에 두었더라 11 후람이 또 솥과 부삽과 대접을 만
들었더라 이와 같이 후람이 솔로몬 왕을 위하여 하나님의 성전에서 할 일을 마쳤
으니 12 곧 기둥 둘과 그 기둥 꼭대기의 공 같은 머리 둘과 또 기둥 꼭대기의 공 같
은 기둥 머리를 가리는 그물 둘과 13 또 그 그물들을 위하여 만든 각 그물에 두 줄
씩으로 기둥 위의 공 같은 두 머리를 가리는 석류 사백 개와 14 또 받침과 받침 위
의 물두멍과 15 한 바다와 그 바다 아래에 소 열두 마리와 16 솥과 부삽과 고기 갈고
리와 여호와의 전의 모든 그릇들이라 후람의 아버지가 솔로몬 왕을 위하여 빛나는
놋으로 만들 때에 17 왕이 요단 평지에서 숙곳과 스레다 사이의 진흙에 그것들을

> 부어 내었더라 18 이와 같이 솔로몬이 이 모든 기구를 매우 많이 만들었으므로 그
> 놋 무게를 능히 측량할 수 없었더라 19 솔로몬이 또 하나님의 전의 모든 기구를 만
> 들었으니 곧 금 제단과 진설병 상들과 20 지성소 앞에서 규례대로 불을 켤 순금 등
> 잔대와 그 등잔이며 21 또 순수한 금으로 만든 꽃과 등잔과 부젓가락이며 22 또 순
> 금으로 만든 불집게와 주발과 숟가락과 불 옮기는 그릇이며 또 성전 문 곧 지성소
> 의 문과 내전의 문을 금으로 입혔더라 5:1 솔로몬이 여호와의 전을 위하여 만드는
> 모든 일을 마친지라 이에 솔로몬이 그의 아버지 다윗이 드린 은과 금과 모든 기구
> 를 가져다가 하나님의 전 곳간에 두었더라

저자는 성전 앞 뜰에 있는 도구들을 소개한다. 첫 번째 도구는 번제단이다(4:1). 솔로몬이 놋(נְחֹשֶׁת)으로 제단을 만들었는데 가로 20규빗(9m), 세로 20규빗(9m), 높이 10규빗(4.5m)에 달하는 상당히 큰 구조물이었다. 이집트를 떠나온 이스라엘이 광야에서 만든 제단과 비슷하다(cf. 출 27:1-8). 이스라엘 백성들이 하나님께 드리는 모든 제물이 이곳에서 불태워졌다. 열왕기는 이 번제단을 전혀 언급하지 않는다. 열왕기의 내용을 대폭 축약해서 기록하고 있는 저자가 번제단은 예외적으로 열왕기에 없는 내용을 추가하는 것이 특이하다. 아마도 번제단이 상징하는 바가 그만큼 중요했기 때문일 것이다.

번제단은 하나님과 인간의 교통이 이루어지는 곳이기에 성전에서 가장 중요한 기구 중 하나였다. 이스라엘 사람들은 제단에서 드려진 제물의 연기가 하늘로 피어오르는 것을 물리적 세계와 영적 세계의 만남을 상징한 것으로 이해했다(Johnstone). 그러므로 성전이 아무리 화려해도 번제단이 없다면 성전은 별 쓸모없는 전시물에 불과한 것이다. 저자가 성전의 화려함보다는 성전의 기능에 더 관심을 가지고 있기에 번제단을 언급하는 것은 당연한 일이다. 그는 이스라엘의 예배에서 가장 중요한 것은 하나님과 인간의 교통이라고 생각한다. 오늘날 교회에서 드리는 예배도 이러한 이해를 가지고 드려야 한다.

두 번째 도구는 "바다 모양의 물통"(הַיָּם מוּצָק)이다(2-5절; cf. 왕상 7:23-26). 물통은 옛적 모세가 만들었던 물두멍을 대신하는 물건이다(cf. 출 30:17-21). 평범한 크기의 물탱크가 아니다. 지름이 10규빗(4.5m), 높이가 5규빗(2.25m), 둘레가 30규빗(13.5m)이다. 작은 수영장 규모이다. 이 규모의 물통이라면 최소한 44톤의 물을 담을 수 있는데(House), 저자는 3,000밧(בַּת)을 담았다고 한다(5절). 반면에 열왕기상 7:26은 2,000밧을 담을 수 있다고 한다. 이러한 차이는 물통을 보는 각도의 차이에서 비롯된 것일 수도 있고(Wylie, Williamson), 둘 중 하나의 단순한 표기 실수일 수도 있다. 단순한 실수로 보는 사람들은 대체로 3,000밧(역대기)이 2,000밧(열왕기)을 잘못 표기한 것으로 생각한다(Busink, Japhet).

학자들은 1밧이 40-45ℓ였다고 하기도 하고, 22ℓ 정도였다고 하기도 한다(HALOT, Scott). 보수적으로 계산하더라도 바다 모양의 물통이 담았던 물의 양은 66톤이 넘는다. 실로 대단한 규모의 물통이다. 물통은 백합화 문양으로 장식이 되었다고 하는데(5절), 열왕기상 7:24은 "호리병 모양의 박" 문양도 새겨져 있다고 한다(새번역). 물통은 소 모양의 다리가 사방으로 세 개씩 받치고 있다(4절). 총 12마리의 소가 다리 역할을 한 것이다. 여기에 소가 등장한 것을 바알 종교의 침입으로 보는 사람들도 있다(Gray). 그러나 12마리의 소는 이스라엘의 열두 지파 혹은 솔로몬이 통치 구역을 12로 나눈 것을 상징한 것으로 해석하는 것이 바람직하다(Jones, House). 솔로몬은 바다 모양 물통을 성전 오른쪽 동남쪽 모퉁이에 두었다(10절).

세 번째 도구는 물을 담는 대야들이었다(6절). 솔로몬은 10개의 대야를 만들어서 제단 왼쪽에 5개, 오른쪽에 5개를 두어 번제물을 씻는 데 사용하도록 했다. 바다 모양의 물두멍에 저장된 물은 제사장들이 씻는 데 사용하는 물이었다. 출애굽기 30:18-21과 40:30-32도 제사장들이 성소에 들어서기 전에 몸을 씻어야 했는데, 이 물을 물두멍에서 얻었다고 한다. 물두멍의 물과 대야의 물의 용도가 서로 달랐던 것이다.

열왕기상 7:27-39은 대야들에 대해서 상당히 자세하게 기록한다. 대야는 각각 지름이 10규빗(4.5m)에 달했으며 40밧(בַּת)의 물을 담을 수 있었다고 한다(왕상 7:38). 1밧을 22ℓ로 계산할 때 40밧이면 880ℓ, 곧 1톤이 조금 안 되는 양의 물이다. 대야들은 상당히 큰 그릇이었다. 대야들은 받침대들 위에 놓였는데(14절), 각 받침대는 길이가 4규빗(1.8m), 너비가 4규빗(1.8m), 높이가 3규빗(1.35m)이었다(왕상 7:27). 받침대에는 사자, 소, 그룹 등의 모형이 새겨졌으며, 각각 4개의 놋쇠 바퀴와 놋쇠 축과 4개의 다리를 지니고 있었다. 기능성과 아름다움을 함께 지닌 것들이었다.

네 번째 도구는 촛대였는데, 솔로몬은 10개의 촛대를 만들어 성전 안 좌우에 각각 5개씩 두었다(7절). 장막에도 비슷한 촛대가 있었는데 하나뿐이었다(cf. 출 25:31-40). 성전에 있는 10개의 촛대가 장막의 하나를 대체하는 것이다(Hill). 촛대는 세 가지 기능을 지니고 있었다. 첫째, 실용적인 기능으로 어두운 곳에서 빛을 밝혔다. 둘째, 미적(美的) 기능으로 성소에 아름다움과 영광을 더해주는 도구였다. 셋째, 상징적인 기능이다. 촛대들은 대체로 나무 모양을 하고 있었는데 나무와 빛은 생명을 상징했다. 이 촛대들이 에덴동산에 있던 생명나무를 상징한다는 해석도 있다(cf. 창 2장).

이 외에도 상 10개와 대접 100개를 만들었다(8절). 솔로몬 성전과 연관해서 10개의 상이 언급되는 것은 이곳뿐이다. 상들은 성전 안에 배치된 10촛대의 받침대 역할을 한 것으로 생각된다(Hill). 물론 모두 금으로 만들었다. 솔로몬은 외형적으로 화려함의 극치인 금으로 성전을 건축했을 뿐만 아니라, 그 안에서 사용할 집기들도 세세한 정성과 관심을 쏟아 화려하고 귀중한 금으로 만들었다. 이어 솔로몬은 제사장들이 사역하는 데 필요한 제사장의 뜰과 큰 뜰을 만들고 문짝과 테두리를 쳐서 구분했다(9절). 제사장들이 출입하는 문들은 놋쇠로 덧입혔다. 아마도 일반인들의 출입을 막기 위한 표시였을 것이다.

후람은 솥, 부삽, 고기 갈고리 그리고 작은 대접들도 만들었다(11, 16절; cf. 왕상 7:40). 이렇게 해서 솔로몬이 요구한 것을 하나도 놓치지 않고 모두 해냈다. 또 성전 앞에 서 있는 두 기둥과 장식들(12-13절), 대야(14절), 바다 모양의 물두멍과 받침대 12개(15절) 등을 만들었다. 후람은 이 모든 기구들을 숙곳과 스레다 사이에 있는 요단 계곡의 진흙으로 틀을 만들고 그 위에 끓는 쇳물을 붓는 방법으로 만들었다(17절; cf. 왕상 7:46). 저자는 성전 도구들을 만드는 작업에 사용된 놋쇠가 얼마나 많았는지 그 양을 아무도 모른다고 한다(18절; cf. 왕상 7:47). 후람은 진정한 의미에서 브살렐과 오홀리압에 버금가는 사람이었음을 시사한다(Allen, cf. McConville).

이 외에도 솔로몬은 여러 도구를 만들었다(19-22절). 금 제단(הַזָּהָב מִזְבַּח)을 만들었다고 하는데, 이것이 무엇이었는지는 자세히 언급하지 않는다(19절). 성전 안에 있는 것으로 보아 금 분향단을 두고 하는 말이라는 것이 학자들 대부분의 추측이다(Hubbard, cf. 출 30:1-4). 분향단은 향을 피우는 제단으로 지성소 앞에 있었다(출 30:1). 피어오르는 향의 연기가 밤낮을 가리지 않고 하나님께 드리는 이스라엘의 기도를 상징했다(House). 성전에서 사용할 새 분향단을 만들어 옛 것을 대체한 것이다.

솔로몬은 진설병(לֶחֶם הַפָּנִים)을 놓는 상들(הַשֻּׁלְחָנוֹת)도 만들었다(19절). 진설병은 원래 한 상에 올려놓기 때문에 "상들"보다는 "상"(שֻׁלְחָן)이 정확하다. 아마도 필사한 사람의 실수로 생각된다(Hill). 진설병은 이스라엘 중에 거하시는 하나님의 임재와 광야 시절에 그들의 필요를 채우신 하나님의 은혜를 상징했다(cf. 출 25:30). 그 외 금 등잔, 등잔대, 금으로 만든 꽃장식과 부집게(21절), 향의 심지를 다듬는 집게, 대접, 숟가락, 불 옮기는 그릇, 지성소의 문짝들, 성전 본관의 문짝들 등도 만들었다(22절). 나머지 성전에 필요한 물건들은 기브온 회막에 있는 것들을 가져다 채웠다(Allen, cf. 5:5). 하나님께 드리는 예배에 필요한 모든 것을 한 치의 오차도 없이 완벽하게 준비한 것이다. 이렇게 해서 솔로몬은 다윗 시대 때부터 준비한 성전과 집기들을 성공적으로 만들 수 있었다(5:1).

II. 통일왕국의 역사(대상 9:35–대하 9:31)
3장. 솔로몬의 통치(대하 1:1–9:31)

3. 성전 헌당(5:2-7:22)

역대기 저자는 솔로몬이 성전을 건축하는 데 시간이 얼마나 걸렸는지 언급하지 않지만, 열왕기는 7년에 걸쳐 성전을 건축했다고 한다(왕상 6:38). 성전 공사를 마무리했으니 이제 성전을 하나님께 헌당할 때가 되었다. 그러나 열왕기 저자는 솔로몬이 왕궁을 짓는 데 걸린 13년이 더 지난 다음(viz., 성전 건축을 시작한 해로부터 20년이 지난 다음)에야 비로소 성전을 헌당한 것처럼 이야기를 진행한다(cf. 왕상 6-8장). 반면에 역대기 저자는 솔로몬이 성전을 헌당한 정확한 시기에 대해서 이렇다 할 언급을 하지 않는다. 성전의 역사보다는 성전이 내포하는 의미에 대해서 관심을 가지고 있기 때문이다.

성전이 완공됨으로써 이스라엘은 역사상 최고의 황금시대를 시작한다. 역대기 저자에게도 성전 헌당식은 역대기의 절정이다(Hill). 본 텍스트는 법궤를 완공된 새 성전에 안치하는 일로 시작해 솔로몬의 헌당 기도와 하나님의 응답으로 구성되어 있으며 다음과 같이 일곱 섹션으로 구분할 수 있다.

A. 법궤 운반(5:2-14)
B. 예배 부름(6:1-2)
C. 성전 건축 경위(6:3-11)
D. 솔로몬의 기도(6:12-42)
E. 하나님의 불과 임재(7:1-3)
F. 제사와 축하(7:4-10)
G. 하나님의 계시(7:11-22)

Ⅱ. 통일왕국의 역사(대상 9:35–대하 9:31)
3장. 솔로몬의 통치(대하 1:1–9:31)
3. 성전 헌당(5:2–7:22)

(1) 법궤 운반(5:2-14)

[2] 이에 솔로몬이 여호와의 언약궤를 다윗 성 곧 시온에서부터 메어 올리고자 하
여 이스라엘 장로들과 모든 지파의 우두머리 곧 이스라엘 자손의 족장들을 다 예
루살렘으로 소집하니 [3] 일곱째 달 절기에 이스라엘 모든 사람이 다 왕에게로 모이
고 [4] 이스라엘 장로들이 이르매 레위 사람들이 궤를 메니라 [5] 궤와 회막과 장막 안
에 모든 거룩한 기구를 메고 올라가되 레위인 제사장들이 그것들을 메고 올라가
매 [6] 솔로몬 왕과 그 앞에 모인 모든 이스라엘 회중이 궤 앞에서 양과 소로 제사를
드렸으니 그 수가 많아 기록할 수도 없고 셀 수도 없었더라 [7] 제사장들이 여호와
의 언약궤를 그 처소로 메어 들였으니 곧 본전 지성소 그룹들의 날개 아래라 [8] 그
룹들이 궤 처소 위에서 날개를 펴서 궤와 그 채를 덮었는데 [9] 그 채가 길어서 궤에
서 나오므로 그 끝이 본전 앞에서 보이나 밖에서는 보이지 아니하며 그 궤가 오늘
까지 그 곳에 있으며 [10] 궤 안에는 두 돌판 외에 아무것도 없으니 이것은 이스라엘
자손이 애굽에서 나온 후 여호와께서 그들과 언약을 세우실 때에 모세가 호렙에
서 그 안에 넣은 것이더라 [11] 이 때에는 제사장들이 그 반열대로 하지 아니하고 스
스로 정결하게 하고 성소에 있다가 나오매 [12] 노래하는 레위 사람 아삽과 헤만과
여두둔과 그의 아들들과 형제들이 다 세마포를 입고 제단 동쪽에 서서 제금과 비
파와 수금을 잡고 또 나팔 부는 제사장 백이십 명이 함께 서 있다가 [13] 나팔 부는
자와 노래하는 자들이 일제히 소리를 내어 여호와를 찬송하며 감사하는데 나팔
불고 제금 치고 모든 악기를 울리며 소리를 높여 여호와를 찬송하여 이르되

선하시도다
그의 자비하심이 영원히 있도다

하매 그 때에 여호와의 전에 구름이 가득한지라 [14] 제사장들이 그 구름으로 말미
암아 능히 서서 섬기지 못하였으니 이는 여호와의 영광이 하나님의 전에 가득함
이었더라

솔로몬은 그동안 시온, 곧 다윗 성에 머물러 있던 법궤를 완공한 성전으로 옮기기 위해서 이스라엘 장로들과 각 가문의 대표를 불러 모았다(2절). 다윗 성에서 성전까지 거리는 500m이다(Mabie). 솔로몬이 법궤를 다윗 성에서 옮겨온다는 것은 성전이 다윗 성안에 건축된 것이 아님을 시사한다. 아울러 성전 건축은 솔로몬에게 통치 중심이 될 수도의 범위를 확장하는 기회를 주었다(House). 법궤를 옮기는 일은 일곱째 달 절기에 있었다(3절). 이스라엘은 종교 달력과 일반〔바빌론〕 달력을 동시에 사용했는데, 종교 달력으로 7월이면 일반 달력으로 새해를 시작하는 1월이었다. 종교 달력으로 일곱째 달 절기로는 1일에 신년식, 10일에 속죄일, 15-21일에 초막절 절기 등이 있었다(cf. 레 23장).

법궤가 일곱째 달에 성전으로 운반되었다는 것은 상당한 의미가 있다. 초막절이 되면 이스라엘은 출애굽 사건을 기념하기 위해서 임시 숙소인 초막에서 살아야 한다. 이스라엘의 광야생활이 끝나고 하나님이 그들을 약속의 땅으로 데리고 오셔서 거기에 집을 짓고 안식을 누리게 하신 것을 기념하기 위함이다(Patterson & Austel). 모세는 이 절기 때 출애굽 2세들과 언약을 새로이 했고, 그들에게 율법을 7년마다 이 절기에 읽으라고 지시했다(신 31:9-13). 또한 새해의 시작을 알리는 신년식(1일)과 하나님이 백성들의 죄를 용서하시고 새 출발을 허락하신 속죄일(10일) 등 새로운 시작 및 갱신과 연관된 절기 때 성전 헌당식이 행해지는 것은 매우 적절하다고 할 수 있다(Johnstone). 또한 이처럼 출애굽 사건과 밀접한 관계가 있는 절기 때 성막과 법궤가 성전으로 옮겨졌다는 것은 출애굽의 하나님이 임시 거처에서 영구적인 거처로 옮기셨다는 것을 뜻한다(cf. 삼하 7:6).

한 가지 특이한 것은 시간에 대한 언급이다. 법궤가 성전으로 옮겨진 것이 도대체 솔로몬 즉위 몇 년 일곱째 달에 있었던 일이란 말인가? 역대기뿐만 아니라 열왕기도 이 부분에 대해서는 확실하게 언급하지 않는다. 특히 열왕기의 경우 공사가 정확히 언제 시작되었으며 마무리

되었는가를 기록하고 있으면서도 법궤가 운반된 시점(즉, 헌당식)이 언제였는지 밝히지 않는 것이 특이하다. 열왕기는 기록하기를 "주님의 성전 기초를 놓은 것은 솔로몬의 통치 제 사년 시브월이고, 성전이 그 세밀한 부분까지 설계한 대로 완공된 것은 제 십일년 불월 곧 여덟째 달이다. 솔로몬이 성전을 건축하는 데는 일곱 해가 걸렸다"(왕상 6:37-38, 새번역)라며 공사 기간에 대해서는 정확하게 회고한다. 게다가 열왕기상 6:38은 성전이 "여덟째 달"에 완공되었다고 하였다. 그런데 헌당식은 일곱째 달에 있었던 일이다(3절). 만일 이듬해 일곱째 달을 뜻한다면 성전이 완공된 지 11개월이 지나서야 헌당식이 행해진 것이다.

어떤 주석가들은 솔로몬 성전이 완공되기 한 달 전에 헌당되었다고 해석한다(Ewald). 그러나 대부분은 성전이 완공된 다음에 헌당되었다고 생각한다. 또한 "솔로몬이 주님의 성전과 왕궁 짓는 일과, 자기가 이루고 싶어 한 모든 것을 끝마치니, 주님께서는, 기브온에서 나타나신 것과 같이, 두 번째로 솔로몬에게 나타나셔서, 그에게 말씀하셨다"(왕상 9:1-3a, 새번역)를 두 건물이 완공된 다음에 헌당된 것으로 해석하여 성전은 완공된 지 13년이 지난 후에야 헌당되었다고 해석하는 학자들도 종종 있다(Keil). 성전 건축이 시작된 지 20년 만에 헌당식이 있었다는 해석이다. 칠십인역(LXX)도 이러한 해석을 지지한다. 칠십인역은 열왕기상 8:1, 9:1-2, 9:10에 기록된 내용들을 조화시키려고 열왕기상 8:1에 다음과 같은 문구를 덧붙였다. "καὶ ἐγένετο ἐν τῷ συντελέσαι Σαλωμων τοῦ οἰκοδομῆσαι τὸν οἶκον κυρίου καὶ τὸν οἶκον ἑαυτοῦ μετὰ εἴκοσι ἔτη"(솔로몬이 20년을 거쳐 성전과 자신의 집을 건축한 후에…〔법궤를 옮겨왔다〕).

그러나 대부분의 학자들이 성전이 완공된 다음 해 7월에 헌당된 것으로 해석한다(Patterson & Austel, Gray, House). 성전 공사가 마무리된 지 11개월이 지난 다음에 법궤를 운반해 와서 헌당식을 가졌다는 것이다. 4장에 묘사된 여러 가지 집기 만드는 일이 이러한 시간을 필요로 했을 것이라고 생각한다(Skinner, Stade & Schwally). 일부 학자들은 장막절이 원래 여덟 번째 달에 지켜지다가, 여로보암이 북 왕국 사람들을 통제하기 위해서 비슷한 날짜에 절기를 만들자, 남 왕국 유다가 그 절기를 일곱 번째 달로 앞당겼다고 생각한다. 즉, 열왕기상 6:38의 "여덟째 달"과 본문의 "일곱째 달"은 같은 때를 두고 하는 말이라는 것이다(Montgomery & Gehman, Morgenstern). 또한 11개월의 차이를 완만하게 얼버무리기 위해서 훗날 누군가가 2절에 "그때쯤"(אָז)(개정 "이에"; 공동 "한편"; 새번역은 번역에서 제외함)이라는 단어를 삽입한 것이라고 주장하는 사람들도 있다(Noth, Gray, Würthwein). 성전이 안고 있는 신학적·역사적 중요성을 감안할 때, 11개월을 기다렸다가 장막절과 속죄일쯤에 헌당식이 치러진 것은 문제가 아니라 오히려 당연한 것으로 생각된다.

이스라엘의 모든 리더가 모이자 제사장들과 레위 사람들이 법궤와 장막의 기구들을 새 성전으로 옮겼다(3-5절). 성막에서 사용되던 물건들이 이 일 이후로 어떻게 되었는가에 대해서 성경은 더 이상 언급하지 않는다. 법궤를 성전으로 운반하는 일은 두 가지의 긴장감을 준다(Walsh). (1) 법궤 운송이 사고 없이 끝날 것인가?, (2) 여호와께서 '새 집'을 좋아하실 것인가? 그래서 솔로몬과 온 이스라엘은 성전을 건축하고 헌당하는 일에 온 이스라엘의 마음이 하나가 되었고 이 일에 모든 사람이 기쁘게 동참하고 있음을 강조하기 위해서 셀 수도 없을 만큼 많은 제물을 드렸다(6절). 드디어 사고 없이 법궤가 성전에 안치되었다(7절). 법궤 이동 이야기가 절정에 도달한 것이다(Japhet).

저자는 거대한 그룹들 밑에 법궤가 놓인 것과 그룹들의 날개가 얼마나 컸는가에 대해서 설명한다(7-8절). 궤를 운반할 때 사용했던 막대 두 개는 무척 길어서 그 끝이 지성소의 정면에 있는 성소에서도 보였지만 성소를 벗어나서는 보이지 않았다고 한다(8절). 무엇을 뜻하는가? 성소에서 지성소로 인도하는 좁은 문 가까이에 가면 지성소 안에 놓여 있는 궤의 모습을 어렴풋이 볼 수 있었다는 의미로 해석하기도 하고(Montgomery & Gehman), 지성소로 들어가는 문이 평소에 열려 있어서 안을 들여다볼 수 있었던 것으로 해석하지만(Robinson) 정확하지는 않다.

저자는 이 막대들이 "오늘날까지"(הַיּוֹם הַזֶּה) 그곳에 놓여 있다고 한다(9절). 성전이 주전 586년에 파괴된 점을 감안할 때, "오늘날"은 그 이전임이 확실하다. 그런데 이미 서론에서 언급했듯이 역대기는 바빌론으로부터 돌아온 귀향민 중에 거하는 저자가 최종적으로 저작/편집한 책이다. 그렇다면 본문의 "오늘날"은 저자가 다른 출처를 인용하고 있음을 시사한다. 출처에 "오늘날"이라는 말이 있었는데, 저자가 어떤 편집도 하지 않고 그대로 인용한 것이다. 아마도 이 이야기는 솔로몬 행장의 일부였을 것이다.

법궤 속에는 모세가 호렙 산에서 받은 두 돌판 외에는 아무것도 없었다(10절). 저자가 이 사실을 강조하는 것은 아론의 지팡이(민 17:10)와 만나를 담은 항아리(출 16:33)가 법궤 안에 안치되었을 것이라는 추측을 잠재우기 위함이다. 이 물건들은 법궤 옆에 놓인 적은 있어도 안에 넣어진 적은 없다는 것이다. 그뿐만 아니라 솔로몬 시대에 이르러서는 그나마 이 물건들이 더 이상 존재하지 않았다. 만일 이것들이 존재했다면 제사장들이 이 물건들을 지성소에 안치했을 텐데 이에 대한 언급이 전혀 없다.

아론의 지팡이와 만나를 담은 항아리의 행방은 어떻게 된 것일까? 히스기야의 놋뱀 이야기에서 힌트를 얻을 수 있다. 히스기야는 광야에서 하나님이 보내신 뱀에 물려 죽어가는 사람들을 살리기 위해서 모세가 만들었던 놋뱀을 아예 없애버렸다(왕하 18:4; cf. 민 21장). 세월이 지나면서 이스라엘 사람들이 하나님을 경배하지 않고 종교적 유물을 숭배하기 시작했기 때문이다. 아마도 아론의 지팡이와 만나 항아리도 비슷하게 된 것 같다. 사람들이 종교적 유물들을 숭배하기에 이른 것이다. 그래서 이것들도 경건한 사람에 의해서 파괴된 것으로 생각된다. 무엇이든 인간이 하나님께 쏟아야 할 관심과 열정을 앗아가면 제거해야 함을 암시한다.

이러한 상황에서 모세의 돌판이 법궤 안에 있다는 것은 이스라엘이 시내 산 언약과 깊이 연루되어 있음을 시사한다(House). 또한 십계명이 새겨진 돌판만 법궤 안에 있다는 것은 하나님의 말씀의 영원성과 중요성을 암시한다. 세상의 모든 것이 지나가고 사라진다 해도 하나님의 말씀은 영원할 것이다. 우리의 사역도 하나님의 영원한 말씀을 가르치고 전파하는 일을 가장 중요한 목적으로 삼아야 한다.

제사장들이 모든 예식을 마치고 성소에서 나왔으며, 아삽과 헤만과 여두둔과 그들의 자손들로 구성된 레위 찬양대가 하나님께 감사와 찬양을 드렸다(11-13절). 그들이 드린 노래의 주제는 "여호와는 선하시고 그의 자비하심이 영원하다"였다. 짧지만 하나님의 백성을 향한 마음을 가장 잘 표현한 노래이다.

찬양대의 노래가 진행되는 동안 주님의 성전에 구름이 가득 찼다(13절). 시내 산에 구름으로 임하셨던 하나님의 영광, 광야에서 그들을 뙤약볕으로부터 보호하시고, 갈 길을 인도하셨던 그 영광이 성전에 임한 것이다. 저자는 여호와의 영광(כְּבוֹד־יְהוָה)을 상징하는 구름이 여호와의 집(בֵּית יְהוָה)에 얼마나 자욱했는지 제사장들이 일을 할 수가 없었다고 기록한다(14절). 하나님이 성전에 임하신 것이다(Snaith). 이 사실은 백성들이 그분의 처소로 세운 성전을 하나님이 기뻐하셨음을 입증한다. 과거에 하나님이 모세와 그의 백성들과 함께하셨던 것처럼, 솔로몬과 그의 백성들과 함께하실 것을 뜻한다.

II. 통일왕국의 역사(대상 9:35-대하 9:31)
3장. 솔로몬의 통치(대하 1:1-9:31)
3. 성전 헌당(5:2-7:22)

(2) 예배부름(6:1-2)

1 그 때에 솔로몬이 이르되 여호와께서 캄캄한 데 계시겠다 말씀하셨사오나 2 내가 주를 위하여 거하실 성전을 건축하였사오니 주께서 영원히 계실 처소로소이다 하고

다윗의 경험에서 보듯이 법궤를 이동하는 일은 매우 위험하다(cf. 삼하 6장). 다행히 이날 솔로몬은 성공적으로 법궤를 성전으로 운반할 수 있었다. 별 어려움 없이 법궤가 성전에 입성했다는 것은 하나님이 이 일을 기뻐하셨음을 의미한다. 하나님이 성전을 자신의 영광으로 가득 채우심으로써 성전을 자신의 거처로 인정하셨음을 표현하셨다.

이어 솔로몬은 성전의 가장 기본적인 기능을 선포한다. 하나님은 인간들이 그분을 볼 수 없도록 캄캄한/진한 구름(עֲרָפֶל) 속에 계시겠다고 말씀하셨다(1절; cf. 출 20:21; 신 4:11; 5:22; 시 18:11; 97:2). 매우 침침하고 어두웠던 성막의 지성소를 염두에 둔 표현이다(Allen). 솔로몬이 성막 지성소의 어두운 구름 속에 거하시는 하나님께 성전으로 옮겨 오시기를 요청하는 기도이다. 성전은 하나님이 영원히 계실 처소(viz., "이름을 두실 곳")이기 때문이다(2절). 솔로몬은 하나님이 성전에 입성하실 것을 간구함으로 성전 헌당 예배를 시작한다.

Ⅱ. 통일왕국의 역사(대상 9:35-대하 9:31)
3장. 솔로몬의 통치(대하 1:1-9:31)
3. 성전 헌당(5:2-7:22)

(3) 성전 건축 경위(6:3-11)

3 얼굴을 돌려 이스라엘 온 회중을 위하여 축복하니 그 때에 이스라엘의 온 회중
이 서 있더라 4 왕이 이르되 이스라엘 하나님 여호와를 송축할지로다 여호와께서
그의 입으로 내 아버지 다윗에게 말씀하신 것을 이제 그의 손으로 이루셨도다 이
르시기를 5 내가 내 백성을 애굽 땅에서 인도하여 낸 날부터 내 이름을 둘 만한 집
을 건축하기 위하여 이스라엘 모든 지파 가운데서 아무 성읍도 택하지 아니하였
으며 내 백성 이스라엘의 주권자가 될 사람을 아무도 택하지 아니하였더니 6 예루
살렘을 택하여 내 이름을 거기 두고 또 다윗을 택하여 내 백성 이스라엘을 다스리
게 하였노라 하신지라 7 내 아버지 다윗이 이스라엘의 하나님 여호와의 이름을 위
하여 성전을 건축할 마음이 있었더니 8 여호와께서 내 아버지 다윗에게 이르시되

네가 내 이름을 위하여 성전을 건축할 마음이 있으니 이 마음이 네게 있는 것이
좋도다 9 그러나 너는 그 성전을 건축하지 못할 것이요 네 허리에서 나올 네 아들
그가 내 이름을 위하여 성전을 건축하리라 하시더니 10 이제 여호와께서 말씀하신
대로 이루셨도다 내가 여호와께서 말씀하신 대로 내 아버지 다윗을 대신하여 일
어나 이스라엘 왕위에 앉고 이스라엘의 하나님 여호와의 이름을 위하여 성전을
건축하고 11 내가 또 그 곳에 여호와께서 이스라엘 자손과 더불어 세우신 언약을
넣은 궤를 두었노라 하니라

하나님께 성전에 임하시라는 간구를 드린 후 솔로몬은 백성들에게 돌아서서 그들을 축복하고 성전 건축에 관한 지금까지의 경과를 설명하기 시작했다. 이 섹션은 열왕기상 8:12-21과 평행을 이루고 있다. 그러나 열왕기에 기록된 내용과 비교해 보았을 때 두 가지 중요한 차이점을 지닌다. 첫째, 열왕기는 예루살렘이 하나님의 이름을 두는 곳으로 지명을 받았다는 사실을 언급하지 않는데, 6절은 예루살렘을 하나님이 이름을 두실 장소로 지정하셨다고 한다. 둘째, 열왕기는 출애굽 사건과 성전에 이름을 두기로 결정하신 하나님을 직접 연관시키는데, 역대기는 이 점에 대해 언급하지 않는다. 역대기 저자에게는 시내 산 언약보다는 다윗 언약이 더 중요한 의미를 지닌다. 그래서 성전이 다윗 언약과 연관되어 있는 예루살렘(viz., 다윗 언약을 받은 장소)에 세워졌음을 강조하는가 하면, 시내 산 언약의 출발점인 출애굽 사건과 성전의 연관성에 대한 언급은 최소화한다.

솔로몬은 성전을 건축하게 된 경위를 설명하면서 성전 완공과 헌당식이 이스라엘의 하나님을 향한 사랑보다는 하나님의 이스라엘을 향한 지속적인 사랑의 표현임을 고백한다. 성전은 이스라엘이 하나님을 위해서 드리는 헌물이 아니라, 하나님이 이스라엘에게 은혜를 베푸시고 그들을 계속 사랑하시기 위해서 세우신 건물임을 고백한다(cf. 10절). 예배는 하나님이 주의 백성에게 지어준 짐이 아니라, 세상의 많은 민족

중 자기 백성에게만 허락하신 축복이자 특권이기 때문이다. 솔로몬은 이 섹션에서 세 가지를 강조한다.

첫째, 다윗 언약은 모세 시대 때 하나님이 이스라엘과 시내 산에서 맺으신 언약의 연속이다(5절). 하나님이 이스라엘을 이집트에서 이끌어 내신 은혜에 근거한 시내 산 언약과 다윗과 그의 후손들에게 영원한 나라를 주시겠다고 약속하신 다윗 언약은 각자 독특성을 지니면서 동시에 연속성을 지닌다. 실제로 다윗 언약은 시내 산 언약을 포함하고 있다(Allen). 다윗 언약은 매우 미래 지향적이라는 점을 감안할 때, 하나님이 과거에 이스라엘에게 베풀어주신 은혜(viz., 시내 산 언약)가 이들의 미래까지 축복하는 것이다.

둘째, 성전 완공이 이날까지 지체된 것은 하나님의 계획과 뜻에 의한 것이다(7-8절). 하나님의 각별한 사랑을 받은 아버지 다윗마저도 성전을 건축하는 영광은 누리지 못했다. 하나님의 모든 역사에는 적절한 때가 있기 때문에 결코 인간의 의지만으로는 이루어낼 수 없다. 많은 경우에 하나님의 때와 방법이 하나님의 뜻보다도 더 중요할 수 있다. 드디어 솔로몬의 시대가 하나님의 성전을 건축하기에 가장 적절한 때였기에 하나님이 이 일을 하신 것이다.

셋째, 솔로몬은 성전이 하나님이 실제로 거하시는 처소가 아니라, 하나님의 이름이 기념되는 곳임을 강조한다(5, 7, 9, 10절). 성전에 임하신 하나님의 임재가 주의 백성들에게는 충분하며, 이 성전에서 하나님의 이름을 부르면 하나님은 분명히 응답하실 것이다. 그러나 성전은 하나님의 실제적인 처소가 될 수 없다. 그곳은 단지 하나님의 이름을 기념하는 곳일 뿐이다. 이런 면에서 성전은 하나님을 위한 곳이라기보다는 그의 백성들을 위한 공간이다. 하나님의 가까이 계심이 결코 그의 초월하심을 극복할 수는 없는 것이다.

II. 통일왕국의 역사(대상 9:35–대하 9:31)
3장. 솔로몬의 통치(대하 1:1–9:31)
3. 성전 헌당(5:2–7:22)

(4) 솔로몬의 기도(6:12-42)

저자는 열왕기에 기록된 솔로몬의 헌당 기도를 거의 그대로 인용하고 있는데, 이 기도문은 열왕기뿐만 아니라, 역대기에서도 매우 중요하다. 역대기 저자가 성전에 부여하는 의미가 고스란히 이 기도문에 포함되어 있기 때문이다(Johnstone). 구조적으로 기도문은 역대기에 기록된 솔로몬 이야기의 가장 중심에 위치하고 있으며, 솔로몬 왕권의 절정이라 할 수 있다(Dillard). 저자가 성전 건축 과정에 대한 이야기(3:1-5:1)보다 기도문에 더 큰 공간을 할애하고 있다는 것도 이러한 사실을 암시한다. 그러므로 기도문은 역대기의 성향과 메시지를 이해하는 데 매우 중요한 기여를 한다. 저자는 귀향민들로 구성되어 있는 독자들에게 이스라엘의 삶과 신앙생활에서 기도의 중요성을 강조하고 있다(Hill). 기도는 하나님과 주의 백성들의 관계를 지속시켜줄 뿐만 아니라, 이미 하나님이 주신 약속들을 활성화하는 도구이다(McConville).

솔로몬은 먼저 성전 건축과 다윗 언약의 연관성을 정리한 다음(14-17절) 하나님이 성전에 머무시는 것이 무엇을 의미하는가에 대해서 묵상한다(18-19절). 나머지 부분은 성전을 찾아오거나 바라보며 기도하는 사람들의 기도를 들어달라는 기원들로 구성되어 있다. 이 기원들은 모두 "들으시고"(שָׁמַעְתָּ), "용서하소서(סָלַחְתָּ)"를 핵심 단어(Leitmotif)로 사용하고 있으며, 성전이 있는 곳에서 점차적으로 거리가 멀어지는 순서로 구성되어 있다. (1) 처음 둘은 성전 뜰에서 드리는 기도, (2) 다음 둘은 성전을 향해서 드리는 기도, (3) 마지막에는 포로가 되어 끌려가서 타국에서 드리는 기도. 솔로몬의 기도는 다음과 같이 여러 섹션으로 구분할 수 있다.

A. 제단 앞에 선 솔로몬(6:12-13)
B. 역사적 서론: 다윗 언약을 지켜주시기를(6:14-17)
C. 장소적 서론: 성전에 임하시기를(6:18-21)
D. 첫 번째 간구: 정의 실현을(6:22-23)
E. 두 번째 간구: 전쟁 재앙에서 보호를(6:24-25)
F. 세 번째 간구: 땅에 비를(6:26-27)
G. 네 번째 간구: 온갖 고통이 없기를(6:28-31)
H. 다섯 번째 간구: 이방인들에게도 동일한 은혜를(6:32-33)
I. 여섯 번째 간구: 전쟁에서 승리를(6:34-35)
J. 일곱 번째 간구: 포로생활에서 구원을(6:36-39)
K. 마무리: 성전에 임하시기를(6:40-42)

① 제단 앞에 선 솔로몬(6:12–13)

12 솔로몬이 여호와의 제단 앞에서 이스라엘의 모든 회중과 마주 서서 그의 손을
펴니라 13 솔로몬이 일찍이 놋으로 대를 만들었으니 길이가 다섯 규빗이요 너비가
다섯 규빗이요 높이가 세 규빗이라 뜰 가운데에 두었더니 그가 그 위에 서서 이스
라엘의 모든 회중 앞에서 무릎을 꿇고 하늘을 향하여 손을 펴고

솔로몬은 행사를 위해서 미리 제단 앞에 마련해 둔 단상에 올라갔다(12-13절). 단상은 성전 뜰에 있다. 저자는 솔로몬이 뜰에서 기도한 사실을 부각함으로써 그가 제사장들만 출입할 수 있는 성소에 들어가지 않았음을 강조한다. 제사장들의 고유 사역 공간인 성소를 "위대한 평신도"(distinguished layperson)에게서 보호한 것이다(Allen). 성경에서 단상에 대한 언급은 이곳에만 등장한다. 솔로몬이 올라간 단상은 가로 5자(2.25m), 세로 5자(2.25m), 높이 3자(1.35m) 규모였으며, 놋쇠로 만든 것이었다. 솔로몬은 그곳에 올라가 온 이스라엘이 지켜보는 가운데 하나님께 무릎을 꿇고 하늘을 향해 두 팔을 벌리고 기도했다(13절).

성경에서 하나님께 무릎을 꿇는다는 것은 경외를 뜻하며, 두 팔을 벌리는 것은 존경을 뜻한다. 솔로몬은 제스처를 통해 자신과 이스라엘이 하나님께 전적으로 의지하고 있음을 고백하고 있다(Johnstone). 솔로몬이 온 백성을 대표해서 이런 자세로 하나님께 나아간 것은 곧 제사장의 역할을 대신하고 있음을 뜻하기도 한다(Johnstone, Hill). 또한 제단 앞에 세워둔 단에 올라가 기도함으로 하나님께 드리는 기도가 제사로 바치는 짐승만큼이나 중요한 제물임을 백성들에게 강조하고자 했다.

II. 통일왕국의 역사(대상 9:35-대하 9:31)
3장. 솔로몬의 통치(대하 1:1-9:31)
3. 성전 헌당(5:2-7:22)
(4) 솔로몬의 기도(6:12-42)

② 역사적 서론: 다윗 언약을 지켜주시기를(6:14-17)

14 이르되 이스라엘의 하나님 여호와여 천지에 주와 같은 신이 없나이다 주께서는 온 마음으로 주의 앞에서 행하는 주의 종들에게 언약을 지키시고 은혜를 베푸시나이다 15 주께서 주의 종 내 아버지 다윗에게 허락하신 말씀을 지키시되 주의 입으로 말씀하신 것을 손으로 이루심이 오늘과 같으니이다 16 이스라엘의 하나님 여호와여 주께서 주의 종 내 아버지 다윗에게 말씀하시기를 네 자손이 그들의 행위를 삼가서 네가 내 앞에서 행한 것 같이 내 율법대로 행하기만 하면 네게로부터 나서 이스라엘 왕위에 앉을 사람이 내 앞에서 끊어지지 아니하리라 하셨사오니 이제 다윗을 위하여 그 허락하신 말씀을 지키시옵소서 17 그런즉 이스라엘 하나님 여호와여 원하건대 주는 주의 종 다윗에게 하신 말씀이 확실하게 하옵소서

솔로몬은 먼저 "이스라엘의 하나님 여호와"를 세 차례 반복하며(14, 16, 17절) 하나님의 성품을 묵상했다. 우리는 하나님께 무엇을 간구하기 전에 먼저 그분의 성품을 상기하고 묵상할 필요가 있다(Wilcock). 첫째, 하나님은 이 세상 어디를 봐도 비교할 자가 없는 분이시다(14a절). 그분은 온 세상을 창조한 분이며, 창조한 세상을 계속 관리하고 운영하는 통치자이시다. 천지를 창조한 것에서나, 창조한 세상을 통치하는 것에 있어서 하나님 같은 분이 없다. 그뿐만 아니라 고대 근동의 신화들에 의하면 신들은 인간을 부려먹고 학대하기 위해서 창조했다. 그러나 여호와 하나님은 인간을 사랑하고 교제하기 위해서 창조하셨다. 능력이나 성품에 있어서 세상에 하나님 같은 분이 없다.

둘째, 하나님은 언약/약속을 지키시는 분이시다(14b절). 하나님은 빈말로 약속하는 경우가 없으시기에 한 번 약속하면 꼭 지키는 분이시다. 특히 온 마음을 다해 주님의 뜻을 따라 사는 주님의 종들에게는 더욱더 그렇다. 여호와는 세상 그 누구보다 신실하신 분이시다. 하나님이 약속을 이행하시는 것은 또한 인간에 대한 배려와 은혜이기도 하다.

셋째, 하나님은 다윗과 맺은 약속도 지키셨다(15절). 솔로몬은 하나님의 신실하심을 드러내는 좋은 예로 여호와께서 그의 아비 다윗에게 주신 약속을 지키신 일을 들고 있다. 다윗의 삶은 하나님의 은혜의 연속이기도 했다. 여기서 말하는 약속의 성취는 다윗의 아들을 통해서 자신의 처소를 건축하시겠다는 말씀이 성전 건축을 통해서 성취된 것을 뜻한다. 사람들과의 약속을 지키시는 하나님이 다윗과 한 약속도 지키셨다. 특히 다윗이 죽은 지 제법 세월이 지난 이 순간 그 약속이 성취되었다는 것은 매우 의미심장하다 할 수 있다. 한 미국 가요가 노래하는 것처럼 "꿈은 결코 죽지 않는다네, 다만 꿈꾸는 자가 죽는 것이지"(Dream never dies, just the dreamer)가 사실로 확인된 것이다.

넷째, 하나님은 한 번 맺으신 언약/약속을 꼭 지키는 분이기에 미래에도 그렇게 하실 것을 믿는다(16-17절). 이스라엘과 다윗 왕조가 이때까지 체험한 하나님의 신실하심이 미래에 대한 기대와 확신으로 연결된다. 하나님이 과거에 하신 일과 베푸신 은혜에 대한 이해는 결코 과거에 머물러서는 안 된다. 솔로몬은 지금까지 보여주신 하나님의 신실하심에 근거하여 미래에 대한 기대를 표현한다. 문제는 하나님께 있지 않다. 그분은 앞으로도 꾸준히 다윗과 그의 집안을 축복하실 것이다.

솔로몬은 다윗 언약의 조건성을 스스로 인정하고 있다(16절). "이제 주 이스라엘의 하나님, 주님께서 주님의 종인 내 아버지 다윗 임금에게 말씀하시기를 '네 자손이 저마다 길을 삼가서, 네가 내 앞에서 살아온 것같이 내 율법대로 살기만 하면, 네 자손 가운데서 이스라엘 왕위에 앉을 사람이, 내 앞에서 끊어지지 않게 하겠다' 하고 약속하신 것을, 지켜 주시기를 바랍니다"(새번역). 저자는 "주의 앞에서 행하는"(walking before God)(14, 16절; cf. 왕상 8:23, 25)이라는 표현을 반복하지 않고 16절에서는 "율법대로 행하면"(walk in my law)이라는 말로 변화를 주어 하나님 앞에 행하는 것은 곧 율법에 순종하고 살아가는 것을 의미한다는 사실을 강조한다. 저자는 또한 "하나님 앞에 행하는 것"(viz., 율법대로 살아가는 것)이라는 표현을 통해 믿음은 한 순간의 순종이 아니라, 평생 동안 진행되는 과정임을 강조한다(Allen).

하나님이 그의 아비 다윗과의 약속을 미래에도 지켜달라는 솔로몬의 기도는 곧 역대기 저자의 염원이기도 하다(Hill). 이스라엘의 밝은 미래를 스케치할 때 다윗 언약은 결코 빼놓을 수 없이 중요한 요소이기 때문이다.

II. 통일왕국의 역사(대상 9:35-대하 9:31)
3장. 솔로몬의 통치(대하 1:1-9:31)
3. 성전 헌당(5:2-7:22)
(4) 솔로몬의 기도(6:12-42)

③ 장소적 서론: 성전에 임하시기를(6:18-21)

18 하나님이 참으로 사람과 함께 땅에 계시리이까 보소서 하늘과 하늘들의 하늘이
라도 주를 용납하지 못하겠거든 하물며 내가 건축한 이 성전이오리이까 19 그러나
나의 하나님 여호와여 주의 종의 기도와 간구를 돌아보시며 주의 종이 주 앞에서
부르짖는 것과 비는 기도를 들으시옵소서 20 주께서 전에 말씀하시기를 내 이름을
거기에 두리라 하신 곳 이 성전을 향하여 주의 눈이 주야로 보시오며 종이 이 곳

을 향하여 비는 기도를 들으시옵소서 [21] 주의 종과 주의 백성 이스라엘이 이 곳을 향하여 기도할 때에 주는 그 간구함을 들으시되 주께서 계신 곳 하늘에서 들으시고 들으시사 사하여 주옵소서

솔로몬은 이미 여호와는 이 세상의 그 누구와도 비교할 수 없는 하나님이라고 고백했다. 그는 자연스러운 결론을 내리고 있다. 비록 최선을 다해 가장 아름답고 화려한 성전을 세우고 금은보화를 아끼지 않고 온갖 귀중한 것들로 성전을 장식했지만, 하늘에 거하시는 하나님의 거처라고 하기에는 너무 초라하다는 것이다(18절). 그러므로 하나님이 그 곳에 거주하시기를 어찌 감히 기대할 수 있겠냐는 고백이다. 왕은 하나님의 영광이 얼마나 위대하고 거룩한지, 심지어 하나님을 '얼굴과 얼굴'로 알았던(cf. 신 34:10) 모세마저도 그분의 앞모습은 보지 못하고 지나가는 영광을 뒤에서만 잠시 볼 수 있었다는 사실을 잘 알고 있다(cf. 출 33:7-23). 그러므로 그저 하나님의 이름이 성전에 있는 것만으로도 만족할 뿐이라고 고백한다(20절). 성전이 하나님의 거처라기보다는 죄 때문에 멀어진 인간과 하나님 사이를 연결해 주는 다리였다(Hill).

솔로몬은 자신과 백성들이 성전에 와서 혹은 성전을 향해서 기도드릴 때 하나님이 하늘에서 들으시고 응답해 주셔서 그들을 용서하실 것을 간구한다(20-21절). 솔로몬이 간구하는 일곱 가지 중 넷은 사람들의 회개를 전제한다(Allen). 솔로몬은 사람들이 진심으로 회개하는 기도를 드릴 때마다 하나님이 반응해 주시기를 간구한다. 용서는 솔로몬의 기도에서 가장 중요한 요소 중 하나이다(Allen). 죄지은 사람들이 성전을 찾아와 기도하면 하나님은 그들을 용서하시고 그들의 삶에 새로운 시작을 주실 것이다.

하나님이 성전에 이름만 두시고 백성들의 기도를 하늘에서 들으신다는 것은 하나님의 자유를 의미할 뿐만 아니라 백성들이 기도할 때 꼭 성전을 찾아오지 않고 자신들이 사는 곳에서도 얼마든지 기도할 수 있다는 점을 강조한다(Provan). 그렇다면 솔로몬은 무엇에 근거하여 하나님이 간구하는 대로 하실 것을 확신하고 있단 말인가? 네 가지 원리를 생각할 수 있다(House).

첫째, 솔로몬은 하나님이 과거에 모세, 여호수아, 다윗 등에게 자신을 드러내신 것을 잘 알고 있다. 그러므로 솔로몬이 하나님께 성전에 이름을 두기를 간구하는 것은 전혀 새로운 것을 요구하는 것이 아니다. 이미 누차 하셨던 일을 다시 한 번 하시라는 것 뿐이다. 둘째, 모세를 통해 주신 말씀에 의하면 하나님은 자신의 백성인 이스라엘과 국가적인 차원과 개인적인 차원에서 관계를 갖기를 원하신다(cf. 신 7:7-9). 솔로몬은 자신이 여호와의 "종"이라는 것과 이스라엘이 주의 백성이라는 것을 알고 있기 때문에 확신을 가지고 기도할 수 있었다.

셋째, 솔로몬은 하나님이 신명기 12:4-11에서 "내 이름을 한 곳에 두겠다"는 약속을 이행하실 것을 확신하고 있다. 이 성전이 바로 신명기에서 말씀하신 유일한 예배 처소라는 사실을 확인하고 있다. 넷째, 하나님에 대해서 알고 있는 지식이 그로 하여금 하나님의 임재를 기대하게 한다. 그분은 사랑하며, 신실하며, 성실하고, 관계적인 분이시다. 그러므로 비록 하나님은 신비롭고, 거룩하고, 지극히 높은 분이시지만, 그분은 분명히 인간이 가까이할 수 있는 인격적인 분이시다.

> II. 통일왕국의 역사(대상 9:35–대하 9:31)
> 3장. 솔로몬의 통치(대하 1:1–9:31)
> 3. 성전 헌당(5:2–7:22)
> (4) 솔로몬의 기도(6:12–42)

④ 첫 번째 간구: 정의 실현을(6:22–23)

22 만일 어떤 사람이 그의 이웃에게 범죄하므로 맹세시킴을 받고 그가 와서 이 성전에 있는 주의 제단 앞에서 맹세하거든 23 주는 하늘에서 들으시고 행하시되 주의 종들을 심판하사 악한 자의 죄를 정하여 그의 행위대로 그의 머리에 돌리시고 공의로운 자를 의롭다 하사 그 의로운 대로 갚으시옵소서

이스라엘의 왕으로서 솔로몬의 가장 중요한 임무 중 하나가 백성들의 소송을 듣고 재판하는 일이다. 물론 대부분의 상소가 솔로몬에게 올라오기 전에 해결되겠지만 종종 왕에게까지 올 수밖에 없는 경우들을 쉽게 상상할 수 있다. 솔로몬은 이러한 때에 올바른 판결을 내릴 수 있도록 하나님이 도와주시기를 간구한다. 솔로몬은 하나님이 직접 판결하시기를 희망한다(23절). 증인이나 증거가 불충분하거나 혼란스러운 소송들을 판결할 때 솔로몬의 이러한 간구는 더욱더 절실하고 의미 있는 기도가 된다(Provan, House). 이 경우 소송에 연루된 쌍방을 데려다가 성전의 제단에 맹세하게 하는 것도 일종의 방법이다(22절; cf. 레 6:1-5). 진실을 말하게 하고, 진실을 말하지 않는 자가 하나님의 심판을 받아 벌을 받게 하는 것이다.

솔로몬은 이러한 경우들을 염두에 두고 제단에 와서 맹세하는 자들을 옳게 판단해 달라고 기도한다. 솔로몬은 성전의 가장 기본적인 기능은 하나님의 임재를 상징하는 것이기 때문에 성전에서 재판하는 것은 곧 하나님 앞에서 재판하는 것이며, 꼭 올바른 판결이 나오도록 하나님이 재판을 주관하셔야 한다는 기도를 드리고 있다. 솔로몬이 성전을 헌당하면서 제일 먼저 구하는 것이 공의와 정의에 관한 이슈라는 사실이 인상적이다. 세상에서 공의와 정의를 실현하는 것이 신앙인들의 삶의 가장 중심에 있어야 한다는 것을 뜻한다.

Ⅱ. 통일왕국의 역사(대상 9:35-대하 9:31)
3장. 솔로몬의 통치(대하 1:1-9:31)
3. 성전 헌당(5:2-7:22)
(4) 솔로몬의 기도(6:12-42)

⑤ 두 번째 간구: 전쟁 재앙에서 보호를(6:24-25)

24 만일 주의 백성 이스라엘이 주께 범죄하여 적국 앞에 패하게 되므로 주의 이름을 인정하고 주께로 돌아와서 이 성전에서 주께 빌며 간구하거든 25 주는 하늘에서 들으시고 주의 백성 이스라엘의 죄를 사하시고 그들과 그들의 조상들에게 주

신 땅으로 돌아오게 하옵소서

모세는 이미 오래전에 율법을 통해 이스라엘이 죄를 지으면 하나님이 그들을 이방인들의 손에 내어줄 수 있다고 경고했다(레 26:17; 신 28:25). 솔로몬은 여호수아 시대에 아간의 죄 때문에 이스라엘이 아이성을 정복하지 못한 것(수 7:1-11), 사사 시대 때의 끊임없는 패배, 엘리 제사장 시대에 이스라엘이 블레셋 사람들에게 수모를 당한 것(삼상 4:1-11) 등이 이러한 진리를 입증하는 사건들임을 잘 알고 있었을 것이다.

하나님이 시내 산에서 이스라엘과 맺으신 언약은 분명히 양면성을 지니고 있다. 순종하면 많은 축복을 내리시지만, 순종하지 않으면 징계를 내리신다. 솔로몬이 기도하는 것은 만일 이스라엘이 하나님의 심판을 받아 전쟁에서 지게 되면, 그것이 하나님이 이스라엘을 징계하시는 것임을 깨닫고 회개할 수 있도록 도와주시고, 회개하면 용서해 달라는 것이다. 솔로몬은 이 기도를 드리면서 진정한 회개는 두 가지 요소를 지녀야 함을 암시한다. (1) 하나님의 주권을 인정하는 것, (2) 하나님께 용서를 비는 것(Japhet, cf. 24절).

II. 통일왕국의 역사(대상 9:35–대하 9:31)
3장. 솔로몬의 통치(대하 1:1–9:31)
3. 성전 헌당(5:2–7:22)
(4) 솔로몬의 기도(6:12–42)

⑥ 세 번째 간구: 땅에 비를(6:26–27)

26 만일 그들이 주께 범죄함으로 말미암아 하늘이 닫히고 비가 내리지 않는 주의
벌을 받을 때에 이 곳을 향하여 빌며 주의 이름을 인정하고 그들의 죄에서 떠나거
든 27 주께서는 하늘에서 들으사 주의 종들과 주의 백성 이스라엘의 죄를 사하시
고 그 마땅히 행할 선한 길을 가르쳐 주시오며 주의 백성에게 기업으로 주신 주의
땅에 비를 내리시옵소서

솔로몬은 날씨에 대해서 하나님이 모세를 통해서 이미 경고하신 말

씀을 잘 알고 있다. "너희의 하늘을 쇠처럼, 너희의 땅을 놋쇠처럼 단단하게 만들겠다. 그러면 너희가 아무리 힘을 써도, 너희의 땅은 소출을 내지 못할 것이며, 땅에 심은 나무도 열매를 맺지 못할 것이다"(레 26:19-20, 새번역; cf. 신 28:23). 하나님은 반역하는 백성들을 적들의 손에 붙이실 수 있을 뿐만 아니라, 경우에 따라서는 천재지변도 사용하여 징계하신다. 솔로몬은 이스라엘이 죄를 지어 이 땅에 비가 내리지 않게 될 때 만일 백성들이 이러한 사실을 깨닫고 성전을 찾아 하나님께 간구하면 그들의 죄를 용서하시고 다시 비를 내려달라고 기도한다.

솔로몬은 하나님이 백성들의 회개 기도를 들으시고 비를 내려주심으로써 둘의 관계를 통해서 이스라엘이 올바로 행할 수 있는 길을 가르쳐 달라는 말을 곁들이고 있다(27절). 솔로몬은 가뭄을 해소하는 것만큼이나 이스라엘이 바른 길을 알아가는 것이 중요하다고 생각했다. 그러므로 하나님이 이스라엘에게 기근을 주실 때에는 무엇보다도 그분의 뜻을 분별하는 것을 중요하게 여겼다. 위의 경우에서처럼 이곳에서 언급하는 가뭄은 우연히, 자연적인 현상으로 일어난 것이 아니다. 솔로몬은 하나님의 심판의 결과로 빚어진 가뭄에 대해서 기도하고 있다.

⑦ 네 번째 간구: 온갖 고통이 없기를(6:28–31)

28 만일 이 땅에 기근이나 전염병이 있거나 곡식이 시들거나 깜부기가 나거나 메
뚜기나 황충이 나거나 적국이 와서 성읍들을 에워싸거나 무슨 재앙이나 무슨 질
병이 있거나를 막론하고 29 한 사람이나 혹 주의 온 백성 이스라엘이 다 각각 자
기의 마음에 재앙과 고통을 깨닫고 이 성전을 향하여 손을 펴고 무슨 기도나 무슨
간구를 하거든 30 주는 계신 곳 하늘에서 들으시며 사유하시되 각 사람의 마음을
아시오니 그의 모든 행위대로 갚으시옵소서 주만 홀로 사람의 마음을 아심이니이

다 31 그리하시면 그들이 주께서 우리 조상들에게 주신 땅에서 사는 동안에 항상
주를 경외하며 주의 길로 걸어가리이다

비가 제때 오지 않으면 가나안 땅이 순식간에 얼마나 삭막한 곳으로 변하는지를 잘 알고 있던 왕은 앞에서 비를 달라고 간구했다. 이제 한 번 더 하나님께 백성들이 성전을 향해 회개하면 가뭄을 해갈시켜주실 뿐만 아니라 온갖 질병과 재앙을 다 거두어주실 것을 기도한다. 또한 침략해 온 이방인들의 손에서도 구원해 주시기를 바라고 있다(28절). 이 기도는 솔로몬의 일곱 가지 간구 중에 가장 긴 호소이다(Johnstone).

솔로몬은 맹목적으로 모든 사람들을 동일하게 대해달라고 하지 않고, 사람의 마음을 아시는 하나님이 각 사람의 행실대로 갚아달라고 한다(30절). 올바른 마음을 지닌 사람은 축복하시고 구원하시되, 악한 마음을 지닌 자들은 벌해 달라는 것이다. 이렇게 하면 이스라엘의 땅에 사는 모든 사람이 하나님을 경외할 것이라고 한다(31절). 하나님에 대한 두려움은 순종, 사랑, 섬김 등으로 이어진다(신 10:12). 이런 면에서 우리는 끊임없이 우리 자신에게 물어보아야 한다. 우리가 과연 우리의 삶을 통해서 하나님을 두려워하고 있는지 말이다.

II. 통일왕국의 역사(대상 9:35–대하 9:31)
3장. 솔로몬의 통치(대하 1:1–9:31)
3. 성전 헌당(5:2–7:22)
(4) 솔로몬의 기도(6:12–42)

⑧ 다섯 번째 간구: 이방인들에게도 동일한 은혜를(6:32–33)

32 주의 백성 이스라엘에 속하지 않은 이방인에게 대하여도 그들이 주의 큰 이름
과 능한 손과 펴신 팔을 위하여 먼 지방에서 와서 이 성전을 향하여 기도하거든 33
주는 계신 곳 하늘에서 들으시고 모든 이방인이 주께 부르짖는 대로 이루사 땅의
만민이 주의 이름을 알고 주의 백성 이스라엘처럼 경외하게 하시오며 또 내가 건
축한 이 성전을 주의 이름으로 일컫는 줄을 알게 하옵소서

솔로몬은 기도의 초점을 이스라엘 백성들에서 이방인들에게로 돌린다. 이날처럼 이스라엘의 긍지와 자존감이 불타오르는 날도 없을 텐데, 솔로몬이 여호와의 명성을 듣고 예루살렘과 성전을 찾는 이방인들을 위해서 기도한다는 것이 매우 인상적이다. 그는 여호와께서 이방인의 기도를 이스라엘 사람들의 기도만큼이나 응답해 주시기를 간구한다(Japhet). 솔로몬이 이방인들을 위해서 기도하게 된 동기가 조상인 라합(수 2:11), 룻(룻 1:16) 등과 같이 여호와를 자신의 신으로 받아들인 자들이었는지 혹은 최근 그를 많이 도와주었던 후람과 두로 사람들이었는지 확실하지 않다.

동기가 무엇이든 간에 솔로몬은 세상 모든 백성에게 여호와 하나님이 필요하기에 그들이 하나님을 알아야 한다고 한다. 왕은 이스라엘이 열방에게 하나님을 알게 하는 도구가 되어야 한다는 사명을 의식하고 있다. 솔로몬의 이와 같은 고백은 아브라함에게 주신 말씀을 연상시킨다(창 12:1-3).

⑨ 여섯 번째 간구: 전쟁에서 승리를(6:34–35)

34 주의 백성이 그 적국과 더불어 싸우고자 하여 주께서 보내신 길로 나갈 때에 그들이 주께서 택하신 이 성과 내가 주의 이름을 위하여 건축한 성전 있는 쪽을 향하여 주께 기도하거든 35 주는 하늘에서 그들의 기도와 간구를 들으시고 그들의 일을 돌보시옵소서

솔로몬은 이미 이스라엘이 범죄하여 전쟁을 치르게 될 때, 그들이 회개하면 용서해 달라고 간구했었다(24-25절). 다시 전쟁을 언급하지만, 이 전쟁은 앞의 것과 다르다. 이번에는 죄의 대가로 치르는 전쟁이 아니라 하나님이 보내신 전쟁을 의미한다. "주께서 보내신 길로 나갈 때에"(34절). 여호수아의 지휘 아래 가나안 정복에 나섰을 때처럼 말이다.

솔로몬은 하나님의 전쟁이라고 불리는 성전(聖戰)의 경우를 마음에 두고 기도를 드리고 있다. 이스라엘이 외부의 침략에 방어하는 나라가 아니라, 경우에 따라서는 하나님의 원대한 뜻에 따라 열방을 쳐서 승리하는 나라가 될 수 있도록 해 달라는 기도이다. 경우에 따라서는 최선의 방어가 곧 공격이기 때문이다.

II. 통일왕국의 역사(대상 9:35-대하 9:31)
3장. 솔로몬의 통치(대하 1:1-9:31)
3. 성전 헌당(5:2-7:22)
(4) 솔로몬의 기도(6:12-42)

⑩ 일곱 번째 간구: 포로생활에서 구원을(6:36-39)

36 주께 범죄하지 아니하는 사람이 없사오니 그들이 주께 범죄하므로 주께서 그
들에게 진노하사 그들을 적국에게 넘기시매 적국이 그들을 사로잡아 땅의 원근을
막론하고 끌고 간 후에 37 그들이 사로잡혀 간 땅에서 스스로 깨닫고 그들을 사로
잡은 자들의 땅에서 돌이켜 주께 간구하기를 우리가 범죄하여 패역을 행하며 악
을 행하였나이다 하며 38 자기들을 사로잡아 간 적국의 땅에서 온 마음과 온 뜻으
로 주께 돌아와서 주께서 그들의 조상들에게 주신 땅과 주께서 택하신 성과 내가
주의 이름을 위하여 건축한 성전 있는 쪽을 향하여 기도하거든 39 주는 계신 곳 하
늘에서 그들의 기도와 간구를 들으시고 그들의 일을 돌보시오며 주께 범죄한 주
의 백성을 용서하옵소서

솔로몬의 마지막 기도 내용이 심상치 않다. 이스라엘이 범죄하여 이방인들에게 잡혀가게 되어도 그들이 성전을 향해 기도하면 기도를 들으시고 다시 그들을 이 땅으로 돌아오게 해 달라는 기도이다. 이 기도는 전쟁과 연관해서 이미 25절에서 간구한 내용을 확대시켜 놓은 것이다. 그러나 세부 사항들이 이스라엘의 역사에 있어서 최악의 경우를 상상하고 있다. 이스라엘이 죄를 지어 열방으로 끌려갔을지라도 이곳을 향해서 기도하면 응답해 달라는 솔로몬의 간구는 가장 어려운 부탁을

하고 있기에 헌당 기도의 절정이기도 하다(Johnstone). 율법은 이미 이스라엘이 하나님께 계속 반역하면 최악의 경우 하나님이 이스라엘을 그들에게 선물하신 땅에서 스스로 몰아내실 것이라고 선언했다(레 26:27-35; 신 28:36-37, 49-68).

전능하신 여호와께서 특별히 선택하시고 사랑하신 이스라엘이 왜 바빌론으로 끌려가야 했는가를 고민하던 사람들에게 매우 도움이 되는 말씀이었을 것이다. 또한 솔로몬의 이러한 기도는 역대기 독자들이 많은 것들을 정리하는 데 큰 도움이 되었을 것이다. 그들은 하나님의 신실하심에 따라(viz., 율법의 말씀에 따라) 이미 고향으로 돌아와 있지 않은가! 그러므로 고국으로 돌아오면서 이미 하나님의 구원의 은혜를 체험했으며, 앞으로도 하나님의 보호의 손길이 떠나지 않을 것을 확신할 수 있는 계기가 되었다. 열왕기는 이와 같은 솔로몬의 확신이 출애굽 사건에서 비롯되었다고 하는데(왕상 8:51), 역대기 저자는 이런 세부 사항을 빼버렸다. 역시 성전을 출애굽 사건에 연관시키는 것을 꺼려하고 있다. 성전의 중요성을 과거보다는 미래와 연결시키고자 한다.

II. 통일왕국의 역사(대상 9:35–대하 9:31)
3장. 솔로몬의 통치(대하 1:1–9:31)
3. 성전 헌당(5:2–7:22)
(4) 솔로몬의 기도(6:12–42)

⑪ 마무리: 성전에 임하시기를(6:40–42)

40 나의 하나님이여 이제 이 곳에서 하는 기도에 눈을 드시고 귀를 기울이소서
41 여호와 하나님이여 일어나 들어가사
주의 능력의 궤와 함께 주의 평안한 처소에 계시옵소서
여호와 하나님이여 원하옵건대
주의 제사장들에게 구원을 입게 하시고
또 주의 성도들에게 은혜를 기뻐하게 하옵소서
42 여호와 하나님이여

주의 기름 부음 받은 자에게서 얼굴을 돌리지 마시옵고
주의 종 다윗에게 베푸신 은총을 기억하옵소서
하였더라

저자는 열왕기에 기록된 솔로몬 기도의 마지막 부분(왕상 8:50-53)을 삭제하고 자신만의 결말을 더한다. 저자가 삭제한 주요 내용은 출애굽 사건에 근거한 이스라엘과 하나님의 특별한 관계에 대한 언급이다(cf. 51, 53절). 역대기는 다시 한 번 출애굽에 대한 언급을 삭제하고 있다. 역대기 저자는 삭제한 내용 대신 성전 입성 노래를 추가한다(cf. 41-42절).

역대기가 이미 존재했던 시편을 책에 삽입하는 경우는 본문과 역대상 16:7-36이 유일하다. 역대상 16:7-36은 다윗이 법궤를 예루살렘으로 운반해 온 다음에 부른 노래였다. 솔로몬이 법궤를 성전에 영원히 안치하는 과정에서 이미 기록된 시편을 인용하여 노래를 불렀다. 역대기가 시편을 인용하는 것은 법궤의 운반과 연관되어 있는 경우로 제한되어 있다. 그렇다면 저자는 솔로몬 기도의 마무리로 왜 시편을 인용한 것일까? 열왕기상 8장에 기록된 서술적 마무리보다 시적 마무리가 훨씬 더 격이 높기 때문이다(Japhet). 또한 솔로몬이 인용한 시편은 잠시 후에 시작될 레위 찬양대의 찬양(7:6; cf. 3절)의 서곡이라 할 수 있다.

시편 중에서도 입성 시(entrance hymn)를 이곳에 인용한 것은 두 가지 이유가 있다. 첫째, 입성 시에서는 종종 성전을 하나님의 평안한 처소로 묘사하는데, 본문에서도 솔로몬이 하나님께 "평안한 처소"(נוּחַ)(41절)로 임하시라고 간구하는 것이 스가랴 선지자가 예언한 대로(cf. 슥 1:16) 귀향민들이 새로이 건축한 성전에 여호와께서 임하실 것이라는 기대와 직접적으로 연관되어 있다(Hill). 역대기 저자는 옛적 솔로몬이 성전을 헌당했을 때 하나님이 성전에 임하셨던 것처럼, 귀향민들이 재건한 성전에 여호와께서 곧 돌아오실 것을 기대했다.

둘째, 솔로몬이 성전을 건설한 일이 다윗 왕조의 생동력을 회복시키실 것이라는 소망을 성취하는/끝내는(absorb) 것이 아니라 확인할 뿐이라는 것을 암시하기 위해서이다(Williamson). 성전 건축은 다윗 왕조의 생동력이 끝난 것을 뜻하는 것이 아니라, 앞으로도 왕성할 것이라는 소망을 갖게 했는데, 그 기대감은 저자의 시대에 이르러서도 유효하다는 사실을 강조하고자 한다. 이와 같은 기대감이 역대기 저자로 하여금 42절에서 시편 132:10을 인용해 "다윗에게 베푸신 은총"이 자신의 시대에도 아직 유효함을 선언하게 한다.

솔로몬 기도의 마지막을 장식하는 노래는 세 가지 바람을 담은 기도이다(Johnstone). (1) 여호와께서 성전을 통해서 온 세상을 평화롭게 다스리실 것, (2) 제사장과 백성들이 성전을 통해 하나님을 더욱더 가까이하는 삶을 시작할 수 있도록 도와주실 것(41절), (3) 다윗과 그의 후손들이 이 세상에서 하나님의 중개인이 될 수 있도록 하실 것.

솔로몬의 성전 기도를 하나의 중보기도의 모형으로 간주하여 한 주석가는 다음과 같이 기도할 것을 제안한다(Selman). 첫째, 진실함과 갈급함에서 비롯된 기도를 드리라(cf. 19절). 하나님께 진솔한 마음으로 부르짖으라는 것이다. 둘째, 하나님이 우리의 기도를 듣고 보신다는 것을 확신하고 기도하라(cf. 19, 20절). 우리의 기도를 들으시고, 형편을 알고 계시는 하나님이 꼭 응답하실 것이다.

셋째, 하나님의 임재를 향해 기도하라(cf. 21절). 솔로몬은 하나님의 임재의 상징인 성전을 향해 기도하라고 하는데, 우리가 기도하는 만큼이나 누구를 향해서 기도하는가가 중요하다. 물론 모든 기독교인이 하나님께 기도하지만, 기도의 중심이 진정으로 하나님을 향해 있는지 아니면 다른 곳에 초점이 맞춰져 있지는 않은지 꾸준히 돌아보아야 할 이슈이다. 넷째, 여호와를 "나의 하나님"이라고 고백하는 모든 사람들이 하나님께 나아갈 수 있다(cf. 19, 22절). 일부 은사를 받았거나 직책을 받은 사람들만이 하나님을 독점하는 것이 아니라, 여호와를 자신의 하나님이라고 고백하는 모든 사람이 공평하게 하나님을 찾을 수 있다. 다섯째, 기도의 목적은 죄에 대한 용서와 회복과 치유와 축복에 있다(cf. 21절). 중보기도는 인생의 사계절 언제든지 유효하다.

II. 통일왕국의 역사(대상 9:35–대하 9:31)
3장. 솔로몬의 통치(대하 1:1–9:31)
3. 성전 헌당(5:2–7:22)

(5) 하나님의 불과 임재(7:1-3)

1 솔로몬이 기도를 마치매 불이 하늘에서부터 내려와서 그 번제물과 제물들을 사
르고 여호와의 영광이 그 성전에 가득하니 2 여호와의 영광이 여호와의 전에 가득
하므로 제사장들이 여호와의 전으로 능히 들어가지 못하였고 3 이스라엘 모든 자
손은 불이 내리는 것과 여호와의 영광이 성전 위에 있는 것을 보고 돌을 깐 땅에
엎드려 경배하며 여호와께 감사하여 이르되

선하시도다
그의 인자하심이 영원하도다

하니라

열왕기 저자에게 성전은 기도하는 장소이다. 역대기 저자는 성전이 기도 처소일 뿐만 아니라 제물 드리는 곳이기도 하다는 사실을 동시에 부각한다(Allen). 1절은 두 가지의 성전 기능을 함께 언급하고 있다. 솔로몬의 기도에 대한 하나님의 반응은 매우 긍정적이고 가시적이었다. 열왕기상 9:3은 하나님의 반응을 단순히 "내[하나님]가 너의 기도를 들었다"라고 표현하는데, 역대기 저자는 제물을 사르는 불이 하늘에서 내려오고 성전에 주의 영광이 가득 찼다고 회고한다. 주의 영광이 성전에 얼마나 가득 찼던지 제사장들이 성전으로 들어갈 수가 없었다(2절). 과거에도 이집트를 떠나온 이스라엘이 광야에서 성막을 지어 하나님께 드렸을 때와(출 40:34-35) 번제단을 드렸을 때에 이러한 현상이 일어났다(레 9:23-24).

솔로몬이 성전을 헌당한 후(대하 5:14)와 본문이 묘사하는 대로 뜰에

있는 번제단에서 제물을 드릴 때에도 동일한 현상이 일어났다. 이스라엘을 이집트의 손에서 구원하시고 광야에서 그들이 만든 성막과 번제단에 임하셨던 하나님이 솔로몬이 건축한 성전과 번제단에도 임하신 것이다. 솔로몬 성전은 성막의 역사와 전통의 맥을 그대로 이어가는 건물임을 온 천하에 드러내는 순간이다. 하나님이 모세가 세운 성막에 임하신 것처럼 솔로몬이 세운 성막에 임하셨기 때문이다.

"이스라엘 모든 자손"(כֹּל בְּנֵי יִשְׂרָאֵל)이 하나님의 영광이 성전에 임한 것을 보고 성전 광장에 엎드려 경배하며 여호와는 선하시며 그의 인자하심이 영원하다고 찬양을 드렸다(3절). 과거에도 이스라엘은 하나님의 영광을 직접 목격한 적이 있는데, 그때와는 사뭇 다른 반응이다. 이집트를 떠나온 이스라엘이 먼 발치에서 시내 산에 임한 하나님의 영광을 보았을 때(cf. 출 20장), 두려움과 공포에 휩싸여 어찌할 바를 모르고 괴로워했다. 하나님을 경배하기보다는 두려움을 피하기에 급급했다. 이스라엘은 이제 이런 광경을 보면 그 자리에 엎드려 하나님을 경배할 정도로 성숙한 공동체가 되었다. 그들의 새로운 반응은 하나님의 임재에 대한 절대적인 신뢰를 표현한다(Japhet).

II. 통일왕국의 역사(대상 9:35-대하 9:31)
3장. 솔로몬의 통치(대하 1:1-9:31)
3. 성전 헌당(5:2-7:22)

(6) 제사와 축제(7:4-10)

4 이에 왕과 모든 백성이 여호와 앞에 제사를 드리니 5 솔로몬 왕이 드린 제물이
소가 이만 이천 마리요 양이 십이만 마리라 이와 같이 왕과 모든 백성이 하나님
의 전의 낙성식을 행하니라 6 그 때에 제사장들은 직분대로 모셔 서고 레위 사람
도 여호와의 악기를 가지고 섰으니 이 악기는 전에 다윗 왕이 레위 사람들에게 여
호와께 감사하게 하려고 만들어서 여호와의 인자하심이 영원함을 찬송하게 하던
것이라 제사장들은 무리 앞에서 나팔을 불고 온 이스라엘은 서 있더라 7 솔로몬이

또 여호와의 전 앞뜰 가운데를 거룩하게 하고 거기서 번제물과 화목제의 기름을
드렸으니 이는 솔로몬이 지은 놋 제단이 능히 그 번제물과 소제물과 기름을 용납
할 수 없음이더라 8 그 때에 솔로몬이 칠 일 동안 절기를 지켰는데 하맛 어귀에서
부터 애굽 강까지의 온 이스라엘의 심히 큰 회중이 모여 그와 함께 하였더니 9 여
덟째 날에 무리가 한 성회를 여니라 제단의 낙성식을 칠 일 동안 행한 후 이 절기
를 칠 일 동안 지키니라 10 일곱째 달 제이십삼일에 왕이 백성을 그들의 장막으로
돌려보내매 백성이 여호와께서 다윗과 솔로몬과 그의 백성 이스라엘에게 베푸신
은혜로 말미암아 기뻐하며 마음에 즐거워하였더라

왕과 백성들은 성전 봉헌을 기념하여 하나님께 성대한 제사를 드렸다. 솔로몬은 화목제로 소 2만2천 마리, 양 12만 마리를 드렸다(5절). 역대기에 기록된 제사 중 가장 큰 규모의 제물이 드려진 제사였다(cf. 대상 29:21; 대하 1:6; 29:32; 30:24). 이처럼 많은 짐승이 제물로 드려졌다는 사실이 믿기지 않는다는 사람들이 있다(cf. Japhet). 실제로 제물의 수를 현실적으로 환산해보면 참으로 엄청나다.

잔치가 2주 동안 진행되었지만, 안식일을 제외하면 12일이 된다. 12일 동안 하루에 10시간씩 제물을 드렸다고 가정한다면, 분(分)당 20마리의 짐승을 제물로 바쳐야 한다(Wenham). 그러므로 많은 학자들이 본문에 기록된 숫자들이 실제적인 짐승 수라고 하기에는 너무 크거나(Matheney), 과장되었거나(Thompson) 혹은 믿을 수 없다고 결정짓는다(De Vries). 반면에 그 당시 메소포타미아 지역에서 종종 행해진 잔치들의 규모를 생각해보면 충분히 가능하다고 주장하는 사람도 있고(Hurowitz), 솔로몬이 주관하는 헌당식의 기간과 동원된 인원을 감안하면 충분히 현실적인 숫자라고 간주하는 주석가들도 있다(Keil, Noth, Jones, Gray). 본문이 묘사하는 규모의 잔치에 이 정도의 짐승들이 도살된 것이 그렇게 비현실적이지 않다는 것이다. 게다가 놋 제단에서만 제물이 드려진 것이 아니라 성전 앞 뜰에서도 드려졌던 점을 감안하면(cf.

7절) 그리 불가능한 일은 아닌 듯 하다(Selman).

제물의 양이 얼마나 많았는지 놋제단이 너무 작아서 성전 앞뜰을 특별히 구분해서 이곳에서 짐승들을 준비하였다(7절). 이 잔치는 나라의 최북단의 하맛에서부터 최남단의 이집트 접경 지역에 사는 사람들이 참석했으며, 2주 동안 치러졌다(8-9절). 레위 사람들로 구성된 찬양대와 제사장들도 각자 자신들의 역할을 잘해낸 예배였다. 잔치가 끝나자 그 달(일곱째 달) 23일에야 백성들이 기쁜 마음으로 각자 자기 집으로 돌아갔다(10절). 그렇다면 잔치는 일곱째 달 9일에 시작하여 23일까지 계속되었던 것이다.

이달 10일이 속죄일이고 15-21일이 초막절, 다음 날인 22일은 성회로 모이는 날인 점을 감안하면, 성전 헌당식은 속죄일 하루 전에 시작해 초막절이 이틀 지난 날에 끝이 났다. 솔로몬의 왕국에 있는 모든 사람이 행복한 순간이었다(10절). 참된 예배는 이처럼 참석자에게 참 기쁨과 즐거움을 준다.

Ⅱ. 통일왕국의 역사(대상 9:35-대하 9:31) 3장. 솔로몬의 통치(대하 1:1-9:31) 3. 성전 헌당(5:2-7:22)

(7) 하나님의 계시(7:11-22)

11 솔로몬이 여호와의 전과 왕궁 건축을 마치고 솔로몬의 심중에 여호와의 전과 자
기의 궁궐에 그가 이루고자 한 것을 다 형통하게 이루니라 12 밤에 여호와께서 솔
로몬에게 나타나사 그에게 이르시되 내가 이미 네 기도를 듣고 이 곳을 택하여 내
게 제사하는 성전을 삼았으니 13 혹 내가 하늘을 닫고 비를 내리지 아니하거나 혹
메뚜기들에게 토산을 먹게 하거나 혹 전염병이 내 백성 가운데에 유행하게 할 때
에 14 내 이름으로 일컫는 내 백성이 그들의 악한 길에서 떠나 스스로 낮추고 기도
하여 내 얼굴을 찾으면 내가 하늘에서 듣고 그들의 죄를 사하고 그들의 땅을 고칠
지라 15 이제 이 곳에서 하는 기도에 내가 눈을 들고 귀를 기울이리니 16 이는 내가

이미 이 성전을 택하고 거룩하게 하여 내 이름을 여기에 영원히 있게 하였음이라
내 눈과 내 마음이 항상 여기에 있으리라 [17] 네가 만일 내 앞에서 행하기를 네 아
버지 다윗이 행한 것과 같이 하여 내가 네게 명령한 모든 것을 행하여 내 율례와
법규를 지키면 [18] 내가 네 나라 왕위를 견고하게 하되 전에 내가 네 아버지 다윗과
언약하기를 이스라엘을 다스릴 자가 네게서 끊어지지 아니하리라 한 대로 하리라
[19] 그러나 너희가 만일 돌아서서 내가 너희 앞에 둔 내 율례와 명령을 버리고 가서
다른 신들을 섬겨 그들을 경배하면 [20] 내가 너희에게 준 땅에서 그 뿌리를 뽑아내
고 내 이름을 위하여 거룩하게 한 이 성전을 내 앞에서 버려 모든 민족 중에 속담
거리와 이야깃거리가 되게 하리니 [21] 이 성전이 비록 높을지라도 그리로 지나가는
자마다 놀라 이르되 여호와께서 무슨 까닭으로 이 땅과 이 성전에 이같이 행하셨
는고 하면 [22] 대답하기를 그들이 자기 조상들을 애굽 땅에서 인도하여 내신 자기
하나님 여호와를 버리고 다른 신들에게 붙잡혀서 그것들을 경배하여 섬기므로 여
호와께서 이 모든 재앙을 그들에게 내리셨다 하리라 하셨더라

솔로몬이 성전을 봉헌한 후 하나님이 그에게 나타나셨다(12절). 하나님이 처음으로 솔로몬에게 나타나셨을 때는 기브온에 있는 산당에서 제사를 드린 후였다(1:7-12). 그러므로 이번이 두 번째다(cf. 왕상 9:1). 그러나 하나님의 현현을 구체적으로 묘사하기 전에 저자는 "솔로몬이 여호와의 전과 왕궁 건축을 마치고 솔로몬의 심중에 여호와의 전과 자기의 궁궐에 그가 이루고자 한 것을 다 형통하게 이루니라"라는 말을 더한다(11절; 왕상 9:1). 열왕기는 솔로몬이 성전을 언제 헌당했는지(공사를 시작한 지 7년 후 혹은 20년 후) 정확하게 밝히지 않는다. 반면, 역대기 저자는 열왕기의 부정확한 자료들을 간추려 사용하다 보니 하나님이 솔로몬이 헌당 기도를 한 직후에 응답하신 것인지, 아니면 13년 후에 응답하신 것인지 명확하게 언급하지 않는다.

일부 주석가들은 솔로몬이 헌당 기도를 드린 지 13년 후에 하나님이 그의 기도에 응답하신 것이 본문의 내용이라고 한다(Hill, Mabie). 그러

나 저자가 열왕기에서 인용하는 문구 “성전과 왕궁 짓는 일과, 자기가 이루고 싶어한 모든 것〔그 외 여러 가지 건축공사〕”(אֶת־בֵּית־יְהוָה וְאֶת־בֵּית הַמֶּלֶךְ וְאֵת כָּל־חֵשֶׁק שְׁלֹמֹה אֲשֶׁר חָפֵץ לַעֲשׂוֹת)(왕상 9:1)을 “성전과 왕궁을 다 짓고, 주님의 성전과 그의 왕궁에 대하여 그가 마음 속으로 하고자 한 모든 것”(אֶת־בֵּית יְהוָה וְאֶת־בֵּית הַמֶּלֶךְ וְאֵת כָּל־הַבָּא עַל־לֵב)(11절)으로 변환시키는 점을 미루어볼 때 마치 하나님의 응답이 얼마 지나지 않아 온 것으로 회고하는 것으로 보인다(cf. Japhet).

이 문장이 솔로몬의 건축 사업 전반에 대한 요약문이라는 점을 감안할 때 본문을 너무 문자적으로 해석해서 13년 후에 하나님의 응답이 임한 것으로 생각하는 것은 바람직하지 않다(cf. Johnstone). 게다가 하나님의 응답이 헌당 기도 후 13년이 지나서 왔다면 그다지 큰 의미를 부여할 수 없다. 헌당 기도가 드려진 다음 곧장 온 것으로 생각할 때 가장 큰 의미가 있다. 그러므로 비록 본문이 정확하게 언급하지 않지만, 솔로몬이 헌당 기도를 드린 직후 하나님의 말씀이 그에게 임한 것으로 이해하는 것이 바람직하다.

역대기 저자가 이 섹션을 시작하면서 열왕기상 9:1을 인용하는 것이 확실하지만, 하나님의 말씀 내용은 열왕기상 9:3-9에 기록된 것과 확연히 다르다. 열왕기에서는 다윗 왕조가 지속되려면 그의 후손들의 절대적인 순종이 요구된다는 사실이 강조되는 반면, 본문에 기록된 응답은 솔로몬이 죄로 인하여 환란과 재앙이 이스라엘에게 임할 때 회개하고 기도하면 그들을 용서해 달라는 헌당 기도에 대한 직접적인 하나님의 응답이다. 하나님의 말씀은 세 섹션으로 구분할 수 있다. (1) 성전 임재 확인(12b절), (2) 솔로몬과 이스라엘에게 주신 약속(13-18절), (3) 불순종에 대한 경고(19-22절).

하나님은 먼저 솔로몬이 기도한 대로 성전에 임하실 것을 약속하셨다(12b절). 성전은 솔로몬이 심혈을 기울여 건축한 걸작품이며, 헌당식에서 하나님의 영광이 성전에 가득한 모습으로 여호와께서 성전을 인정하셨다는 사실을 암시했지만, 직접 말씀으로 표현하시기는 처음이다. 성전이 드디어 하나님의 전적인 인준을 받았다. 하나님은 이곳을 백성들의 제사를 받으시는 장소로 정하신 것이다(12b절).

이어 하나님은 온 이스라엘에게, 그리고 솔로몬에게 개인적·사적인 약속을 하셨다(13-18절). 이 섹션은 하나님의 세 가지 약속을 담고 있다. (1) 재앙에 관해서 주신 약속(13-14절), (2) 성전에 관해서 주신 약속(15-16절), (3) 솔로몬에게 주신 약속(17-18절).

첫째, 온갖 재앙이 이스라엘에게 닥칠 때, 만일 그들이 회개하고 하나님께 돌아오면 주님은 그들의 죄를 용서하시고 그들의 땅을 치료하실 것을 약속하셨다(13-14절). 본문은 회개가 무엇인지를 세 단계로 설명한다. (1) 겸손, (2) 기도를 통해 주님을 찾음, (3) 악한 길에서 떠남. 세 단계에 사용한 주요 동사들이 매우 강력하고 인상적이다. "겸손하다"(כנע)는 교만을 버리고 자신을 부인하는 충성심으로 하나님과 그의 뜻에 자신을 복종시키는 것을 뜻한다(Hill, cf. Japhet, HALOT). 겸손의 가장 중요한 포인트는 마음가짐과 태도를 바꾸는 일이다(McConville). "기도하다"(פלל)는 어떠한 수치심에도 개의치 않고 자신의 죄를 인정하고 하나님의 자비를 간구하는 것이다(Hill, cf. 시 51:1-2). 기도하는 사람은 오로지 하나님과 그의 판결을 의지하기 때문에 자신을 높이는 교만은 있을 수 없다(McConville). "찾다"(בקשׁ)는 오직 하나님만이 도우실 수 있는 매우 절박한 상황에서 그분만 바라보는 것이다(Hill, cf. Johnstone). "떠나다"(שׁוב)는 〔가던〕방향을 완전히 바꾸어 죄에서 떠나 하나님께 돌아오는 것을 뜻한다(HALOT). 사람이 더 이상 자신의 뜻대로 살지 않고 삶에서 하나님이 필요함을 고백하고, 주께 부르짖어 도움을 청할 뿐만 아니라 죄의 길에서 떠나야 한다는 것이다. 그러므로 이 단어는 결단을 요구한다(McConville). "회개/돌이킴이 필요한 것은 사람이 죄를 지어서라기보다 그들이 악한 길에 서 있기 때문이다"(Japhet).

이 말씀은 또한 이스라엘이 경험하는 재앙이 하나님께로부터 온 것들임을 전제한다. 내용을 살펴보면 기근, 메뚜기 떼 습격, 전염병 등 솔로몬이 이미 헌당 기도에서 언급한 것들일 뿐만 아니라, 율법에서 이스라엘이 하나님께 순종하지 않을 때 그들에게 임할 것이라고 경고했던 언약적 저주들이다. 하나님은 이스라엘에게 좋은 것만 주시는 분이 아니고, 경우에 따라서는 죄의 길에서 돌아서도록 징계와 재앙을 내리시는 분이시다. 하나님과의 관계를 맺으면 이와 같은 양면성을 의식해야 한다. 말씀에 순종하면 좋은 것으로 축복하시지만, 불순종하면 징계로 치셔서 돌아오게 하시는 것이다.

이스라엘이 회개하고 돌아오면 하나님은 그들이 당면하고 있는 재앙을 제거해주시는 것이 아니라 그들이 거주하는 땅을 치료해 주실 것이다. 재앙을 당장 제거하는 것에 초점이 맞춰져 있는 것이 아니라, 재앙으로 황폐해진 땅을 회복시켜 주시겠다는 뜻이다(cf. Japhet). 성경은 땅에 거하는 사람들이 죄를 지으면, 그 땅이 오염이 되고 저주를 받는다고 한다(cf. 창 3, 4, 6-9장). 그러므로 백성들이 죄를 용서받거나 회복될 때, 땅도 회복된다는 것이 성경의 가르침이다. 즉, 하나님의 말씀에 따라 살며 순종하는 것이 가장 자연 친화적인 삶이고 진정한 환경 보호주의자(greenist)가 되는 길이다.

둘째, 하나님은 자신의 눈과 마음을 항상 성전에 두어 이곳에서 드려지는 기도를 들으시겠다고 약속하셨다(15-16절). 본문에서 하나님의 “눈”(עַיִן)과 “마음”(לֵב)(16절)이 그분의 임재를 상징하는 것으로 사용되는데, 이러한 현상은 구약 전체에서 매우 독특하다(Hill). 하나님은 성전을 찾는 모든 주의 백성의 형편을 일일이 헤아리시고 마음에 두시겠다는 뜻이다. 이스라엘이 성전을 통해 하나님의 관심과 경청을 보장받은 것이다. 이 일을 위해서 하나님이 성전을 택하여 자신의 이름을 두기로 하셨다. 성전은 곧 하나님을 위한 곳이라기보다는 백성들을 위한 공간이었다. 언제든지 이곳을 찾으면 하나님을 만날 수 있기 때문이다. 그래서 주의 은총을 찾는 자들에게 성전으로 순례길을 떠나는 것은 필수적이었다(De Vries).

셋째, 하나님은 만일 솔로몬이 주께서 주신 말씀에 순종하여 규례와 율례대로 행하여 아버지 다윗처럼 살아간다면, 솔로몬에게도 다윗에게 주셨던 동일한 축복을 약속하셨다(17-18절). 다윗 언약이 처음 주어졌을 때(삼하 7장; 대상 17장)에는 별다른 조건이 없는 듯 했는데, 어느새 후손들의 지속적인 순종이라는 조건이 첨부된 것이다. 다윗이 죽기 직전 솔로몬에게 한 권면에도 조건적인 내용이 들어 있다. 다윗 집안을 향한 하나님의 축복은 그의 후손들이 하나님의 말씀대로 살아가는 한 지속될 것이다.

다윗 언약에 대해서 말씀하실 때 솔로몬에게 2인칭 단수를 사용하셨던 주님이 다시 2인칭 복수를 사용하신다. 불순종에 대한 경고를 담고 있는 이 섹션(19-22절)은 다시 온 이스라엘에게 주신 말씀인 것이다. 이스라엘과 그들의 자손이 하나님의 말씀에 순종하지 않고 우상들을 섬길 경우, 하나님은 이스라엘을 그들의 기업에서 끊어버리실 것이요, 성전도 버리실 것이다(19-20a절). 이렇게 되면 한때는 온 세상의 선망의 대상이었던 이스라엘이 비웃음거리밖에 되지 않을 것이다(20b-21절). 고대사회에서 "속담거리와 이야깃거리"(20절)가 된다는 것 역시 상상을 초월하는 수치를 뜻했다(Patterson and Austel). 물론 이스라엘에게 임할 수치도 하나님이 하시는 일이다(22절).

온 이스라엘이 마음과 정성을 다해서 성전을 건축하여 헌당한 날, 하나님이 좋은 말씀과 축복만 내려주신 것이 아니라, 다윗 집안과 온 이스라엘에게 말씀에 순종할 것을 경고하시는 것이 예사롭지 않다. 두 가지 교훈을 주기 위해서이다. 첫째, 인간이 하나님께 드릴 수 있는 최고의 선물이라 할 수 있는 성전마저도 하나님이 우리에게 요구하시는 순종의 삶을 대신할 수 없다는 것을 재차 확인한다. 이러한 경고는 솔로몬을 향한 하나님의 특별한 은혜라고 생각할 수 있다(House). 우선권과 가치관을 혼돈하지 말라는 것이다. 둘째, 이스라엘의 가장 복된 날,

가장 지혜로운 왕의 간절한 기도에 이러한 응답이 왔다는 것은 불안한 미래를 예고하고 있다(Hill, Provan). 복된 과거와 화려한 현재가 밝은 미래를 보장할 수 없을 뿐만 아니라, 솔로몬과 이스라엘의 미래에 어두운 그림자가 드리워져 있음을 암시한다.

4. 솔로몬의 나머지 업적(8:1-9:31)

성전을 건축하여 헌당한 일은 솔로몬의 삶의 절정(climax)이었다. 그러나 솔로몬의 이야기가 성전 헌당으로 끝나는 것은 아니다. 그는 40년을 통치했는데, 이 중 처음 20년의 통치 이야기가 끝나고 나머지 20년의 이야기가 이 섹션에 기록되어 있다. 물론 상세한 기록이 아니고 많이 요약한 것이다. 분량으로 계산해도 솔로몬의 처음 20년 통치(1-7장)에 할애된 공간의 3분의 1밖에 되지 않는다.

본 텍스트는 성전 예배를 성공적으로 도입한 솔로몬이 그의 노력에 대한 상으로 어떤 축복을 누렸는가를 회고한다. 아울러 본 텍스트는 솔로몬 이야기의 마지막 부분이기도 하다. 솔로몬은 세계적인 명성을 누렸으며, 주변 국가들과 평화로운 관계를 유지했고, 늘어난 무역으로 나라 역사상 비교할 수 없는 번영을 누렸다. 이 모든 것이 성전을 성공적으로 건축하여 헌당한 자가 누린 축복이었다(Johnstone).

본문에 기록된 내용은 열왕기상 9:10-28, 10:1-13을 인용하고 있지만 다른 자료들을 인용해 보완한 것으로 보이는 부분이 많다. 저자가 본문을 통해 솔로몬 통치의 후반부에 있던 일을 요약적으로 정리해 놓다 보니 짜임새 있는 구조를 찾아내기가 어렵다. 필자는 본문을 다음과 같이 구분하고자 한다.

A. 여러 가지 업적(8:1-18)
B. 스바의 여왕(9:1-12)
C. 부귀영화(9:13-28)
D. 통치에 대한 마지막 말(9:29-31)

II. 통일왕국의 역사(대상 9:35–대하 9:31)
3장. 솔로몬의 통치(대하 1:1–9:31)
4. 솔로몬의 나머지 업적(8:1–9:31)

(1) 여러 가지 업적(8:1-18)

솔로몬은 여러 가지 다양한 업적을 남겼지만, 그중 특별히 부각되는 것이 바로 건축 사업이다. 그래서 "건축하다/세우다"(בנה)라는 단어가 이 섹션에서 최소한 여섯 차례나 반복된다(Johnstone). 솔로몬은 성전과 왕궁을 건축한 여세를 몰아 건축을 계속했고, 역대기 저자는 이러한 솔로몬의 노고를 가장 중요한 업적으로 평가한다. 그의 활발한 건축 사업은 이스라엘 영토에 제한되지 않고 시리아 북부 지방의 오론테스 강에 있는 하맛까지 진출했다. 시리아도 솔로몬의 주권을 인정한 것이다.

앞으로도 역대기 저자는 왕들의 업적을 평가할 때 건축을 하나님의 축복으로 평가할 것이다. 그러므로 하나님의 축복을 많이 누린 왕들은 중요한 건축물을 건설하게 된다(Allen, cf. 14:1-7). 본 텍스트는 다음과 같이 다양한 내용들로 구성한다.

A. 다양한 건축 사업(8:1-6)
B. 건축에 동원된 인력(8:7-10)
C. 바로의 딸을 위한 궁(8:11)
D. 왕의 신실함과 지도력(8:12-16)
E. 바다를 통한 무역(8:17-18)

II. 통일왕국의 역사(대상 9:35–대하 9:31) 3장. 솔로몬의 통치(대하 1:1–9:31) 4. 솔로몬의 나머지 업적(8:1–9:31) (1) 여러 가지 업적(8:1–18)

① 다양한 건축 사업(8:1–6)

1 솔로몬이 여호와의 전과 자기의 궁궐을 이십 년 동안에 건축하기를 마치고 2 후
람이 솔로몬에게 되돌려 준 성읍들을 솔로몬이 건축하여 이스라엘 자손에게 거기
에 거주하게 하니라 3 솔로몬이 가서 하맛소바를 쳐서 점령하고 4 또 광야에서 다
드몰을 건축하고 하맛에서 모든 국고성들을 건축하고 5 또 윗 벧호론과 아랫 벧호
론을 건축하되 성벽과 문과 문빗장이 있게 하여 견고한 성읍으로 만들고 6 또 바
알랏과 자기에게 있는 모든 국고성들과 모든 병거성들과 마병의 성들을 건축하고
솔로몬이 또 예루살렘과 레바논과 그가 다스리는 온 땅에 건축하고자 하던 것을
다 건축하니라

솔로몬이 성전과 자신의 왕궁을 건설하는 데 20년이 걸렸다(1절). 이후에도 솔로몬의 건축 사업은 계속되었다. 먼저 두로 왕 후람에게서 얻은 성읍들을 재건해서 이스라엘 자손들을 그곳에 살게 했다(2절). 후람은 솔로몬이 성전과 궁을 건설하는 데 결정적인 도움을 준 사람이었다. 열왕기상 9:11-13에 의하면 솔로몬은 히람(후람)의 협조에 대한 답례로 갈릴리(הַגָּלִיל) 지역에 있는 성읍 20개를 주었다. 히람이 이 성읍들을 돌아보고는 마음에 들지 않아 "가불 땅"(אֶרֶץ כָּבוּל, "쓸모없는 땅")이라고 불렀다. 반면에 역대기 저자는 후람이 솔로몬에게 성읍들을 선물했다고 한다. 같은 사건을 서로 대조적으로 언급하는 것일까? 그런 것 같지는 않다.

열왕기가 솔로몬이 히람에게 준 것은 갈릴리에 있는 성읍 20개라고 하는 것에 반해 본문은 이러한 정보를 반복하지 않고 단순히 후람이 준 성읍이라고 한다. 아마도 솔로몬과 후람 사이에 성읍들을 서로 주고받은 거래가 있었던 것으로 생각된다(Japhet). 솔로몬은 후람에게 성전과 왕궁 건축을 도운 것에 대한 보답으로 땅을 주었고, 후람은 솔로몬에게 종속자가 군주에게 조공을 바치는 의미에서 땅을 주었을 것이다.

열왕기와 역대기는 솔로몬과 히람 사이에 오고 간 거래를 각 책의 관점에 따라 한 쪽씩만 언급하고 있다. 역대기 저자가 솔로몬이 후람으로부터 여러 성읍을 얻은 사실만 회고하는 것은 이 일이 솔로몬의 성전 건축과 헌당에 따른 하나님의 축복의 일부였음을 강조하기 위해서이다. 이스라엘이 영토를 확장한다는 것은 곧 여호와의 축복을 뜻하기 때문이다.

솔로몬은 북쪽으로는 하맛소바를 정복했고, 광야에 다드몰을 건축하고, 하맛에다 양곡 저장 성읍들을 건축했다(3-4절). 하맛과 하맛소바는 다마스쿠스 북쪽에 있는 성읍들로 솔로몬의 활동 영역이 매우 넓었음을 의미한다. 많은 학자가 솔로몬이 이곳을 점령했다고 하는 역대기의 말씀을 믿지 못하지만, 충분히 가능성 있는 일이다(cf. Japhet). 다드몰은 솔로몬이 다스리는 나라의 남동쪽 한계에 있었다(Japhet, cf. Johnstone). 저자는 솔로몬이 북쪽으로는 다마스쿠스를 지난 곳까지, 남동쪽으로는 다드몰까지 영향력을 행사했음을 강조한다. 솔로몬이 이처럼 막강한 권세를 누릴 수 있었던 것 역시 하나님이 성전 건축에 대한 보답으로 주신 축복이었다.

솔로몬은 윗 벧호론과 아랫 벧호론을 요새화시켰고 바알랏과 국고성들과 병거성들과 마병의 성들을 건축했다(5-6절). 윗 벧호론과 아랫 벧호론은 예루살렘 서북쪽에 있었으며, 지중해에서 평지를 지나 유다 산악 지대로 올라오는 길목에 있었다(Japhet, cf. Johnstone). 솔로몬은 큰 영토를 가졌을 뿐만 아니라 자신이 거주하며 정치적 수도로 삼은 예루살렘을 적들의 침략으로부터 방어하는 일에 심혈을 기울였다. 아무리 평화로운 시대라 할지라도 자신을 방어할 준비는 항상 해두는 것이 바람직하다. 그래야 적이 함부로 넘보지 않기 때문이다.

II. 통일왕국의 역사(대상 9:35-대하 9:31)
3장. 솔로몬의 통치(대하 1:1-9:31)
4. 솔로몬의 나머지 업적(8:1-9:31)
(1) 여러 가지 업적(8:1-18)

② 건축에 동원된 인력(8:7-10)

7 이스라엘이 아닌 헷 족속과 아모리 족속과 브리스 족속과 히위 족속과 여부스
족속의 남아 있는 자 8 곧 이스라엘 자손이 다 멸하지 않았으므로 그 땅에 남아 있
는 그들의 자손들을 솔로몬이 역꾼으로 삼아 오늘에 이르렀으되 9 오직 이스라엘
자손은 솔로몬이 노예로 삼아 일을 시키지 아니하였으니 그들은 군사와 지휘관의
우두머리들과 그의 병거와 마병의 지휘관들이 됨이라 10 솔로몬 왕의 공장을 감독
하는 자들이 이백오십 명이라 그들이 백성을 다스렸더라

모든 건축 사업에 필요한 인력은 이스라엘 땅에 정착한 이방인들로부터 조달했다(7-8절). 이들은 이스라엘의 가나안 정복 때 모두 진멸시키지 못하여 이때까지 생존한 자들이다(8절). "이때까지"는 역대기 저자의 시대인 주전 5세기가 아니라, 열왕기에 기록된 내용을 인용하면서 도입된 말이다(Japhet).

저자는 이 섹션에서 두 가지를 명확히 한다. 첫째, 솔로몬이 강제 노동력을 단순히 성전 건축에만 사용한 것이 아니라 매우 광범위한 건축 사업에 사용했다는 사실이다. 강제 노동력을 동원했다는 것은 이미 2:17-18에 기록되어 있다. 그러나 그곳에서는 솔로몬이 마치 성전 건축에만 강제 노동력을 사용한 것으로 보이지만 여기에서 저자는 솔로몬이 그 외 모든 건축 사업에 강제 노동력을 동원했다는 점을 명확히 밝힌다. 둘째, 강제로 동원된 노동력에는 이스라엘 사람은 한 사람도 없다고 말한다(9절).

이스라엘 사람들은 군인, 신하, 군사령관, 관리 병거대 지휘관, 기병대원 등으로 고용되었다(9b절). 솔로몬은 250명의 관리 책임자들을 두어 백성들을 관리하도록 했다(10절). 열왕기는 솔로몬이 12명(왕상 4:5-7), 3,300명(왕상 5:16), 550명(왕상 9:23) 등의 관료들을 두었다고 한다. 여러 가지 직책을 담당하는 다양한 책임자들이 있었을 것이다(Johnstone). 역대기 저자가 솔로몬이 이처럼 관리 책임자들을 고용하였다고 하는 것은 왕국이 그만큼 컸으며, 솔로몬은 여러 사람을 적절하게 기용할 줄 아는 리더였다는 점을 강조하기 위해서이다(Hill).

II. 통일왕국의 역사(대상 9:35-대하 9:31)
3장. 솔로몬의 통치(대하 1:1-9:31)
4. 솔로몬의 나머지 업적(8:1-9:31)
(1) 여러 가지 업적(8:1-18)

③ 바로의 딸을 위한 궁(8:11)

11 솔로몬이 바로의 딸을 데리고 다윗 성에서부터 그를 위하여 건축한 왕궁에 이르러 이르되 내 아내가 이스라엘 왕 다윗의 왕궁에 살지 못하리니 이는 여호와의 궤가 이른 곳은 다 거룩함이니라 하였더라

열왕기에 의하면 솔로몬은 바로의 딸을 포함한 수많은 외국 공주들과 정략결혼을 했고 이 이방인 아내들을 통해서 타락하고 몰락했다(cf. 왕상 11장). 그러므로 열왕기에서 솔로몬이 이방 아내들을 맞았다는 사실은 매우 부정적인 상황을 나타낸다. 반면에 본문에서는 솔로몬이 바로의 딸과 결혼했고 그녀를 위해서 궁을 건설했다는 점이 부정적인 시각에서 전개되지 않는다. 오히려 당시 솔로몬의 위상이 어느 정도였는가 하면 이집트의 바로가 딸을 내줄 정도였다는 사실을 강조한다.

솔로몬은 아내로 맞이한 바로의 딸을 위해서 궁을 하나 건설했다. 본문이 언급하고 있는 이집트 왕은 아마도 제21 왕조의 시아문(Siamun)이었을 것이다(Mabie). 원래 바로의 딸은 다윗 성에서 거하도록 되어 있었는데, 다윗 성은 성전이 완공되기 전에 한때 이스라엘의 하나님 여호와의 거룩한 궤를 모시고 있는 곳이었기 때문에 이방인 아내를 거기에 둘 수 없었다고 한다. 혹시라도 이방인의 존재가 성소에 부정적인 영향을 끼칠까 하는 우려에서였다. 즉, 솔로몬이 궁을 지어 이집트인 아내가 그곳에 거하게 한 것은 그녀에 대한 배려나 특별대우가 아니라,

성전과 이스라엘을 배려한 행위였다. 이때까지만 해도 중심이 철저하게 하나님과 성전을 향해 있었다.

Ⅱ. 통일왕국의 역사(대상 9:35-대하 9:31)
3장. 솔로몬의 통치(대하 1:1-9:31)
4. 솔로몬의 나머지 업적(8:1-9:31)
(1) 여러 가지 업적(8:1-18)

④ 왕의 신실함과 지도력(8:12-16)

12 솔로몬이 낭실 앞에 쌓은 여호와의 제단 위에 여호와께 번제를 드리되 13 모세
의 명령을 따라 매일의 일과대로 안식일과 초하루와 정한 절기 곧 일년의 세 절기
무교절과 칠칠절과 초막절에 드렸더라 14 솔로몬이 또 그의 아버지 다윗의 규례를
따라 제사장들의 반열을 정하여 섬기게 하고 레위 사람들에게도 그 직분을 맡겨
매일의 일과대로 찬송하며 제사장들 앞에서 수종들게 하며 또 문지기들에게 그
반열을 따라 각 문을 지키게 하였으니 이는 하나님의 사람 다윗이 전에 이렇게 명
령하였음이라 15 제사장들과 레위 사람들이 국고 일에든지 무슨 일에든지 왕이 명
령한 바를 전혀 어기지 아니하였더라 16 솔로몬이 여호와의 전의 기초를 쌓던 날
부터 준공하기까지 모든 것을 완비하였으므로 여호와의 전 공사가 결점 없이 끝
나니라

솔로몬의 신앙과 성전에 대한 배려는 이 섹션에서 절정에 달한다. 그는 성전 뜰에 있는 제단에서 정기적으로 제물을 드렸다(12절). 매주 안식일마다, 매달 첫째 날에 그리고 모든 이스라엘 남자가 성전을 찾아야 하는 세 절기(viz., 무교절, 칠칠절, 초막절)때 성전에서 하나님께 예물을 드렸다(cf. 출 23:14-19). 이처럼 때에 따라 솔로몬이 제물을 드린 것도 중요하지만 저자는 무엇보다 하나님이 모세를 통해 주신 모든 규례를 솔로몬이 다 지켰다는 사실을 강조하고자 한다(13절).

무교절은 아빕월 14일 저녁(15일 아침)에 시작하여 일주일 동안 이스라엘이 이집트에서 당했던 고통을 생각하고(성경은 무교병을 "고난의 떡"〔לֶחֶם עֹנִי〕이라고도 부름), 또한 이집트를 얼마나 급히 나오게 되었나를 묵

상하며(누룩을 넣어 빵을 만들 시간이 없었다는 의미를 지님) 누룩이 들어가지 않은 빵을 먹고 지내는 절기였다.

칠칠절은 한 해 농사지은 것들의 수확을 기념하는 절기로 "맥추절"(חַג הַקָּצִיר)이라고 하기도 하고(출 23:16), 곡식의 첫 열매를 드린다는 의미에서 "초실절"(개역)/"햇곡식의 날"(새번역)(בְּיוֹם הַבִּכּוּרִים)이라도 한다(출 34:22; 민 28:26). 이 절기는 봄/초여름 수확의 마무리를 알리는 절기였으며 칠칠절이라는 이름은 봄 수확이 시작된 다음 정확히 7주가 지난 때에 하나님께 풍성한 수확에 대한 감사를 드리기 위해서 지키는 절기라는 점에서 유래되었다. 이스라엘은 무교절이 끝나자마자 봄 수확의 시작을 기념하며 하나님께 첫 곡식단을 흔들어 바쳤다(레 23:9-14). 이렇게 한 다음에야 햇곡식을 먹을 수 있었는데, 칠칠절은 이날로부터 정확히 50일째 되는 날에 지켜졌다.

밀 수확이 보리 수확보다 늦다는 점을 감안할 때, 칠칠절은 밀 수확을 마무리하면서 지키는 절기였다. 고대 이스라엘에서는 수확이 시작된 지 7주가 지난 후에야 비로소 농사의 성공 여부, 풍요 여부, 천재와 병충해에 의한 피해 여부에 관한 객관적인 자료가 나올 수 있었다(Tigay). 훗날 이때를 헬라어로 50번째를 뜻하는 "펜테코스테"(πεντηκοστή)라는 단어에 근거해 오순절(Pentecost)이라고 불렀으며(cf. 행 2:1; 20:16; 고전 16:8) 하루 동안 진행되는 축제였다.

초막절은 가을 수확이 마무리될 때쯤에 1주일 동안 진행된 절기였다. 레위기 23:34에 의하면 이스라엘 달력으로 7월인 티스리 월(오늘날의 달력으로는 9월 중순에 시작되는 달) 15일부터 7일 동안이 초막절 절기이다. 초막절(חַג הַסֻּכֹּת)은 추수한 모든 것을 저장하는 일을 기념해서 수장절(חַג הַקָּצִיר)이라고도 불렀다(출 23:16). 봄 수확의 마무리와 연관된 절기가 칠칠절이라면, 가을 수확의 마무리와 연관된 절기가 초막절이다.

초막절(חַג הַסֻּכּוֹת)이라는 이름은 이 기간 동안 이스라엘 사람들이 초막 안에서(בַּסֻּכֹּת) 사는 것에서 비롯되었다. 초막을 뜻하는 히브리어 단어의 소리가 "수콧"(סֻכּוֹת)인데 수콧은 이스라엘 백성들이 이집트를 떠난 후 처음 머문 곳의 이름이다(cf. 출 12:37: "숙곳"). 초막절이 지닌 가장 큰 의미는 하나님이 출애굽 때 베푸셨던 은혜와 이스라엘 사람들이 광야에서 초막 생활을 하면서 살았던 것을 기념하는 것에 있다.

그러므로 이 절기는 한 해의 농사를 모두 마치고 하나님이 베풀어주신 풍요를 감사하는 데만 목적이 있는 것이 아니다. 물론 이스라엘 사람들은 절기를 통해 한 해의 농사를 감사하고 비를 충분히 주셔서 이듬해 농사도 잘 진행될 것을 기원했다(cf. 슥 14:17). 그러나 가장 중요한 목적은 하나님이 노예생활로 고통하던 이스라엘을 이집트에서 구원해 가나안으로 인도하시고 가나안에서 이렇게 좋은 복을 누릴 수 있게 하신 것을 기념하는 데 있다. 즉 이스라엘의 역사 속에서 은혜를 베푸신 하나님을 기념하는 일종의 "대하(大河) 절기"이다. 신명기 31:10-13에 의하면 매 7년째 되는 초막절에는 온 이스라엘이 성소에 모여 모든 율법(הַתּוֹרָה) 낭독에 귀를 기울였다. 초막절이 온 이스라엘이 성소에 함께 모여 율법 낭독에 귀를 기울이는 시기로 선택된 것은 이 절기가 가장 많은 순례자들을 성소로 끌어모았기 때문이다(Tigay).

솔로몬은 모세가 명령한 모든 종교적 절기를 잘 준수했을 뿐만 아니라, 레위 사람들과 제사장들에 대해서 아버지 다윗이 정한 법에 따라 성전이 운영되도록 했다. 역대기 저자가 이 섹션을 구성하면서 근거로 삼고 있는 열왕기상 9:25은 "솔로몬이 여호와를 위하여 쌓은 제단 위에 해마다 세 번씩 번제와 감사의 제물을 드리고 또 여호와 앞에 있는 제단에 분향하니라 이에 성전 짓는 일을 마치니라"로 끝내는 반면, 역대기 저자는 이 말씀 중간에 다윗이 제사장들과 레위 사람들에 대해서 정해둔 규칙을 솔로몬이 잘 준수했던 점을 삽입하고 있다.

다윗이 제사장들과 레위 사람들의 역할, 특히 법궤가 성전에 안치되면 레위 사람들은 더 이상 성막과 도구들을 이동할 필요가 없기 때문에 인력이 많이 남을 상황을 감안해서 이들의 사역을 개혁한 적이 있다

(cf. 대상 23-26장). 솔로몬은 다윗이 정리해 놓은 규칙에 따라 이들의 사역이 잘 진행되도록 각별히 신경썼다(14-15절). 솔로몬은 모세의 말씀에 순종했을 뿐만 아니라, 아버지 다윗의 말씀에도 철저하게 순종하여(cf. 15절), 하나님의 계명에 절대적으로 복종하는 사람의 본보기가 되었다. 저자가 이와 같이 솔로몬의 순종 이야기를 그가 이룬 업적 이야기의 중심에 두는 것은 솔로몬이 살아생전 수많은 업적을 이루고 상상을 초월하는 풍요를 누릴 수 있었던 가장 큰 이유는 여호와를 향한 온전한 순종에서 비롯되었음을 알리기 위해서이다. 즉, 솔로몬이 이룬 모든 업적은 그의 순종을 보시고 내려주신 하나님의 축복이었음을 강조한다. 역대기 저자는 이 일을 회고함으로써 독자들에게 솔로몬처럼 하나님이 모세를 통해서 주신 계명뿐만 아니라 전(前)세대에게 주신 말씀에도 순종해야 주님의 복을 누릴 것이라는 교훈을 주고 있다(Hill).

솔로몬이 다윗이 정한 규례도 잘 지켰다는 사실을 강조한 저자가 12절을 시작할 때 근거로 삼은 열왕기상 9:25의 후반부를 이곳에 확대해서 삽입함으로써 이 섹션을 마친다. "솔로몬이 여호와의 전의 기초를 쌓던 날부터 준공하기까지 모든 것을 완비하였으므로 여호와의 전 공사가 결점 없이 끝나니라"(16절). 성전이 잘 지어져 적절하게 하나님께 헌당 되었을 뿐만 아니라, 그 이후에도 이상적으로 운영되었음을 강조한다. 상황을 이와 같이 묘사하는 저자는 솔로몬의 이름과 "끝나다"는 동사를 사용하여 언어유희를 구상한다(De Vries). "솔로몬(שְׁלֹמֹה)은 성전을 어떠한 하자도 없이 완벽하게 끝냈다(שָׁלֵם)."

II. 통일왕국의 역사(대상 9:35-대하 9:31)
3장. 솔로몬의 통치(대하 1:1-9:31)
4. 솔로몬의 나머지 업적(8:1-9:31)
(1) 여러 가지 업적(8:1-18)

⑤ 바다를 통한 무역(8:17-18)

17 그 때에 솔로몬이 에돔 땅의 바닷가 에시온게벨과 엘롯에 이르렀더니 18 후람이

그의 신복들에게 부탁하여 배와 바닷길을 아는 종들을 보내매 그들이 솔로몬의 종들과 함께 오빌에 이르러 거기서 금 사백오십 달란트를 얻어 솔로몬 왕에게로 가져왔더라

열왕기상 9:26-28에 의하면 솔로몬은 에시온게벨에서 배를 만들고 후람은 노련한 사람들을 보내 그 배로 항해하였다. 에시온게벨(עֶצְיוֹן־גֶּבֶר)은 홍해(יַם־סוּף)가 시내 반도 근처에서 두 줄기로 갈라지는데, 이 중 동쪽 줄기에 속하는 오늘날의 아카바 만(Gulf of Aqaba)으로 알려진 곳의 북쪽에 있던 항구 도시였다(Hill, cf. Mabie). 지역의 지리 변화로 이 도시는 더 이상 존재하지 않는다(Gray). 솔로몬이 나무가 흔치 않은 사막 지역에서 배를 지을 목재들을 어디서 구했는가에 대해서 학자들의 추측이 분분하다. 그때만 해도 에돔의 고산 지대에는 나무가 제법 자라고 있었고, 이 나무들을 해안으로 끌어다가 썼을 것이라는 추측이 있는가 하면(Gray), 아마도 두로에서 배를 만들었다가 해체해서 육지로 이송한 다음 이곳에서 다시 조립했을 것이라는 추리도 있다(Ikeda, cf. Casson). 물론 가능한 일이지만, 엄청난 인력을 요구하는 작업이다. 열왕기는 솔로몬과 후람이 동등한 자격으로 동업했을 것으로 묘사한다.

반면에 역대기 저자는 후람이 노련한 항해사들만 보낸 것이 아니라, 이들이 타고 갈 배들까지 제공했다고 한다(18절). 열왕기는 후람과 솔로몬을 파트너로 묘사하고 있는 것에 반해 역대기 저자는 솔로몬과 후람의 관계를 종주-종속자로 묘사한다(Japhet). 무역도 하나님의 말씀에 절대적으로 순종한 솔로몬이 누린 축복으로 묘사한다. 그들은 오빌(אוֹפִירָה)에 가서 금 450달란트(약 15톤, 왕상 9:28은 420달란트라고 함)를 가져왔다. 오빌이 아라비아 지역에 있었다는 것은 대부분 학자들이 인정하는 사실이지만, 정확히 아라비아의 어느 지역에 있었는지는 아직까지 밝혀지지 않았다(Johnstone). 한 가지 확실한 것은 오빌은 금으로 유명한 곳이었다(cf. 창 10:29; 욥 28:16; 시 45:9; 사 13:12). 그러나 대부분 학자들이

450달란트는 과장된 것이라고 생각한다.

솔로몬이 아라비아에 속한 오빌에서 금을 받았다는 것은 바로 다음 이야기의 시작을 예고한다. 솔로몬의 명성을 듣고 많은 금을 가지고 그를 찾아왔던 여왕이 스바에서 오는데, 스바는 오빌과 비슷한 지역에 있었다(Walsh, Provan). 솔로몬의 명성과 영향력이 당시 "세상 끝까지" 두루 퍼졌던 것이다.

II. 통일왕국의 역사(대상 9:35–대하 9:31)
3장. 솔로몬의 통치(대하 1:1–9:31)
4. 솔로몬의 나머지 업적(8:1–9:31)

(2) 스바의 여왕(9:1-12)

1 스바 여왕이 솔로몬의 명성을 듣고 와서 어려운 질문으로 솔로몬을 시험하고자
하여 예루살렘에 이르니 매우 많은 시종들을 거느리고 향품과 많은 금과 보석을
낙타에 실었더라 그가 솔로몬에게 나아와 자기 마음에 있는 것을 다 말하매 2 솔
로몬이 그가 묻는 말에 다 대답하였으니 솔로몬이 몰라서 대답하지 못한 것이 없
었더라 3 스바 여왕이 솔로몬의 지혜와 그가 건축한 궁과 4 그의 상의 음식물과 그
의 신하들의 좌석과 그의 신하들이 도열한 것과 그들의 공복과 술 관원들과 그들
의 공복과 여호와의 전에 올라가는 층계를 보고 정신이 황홀하여 5 왕께 말하되
내가 내 나라에서 당신의 행위와 당신의 지혜에 대하여 들은 소문이 진실하도다
6 내가 그 말들을 믿지 아니하였더니 이제 와서 본즉 당신의 지혜가 크다 한 말이
그 절반도 못 되니 당신은 내가 들은 소문보다 더하도다 7 복되도다 당신의 사람
들이여, 복되도다 당신의 이 신하들이여, 항상 당신 앞에 서서 당신의 지혜를 들
음이로다 8 당신의 하나님 여호와를 송축할지로다 하나님이 당신을 기뻐하시고
그 자리에 올리사 당신의 하나님 여호와를 위하여 왕이 되게 하셨도다 당신의 하
나님이 이스라엘을 사랑하사 영원히 견고하게 하시려고 당신을 세워 그들의 왕으
로 삼아 정의와 공의를 행하게 하셨도다 하고 9 이에 그가 금 백이십 달란트와 매
우 많은 향품과 보석을 왕께 드렸으니 스바 여왕이 솔로몬 왕께 드린 향품 같은

것이 전에는 없었더라 10 (후람의 신하들과 솔로몬의 신하들도 오빌에서 금을 실
어 올 때에 백단목과 보석을 가져온지라 11 왕이 백단목으로 여호와의 전과 왕궁의
층대를 만들고 또 노래하는 자들을 위하여 수금과 비파를 만들었으니 이같은 것
들은 유다 땅에서 전에는 보지 못하였더라) 12 솔로몬 왕이 스바 여왕이 가져온 대
로 답례하고 그 외에 또 그의 소원대로 구하는 것을 모두 주니 이에 그가 그의 신
하들과 더불어 본국으로 돌아갔더라

본문을 장식하는 스바 여왕 이야기는 성전을 잘 지어 헌당하고, 그 이후에도 하나님의 말씀에 순종하여 많은 복을 누린 솔로몬의 국제적 명성이 얼마나 대단했는가를 보여주는 좋은 본보기이다. 또한 솔로몬의 지혜와 박식함이 어느 정도였는가를 조금이나마 추측할 수 있게 해준다. 솔로몬의 명성과 위상의 실제가 어떠했는가를 회고하는 실용적인 역할을 하고 있는 텍스트이다. 저자는 스바의 여왕 이야기를 열왕기상 10:1-13을 별다른 변화 없이 거의 그대로 인용하여 구성하였다.

솔로몬의 지혜는 이스라엘뿐만 아니라 온 세상에 널리 알려진 사실이었다. 스바는 오늘날 예멘이라고 알려진 지역에 있었던 나라이며(Hill, Dillard), 예루살렘에서 2,300-2,400㎞ 떨어진 곳에 있었다(Mabie). 스바는 온갖 그릇, 향료 등으로 유명한 곳이었으며 여러 여왕들이 다스린 나라로도 유명하다(van Beek). 스바 여왕이 솔로몬의 지혜에 대한 자자한 소문을 듣고 상상을 초월하는 재물과 선물을 가지고 예루살렘까지 왔다(1절). 솔로몬을 만나기 위해서 아주 먼 길을 달려온 것이다. 솔로몬의 명성이 그만큼 멀리까지 퍼져 있었음을 암시한다.

스바 여왕은 자신이 상상할 수 있는 모든 질문을 솔로몬에게 던져보았다(2절). 그녀의 질문의 일부는 자신이 잘 이해하지 못하는 숨겨진 진리들을 포함하고 있었을 것이다. 고대 근동에서는 이처럼 시, 자연, 지혜에 관해서 서로 질문하는 것이 외교의 한 부분이었다(Gray). 솔로몬은 막힘없이 그녀의 모든 질문에 대답할 수 있었다(2절). 물론 솔로몬의

지혜는 하나님이 주신 것이다(cf. 1:12). 위대하신 신이 위대한 왕을 만들어낸 것이다(Burney). 그러므로 솔로몬은 스스로 지혜를 터득한 것이 아니었다. 그가 가지고 있는 지혜는 그에게 임한 하나님의 축복의 결과였다.

스바 여왕은 솔로몬의 모든 건축물과 관료들의 행정력, 일상 생활 등을 둘러보았다(3-4절). 그녀는 모든 것을 보고 넋을 잃을 정도였다. 그러므로 그녀는 솔로몬에 대한 명성이 실제를 결코 따라가지 못한다는 사실을 고백했다(6절). 그리고는 이처럼 지혜로운 왕의 통치 아래 있는 백성들은 매우 행복할 것이라고 확신했다(7절). 어리석은 지도자는 다스리는 백성들을 곤경에 처하게 하지만, 지혜로운 지도자는 번영과 안녕을 준다는 것을 그녀도 잘 알고 있다. 그녀의 발언에는 어떤 시기나 질투가 포함되어 있지 않다. 그녀는 부러움으로 가득 찬 순수한 동기에서 솔로몬의 지혜를 극찬한다.

스바 여왕은 하나님에 대한 찬양도 잊지 않았다(8절). 여호와께서 솔로몬을 좋아하실 뿐만 아니라 이스라엘을 영원히 사랑하셨기 때문에 그를 왕으로 삼으셔서 정의와 공의로 다스리게 하셨다는 것이다(8절; cf. 신 4:37; 7:7-8, 13; 10:15; 23:5). 여호와를 섬기는 지혜로운 왕 솔로몬으로 인해 이방 여왕의 입에서 여호와에 대한 찬양이 흘러나오게 된 것이다(cf. McConville). 이처럼 주의 백성들이 이 세상에서 잘하면, 하나님의 이름이 믿지 않는 사람들의 입술을 통해서도 존귀하게 된다. 그러니 우리는 하나님의 이름을 빛내기 위해서라도 세상에서 의롭고 지혜롭게 살아야 한다. 우리의 좋은 모습을 보면 세상 사람들이 우리의 하나님 여호와를 찬양하게 될 것이기 때문이다.

일부 학자들은 여왕의 이러한 고백이 너무 "여호와 종교적"이라고 하지만(Walsh) 별 문제는 없다. 다신주의자였던 그녀가 예루살렘에 와서 자신의 신들을 버리지 않은 상태에서 여호와의 능력을 인정하고 고백하는 일종의 "개종"을 체험한 것이다. 또한 후람도 솔로몬과 연관해서 여호와를 찬양한 적이 있다(5:7).

스바 여왕의 발언 중에 한 가지 중요한 것이 있다. 비록 그녀가 솔로몬의 영화와 모든 것의 화려함에 마음을 빼앗겼지만, 그녀는 하나님이 솔로몬을 이스라엘의 왕으로 세우신 목적을 누구보다도 잘 알고 있다는 사실이다. 바로 솔로몬으로 하여금 공평(מִשְׁפָּט)과 정의(צְדָקָה)로 백성들을 다스리게 하기 위해서라고 한다. 이스라엘의 왕권은 공평과 정의라는 두 축 위에 세워졌다.

스바 여왕은 솔로몬에게 많은 선물을 주었다. 금 120달란트(약 5톤)와 엄청난 양의 향료와 보석을 선물했다(9절). 120달란트를 실제량이라기 보다는 그만큼 많았다는 상징으로 해석하는 사람들도 있다(Cogan). 그러나 이 금이 단순히 선물이 아니라 무역 협약 전반에 대한 대가이며 후람도 솔로몬에게 120달란트의 금을 선물했던 점을 감안하면(왕상 9:14), 현실적인 액수라고 주장하는 주석가도 있다(Mabie).

스바의 여왕이 얼마나 많은 향료를 주었던지 솔로몬은 이렇게 많은 향료를 누구에게도 다시 받아 본 일이 없다. 그 당시 향료가 얼마나 귀하고 비싼 값에 거래되었는가를 감안하면(cf. Hill) 스바의 여왕은 참으로 대단한 것들을 솔로몬에게 선사했다. 솔로몬도 관례대로 그녀에게 정성껏 답례했으며 그녀가 원하는 것은 무엇이든지 다 주었다(12절).

수년 전에 할리우드에서 솔로몬과 스바 여왕 사이에 로맨스가 있었던 것처럼 묘사한 영화가 있었다. 우리는 이 영화를 하나의 대하드라마(영화)로 간주해야 한다. 외경에 속한 많은 책들처럼, 또한 항간에 문제가 되고 있는 영화 〈노아〉처럼 말이다. 성경 어디에도 둘 사이에 로맨스가 있었던 것을 암시하는 말씀은 없기 때문이다(cf. McConville).

스바 여왕 이야기 중간에 두로 왕 후람의 부하들과 솔로몬의 부하들이 함께 오빌에서 금과 갖은 보화를 실어온 이야기가 삽입되어 있다(10-11절). 솔로몬의 뱃사람들이 엄청나게 많은 양의 백단목과 보석을 왕에게 갖다 바쳤다(11절). 백단목(אַלְגּוּמִּים)이라는 단어는 히브리어 성경에서 이 이야기에서만 사용되는 단어로 어떤 나무를 뜻하는지 아무도 모른다(Cogan). 한 가지 확실한 것은 이 목재가 매우 귀했다는 점이다. 이렇게 귀한 나무가 성전과 왕궁의 계단을 만드는 데 사용되었다(11절). 역시 솔로몬의 재력을 강조한다.

두로 왕 후람의 부하들이 이처럼 많은 재물을 바쳤다는 내용을 회고하는 이 섹션이 스바의 여왕 이야기의 맥을 끊어놓는 내용이며 본문에 없어도 되는 내용이라 해서 많은 번역본이 이 섹션을 괄호로 처리한다(cf. 새번역; NIV). 아마도 스바의 여왕이 솔로몬에게 엄청난 양의 금을 주었던 일이 발단이 되어 금은보화 이야기가 이곳에 삽입된 것으로 생각된다. 그러나 표면적으로는 스바의 여왕과는 전혀 상관없어 보이는 두로 왕 후람이 실제로는 스바의 여왕과 한 쌍을 이루고 있다. 스바는 이스라엘의 남쪽에 위치한 나라였다. 반면에 두로는 북쪽에 위치한 나라였다. 열왕기와 역대기 저자들은 두로 왕 이야기를 이곳에 삽입함으로써 솔로몬의 지혜와 부귀영화가 온 세상에 널리 알려졌음을 강조하고자 한다(cf. Selman).

II. 통일왕국의 역사(대상 9:35-대하 9:31)
3장. 솔로몬의 통치(대하 1:1-9:31)
4. 솔로몬의 나머지 업적(8:1-9:31)

(3) 부귀영화(9:13-28)

솔로몬의 부와 명성을 묘사하는 본 텍스트가 전하는 메시지는 하나님이 솔로몬에게 약속하신 모든 것을 확실하게 지키셨다는 사실이다. 하나님이 솔로몬에게 엄청난 지혜를 주셨고, 솔로몬은 이 지혜를 통해서 하고 싶은 것을 모두 할 수 있었다. 심지어는 지혜로 인해서 개인적인 소득을 많이 올릴 수 있었다. 또한 하나님은 이스라엘이 전에 맛보지 못한 평안도 주셨다. 사방으로 모든 나라가 조용하고 많은 나라가 솔로몬의 통치 아래 있었다.

섹션의 중심 단어는 금(金)이다. 솔로몬의 지혜와 명성이 금처럼 빛났음을 암시한다. 저자는 이 섹션에서 금을 최소한 10차례 언급하면서 솔로몬의 부와 위상을 다시 부각시킨다(13, 14-16, 17-18, 20-21, 24절). 솔로몬은 금을 가지고 자신의 궁을 장식했다. 역대기 저자가 세상에서 가장 아름답고 화려하다고 평가하는 왕의 보좌도 금으로 덧입혔다(17-18절). 솔로몬은 자기의 궁에서 사용되는 기구들과 그릇들도 금으로 만들었다(20절). 그의 왕국에서는 은이 얼마나 흔했던지 솔로몬은 은으로는 아무것도 만들지 않았다(20절; cf. 27절). 금뿐만 아니라 여러 가지 사치품도 세계 곳곳에서 수입했다. 상아, 원숭이, 공작 등도 정기적으로 들여왔다(21절). 본 텍스트는 다음과 같이 세 파트로 구분할 수 있다.

A. 솔로몬의 부(富)(9:13-21)

B. 솔로몬의 명성(9:22-24)

C. 솔로몬의 위상(9:25-28)

Ⅱ. 통일왕국의 역사(대상 9:35–대하 9:31)
3장. 솔로몬의 통치(대하 1:1–9:31)
4. 솔로몬의 나머지 업적(8:1–9:31)
(3) 부귀영화(9:13–28)

① 솔로몬의 부(富)(9:13–21)

솔로몬 왕의 부유함과 수입이 어디서 왔는가를 언급하는 본 텍스트의 근본적인 목적은 하나님의 복을 받은 솔로몬과 그의 통치를 받은 이스라엘이 얼마나 번성했는가를 강조하는 데 있다. 역대기 저자는 독자들에게 그들이 하나님의 말씀에 따라 순종하면 아직도 이와 같은 영화와 축복이 임할 수 있음을 강조함으로써 하나님을 경외하는 삶을 살라고 호소하고 있다. 귀향민들이 하나님의 말씀에 순종하는 삶을 산다면 옛적에 솔로몬이 누렸던 축복이 그들의 것이 될 수 있음을 이야기한다. 이 섹션은 다음과 같은 구조를 지닌다(cf. Japhet).

A. 솔로몬의 1년 수입(9:13-14)

B. 솔로몬의 금 방패들(9:15-16)

C. 솔로몬의 보좌(9:17-19)

B'. 솔로몬의 금 도구들(9:20)

A'. 솔로몬의 추가적 수입(9:21)

II. 통일왕국의 역사(대상 9:35–대하 9:31)
3장. 솔로몬의 통치(대하 1:1–9:31)
4. 솔로몬의 나머지 업적(8:1–9:31)
(3) 부귀영화(9:13–28)
① 솔로몬의 부(富)(9:13–21)

i. 솔로몬의 1년 수입(9:13–14)

13 솔로몬의 세입금의 무게가 금 육백육십육 달란트요 14 그 외에 또 무역상과 객상들이 가져온 것이 있고 아라비아 왕들과 그 나라 방백들도 금과 은을 솔로몬에게 가져온지라

저자는 솔로몬이 매년 666달란트(약 23.3톤, cf. Millard)의 금을 징수했으며(13절; 왕상 10:14), 이 액수는 상인들에게 거두어들인 세금, 무역업자들이 납입한 세금, 아라비아 지역의 왕들과 국내 지방 장관들이 보내오는 것들을 포함하지 않은 액수였다(14절). 이 외에도 지혜와 명성을 듣고 찾아오는 사람들에게서 받은 예물과 선물들이 있었다(cf. 24절). 그가 하나님께 재물을 구하지 않고 지혜를 구한 것이 마치 "물고기를 구하는 것"이 아니라 "물고기를 잡는 기술"을 구한 것이 되어 더 많은 수익을 남기게 되었다.

솔로몬의 총 수입 액수에 대해서 학자들의 논란이 분분하다. 솔로몬이 매년 많은 액수의 세금을 징수했다는 것이 지나치게 과장되었다고 생각하는 주석가들은 이 숫자가 열왕기상 9:14, 28; 10:10에서 언급된 금의 양을 더해서 열왕기상 10:14에서 기록한 것을(cf. Montgomery & Gehman, Noth) 역대기 기자가 그대로 재인용하다보니 빚어진 과장이라고 한다. 반면에 솔로몬의 건축 사업과 화려한 삶을 감안할 때 이 정도 수준의 세금이 징수되어야 하기에, 숫자는 현실적이라고 생각하는 사람들도 있다(Keil). 특히 부하들이 엄청난 이익을 낼 수 있는 중간상인

역할을 하며 이집트, 시리아, 아라비아 그리고 지중해 지역을 오갔던 사실 역시 여기에 제시된 수입을 가능하게 한다(Soggin). 한 가지 확실한 것은 솔로몬이 국제 무대에서 정치적·경제적으로 매우 중요한 위치를 굳히고 있다는 사실이다.

ii. 솔로몬의 금 방패(9:15-16)

15 솔로몬 왕이 쳐서 늘인 금으로 큰 방패 이백 개를 만들었으니 방패 하나에 든 금이 육백 세겔이며 16 또 쳐서 늘인 금으로 작은 방패 삼백 개를 만들었으니 방패 하나에 든 금이 삼백 세겔이라 왕이 이것들을 레바논 나무 궁에 두었더라

솔로몬은 매년 엄청난 수익으로 들어온 금으로 방패를 만들었다. 큰 금 방패 200개를 만들었는데, 각 방패에 금이 600세겔(6.6kg)이 들었다. 솔로몬은 추가로 작은 금 방패 300개를 만들었는데 한 개당 300세겔(3.3kg)의 금을 사용했다. 큰 방패 만드는 데 총 1,320kg, 작은 방패 만드는 데 총 990kg 등 두 종류의 방패를 만드는 데 2,310kg 이상의 금이 사용되었다.

참으로 엄청난 양의 금이라 할 수 있지만, 솔로몬이 1년에 징수한 금이 666달란트 이상이었다는 점을 감안하면 그의 1년 금 수입의 10분의 1 수준밖에 되지 않는 적은 양이다. 그는 여호와께로부터 참으로 큰 복을 받아 누리며 살았다. 모든 것이 그가 성실하게 성전을 완성해서 하나님께 헌당하고 난 후에도 율법에 순종하며 산 결과라는 것이 저자의 주장이다. 솔로몬은 방패들을 만들어 "레바논 나무 궁"에 보관하였다(16절). 방패들은 전시용이지 전투용이 아니었기 때문이다(Japhet). 훗날 이집트 왕 시삭은 금 방패들을 전리품으로 빼앗아갔다(12:1, 9-11). 르호보암의 불순종에 대한 하나님의 심판이었다.

II. 통일왕국의 역사(대상 9:35–대하 9:31)
3장. 솔로몬의 통치(대하 1:1–9:31)
4. 솔로몬의 나머지 업적(8:1–9:31)
(3) 부귀영화(9:13–28)
① 솔로몬의 부(富)(9:13–21)

iii. 솔로몬의 보좌(9:17–19)

17 왕이 또 상아로 큰 보좌를 만들고 순금으로 입혔으니 18 그 보좌에는 여섯 층계
와 금 발판이 있어 보좌와 이어졌고 앉는 자리 양쪽에는 팔걸이가 있고 팔걸이 곁
에는 사자가 하나씩 섰으며 19 또 열두 사자가 있어 그 여섯 층계 양쪽에 섰으니
어떤 나라에도 이같이 만든 것이 없었더라

저자는 솔로몬이 상아로 큰 보좌를 만들어 금을 입혔다(17절)고 하는데, 나무로 먼저 뼈대를 만들어 상아로 장식하고 상아 조각들 위에 금을 덧입혔다는 말로 풀이된다(Hill, cf. Allen). 상아는 가나안에서 생산되는 것이 아니었고 전량 아프리카에서 수입해야 했다. 솔로몬의 무역 영역이 그만큼 넓었고, 대단했음을 시사하는 대목이다. 보좌에 앉기 위해서는 여섯 개의 계단을 올라야 했는데, 각 계단에는 양쪽으로 사자상이 새겨져 있었다(19절). 총 12마리의 사자상이 새겨졌다. 이스라엘의 12지파를 상징한다. 또한 보좌 양쪽에는 팔걸이가 있었는데, 팔걸이 양옆에도 사자상이 하나씩 새겨져 있었다. 사자는 고대 사회에서 왕을 상징했다.

보좌의 모든 것이 금으로 덧입혀져 있었으며, 심지어는 발 받침대도 금으로 만들었다고 한다(18절). 발 받침대는 왕의 권위를 상징할 뿐만 아니라 평화로운 나라와 통치의 상징이다(Hill). 그러므로 솔로몬의 발 받침대가 순금으로 만들어졌다는 것은 나라가 번영과 평화의 시대를 누리고 있음을 뜻한다. 전반적으로 금과 상아로 장식된 보좌의 화려함은 상상을 초월할 정도였다. 그래서 저자는 일찍이 어느 나라에서도 보좌를 이렇게 만들지 못했다고 한다(19절).

Ⅱ. 통일왕국의 역사(대상 9:35-대하 9:31)
3장. 솔로몬의 통치(대하 1:1-9:31)
4. 솔로몬의 나머지 업적(8:1-9:31)
(3) 부귀영화(9:13-28)
① 솔로몬의 부(富)(9:13-21)

ⅳ. 솔로몬의 금 도구들(9:20)

20 솔로몬 왕이 마시는 그릇은 다 금이요 레바논 나무 궁의 그릇들도 다 순금이라 솔로몬의 시대에 은을 귀하게 여기지 아니함은

솔로몬은 자신이 사용하는 모든 그릇과 잔도 금으로 만들었다. 솔로몬은 금으로 성전과 왕궁, 보좌 등을 장식한 것이 모자라서 아예 금을 '마시고 먹었던' 것이다. 또한 레바논 나무 궁에 보관해 놓은 그릇들도 모두 금으로 만들었다. 아마도 이 그릇들은 특별한 행사 때 사용하기 위해서 이곳에 보관한 것들이었을 것이다.

이와 같이 저자가 솔로몬 시대를 '금이 넘실거리는 세상'으로 묘사하는 것은 그의 통치 아래 이스라엘은 전에 누리지 못하던 황금기를 누렸음을 강조하기 위해서이다. 저자는 한걸음 더 나아가 솔로몬 시대에는 금이 얼마나 흔했던지, 은은 귀금속의 축에 들지도 못했다고 한다. 상상을 초월하는 풍요로움이 솔로몬이 통치하는 이스라엘에 임했음을 암시한다. 모든 것이 순종하는 사람에게 임한 여호와의 축복이었다.

Ⅱ. 통일왕국의 역사(대상 9:35-대하 9:31)
3장. 솔로몬의 통치(대하 1:1-9:31)
4. 솔로몬의 나머지 업적(8:1-9:31)
(3) 부귀영화(9:13-28)
① 솔로몬의 부(富)(9:13-21)

ⅴ. 솔로몬의 추가적 수입(9:21)

21 왕의 배들이 후람의 종들과 함께 다시스로 다니며 그 배들이 삼 년에 일 차씩 다시스의 금과 은과 상아와 원숭이와 공작을 실어옴이더라

저자는 이미 후람과 솔로몬의 일꾼들이 무역을 했으며, 그들은 이 무역을 통해 이스라엘에서는 찾아볼 수 없는 진귀한 것들을 구입해 왔다고 했다(10-11절). 이 구절은 그들의 교역이 다시스(תַּרְשִׁישׁ)까지 이루어졌다고 한다. 본문의 근거가 되는 열왕기상 10:22은 솔로몬의 부하들이 "다시스 배들"(אֳנִי תַרְשִׁישׁ)(배들의 유형을 뜻함, cf. NIV)을 사용하여 아카바 만에서 무역을 했다고 하는데, 역대기는 "왕의 배들이 다시스까지 항해했다"(אֳנִיּוֹת לַמֶּלֶךְ הֹלְכוֹת תַּרְשִׁישׁ)고 표기하고 있다. 열왕기는 솔로몬이 고용한 선박 모델을 뜻한 반면, 역대기는 솔로몬의 부하들이 배를 타고 진출한 최종적인 목적지를 뜻한 것으로 이해할 수 있다(cf. Allen).

학자들은 대체로 다시스가 스페인에 있었던 타르테수스(Tartessus)를 뜻하는 것으로 생각한다(Dillard, Johnstone). 일부 주석가들은 이 표현을 "다시스까지 갈 수 있는 배," 곧 긴 항해를 할 수 있는 선박을 뜻하는 것으로 풀이하기도 한다(Hill). 솔로몬의 부하들은 좋은 배들을 고용해 매우 먼 곳까지 가서 무역을 했다. 그래서 그들은 3년에 한 번씩 금, 은, 상아, 원숭이, 공작 등 귀금속과 희귀 동물들을 마음껏 가져올 수 있었다. 솔로몬의 통치 아래 이스라엘은 평소 보지 못했던 진귀한 물건들과 짐승들을 접하게 되었다. 이러한 차원에서 다시스는 당시 솔로몬과 이스라엘에게 '세상 끝'을 상징하는 곳이었다.

II. 통일왕국의 역사(대상 9:35–대하 9:31)
3장. 솔로몬의 통치(대하 1:1–9:31)
4. 솔로몬의 나머지 업적(8:1–9:31)
(3) 부귀영화(9:13–28)

② 솔로몬의 명성(9:22–24)

22 솔로몬 왕의 재산과 지혜가 천하의 모든 왕들보다 큰지라 23 천하의 열왕이 하
나님께서 솔로몬의 마음에 주신 지혜를 들으며 그의 얼굴을 보기 원하여 24 각기
예물을 가지고 왔으니 곧 은 그릇과 금 그릇과 의복과 갑옷과 향품과 말과 노새라
해마다 정한 수가 있었더라

솔로몬의 지혜와 부귀영화는 단지 이스라엘 안에서만 유명한 것이 아니었다. 그는 어느덧 국제적인 스타 왕이 되어 있었다. 재산에 있어서나 지혜에 있어서 그와 견줄만한 왕이 없었기 때문이다(22절). 솔로몬의 명성이 다른 왕들에 비해 상대적으로 높았던 것이 아니라 절대적으로 높았다(Johnstone). 하나님이 솔로몬에게 약속하신 지혜와 부가 그의 삶을 가득 채웠다. 그래서 당시 온 세상에서 최고로 유명한 왕이 되었다. 모두 하나님의 축복의 결과였다.

솔로몬은 세상 왕들의 선망의 대상이 되었을 뿐만 아니라 가장 만나고 싶어 하는 사람이 되어 있었다(23절). 그들은 하나님이 솔로몬에게 주신 지혜의 말씀을 듣고 싶어 했다. 그래서 솔로몬을 만나기 위해서 많은 예물을 가지고 예루살렘을 찾았다(24절). 해마다 이런 사람들의 방문이 끊이지 않은 예루살렘은 어느덧 세상의 지혜와 부의 중심이 되었다. 선지자 이사야는 예루살렘이 열방의 중심이 될 날을 예언하는데(사 2:1-4), 솔로몬 시대에 이미 이런 일이 상징적으로 현실화된 것이다.

Ⅱ. 통일왕국의 역사(대상 9:35-대하 9:31)
3장. 솔로몬의 통치(대하 1:1-9:31)
4. 솔로몬의 나머지 업적(8:1-9:31)
(3) 부귀영화(9:13-28)

③ 솔로몬의 위상(9:25-28)

25 솔로몬의 병거 메는 말의 외양간은 사천이요 마병은 만 이천 명이라 병거성에
도 두고 예루살렘 왕에게도 두었으며 26 솔로몬이 유브라데 강에서부터 블레셋 땅
과 애굽 지경까지의 모든 왕을 다스렸으며 27 왕이 예루살렘에서 은을 돌 같이 흔
하게 하고 백향목을 평지의 뽕나무 같이 많게 하였더라 28 솔로몬을 위하여 애굽
과 각국에서 말들을 가져왔더라

솔로몬은 국제적인 명성에 걸맞게 군사력도 증강했다. 대표적인 예가 마병과 말들이었다. 사실 가나안과 같은 험악한 산악지대 지형에서 말은 효과적인 전쟁 도구는 못 된다. 병거는 더욱 그렇다. 그런데 솔로몬이 이처럼 많은 말과 병거를 소유했던 것은 무엇보다 그의 위상을 강조하기 위한 것이지 실제로 전쟁에 배치하기 위해서가 아니었다.

본문의 배경이 되는 열왕기상 10:26-29은 이미 역대하 1:14-17에서 인용한 적이 있다. 이곳에서 다시 그 내용을 반복하는 것은 솔로몬 이야기가 끝에 도달했음을 암시한다. 1:14-17과 본문이 솔로몬 이야기의 시작과 끝을 알리고 있다. 본 텍스트는 다음과 같은 구조를 지닌다(cf. Japhet).

A. 말과 병거들(9:25)
 B. 솔로몬 왕국의 범위(9:26)
 B'. 풍요로움(9:27)
A'. 수입한 말들(9:28)

솔로몬은 금뿐만 아니라 말과 병거도 모았다. 마구간만 4천 칸이나 되었으며 기병은 12,000명에 달했다(25절). 본문은 언급하지 않지만, 열왕기상 10:26은 병거가 1,400대에 달했다는 말을 더한다. 솔로몬은 그들을 병거 주둔성과 예루살렘에 나누어 배치했다. 솔로몬은 이집트와 그 외 나라들에서 군마를 사들였다(28절). 수입이 얼마나 많았는지 이런 일에 돈을 마음껏 쓰고도 별 탈이 없었다는 사실을 암시한다.

어느덧 솔로몬은 가나안의 군주가 되어 있다. 유프라테스 강에서부터 블레셋 영토에 이르기까지, 이집트의 국경에 이르기까지 모든 왕을 다스렸다(26절). 가나안 지역의 모든 왕들이 그를 군주로 모시며 조공을 바쳤다. 솔로몬은 이스라엘 역사상 가장 넓은 영토를 다스리는 왕이 되었다. 저자는 이것이 모두 하나님의 축복이라고 한다.

솔로몬의 국제적인 명성과 견줄 수 없는 위상은 곧 이스라엘이 전에 경험해보지 못했던 풍요로움으로 이어졌다. 예루살렘에서는 은이 돌처럼 흔하였고 백향목은 세펠라 평원 지대의 뽕나무만큼이나 많았다고 한다(27절). 지혜롭고 믿음이 확실한 지도자가 다스리는 나라에서는 이처럼 모든 백성이 풍요와 평안을 누리게 된다.

(4) 통치에 대한 마지막 말(9:29-31)

29 이 외에 솔로몬의 시종 행적은 선지자 나단의 글과 실로 사람 아히야의 예언과
선견자 잇도의 묵시 책 곧 잇도가 느밧의 아들 여로보암에 대하여 쓴 책에 기록되
지 아니하였느냐 30 솔로몬이 예루살렘에서 온 이스라엘을 다스린 지 사십 년이라
31 솔로몬이 그의 조상들과 함께 자매 그의 아버지 다윗의 성에 장사되고 그의 아
들 르호보암이 대신하여 왕이 되니라

이 섹션은 열왕기상 11:41-43을 거의 그대로 인용하여 작성하였다. 그러나 저자가 밝히고 있는 솔로몬에 대한 정보의 출처는 열왕기가 제시하는 것과 현저한 차이를 두고 있다. 열왕기 저자는 자신이 유일하게 인용한 책이 "솔로몬의 실록"(סֵפֶר דִּבְרֵי שְׁלֹמֹה)이라고 밝힌다(왕상 11:41). 반면에 본문은 "솔로몬의 실록"은 아예 언급하지 않고 "선지자 나단의 글"(דִּבְרֵי נָתָן הַנָּבִיא)과 "실로 사람 아히야의 예언"(נְבוּאַת אֲחִיָּה הַשִּׁילוֹנִי)와 "선견자 잇도의 묵시 책"(חֲזוֹת יֶעְדּוֹ הַחֹזֶה) 등 세 출처를 인용해서 솔로몬의 일대기를 기록하고 있음을 시사한다(29절).

나단 선지자는 다윗 시대 때부터 활약했던 하나님의 사람이며 솔로몬이 왕으로 취임하는 데 결정적인 역할을 했던 사람이었다(cf. 왕상 1장). 아히야 선지자는 여로보암이 솔로몬에게 반역했을 때 그에게 말씀을 선포해 주어 격려했던 사람이었다(cf. 왕상 11:26-39). 잇도는 솔로몬의 아들 르호보암과 손자 아비야에 대해서 기록을 남긴 선지자였다(cf. 대하 12:15; 13:22).

역대기 저자가 "솔로몬의 실록"을 언급하지 않는 것은 이 책에 기록된 내용이 이미 열왕기에 모두 반영되어 있으며, 자신이 열왕기를 인용하고 있기 때문에 "솔로몬의 실록"에 대해서 언급할 필요를 느끼지 못했던지, 아니면 역대기 저자의 시대에 이르러서는 이 책이 분실되었던 것으로 생각된다.

솔로몬은 이스라엘의 행정 수도인 예루살렘에서 40년을 통치했다(30절). 솔로몬은 죽어서 아버지 다윗의 성에 묻혔으며, 그의 아들 르호보암이 뒤를 이어 왕이 되었다. "그의 아버지 다윗의 성에 장사되었다"는 것은 그가 매우 평안한 죽음과 길고 복된 삶을 살았음을 뜻한다(Hill).

역대하 1-9장은 다윗과 솔로몬의 일생에 대한 "이상화된 위인전"(idealized biographies)으로 마무리한다. 열왕기에 비교해 보아도 역대기 저자가 묘사하는 솔로몬은 이상화된 왕임이 확실하다. 솔로몬의 장점만 이야기하고 있으며 솔로몬이 하나님께 반역하고 우상들을 따라감으로써 맞이했던 비참한 말로(cf. 왕상 11장)에 대해서는 전혀 언급하지 않고 있는 점도 이 같은 성향을 입증한다. 역대기 저자가 이처럼 다윗과 솔로몬의 과오와 죄를 거의 언급하지 않은 채 위대한 왕들로 묘사하는 것은 지난날의 영화로웠던 이스라엘에 대한 향수를 유발하기 위해서가 아니다. 역대기 저자는 위대한 왕들과 그들의 통치 아래 이스라엘이 누렸던 영광을 회고함으로써 앞으로도 이러한 영광이 다시 이스라엘에 임할 수 있음을 강조하기 위해서이다. 역대기 저자는 귀향민들에게 종말론적인 소망을 제시하기 위해서 이 왕들의 일대기를 이상적으로 묘사한 것이다(Dillard).

Ⅲ. 분열왕국의 역사

(10:1-28:27)

책이 시작된 이후 지금까지 저자는 아담에서부터 어떤 혈통을 통해서 귀향민들의 대(代)까지 이르게 되었는가를 역대상 1:1-9:34에서 정리했고, 사울-다윗-솔로몬에 이르는 통일왕국의 역사를 역대상 9:35부터 역대하 9:31을 통해 회고했다. 이 책을 저작해 나가는 일에 있어서 가장 중요한 기본 자료로 사무엘서와 열왕기를 사용했다. 그렇다고 해서 사무엘서와 열왕기에 반영된 모든 내용을 있는 그대로 도입한 것은 아니다. 사무엘서와 열왕기 외에도 다른 출처들을 충분히 인용했고, 경우에 따라서는 인용하는 고유 출처들을 근거로 사무엘서와 열왕기에 기록된 내용을 과감하게 축약하거나 편집해서 책의 저작 목적을 이루어 가고 있다. 이런 현상은 유다 왕들에 대한 묘사를 담고 있는 이 섹션에서도 그대로 진행된다. 저자는 많은 책들을 인용하고 있지만, 이 책들의 내용을 반복하는 것에 그치지 않고 자신만의 창의적인 작품을 만들어가고 있다.

왕들의 이야기를 진행하는 과정에서 저자는 열왕기 저자가 각 왕에게 부여한 비중을 그대로 수용하지 않는다. 자신의 필요에 따라 어떤 경우에는 열왕기가 자세하게 묘사하는 왕의 이야기를 압축하기도 하고, 어떤 왕에 대한 이야기는 늘리기도 한다. 아래 도표를 살펴보면 역대기가 르호보암에서 요시야에 이르는 유다의 첫 15명의 왕들에게 열왕기보다 약 50% 공간을 더 할애한다(이 왕들을 묘사하는 데 역대기는 609절, 열왕기는 433절을 사용한다). 반면에 여호아하스에서 시드기야에 이르는 마지막 네 왕에게는 열왕기의 반밖에 할애하지 않는다(역대기는 네 왕을 묘사하는 데 22절, 열왕기는 50절을 사용한다). 저자는 요시야 이후 왕들에게는 별다른 관심을 가지지 않는다.

이유는 역대기 저자의 요시야의 죽음에 대한 관점에 있다. 그는 요시야의 죽음으로 유다의 포로생활이 시작되었다고 보았기 때문이다(Johnstone). 요시야를 죽인 느고가 예루살렘에 입성하여 죽은 아버지의 대를 이어 왕이 되었던 여호아하스를 이집트로 끌어가고 그 자리에 여호야김을 왕으로 세웠을 때부터 유다는 자치권을 잃었다. 유다는 여호야김이 죽은 이후 여호야긴을 왕으로 세우지만, 바빌론 사람들이 그를 끌고 가고 그 자리에 마지막 왕 시드기야를 세웠다. 요시야의 죽음으로 이스라엘의 독립성이 큰 손상을 입었던 것이다.

또한 역대기 저자는 아담에서 요시야에 이르는 계보를 49대로 정리했다(cf. 대상 3장). 요시야가 죽은 이후부터 저자가 살고 있는 포로기 이후 시대를 "50번째 세대"로 보고 있다. 희년(Year of Jubilee) 패러다임으로 귀향민 시대를 정리하고 있는 것이다(Johnstone, cf. 레 25:8-13).

왕	열왕기 분량(절)	역대기 분량(절)
르호보암	36	59
아비야	9	24
아사	17	48
여호사밧	51	102
여호람	10	20
아하시야	34	8

요아스(아달랴 포함)	42	51
아마샤	20	29
웃시야	9	23
요담	8	10
아하스	21	28
히스기야	96	118
므낫세	19	21
아몬	9	6
요시야	51	61
여호아하스	4	3
여호야김	10	5
여호야긴	11	3
시드기야	25	11

본 텍스트는 솔로몬 이후 남북으로 분열된 유다와 이스라엘의 이야기이다. 열왕기는 솔로몬 시대까지 지속되었던 통일왕국이 분열된 이유를 솔로몬의 죄에 두고 있다. 솔로몬이 말년에 이방인 아내들과 함께 우상들을 숭배한 것이 화근이 되어 하나님이 이스라엘을 둘로 나누셨다는 것이다(cf. 왕상 11장). 역대기 저자는 이 부분에 대해서 침묵한다. 그리고 곧장 그의 아들 르호보암 시대로 접어든다. 그러다 보니 9장의 평화와 번영이 중심이 되었던 솔로몬 시대를 본 텍스트에 와서는 별다른 배경 설명 없이 착취와 압박의 시대로 묘사한다(cf. 10:4). 이러한 현상은 솔로몬의 죄와 과오의 사실성을 부인해서가 아니라, 책의 저작 목적상 성전과 연관해서 솔로몬의 역할을 매우 이상적으로 묘사할 필요를 느꼈기 때문이다. 결국 당시 정경으로 자리를 잡았던 열왕기가 기록한 솔로몬의 죄에 대해서 언급하지 않았기 때문에 빚어진 일이다.

역대기 저자는 본 텍스트를 통해 솔로몬 이후 분열왕국 시대의 역사를 회고한다. 그러나 내용을 살펴보면 남 왕국 유다의 역사만을 집중적으로 조명하는 사실을 깨닫게 된다. 북 왕국 이스라엘의 멸망에 대해서 언급하지 않는 점과 북 왕국에 관한 이야기는 독자적인 조명을 받지 못하는 점도 이와 같은 사실을 입증한다. 북 왕국 이야기는 오직 남 왕국과 연관된 범위에서만 언급될 뿐 어떤 독립적인 공간을 할애 받지 못한다. 저자가 북 왕국에 대해서 무관심한 가장 큰 이유는 책의 중심 주제가 다윗 언약과 성전인데, 분열왕국 후 북 왕국 이스라엘은 두 가지와 별 상관이 없는 나라가 되었기 때문이다.

저자는 이미 다윗과 솔로몬에 대해서 자세히 기록함으로써 그들을 하나의 모델로 삼을 것을 암시했다(cf. 11:17). 다윗은 새로운 모세가 되어 레위 사람들에 대한 율법을 재정비하며 율법의 중요성을 강조했다. 왕들과 백성들이 하나님의 축복을 누리며 평화롭게 살려면 율법에 순종하면서 사는 것은 필수적이다. 저자는 주의 백성이 율법에 순종하면 하나님의 축복이 다복한 자손, 건축 사업, 침략자들을 물리치는 승리 등으로 표현된다고 한다(Allen). 솔로몬은 새로운 브살렐이 되어 성전의 중요성을 강조했다. 성전은 하나님께 끊임없이 예배를 드리는 곳이며, 또한 위기에 처했을 때 기도를 드리는 곳이다. 그러므로 유다의 왕들도 위기에 처하면 성전에 나와서 기도해야 한다는 것이 저자의 가르침이다(cf. 12, 15, 20장). 저자는 두 축(viz., 율법과 성전)을 중심으로 앞으로의 역사를 정리해 나갈 것이다. 특히 왕들을 평가할 때에는 이 잣대를 어김없이 적용한다.

앞으로 저자는 다윗의 후손들인 남 왕국의 왕들을 중심으로 책을 전개해 나가지만, 그렇다고 해서 유다의 모든 왕들이 동일하게 다루어지는 것은 아니다. 남 왕국 왕들 중에서도 여호사밧, 히스기야 그리고 요시야가 집중적인 조명을 받는다. 세 왕이 차지하는 공간이 20명의 유다 왕들에게 할애한 전체 공간의 3분의 1이상을 차지한다는 사실이 이 왕들이 집중적인 조명을 받고 있음을 시사한다(cf. pp. 136-137 도표). 그렇다면 저자가 왜 이들을 집중적으로 조명하는 것일까? 무엇보다도 세 왕은 남 왕국 유다 역사상 가장 훌륭한 종교개혁자들로서 하나님을 향한 마음이 남달랐기 때문이다. 저자가 역대기에서 전략적으로 사용하는 용어를 빌리자면, 이 왕들은 온전히 하나님을 "찾았던"(דרשׁ) 사람들이다(Allen; cf. 대상 28:9; 대하 15:2). 역대기 기자는 이 왕들의 신앙심을 예로 들면서 아직도 이와 같은 종교개혁과 하나님을 향한 온전한 마음이 가능할 뿐만 아니라, 포로기 이후 시대를 살아가는 이스라엘이 이 왕들처럼 전심으로 하나님을 찾는다면 하나님이 분명 귀향민 공동체에게 자비를 베푸실 것을 강조한다.

이 왕들의 신실함은 또한 다윗 언약이 지속되는 일에 일조했다. 솔로몬의 헌당 기도를 들으신 하나님이 찾아오셔서, 만일 그가 하나님의 말씀에 전적으로 순종하면 하나님이 아버지 다윗에게 하신 약속을 꼭 지켜주겠다고 하셨다(대하 7:17-18). 이 같은 맥락에서 다윗의 후손들이 하나님의 말씀에 순종하는 것은 다윗 언약 보존에 매우 중요하게 작용한다. 역대기 저자는 세 왕의 믿음을 예로 들면서 비록 유다의 모든 왕이 하나님의 말씀에 전적으로 순종하지는 못했지만, 그래도 이들과 같이 훌륭한 왕들 몇이 있어서 북 왕국보다 훨씬 더 오래 지속되었으며, 바빌론으로 끌려갔던 사람 중 귀향민들이 돌아와 유다를 다시 재건함으로써 북 왕국 이스라엘처럼 지도에서 영원히 사라지는 비운을 맞지도 않았다고 회고한다. 포로기 이후 시대를 살아가던 귀향민들에게 세 왕의 신실함은 좋은 신앙적 모범이 되었고, 다윗 언약의 연속성을 기대하는 근거가 되었다.

역대기가 제공하는 남 왕국 유다 왕들의 이름과 통치 기간은 다음과 같다. 주전 931년경에 나라가 분열되어 586년에 바빌론의 손에 망할 때까지의 실제 기간은 345년이지만, 역대기 저자는 유다의 왕들이 공동 통치 등을 포함하여 393년 동안 나라를 다스렸다고 한다(열왕기도 마찬가지임). 여기에 솔로몬의 40년을 더하면 433년이 되는데, 솔로몬이 즉위하고도 다윗이 몇 년은 살아 있었던 점을 감안하여 3년 정도를 감하면 솔로몬이 홀로 통치하기 시작할 때부터 바벨론 귀향살이까지 430년이 된다. 공교롭게도 430년은 이스라엘이 이집트에서 종살이하던 기간이었다. 열왕기와 역대기 저자가 솔로몬 이후 왕정 햇수를 이렇게 묘사하는 것은 왕정 시대를 옛적에 선지자 사무엘이 경고했던 것처럼 하나의 종살이로 묘사하기 위해서이다(cf. 삼상 8장).

왕	성경구절(역대하)	통치 기간
르호보암	10:1–12:16	17년
아비야	13:1–14:1a	3년
아사	14:1b–16:14	41년
여호사밧	17:1–21:1	25년
여호람	21:2–22:1	8년
아하시야	22:2–9	1년
아달랴*	22:10–23:21	6년
요아스	24:1–27	40년
아마샤	25:1–28	29년
웃시야	26:1–23	52년
요담	27:1–9	16년
아하스	28:1–27	16년
히스기야	29:1–32, 33	29년
므낫세	33:1–20	55년
아몬	33:21–25	2년
요시야	34:1–35:27	31년
여호아하스	36:1–4	3달
여호야김	36:5–8	11년
여호야긴	36:9–10	3개월 10일

시드기야	36:11-19	11년
통치 햇수 총계		**393년 6개월 10일**

유다가 자치적으로 세운 마지막 왕인 요시야까지 남 왕국의 왕들을 순차적으로 언급하면서 삶과 업적 등을 회고하는 본 텍스트는 거론되는 왕들에 따라 다음과 같이 구분한다.

A. 북 왕국 이스라엘의 반역(10:1-11:4)
B. 르호보암(11:5-12:16)
C. 아비야(13:1-14:1a)
D. 아사(14:1b-16:14)
E. 여호사밧(17:1-21:1)
F. 여호람(21:2-20)
G. 아하시야(22:1-9)
H. 요아스(22:10-24:27)
I. 아마샤(25:1-26:2)
J. 웃시야(26:3-23)
K. 요담(27:1-9)
L. 아하스(28:1-27)

1장. 북 왕국 이스라엘의 반역(10:1-11:4)

열왕기에 의하면 사울 시대에 시작해서 솔로몬 시대까지 지속된 통일 왕국 이스라엘의 분열은 이미 솔로몬 집권 말기에 결정된 하나님의 뜻이었다. 솔로몬이 이방 아내들과 함께 우상들을 숭배하며 여호와께 등을 돌린 것이 화근이었다(왕상 11:1-8). 하나님은 솔로몬에게 진노하셨고, 두 차례나 꿈에 나타나셔서 다른 신들을 숭배하지 말라고 경고하셨다(왕상 11:9). 그러나 솔로몬이 주님의 말씀에 순종하여 우상을 버리기를 거부하자 하나님은 그가 다스리는 열두 지파 중 한 지파만 남기고 나머지 지파를 떼어서 그의 신하에게 주시겠다고 선언하셨다(왕상 11:11, 13). 다만 지난날의 정을 생각하셔서 분열이 솔로몬 시대가 아니라 아들 시대에 있을 것이라고 하셨다.

솔로몬이 죽은 후 드디어 올 것이 왔다. 르호보암이 왕위를 물려받자마자 하나님이 경고하신 일이 현실화되었다. 그러나 열왕기와는 달리 역대기는 솔로몬의 죄 때문에 일이 이렇게 되었다고 언급하지 않는다. 역대기에 의하면 솔로몬의 다양한 건축 사업과 그 외 왕의 호화스러운 생활을 유지하기 위해서 강제 노동력이 동원되고 높은 세금에 시달렸던 백성들이 더 이상 착취당하지 않으려고 르호보암에게 반기를 든 것이다. 솔로몬 시대에 곪기 시작했던 종기가 드디어 그의 아들 르호보암 시대에 이르러 터졌다.

역대기 저자가 정황을 이렇게 전개해 나가는 것은 열왕기의 내용을 부인하려는 게 아니다. 열왕기에 기록된 솔로몬의 모든 죄와 과오를 익히 잘 알고 있었고 사실로 인정했다. 그러나 성전의 중요성과 하나님이 성전을 건축한 솔로몬과 그의 백성들에게 얼마나 큰 복을 주셨는가를 묘사했다. 이러한 정황에서 이스라엘의 영웅이자 하나님의 축복을 감당할 수 없을 정도로 받은 솔로몬의 죄를 언급하는 것은 적절하지 않을 뿐만 아니라 언급할 필요도 없다. 이 점에 대해서는 이미 열왕기가 모두 진술하고 있기 때문이다. 그러므로 역대기 저자는 왕국이 분열하게 된 일의 원인 제공은 솔로몬의 지나친 착취였지만, 르호보암의 어리석은 판단이 결정적인 요인이었다고 한다. 르호보암 이야기에서 유일하게 긍정적인 요소는 하나님이 선포하셨던 말씀(예언)이 그대로 성취되었다는 사실이다(Allen).

본 텍스트는 크게 두 부분으로 나눈다. (1) 북쪽 지파의 반란(10:1-19), (2) 르호보암에게 반란을 일으킨 지파들과 싸우지 말라는 선지자 스마야의 신탁(11:1-4). 스마야 선지자의 경고(11:1-4)를 제외한 10:1-19은 다음과 같은 구조를 지니고 있다. 이러한 구조를 바탕으로 본문을 주해 나가고자 한다.

A. 르호보암이 백성들을 찾아감(1-3절)
B. 백성들의 요구(4-5절)
C. 원로들의 조언(6-7절)
C'. 젊은이들의 조언(8-11절)
B'. 백성들의 요구가 거절됨(12-15절)
A'. 백성들이 르호보암을 떠남(16-19절)

Ⅲ. 분열왕국의 역사(10:1–28:27)
1장. 북 왕국 이스라엘의 반역(10:1–11:4)

1. 르호보암이 백성들을 찾아감(10:1-3)

1 르호보암이 세겜으로 갔으니 이는 온 이스라엘이 그를 왕으로 삼고자 하여 세겜에
이르렀음이더라 2 느밧의 아들 여로보암이 전에 솔로몬 왕의 낯을 피하여 애굽으로
도망하여 있었더니 이 일을 듣고 여로보암이 애굽에서부터 돌아오매 3 무리가 사람을
보내어 그를 불렀더라 여로보암과 온 이스라엘이 와서 르호보암에게 말하여 이르되

솔로몬은 40여 년의 긴 세월 동안 안정적인 통치를 했다. 그가 군림하던 시대에는 외국과의 전쟁도 없었다. 솔로몬은 여러 가지 면에서 훌륭한 리더였다. 이런 상황에서 그의 죽음은 곧 이스라엘의 리더십 구조에 채우기 어려운 공백을 안겨주었다. 솔로몬의 대를 이어 르호보암이 왕이 되었는데, 그는 모든 면에서 아버지 솔로몬의 역량에 못 미치는 부족한 사람이었다. 르호보암은 자신도 모르게 하나님이 이미 솔로몬에게 선언하신 "네 아들의 시대에 가서 나라를 나누겠다"(왕상 11:12)라는 심판의 말씀을 성취해 나가는 데 적격인 사람이었다.

화려한 솔로몬 시대가 끝나고 아들 르호보암이 왕위에 등극하는 때가 왔다(1-2절). 그는 "온 이스라엘"(כָּל־יִשְׂרָאֵל)이 모여있는 세겜으로 갔다. 세겜은 이스라엘의 전통과 역사에 있어서 매우 중요한 곳이다. 아브라함과 야곱이 이곳에 제단을 쌓은 적이 있다(창 12:6-7; 33:18-20). 여호수아는 가나안 정복을 어느 정도 마친 다음에 이곳에서 하나님과 이스라엘의 언약을 재확인했다(수 24:1-27). 또한 여호수아가 이곳에 묻힘으로써 창세기에서 시작되었던 출애굽 이야기가 막을 내리게 되었다(수 24:32). 세겜의 정확한 위치는 아직도 일부 학자들 사이에 논란이 되고 있지만, 대체로 그리심 산과 에발 산 사이에 있는 북쪽 지역의 교통 요충지로 간주된다. 예루살렘에서 이곳까지 거리는 100㎞ 이상이다. 이 지역은 북 왕국 사람들에게 매우 중요한 곳이었으며 여로보암이 북쪽 지파를 떼어내 나라를 세운 뒤 이곳을 수도로 삼았다.

르호보암의 등극은 선왕들이 즉위한 때와 비슷한 정황들을 지니고 있다. 다윗은 사울이 죽은 후에 헤브론에 모인 "온 이스라엘"에 의해서 왕으로 추대되었다(대상 11:1). 솔로몬도 "온 이스라엘"이 모여든 예루살렘에서 왕위에 올랐다(대상 28:1, 8; 29:22-23). 르호보암도 선왕들처럼 "온 이스라엘"의 지지하에 즉위하기 위해서 세겜을 찾았다. 그러나 선왕들, 특히 솔로몬의 등극 정황과 다른 점도 많다. 솔로몬은 다윗이 살아 있는 동안 즉위했던 것에 반해, 르호보암은 솔로몬이 죽은 후에 왕위에 오른다. 솔로몬의 즉위는 아도니야의 정권 장악을 방지하기 위해서 순식간에 일어난 일이었던 것과 대조적으로, 르호보암은 솔로몬이 죽은 후 어느 정도의 시간을 두고 왕위에 오른다. 아울러 솔로몬의 즉위 때는 이스라엘이 어떠한 역할도 하지 않는 반면에, 르호보암은 세겜에 모여있는 온 이스라엘의 인준을 받고자 한다(1절). 그러나 인준과 세겜에서의 즉위식은 성사되지 못한다.

한 주석가는 르호보암이 세겜으로 간 일 자체가 그의 어리석음을 드러내고 있다고 하지만(Johnstone), 어떠한 이유에서 세겜을 찾았던 간에 이스라엘에서 다윗 왕조의 입지가 이미 상당히 약화되었음을 시사한다(Japhet). 솔로몬 시대에 다윗 왕조의 위상이 약화된 가장 큰 원인은 무리한 건축 사업이었다. 북쪽 지역을 중심으로 한 이스라엘의 여러 지파들이 다윗을 지지한 것은 사회적·개인적 이익을 위해서였다. 그러나 솔로몬 시대를 지나면서 솔로몬의 지나친 건축 사업과 사치스러운 삶은 온 나라를 파산에 이르게 했고, 결국 북쪽 지파들로 하여금 다윗 왕조 지지를 다시 생각하게 하는 계기가 되었다. 한 사람(viz., 솔로몬 왕)의 호의호식을 위해서 너무나도 많은 사람이 희생을 강요받고 착취당한 일에 대한 당연한 대가이다.

르호보암이 이스라엘의 대표들이 모여있는 세겜으로 갈 때만 해도 모든 일이 잘 될 것으로 보였다. 그러나 앞으로 이야기가 어떻게 흘러

갈 것인가를 짐작하게 하는 사람이 그들 사이에 등장한다. 실로의 선지자 아히야에게 이스라엘의 열 지파를 통치하게 될 것이라는 예언을 받은 후 그의 생명을 노리는 솔로몬을 피해 이집트로 내려갔던 여로보암이다(cf. 왕상 11:29-32, 40). 그가 솔로몬이 죽고 르호보암이 왕위에 즉위한다는 말을 듣고 망명생활을 정리하고 귀국한 것이다(2절).

여로보암은 이미 북쪽 지파의 신임을 받는 지도자가 되어 있다. 백성들은 왕으로 취임하려고 세겜을 찾은 르호보암에게 여로보암을 자신들의 대표로 보내 요구 사항을 전달했다(3절). 다윗 왕조의 입장에서는 다른 사람이 아닌 여로보암이 나섰다는 것이 매우 불길한 징조이지만, 이미 열왕기를 통해 하나님이 나라를 나누실 것이라는 예언을 접한 사람들에게는 드디어 하나님이 나라를 둘로 나누실 때가 이르렀음을 직감하게 한다.

Ⅲ. 분열왕국의 역사(10:1–28:27)
1장. 북 왕국 이스라엘의 반역(10:1–11:4)

2. 백성들의 요구(10:4-5)

4 왕의 아버지께서 우리의 멍에를 무겁게 하였으나 왕은 이제 왕의 아버지께서 우리에게 시킨 고역과 메운 무거운 멍에를 가볍게 하소서 그리하시면 우리가 왕을 섬기겠나이다 5 르호보암이 그들에게 대답하되 삼 일 후에 다시 내게로 오라 하매 백성이 가니라

이스라엘을 대표한 여로보암의 요구 사항은 간단했다. 그동안 솔로몬 정권 아래 강제 노동, 무거운 세금 징수 등을 통해 백성들의 고통이 너무 심해서 살기가 어려우니 백성들이 질 짐의 무게를 좀 감해달라는 것이었다(4절). 만일 그렇게만 해주면 르호보암을 전적으로 지지하겠다는 약속도 덧붙였다. 이들의 요청은 "부탁"을 초월한 일종의 "선전포고"

(ultimatum)이다(Japhet). 불행하게도 르호보암에게는 이러한 정황을 깨달을만한 지혜가 없었다.

백성들의 요구는 자신들이 무거운 짐을 지고 착취당하고 있다고 생각하는 사람들이라면 누구나 할 수 있는 바람이다. 하나님의 축복 아래 상상을 초월하는 태평성대로 시작했던 솔로몬의 통치가 말년에 가서는 백성들에게 기생충 같은 정권으로 타락한 것이다(Hill). 이러한 상황은 경건하지 못한 정권과 권력이 안고 있는 문제를 지적한다. 하나님이 세상에 권세를 허락하실 때에는 이 땅에 사는 사람들을 섬겨 그들이 평안하게 하나님의 축복을 누리며 살게 하기 위해서이다. 그런데 잘못된 권세는 솔로몬의 권세가 그랬듯이 오히려 권력을 휘둘러 백성들을 착취하고 억압한다.

이스라엘 대표들이 하는 말을 잘 생각해보면 자신들은 지금 정체성에 대해서 혼란을 겪고 있음을 호소하고 있다. 그들은 "무거운 멍에"를 메고 "중노동"을 하고 있다(4절). 이러한 표현은 이스라엘이 이집트에서 노예 생활할 때 자주 사용한 것들이다(출 1:14; 2:23; 5:9; 6:6-7, 9). 백성들은 자신들을 더 이상 약속의 땅에서 자유를 누리며 사는 하나님의 백성으로 생각하지 않고 왕의 노예가 되어 이집트에서의 종살이를 재현하며 살고 있다고 불평하고 있다.

백성들이 겪고 있는 고충이 얼마나 심각한가를 묘사하기 위해서 저자는 "멍에"(עֹל)라는 단어를 8-14절에 5차례나 반복한다. 실제로 열왕기상 4:1-19에 의하면 북쪽 10지파가 1년 12개월 중 10개월 동안 솔로몬 정권이 필요한 모든 물자와 자원을 책임졌다. 게다가 솔로몬은 남쪽에 더 가까운 곳에 있는 예루살렘에서 통치를 했으니, 이들이 느꼈던 상대적인 빈곤과 박탈감을 충분히 상상할 수 있다. 그렇기에 "자유"를 협상하고 있는 여로보암은 제2의 모세로 평가할 수 있다(Provan). 본의 아니게 바로의 역할을 맡은 르호보암은 시간을 벌기 위해서 3일 후에 다시 만나서 말하자고 한다(5절).

Ⅲ. 분열왕국의 역사(10:1–28:27)
1장. 북 왕국 이스라엘의 반역(10:1–11:4)

3. 원로들의 조언(10:6-7)

6 르호보암 왕이 그의 아버지 솔로몬의 생전에 그 앞에 모셨던 원로들과 의논하여 이르되 너희는 이 백성에게 어떻게 대답하도록 권고하겠느냐 하니 7 그들이 대답하여 이르되 왕이 만일 이 백성을 후대하여 기쁘게 하고 선한 말을 하시면 그들이 영원히 왕의 종이 되리이다 하나

궁으로 돌아온 르호보암은 솔로몬을 섬겼던 원로들을 불러 의견을 물었다. 그들은 누구보다도 나라의 미래를 염려하고 백성들의 형편을 잘 알고 있던 사람들이었다. 게다가 이미 솔로몬 시대에 이룰 것을 다 이루고 성취하고 싶은 정치적 야심을 모두 실현한 원로들이었다. 르호보암이 이들을 찾아 조언을 구한 일은 상황을 수습하기 위해서 취한 행동 중 유일하게 지혜롭고 좋은 일이었다(Allen).

원로들은 조언을 구하는 르호보암에게 사심이 없고, 지혜롭고, 현실감 있는 조언을 해 주었다. "백성들의 청을 들어주시오. 그러면 그들이 평생 임금님의 종이 될 것입니다"(7절). 아마도 이들은 솔로몬의 강제 노동력 동원, 지나친 세금 징수 등을 옆에서 지켜보면서 백성들에게 측은한 마음까지 들었던 사람들이었을 것이다. 또한 원로들은 지속된 솔로몬의 혹사와 착취 때문에 얼마나 나라의 경제가 어렵고 민심이 흉흉한지를 잘 알고 있다.

원로들은 풍성한 경험에서 우러나온 지혜로운 조언을 해주었지만, 어리석은 르호보암은 귀를 기울이지 않았다. 왕은 어떻게 이 일을 처리할 것인가에 대해서 이미 나름대로 생각하거나 결정해둔 바가 있었고 자신의 계획을 원로들을 통해 재차 확인하려 한 것 뿐인데 그들은 르호보암이 듣고자 한 말을 해주지 않았다. 그래서 그는 원로들의 조언을 거부한다. 결국에는 이스라엘도 르호보암을 거부한다(Hill).

4. 젊은이들의 조언(10:8-11)

8 왕은 원로들이 가르치는 것을 버리고 그 앞에 모시고 있는 자기와 함께 자라난 젊
은 신하들과 의논하여 9 이르되 너희는 이 백성에게 어떻게 대답하도록 권고하겠느
냐 백성이 내게 말하기를 왕의 아버지께서 우리에게 메운 멍에를 가볍게 하라 하였
느니라 하니 10 함께 자라난 젊은 신하들이 왕께 말하여 이르되 이 백성들이 왕께 아
뢰기를 왕의 아버지께서 우리의 멍에를 무겁게 하였으나 왕은 우리를 위하여 가볍게
하라 하였은즉 왕은 대답하시기를 내 새끼 손가락이 내 아버지의 허리보다 굵으니 11
내 아버지가 너희에게 무거운 멍에를 메게 하였으나 이제 나는 너희의 멍에를 더욱
무겁게 할지라 내 아버지는 가죽 채찍으로 너희를 치셨으나 나는 전갈 채찍으로 하
리라 하소서 하더라

르호보암이 세겜에 모여있는 이스라엘의 대표들에게 섣불리 대답하지 않고 신중을 기하고자 3일 후에 다시 만나자고 제안한 것(5절)은 좋은 일이었다. 원로들에게 조언을 구한 것도 좋은 일이었다. 문제는 원로들의 조언을 들을만한 지혜와 분별력이 없다는 사실이다. 그래서 르호보암은 원로들의 충고에 만족하지 못하고(viz., 자신이 듣고자 한 조언을 듣지 못해서) 자기 또래의 젊은 신하들의 자문을 구했다.

젊은 신하들(아마도 그와 함께 자라난 왕자들이었을 것으로 생각됨, cf. Mabie)은 솔로몬의 착취를 능가하는 강경책을 제시했다. 그들은 르호보암의 은총을 입어 직위에 오른 사람들이었기에 그가 듣고자 하는 말을 해주었다(House). 젊은 신하들은 르호보암에게 "내가 너희에게 씌울 멍에는 나의 아버지가 지어준 것보다 훨씬 무거울 것이며, 만일 거부하면 나의 아버지가 '채찍'(שׁוֹט)으로 너희를 치셨으나, 나는 너희를 '전갈'(עַקְרָב)로 칠 것이다"라고 협박하라고 했다(11절). 전갈로 친다는 것이 무엇을 뜻하는가? 아마도 보통 채찍보다 몇 배 가혹한 결과를 초래

하는 채찍의 일종으로 생각된다(Cogan, Walsh, cf. 겔 2:6, 새번역의 "쇠 채찍"). 이 채찍은 얼마나 가혹한 것인지, 그 결과는 마치 전갈에게 물렸을 때 받는 고통과 같다는 의미이다.

비록 나라가 분단되는 일에 솔로몬의 배교(背敎)가 결정적이었지만, 성경 저자들은 르호보암도 분명 한몫했다고 평가한다. 경험이 없는 어리석은 자들의 조언에 따라 백성들의 요구에 강경책으로 맞선 것이 화근이 되었다는 것이다. 사실 이 이야기에 언급되는 주요 인물들이 나라를 분열시키는 데 모두 한몫씩 했다(Selman). 솔로몬은 분열을 위한 경제적 빌미를 제공했고(백성들을 착취함: 4, 9-10, 14절), 여로보암은 북쪽 지파들의 반역을 이끌었고(19절, cf. 13:6-7), 르호보암은 지혜로운 원로들의 조언을 거부했다(6-8, 13절).

Ⅲ. 분열왕국의 역사(10:1-28:27)
1장. 북 왕국 이스라엘의 반역(10:1-11:4)

5. 백성들의 요구가 거절됨(10:12-15)

12 삼 일 만에 여로보암과 모든 백성이 르호보암에게 나왔으니 이는 왕이 명령하여
이르기를 삼 일 만에 내게로 다시 오라 하였음이라 13 왕이 포학한 말로 대답할새 르
호보암이 원로들의 가르침을 버리고 14 젊은 신하들의 가르침을 따라 그들에게 말하
여 이르되 내 아버지는 너희의 멍에를 무겁게 하였으나 나는 더 무겁게 할지라 내 아
버지는 가죽 채찍으로 너희를 치셨으나 나는 전갈 채찍으로 치리라 하니라 15 왕이
이같이 백성의 말을 듣지 아니하였으니 이 일은 하나님께로 말미암아 난 것이라 여
호와께서 전에 실로 사람 아히야로 하여금 느밧의 아들 여로보암에게 이르신 말씀을
응하게 하심이더라

드디어 약속한 3일이 지나 르호보암이 다시 백성들의 대표를 만났다. 그는 원로들의 충고대로 하지 않고, 어리석은 젊은 대신들의 조언을 따랐다. "내 아버지가 당신들에게 무거운 멍에를 메우셨으나, 나는 이제 당신들에게 그것보다 더 무거운 멍에를 메우겠소. 내 아버지께서는 당신들을 가죽 채찍으로 매질하셨으나, 나는 당신들을 쇠 채찍으로 치겠소"(14절, 새번역). 이곳에 비추어지는 르호보암의 모습은 이집트에서 이스라엘을 혹사하던 바로의 모습과 별로 다를 바가 없다(Provan).

르호보암의 아버지 솔로몬은 하나님께 "주의 종에게 지혜로운 마음을 주셔서 주의 백성을 재판하고, 선과 악을 분별할 수 있게 해주시기를 바랍니다"라고 기도한 적이 있다(1:10). 세상에서 가장 지혜로웠던 솔로몬의 세대가 지나고 어리석은 르호보암의 시대가 열렸다. 이스라엘이 이처럼 쉽게 몰락할 줄은 아무도 상상 못할 일이었다. 더 마음을 아프게 하는 것은 다윗 집안의 몰락은 충분히 예방할 수 있었다는 사실이다. 솔로몬이 하나님만 전적으로 사랑했어도 이러한 일은 없었을 것이라는 여운이 남는다.

저자는 르호보암이 이처럼 어리석게 백성들을 대한 것은 여호와께서 아히야를 통해서 여로보암에 관해 하신 말씀을 이루시려는 것이었다는 말을 더한다(15절). 다윗이 왕위에 오를 때에는 하나님의 긍정적인 말씀이 즉위식을 가득 채웠다(대상 11:1-3, 10). 이번에는 하나님의 부정적인 말씀이 르호보암의 즉위식 부재(不在)를 채운다(Allen).

이야기에서 일어나는 모든 일이 우연에 의한 것은 아니지만 숙명론(fatalism)도 찾아볼 수 없다. 모든 일이 하나님의 분명한 섭리 속에 진행되지만 인간의 책임 또한 강하게 부각된다. 르호보암은 어리석은 결정에 대해서 스스로 책임을 져야 한다. 동시에 하나님은 그의 어리석은 결정을 사용하셔서 자신의 계획을 이루어 나가신다. 하나님의 섭리와 인간의 책임이 어떻게 조화를 이루는가를 단면적으로 보여주는 이야기이다.

Ⅲ. 분열왕국의 역사(10:1–28:27)
1장. 북 왕국 이스라엘의 반역(10:1–11:4)

6. 백성들이 르호보암을 떠남(10:16-19)

16 온 이스라엘은 왕이 자기들의 말을 듣지 아니함을 보고 왕에게 대답하여 이르되

우리가 다윗과 무슨 관계가 있느냐
이새의 아들에게서 받을 유산이 없도다
이스라엘아 각각 너희의 장막으로 돌아가라
다윗이여 이제 너는 네 집이나 돌보라

하고 온 이스라엘이 그들의 장막으로 돌아가니라 17 그러나 유다 성읍들에 사는 이스
라엘 자손들에게는 르호보암이 그들의 왕이 되었더라 18 르호보암 왕이 역꾼의 감독
하도람을 보냈더니 이스라엘 자손이 저를 돌로 쳐 죽인지라 르호보암 왕이 급히 수
레에 올라 예루살렘으로 도망하였더라 19 이에 이스라엘이 다윗의 집을 배반하여 오
늘날까지 이르니라

왕으로부터 전혀 기대 밖의 말을 들은 온 이스라엘은 르호보암에게 이스라엘의 왕권은 근본적으로 자신들에 의해서 인준 받아야 하는 것이지 결코 강요될 수 없다는 사실을 확인해 주고 그 자리를 떠났다(16절). 본문에 그들의 말이 시 형태로 요약되어 있다. "우리가 다윗에게서 받을 몫이 무엇인가? 이새의 아들에게서는 받을 유산이 없다. 이스라엘아, 저마다 자기의 장막으로 돌아가라"는 말은 오래전 다윗에 반기를 든 세바가 외쳤던 말이다(삼하 20:1). 세바가 이 말을 한 이후로 아마도 북쪽 지파 사람들 가운데 일종의 외침이 되어 전래된 것으로 생각한다.

또한 옛적 외침에 새로운 문장이 더해졌다. "다윗이여 이제 너는 네 집이나 돌보라." 북쪽 지파들이 르호보암을 왕으로 인준하는 일은 고사하고 그들은 더 이상 다윗 집안의 지배 아래 머물지 않을 것을 시사하는 말이다. 북쪽 지파들이 이 말을 남기고 모두 집으로 돌아갔다는 것은 그들의 입장에서는 협상 기간은 이미 끝이 났으며, 유일한 선택은

그들의 요구를 거부한 르호보암의 왕권을 거부하는 것이며, 이 일에 있어서는 추호도 재고 가능성이 없다는 확고함을 뜻한다(Hill). 옛적에 북쪽 지파를 대표하는 사람들이 다윗을 찾아와 충성을 맹세한 적이 있다(대상 12:18). 그 이후 약 70-80년 동안 지속되었던 다윗 집안에 대한 북쪽 지파들의 충성이 어리석은 르호보암으로 인해 한순간에 무너졌다(cf. Allen, Mabie).

사태의 심각성을 파악하지 못할 정도로 어리석은 르호보암이 강제노동을 담당하던 감독관 하도람(열왕기에는 아도니람이라고 함)을 그들에게 보냈지만, "이스라엘 자손"(בְּנֵי־יִשְׂרָאֵל)이 모여 그를 돌로 쳐죽였다(18절). 바로 앞 구절인 17절에서는 이 표현이 유다 지파 사람들을 뜻하며 사용되었다. 또한 저자는 이 이야기에서 북쪽 지파들을 뜻하면서 "온 이스라엘"(כָּל־יִשְׂרָאֵל)이라는 표현도 여러 차례 사용하였나(1, 3, 16절). 저자는 이와 같이 "이스라엘 자손"과 "온 이스라엘"을 반복적으로 사용해 모든 백성이 르호보암에게 반기를 든 것처럼 묘사한다(cf. Japhet).

만일 르호보암이 그를 보낸 이유가 사람들의 동요를 진정시키기 위해서였다면 사람을 잘못 선택했다. 만일 협박을 해서 그들을 제압하려고 보냈다면 상황의 심각성을 전혀 고려하지 않은 어리석은 결정이었다. 만일 아무 일도 없었던 평상시처럼 일을 진행하기 위해서 하도람을 보냈다면 사리 판단이 부족한 처사였다. 만일 자신이 말한 대로 더 혹독한 억압과 착취를 하기 위해서였다면 르호보암은 참으로 악한 사람이었다. 왕이 보낸 사람이 살해당했다는 소식을 전해 들은 르호보암은 생명에 위협을 느끼고 급히 수레를 몰아 예루살렘으로 도망했다.

결국 상황은 돌이킬 수 없게 되었고 그 이후 "오늘날"까지 나라가 나누어졌다(19절). 거의 120년 동안 지속되었던 통일 이스라엘이 분열된 것이다. 사울이 죽은 이후 다윗과 솔로몬이 80년 동안 노력해서 이룩해낸 나라가 며칠 만에 둘로 나뉘었다는 것이 어떤 교훈을 주는가? 깨어진 것들을 하나로 모으기는 어렵지만 하나인 것을 여러 개로 깨기는 너무나도 쉽다(De Vries).

Ⅲ. 분열왕국의 역사(10:1-28:27)
1장. 북 왕국 이스라엘의 반역(10:1-11:4)

7. 스마야의 경고(11:1-4)

1 르호보암이 예루살렘에 이르러 유다와 베냐민 족속을 모으니 택한 용사가 십팔만
명이라 이스라엘과 싸워 나라를 회복하여 르호보암에게 돌리려 하더니 2 여호와의
말씀이 하나님의 사람 스마야에게 임하여 이르시되 3 솔로몬의 아들 유다 왕 르호보
암과 유다와 베냐민에 속한 모든 이스라엘 무리에게 말하여 이르기를 4 여호와께서
이같이 말씀하시기를 너희는 올라가지 말라 너희 형제와 싸우지 말고 각기 집으로
돌아가라 이 일이 내게로 말미암아 난 것이라 하셨다 하라 하신지라 그들이 여호와
의 말씀을 듣고 돌아가고 여로보암을 치러 가던 길에서 되돌아왔더라

황급히 예루살렘으로 돌아온 르호보암이 유다와 베냐민 지파 사람들 18만 명을 동원하여 이스라엘을 치려했다(1절). 그 당시 정황을 감안할 때 엄청난 수의 군대이다. 대부분 학자들이 이 수가 과장이라고 생각한다(cf. Japhet). 그러나 다윗의 인구조사에서 유다 지파에만 47만 명의 장정들이 있었고(대상 21:5), 훗날 아사 왕이 유다와 베냐민 지파에서 58만 명의 군대를 일으키는 점을 감안하면(대하 14:8), 그다지 크거나 과장되어 보이지 않는다(cf. Mabie).

르호보암의 18만 명에 달하는 군대는 상징적인 의미로 보이기도 한다. 솔로몬이 한때 부리던 강제 노동자들의 숫자가 18만 명이었기 때문이다(왕상 5:13-15). 저자는 이 수를 통해서 솔로몬의 착취가 르호보암 시대에도 지속되고 있음을 시사한다(Walsh). 솔로몬은 이들을 이용해서 거대한 건축 사업들을 진행했고, 르호보암은 이들을 통해서 자신의 통치 영역을 솔로몬 시대 수준으로 회복하려고 한다.

르호보암은 유다뿐만 아니라 베냐민 지파에게까지 동원령을 내렸다(1절). 혼란스러운 점은 북쪽 지파들이 다윗의 집안에 반역한 상황에서 베냐민 지파가 북쪽 지파들과 연합하지 않고 유다 지파와 연합한다는 것이다. 게다가 17절에 의하면 유다 지파만 제외하고는, 어느 지파도 다윗 가문을 따르지 않았다. 그런데 베냐민 지파가 갑자기 등장하면서 르호보암을 지지하고 있다. 옛적 사울과 다윗의 갈등 시대 때부터 베냐민 지파는 다윗과 유다 지파에 적대적이었다. 그런데 이곳에는 함께하고 있다. 옛적 원수가 이날에는 서로 친구가 된 것일까? 이러한 현상은 정치 무대에서 자주 목격하는 현상이다. 적이라 할지라도 서로 이해타산만 맞는다면 언제든지 아군이 될 수 있다.

자칫 잘못하면 엄청난 내란과 동족상잔의 비극이 일어날 상황에서 스마야라는 선지자를 통해서 하나님의 말씀이 임했다(2절). 이 일은 하나님이 하신 일이기에 서로 싸우지 말고 각자 집으로 돌아가 분열왕국을 현실로 받아들이라고 하신다(4절). 하나님은 르호보암과 유다 지파 군대가 칼로 치려고 하는 북쪽 사람들을 "너희 형제"(אֲחֵיכֶם)라고 하신다(4절). 이스라엘 12지파의 형제 됨은 저자가 이상적인 이스라엘에 대한 비전을 제시하는 데 중요한 요소이다(Allen). 포로기 이후에도 이스라엘은 모두 하나가 되어야 한다. 형제들이기 때문이다.

다행히 원로들의 조언을 거부했던 르호보암이 이번에는 스마야의 신탁을 수용하여 이스라엘을 치지 않았다. 하나님의 말씀이 정치적으로는 도저히 피할 수 없는 유혈 사태를 막은 것이다. 그러나 이들의 불편한 휴전은 오래가지 못한다. 앞으로 이스라엘과 유다는 50년 이상 전쟁을 하게 된다(cf. 12:15). 이스라엘이 이처럼 열 지파와 두 지파를 중심으로 한 두 나라로 분열한 이때가 주전 931/930년이었다.

2장. 르호보암(11:5-12:16)

이 섹션에 기록된 내용 대부분은 열왕기에 기록되지 않은 것들이며 다른 출처들(cf. 12:15)을 인용하여 구성한 것이다. 열왕기는 나라를 쪼개어 나간 여로보암에 대해서 상당히 자세하게 기록하고 있는 데 반해, 역대기는 거의 언급하지 않고 대신 열왕기에서 여로보암이 차지했던 공간을 르호보암에게 할애한다. 이야기 구성에 있어서 저자는 11장을 르호보암의 건축 프로젝트(5-12절)-종교적·신앙적 정황(13-17절)-왕의 가족관계(18-23절) 순서로 진행하는데, 이러한 패턴은 역대기 저자가 하나님의 축복을 받은 사람의 이야기를 전개하는 순서이다(Japhet). 르호보암이 상당히 어리석은 사람이었지만(cf. 10장), 스마야를 통한 하나님의 경고(11:1-4)에 순종하여 이런 복을 누리게 된 것이다.

그러나 그의 축복·성공은 얼마 지나지 않아 끝이 났다(11:17). 그가 교만해져서 하나님께 등을 돌렸기 때문이다(12:1). 그래서 하나님은 그와 유다를 이집트의 시삭에게 넘기셨다(12:5). 다행히 뒤늦게나마 르호보암이 회개해서 하나님이 유다의 형편을 상당 부분 회복시켜 주셨다(12:12). 전체적으로 볼 때 르호보암의 이야기는 실패-순종을 통한 성공-불순종을 통한 실패-겸손을 통한 부분적 회복의 순서로 진행한다(Williamson).

A. 르호보암의 성읍 요새화(11:5-12)

B. 종교인들이 유다로 몰려듦(11:13-17)

C. 르호보암의 가족(11:18-23)
D. 이집트 왕 시삭의 침략(12:1-12)
E. 결말적 통치 요약(12:13-16)

Ⅲ. 분열왕국의 역사(10:1-28:27)
2장. 르호보암(11:5-12:16)

1. 르호보암의 성읍 요새화(11:5-12)

5 르호보암이 예루살렘에 살면서 유다 땅에 방비하는 성읍들을 건축하였으니 6 곧 베
들레헴과 에담과 드고아와 7 벧술과 소고와 아둘람과 8 가드와 마레사와 십과 9 아도
라임과 라기스와 아세가와 10 소라와 아얄론과 헤브론이니 다 유다와 베냐민 땅에 있
어 견고한 성읍들이라 11 르호보암이 그 방비하는 성읍들을 더욱 견고하게 하고 지휘
관들을 그 가운데에 두고 양식과 기름과 포도주를 저축하고 12 모든 성읍에 방패와
창을 두어 매우 강하게 하니라 유다와 베냐민이 르호보암에게 속하였더라

스마야 선지자를 통해 선포된 하나님의 말씀에 순종하느라 싸워보지도 못하고 여로보암이 북쪽 10지파를 데리고 나가 북 왕국 이스라엘을 건국하는 것을 지켜만 보던 르호보암이 대책을 세웠다. 떠나간 10지파를 다시 귀속시키는 것은 현실적으로 불가능하다는 결론 아래 앞으로 있을지도 모르는 북 왕국의 침략에 대비해서 여러 성읍을 요새화시켰다.

르호보암이 성읍들을 요새화시킨 것은 북 왕국의 침략에 대비하기 위해서라기보다는 이집트의 위협을 더 의식해서였을 것으로 생각한다. 그가 요새화시킨 성읍들을 보면 북 왕국과 인접해 있는 성읍은 하나도 없기 때문이다(Japhet). 북 왕국의 지도자가 된 여로보암은 이집트 왕 시삭의 보호와 지지를 받았으니 르호보암과 유다 입장에서는 아직 제대로 된 군사력을 갖추지 못한 북 왕국보다는 이집트의 침략 가능성이 더 심각한 위협이었다(Dillard).

르호보암이 요새화시킨 성읍은 베들레헴, 에담, 드고아, 벧술, 소고, 아둘람, 가드, 마레사, 십, 아도라임, 라기스, 아세가, 소라, 아얄론, 헤브론 등 15개나 되었다(6-10절). 15개 성읍 중 아도라임을 제외하고 모두 유다 지파 영토에 속했던 것들이다(Aharoni). 처음 네 도시인 베들레헴-에담-드고아-벧술은 유다 영토의 동쪽에 라인을 형성하고 있으며 북쪽에서 남쪽으로 드리워진 방어벽이다. 다음 네 도시인 소고-아둘람-가드-마레사는 유다 영토의 서쪽에 라인을 형성하고 있으며 북쪽에서 남쪽으로 드리워진 방어벽이다(cf. Mabie).

가드의 정확한 위치는 알 수 없지만, 블레셋 사람들의 도시 가드가 아닌 것은 확실하다(Aharoni). 이 도시와 함께 선을 그리고 있는 다른 성읍들의 위치를 살펴볼 때, 이 가드가 블레셋의 가드일 가능성이 없기 때문이다. 나머지 도시들은 예루살렘을 주변으로 위치한 성읍들이다. 유일하게 예루살렘에서 멀리 떨어져 있는 곳은 남쪽 산악 지대에 있는 헤브론이다. 르호보암은 이 성읍들을 요새화시킨 후 성읍마다 책임자를 두고 무기와 식량을 저장해 두었다(11-12절). 비상시를 대비해서 만반의 준비를 한 것이다.

이 도시들은 대체로 전략적인 요충지들이며 특히 지중해에서 평지를 통해 유다 산악 지대로 들어오는 길목에 집중되어 있다(Japhet). 르호보암은 자신의 영토 전체를 방어할만한 여력이 없어 예루살렘을 중심으로 한 유다 산악 지대와 서쪽 평지 일부로 제한된 지역을 방어하려는 전략을 보이고 있다. 침략군이 유다를 치면 르호보암은 침략자와 싸워보지도 못하고 나머지 영토를 내어줄 수밖에 없으며 이런 현실은 솔로몬 왕국의 몰락을 현실적으로 보여준다(Dillard). 한때는 온 가나안 지역을 호령했던 이스라엘이 이처럼 몰락해 자신의 영토도 제대로 지킬 수 없게 되었다. 이 모든 게 솔로몬의 배교 때문에 빚어졌다는 사실이 우리의 경각심을 일깨운다.

2. 종교인들이 유다로 몰려듦(11:13-17)

13 온 이스라엘의 제사장들과 레위 사람들이 그들의 모든 지방에서부터 르호보암에
게 돌아오되 14 레위 사람들이 자기들의 마을들과 산업을 떠나 유다와 예루살렘에 이
르렀으니 이는 여로보암과 그의 아들들이 그들을 해임하여 여호와께 제사장의 직분
을 행하지 못하게 하고 15 여로보암이 여러 산당과 숫염소 우상과 자기가 만든 송아
지 우상을 위하여 친히 제사장들을 세움이라 16 이스라엘 모든 지파 중에 마음을 굳
게 하여 이스라엘의 하나님 여호와를 찾는 자들이 레위 사람들을 따라 예루살렘에
이르러 그들의 조상들의 하나님 여호와께 제사하고자 한지라 17 그러므로 삼 년 동안
유다 나라를 도와 솔로몬의 아들 르호보암을 강성하게 하였으니 이는 무리가 삼 년
동안을 다윗과 솔로몬의 길로 행하였음이더라

여로보암이 북쪽 10지파를 데리고 나가 새 나라를 세운 일은 정치적인 위기뿐 아니라, 종교적인 위기도 조성했다. 원래 이스라엘 성인 남자들은 매년 세 절기 때에는 성전이 있는 예루살렘으로 순례를 가야 한다. 나라가 하나였을 때는 상관없지만, 지금처럼 나라가 남·북으로 나뉜 상황에서 북 왕국을 다스리고 있는 여로보암이 자신이 통치하는 백성들을 매년 세 차례씩 르호보암이 다스리고 있는 남 왕국 유다의 수도 예루살렘을 방문하도록 허락한다는 것은 사실상 정치적인 모험이다(cf. 왕상 12:26-27). 르호보암이 '프로파간다'(viz., 선전)와 갖가지 술책을 동원해 북 왕국에서 온 순례자들을 상대로 여로보암에게 불리한 쪽으로 영향력을 행사할 수 있고, 이렇게 되면 여로보암의 통치는 그만큼 어려워질 수밖에 없다.

그래서 여로보암은 다윗 왕조로부터 정치적인 독립을 선언하면서 동시에 종교적인 독립을 선언했다. 왕으로 세우신 여호와를 신뢰하기보다 정치적으로 합리적인 결정을 선택한 것이다. 열왕기는 그가 벧엘과

단에 제단을 세우고 그곳에 금송아지 우상을 두고는 송아지들이 이스라엘을 이집트에서 인도해 내신 여호와라고 하며 백성들에게 우상숭배를 강요했다고 한다(왕상 12:28). 본문은 여로보암이 금송아지 우상들에 숫염소(cf. 레 17:7) 우상들까지 산당들에 세웠다고 한다(15절).

여로보암은 지난날 주님을 섬기던 레위 사람들과 제사장들이 더 이상 사역을 하지 못하게 하였다(14절). 여호와의 축복을 받아 왕이 된 사람이 여호와 종교를 핍박한 것이다. 배신도 매우 심각한 배신이다. 하나님이 왜 이런 사람을 축복하셨을까? 그렇게 사람이 없었던 것일까? 아니면 이 사람도 원래는 괜찮은 사람이었는데 권력의 맛을 보더니 이렇게 변한 것일까? 마치 일부 한국 목회자들처럼 말이다.

결국 이스라엘 전국에 흩어져 사역하던 제사장들과 레위 사람들이 모두 예루살렘으로 모여들기 시작했다(13절). 그들은 소유했던 목장과 땅을 모두 버리고 왔다(14절). 하나님을 거역하며 평안하게 사느니, 하나님을 섬기며 고생하며 사는 길을 택했다. 제사장들과 레위 사람들만 유다로 몰려든 것은 아니었다. 이스라엘 모든 지파 가운데서 여호와 하나님의 뜻을 찾기로 마음을 굳힌 사람들이 레위 사람들과 함께 왔다(16절). 남 왕국과 북 왕국의 분열이 종교적인 분열이 되어버렸다.

북쪽 지파들로 구성된 백성들의 이동은 신학적으로 매우 중요한 의미를 지닌다. 비록 북 왕국 이스라엘이 12지파 중 10지파로 구성되었지만, 이들 중 여호와를 경외하는 사람들 거의 모두가 남 왕국 유다로 이주해 왔다는 것은 유다가 하나님 앞에 "온 이스라엘"이 되었다는 뜻이다. 하나님께 신실한 자 중 일부가 아직도 북 왕국에 남아 있겠지만, 이스라엘은 하나님께 등을 돌린 나라가 되어버렸다.

유다로 몰려온 수많은 종교인과 신도들이 유다를 강하게 하고 르호보암의 왕권을 확고하게 하는 계기가 되었다(17절). 국력이 강해지려면 인구가 많아야 하는데 종교적인 이유로 유다와 예루살렘으로 이주해온 사람들의 숫자가 초라해진 유다를 회복시키는 데 결정적인 역할을 할 정도로 많았다. 게다가 새로이 이주해온 사람들이 모두 신실한 신앙인들이었으니 영적인 부흥으로 이어지는 것은 당연한 일이다(Allen). 나라가 영적으로 강건해지니 당연히 통치자 르호보암의 위상도 높아졌다. 생존에 위협을 느껴 급히 성읍들을 요새화시키던 르호보암은 전혀 예측하지 못한 행운을 누리게 되었다. 르호보암 입장에서는 '호박이 넝쿨째로 굴러떨어진 것'이다.

그러나 저자는 르호보암의 왕권이 3년 동안만 확고하게 섰다고 한다. 그가 3년만 다윗과 솔로몬의 신앙을 답습했기 때문이다(17절). 저자는 많은 북쪽 사람의 이주와 이주자들로 인한 번영이 하나님께로부터 비롯된 축복임을 분명히 한다. 르호보암이 일을 이렇게 추진한 것이 아니라, 종교인들과 백성들이 스스로 찾아왔다는 점도 이러한 사실을 입증한다(Johnstone). 이것은 하나님이 르호보암을 다윗 계열의 왕으로 인정하셨음을 뜻한다. 다윗 언약이 맥을 이어가고 있음을 암시한다.

하나님은 또한 비록 솔로몬의 죄에 대한 심판으로 나라를 나누셨지만, 잠시나마 신실했던 솔로몬의 아들에게 그의 신실함에 맞먹는 자비를 베푸시는 일을 기뻐하셨다. 역대기 저자는 이 일을 회고하여 하나님은 우리의 작은 믿음과 선행도 놓치지 않으시고 축복하신다는 사실을 강조한다. 책의 원독자들인 귀향민들도 올바른 믿음을 바탕으로 선을 행하면 이러한 축복을 누릴 수 있다.

3. 르호보암의 가족(11:18-23)

18 르호보암이 다윗의 아들 여리못의 딸 마할랏을 아내로 삼았으니 마할랏은 이새의
아들 엘리압의 딸 아비하일의 소생이라 19 그가 아들들 곧 여우스와 스마랴와 사함을

낳았으며 [20] 그 후에 압살롬의 딸 마아가에게 장가 들었더니 그가 아비야와 앗대와 시사와 슬로밋을 낳았더라 [21] 르호보암은 아내 열여덟 명과 첩 예순 명을 거느려 아들 스물여덟 명과 딸 예순 명을 낳았으나 압살롬의 딸 마아가를 모든 처첩보다 더 사랑하여 [22] 르호보암은 마아가의 아들 아비야를 후계자로 세웠으니 이는 그의 형제들 가운데 지도자로 삼아 왕으로 세우고자 함이었더라 [23] 르호보암이 지혜롭게 행하여 그의 모든 아들을 유다와 베냐민의 온 땅 모든 견고한 성읍에 흩어 살게 하고 양식을 후히 주고 아내를 많이 구하여 주었더라

열왕기는 르호보암의 가족관계에 대한 정보를 제공하지 않는다. 그러므로 역대기 저자는 열왕기가 아닌 다른 출처를 인용해서 이 섹션을 정리한 것이 확실하다. 내용에 있어서 본문이 제공하는 정보는 역대기 안에서도 괄목할 만하다. 역대기는 다윗 왕 외에는 그 어떤 왕도 아내들과 자식들의 이름을 언급하지 않는다. 여호사밧의 경우 아들들의 이름을 기록하며(대하 21:2-4), 아비야의 경우 아내 14명과 아들 22명 그리고 딸 16명이 있었다고 하지만 이름은 전혀 언급되지 않았다(대하 13:21). 심지어 솔로몬의 수많은 아내와 첩에 대해서 역대기는 침묵한다. 이러한 정황에서 르호보암의 아내들과 자식들의 이름이 기록되어 있다는 것은 역대기 저자가 이 텍스트를 통해서 전하고자 하는 메시지가 있는 것이 확실하다.

바로 앞 섹션에서 저자는 유다가 상당히 위태로운 상황에 처해 있었지만, 제사장 등 종교 지도자들과 하나님을 섬기고자 하는 백성들이 유다로 대거 이주해와 나라가 굳건히 섰다고 했다(17절). 이제 이 기록을 통해서 나라가 분열된 이후 다윗 왕조에도 한때는 위기감이 고조되었지만, 르호보암과 자손이 왕성하기 때문에 다윗 왕조는 아직도 건재함을 강조한다. 르호보암은 아내 18명, 첩 60명, 아들 28명, 딸 60명으로 구성된 대가족을 거느렸다. 솔로몬이 엄청난 죄를 지어 하나님의 분노를 샀기에 다윗 집안은 대가 끊겨도 할 말이 없지만 하나님은 다윗과의 약속을 기억하시고 르호보암의 자손들을 왕성하게 하셔서 다윗 언약이 지속되는 것에 문제가 없음을 강조한다.

기록에 언급된 사람들의 이름과 관계가 혼란스럽다. 르호보암이 아내로 맞이한 마할랏의 아버지는 다윗의 아들 여리못이라 한다(18절). 문제는 다윗에게는 이런 아들이 없었다(cf. 대상 3:1-8). 아마도 첩을 통해서 얻은 아들이었던 것으로 생각된다(대상 3:9). 마할랏의 어머니는 아비하일인데, 아비하일은 이새의 아들인 엘리압(cf. 대상 2:13)의 딸이라고 한다. 그렇다면 르호보암은 사촌과 결혼한 것이다.

르호보암의 아내 중 하나였던 마아가는 압살롬의 딸이었다(20절). 마아가가 정확히 누구의 딸이었는가에 대해서 혼란이 있다. 13:1-2이 다르게 언급하기 때문이다. 본문이 말하는 대로 그녀가 압살롬의 딸이었다면, 그는 다윗의 아들로 아버지에게 반역했다가 요압의 손에 죽은 사람이었다. 그래서 일부 주석가들은 르호보암이 이런 내력을 가지고 있는 집안의 마아가를 아내로 맞이한 일이 그가 어리석고 분별력이 없음을 뜻한다고 풀이하지만(Johnstone), 굳이 부정적으로 볼 필요는 없다.

어찌 되었건 압살롬과 솔로몬 둘 다 다윗의 아들들이었으니 르호보암은 사촌과 결혼한 것이다. 이 외 16명의 이름이 언급되지 않은 아내들이 있었는데 이름이 밝혀진 두 사람과 르호보암의 관계를 감안할 때 아마도 수많은 친족과의 결혼이 있었을 것으로 생각한다. 내용을 정리해 보면 다음과 같다.

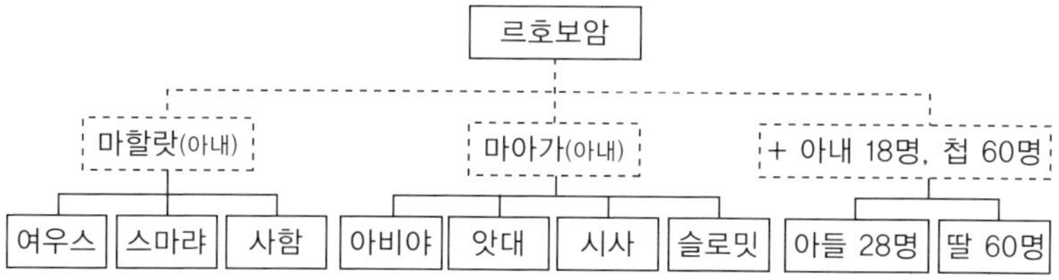

르호보암은 모든 아내와 첩 중에서 마아가를 가장 사랑했다고 한다(21절). 그래서 마아가를 통해서 얻은 아들 중 아비야를 후계자로 지명하여 서열을 가장 높게 하였다(22절). 세자로 책봉하여 옆에 두고 경우에 따라서는 그와 함께 공동 통치도 고려하겠다는 뜻이다(Hill). 아마도 사랑하는 아내 마아가를 위한 선물과 보답이라고 생각된다. 왕이 살아 있는 동안 이런 일을 한 것을 보면 솔로몬이 르호보암을 생전에 지명하지 않아 세겜까지 가게 된 일을 통해 큰 교훈을 얻은 것으로 생각한다.

르호보암의 이와 같은 조치는 마할랏의 아들들에게 불이익을 주었다. 자신들이 아비야보다 나이가 더 많지만 친모가 아버지에게 많은 사랑을 받지 못해서이다. 마치 옛적에 야곱이 첫 아내인 레아보다는 둘째인 라헬을 더 사랑하여 그녀의 아들들을 각별히 대한 것과 같은 일이 재현되었다. 일부다처제의 여러 문제점 중 하나가 드러나고 있다.

비정상적인 후계자 지명으로 빚어졌을 자식들 간의 불만을 해소하기 위해서일까, 르호보암은 모든 아들에게 유다와 베냐민 전 지역과 요새 성읍들을 나누어 맡겼으며 그들의 삶을 평안하고 윤택하게 해주었다고 한다(23절). 예루살렘에서 왕자들을 내보낸 일은 함께 모여있으면 빚어질 수 있는 여러 가지 문제들을 불식시키는 효과를 발휘했을 것이다. 그의 장인 압살롬이 다윗을 죽이려고 일으킨 반란 같은 일도 없을 것이다. 또한 이 같은 정책은 왕의 영향력을 나라 곳곳에까지 행사하는 장점도 지닌다. 저자가 르호보암이 슬기롭게 이 일을 했다고 평가하는 것으로 보아 이와 같은 위임 중심의 통치로 상당히 좋은 결과를 얻은 것으로 생각한다.

4. 이집트 왕 시삭의 침략(12:1-12)

1 르호보암의 나라가 견고하고 세력이 강해지매 그가 여호와의 율법을 버리니 온 이
스라엘이 본받은지라 2 그들이 여호와께 범죄하였으므로 르호보암 왕 제오년에 애굽
왕 시삭이 예루살렘을 치러 올라오니 3 그에게 병거가 천이백 대요 마병이 육만 명
이며 애굽에서 그와 함께 온 백성 곧 리비아와 숙과 구스 사람이 헤아릴 수 없이 많
더라 4 시삭이 유다의 견고한 성읍들을 빼앗고 예루살렘에 이르니 5 그 때에 유다 방
백들이 시삭의 일로 예루살렘에 모였는지라 선지자 스마야가 르호보암과 방백들에
게 나아와 이르되 여호와께서 이같이 말씀하시기를 너희가 나를 버렸으므로 나도 너
희를 버려 시삭의 손에 넘겼노라 하셨다 한지라 6 이에 이스라엘 방백들과 왕이 스스
로 겸비하여 이르되 여호와는 의로우시다 하매 7 여호와께서 그들이 스스로 겸비함
을 보신지라 여호와의 말씀이 스마야에게 임하여 이르시되 그들이 스스로 겸비하였
으니 내가 멸하지 아니하고 저희를 조금 구원하여 나의 노를 시삭의 손을 통하여 예
루살렘에 쏟지 아니하리라 8 그러나 그들이 시삭의 종이 되어 나를 섬기는 것과 세상
나라들을 섬기는 것이 어떠한지 알게 되리라 하셨더라 9 애굽 왕 시삭이 올라와서 예
루살렘을 치고 여호와의 전 보물과 왕궁의 보물을 모두 빼앗고 솔로몬이 만든 금 방
패도 빼앗은지라 10 르호보암 왕이 그 대신에 놋으로 방패를 만들어 궁문을 지키는
경호 책임자들의 손에 맡기매 11 왕이 여호와의 전에 들어갈 때마다 경호하는 자가
그 방패를 들고 갔다가 경호실로 도로 가져갔더라 12 르호보암이 스스로 겸비하였고
유다에 선한 일도 있으므로 여호와께서 노를 돌이키사 다 멸하지 아니하셨더라

열왕기는 이 사건에 대해 회고하면서 이스라엘이 입은 실질적인 피해에 대해서만 매우 간략하게 기록하고 있다(cf. 왕상 14:25-28). 반면에 역대기는 사건의 신학적 동기, 실제적인 상황과 피해, 르호보암의 회개와 다시 임한 하나님의 축복 등을 상당히 자세하게 기록한다. 또한 열왕기는 이 사건을 네 절로 요약하는 반면, 역대기는 열두 절을 할애하고 있

다. 열왕기 저자는 이 사건을 회고하는 것으로 끝내지만, 역대기 저자는 이 사건을 통해 중요한 메시지를 선포하고 있다.

역대기 저자는 이 사건이 르호보암과 유다가 교만해져서 주께 등을 돌린 일에서 비롯되었다고 한다(1절). 하나님은 르호보암의 교만을 벌하시기 위해서 그와 유다를 시삭의 손에 붙이셨다(5절). 르호보암과 지도자들이 이 사실을 깨닫고 회개하니(6절) 하나님이 그들에게 자비를 베푸셨다는 내용으로 마무리한다(12절). 전체적으로 볼 때 르호보암의 이야기는 실패-순종을 통한 성공-불순종을 통한 실패-겸손을 통한 부분적 회복의 순서로 진행하는데, 이 섹션이 이 중 마지막 두 단계-곧 불순종을 통한 실패, 겸손을 통한 부분적 회복의 역할을 감당하고 있다(cf. Williamson).

저자는 이처럼 열왕기에 요약된 사건에 신학적 통찰을 더함으로써 독자들에게 메시지를 선포한다. 그는 힘에 대한 신학적 통찰을 제시한다. 그래서 이 섹션을 "힘/능력"(חָזְקָה)이라는 개념으로 감싸고 있다(12:1, 13). 사람의 힘/능력이 어디서 비롯되느냐는 것이다(Johnstone). 르호보암은 자신의 힘을 키우기 위해서 할 수 있는 것은 다했고 실제로 상당한 권세를 가질 수 있었다(cf. 11:5-12:1). 그러나 그처럼 심혈을 기울여 축적한 힘이 한순간 무너져 내렸다(12:2-11). 그가 하나님을 따르지 않았기 때문이다(5절).

르호보암은 하나님께 순종하는 동안에는 강했지만, 하나님께 등을 돌리는 순간부터 모든 힘을 잃었다. 하나님의 능력이 힘의 근원이기 때문이다. 저자는 이 사실을 독자들에게 강조하고자 한다. 비록 현실이 아무리 난감해 보인다 할지라도 하나님을 바라고 하나님께 순종한다면 꼭 이겨낼 수 있다. 왜냐면 그들의 힘은 자신의 재능과 재력에 있는 것이 아니라 하나님께 있기 때문이다.

저자는 옛적에 르호보암과 백성들이 하나님께 죄를 범하여 주님의 심판을 받아 곤경에 처했지만, 회개하자 하나님이 그들을 용서하시고 자비를 베푸셨던 은총이 독자들에게도 유효하다는 사실을 강조한다. 그러니 독자들이 공동체적 혹은 개인적으로 자신들의 죄를 회개하여 용서받은 르호보암이 누렸던 축복을 자신의 것으로 만들 수 있으며 꼭 그렇게 해야 한다고 외친다.

한때는 큰 위기를 맞았던 르호보암이 왕위가 튼튼해지고 세력이 커지자(cf. 11:17-23) 교만에 빠졌다. 하나님의 율법을 저버린 것이다(1절). 온 이스라엘도 이러한 왕의 모습을 본받아 하나님께 등을 돌리기 시작했다. 르호보암의 불순종은 개인적인 차원을 넘어서 통치하는 모든 사람에게 악영향을 미쳤다.

리더로 세우심을 받은 자들은 항상 이 점을 마음에 새겨야 한다. 리더의 죄와 실수는 단순히 개인적인 문제로 끝나지 않고 온 공동체에 영향을 미친다. 어느 교회에서든 목회자가 실족하면 온 교회가 시험에 든다. 반면에 리더가 잘하면 온 공동체에 매우 긍정적인 영향을 끼칠 수 있다. 목회자가 올바른 의식을 가지고 하나님 앞에서 바로 사역을 하면 온 교회 앞에 건강한 신앙의 본이 되는 것이다.

유다의 왕과 백성들의 부패에 대해서 분노하신 하나님이 그들을 이방 왕의 손에 붙이셨다. 르호보암 즉위 5년(ca. 926BC)에 이집트의 시삭(שִׁישַׁק)이 예루살렘을 치러 올라온 것이다(2절). 솔로몬 통치 초기에는 이스라엘과 이집트의 관계가 좋았다. 그래서 솔로몬은 바로의 딸을 아내로 맞이하기까지 했다(cf. 8:11). 그러나 이집트와 이스라엘의 우호적인 관계는 솔로몬 통치 말기 시대인 주전 935년쯤에 막을 내렸다(Bright). 이집트의 약한 21대 왕조(솔로몬의 아내가 이 왕조에 속한 사람이었음)가 이때 리비아 귀족 시삭(Shishak/Shoshenq)에 의해 무너지고, 시삭은 이집트의 22대 왕조인 부바스트 왕조(Bubastite Dynasty)를 세웠다.

가나안 정치에 관여하고 싶었던 시삭은 솔로몬의 정치적인 원수였던 여로보암이 솔로몬을 피해 이집트로 망명해오자 극진히 대접해 주었다. 솔로몬이 죽자 여로보암이 이스라엘로 돌아와 북쪽 10지파를 끌고 나가 새 나라를 세웠다. 이러한 상황에서 시삭은 솔로몬의 나라가 둘로 나누어진 일을 두고 불안정한 유다와 아직 뿌리를 내리지 못한 이스라엘을 한꺼번에 해치울 수 있는 절호의 기회라고 생각했다. 그러나 저자는 시삭의 침략은 르호보암과 유다 사람들이 하나님께 반역해서 빚어진 것이라는 신학적 해석을 더한다.

시삭은 병거 1,200대, 기병 6만 명, 그 외 수를 헤아릴 수 없을 정도로 많은 리비아 사람(לוּבִים)과 숙 사람(סֻכִּיִּים)과 구스 사람(כּוּשִׁים)으로 구성된 군대를 이끌고 온 유다와 예루살렘으로 진군해 왔다(3절). 이 전쟁에 병거 1,200대가 동원되었다는 것은 별다른 어려움이 없지만 1,200대의 병거를 위해서 동원된 기병이 6만 명이나 되었다는 것은 좀처럼 납득이 가지 않는다. 병거 1대 당 기병이 50명이나 되기 때문이다. 물론 6만 명의 기병을 그대로 수용하는 사람들도 있다(Kitchen). 그러나 대부분의 학자들은 사본을 필사했던 사람들이 6천을 6만으로 잘못 적은 것으로 생각한다(Williamson, Japhet). 이렇게 간주할 경우 병거 한 대당 기병 5명이 된다. 훨씬 더 현실적인 수이다.

시삭이 리비아 사람이었기에 그가 부리던 리비아 군이 쳐들어온 것은 당연한 일이다. 숙이 정확히 어느 나라를 뜻하는지는 알 수 없지만 전통적으로 북아프리카 지역의 야만인들이라고 알려졌다(Johnstone). 구스는 오늘날의 에티오피아를 뜻한다. 시삭이 끌고 온 연합군은 결코 르호보암과 유다가 대항할만한 군대가 아니었다. 그들이 상대할 수 없을 정도로 큰 군대가 들이닥친 것이다.

당연히 유다 지도자들은 시삭과 싸워볼 엄두도 못 내고 모두 예루살렘으로 피신했다(5절). 르호보암이 예루살렘 방어를 염두에 두고 15개 성읍을 요새화시킨 일(11:5-12), 아들들을 각지에 파견하여 통치하게 한 일(11:23)이 모두 한순간에 허사가 되어버렸다. 성경 저자들은 시삭이 예루살렘을 침략한 일만 중점적으로 기록하고 있지만, 유다와 이스라엘에서 광범위한 전투를 펼친 것으로 기록하고 있다.

시삭이 가나안 원정을 기념하기 위해 세운 기념비(Karnak Inscription)에 의하면 이스라엘과 유다에 속한 150개 지역에서 전투를 벌였다(Gray). 내용을 살펴보면 시삭이 집중적으로 공략한 곳은 북 왕국 이스라엘이지 남 왕국 유다가 아니다(Japhet). 일부 주석가들이 마치 시삭이 새로이 시작된 여로보암의 나라를 돕기 위해서 유다를 친 것으로 생각하는데, 사실은 그렇지 않다. 시삭은 자신과 이집트의 이익을 챙기기 위해서 침략해온 것이지 한때 보호하던 여로보암을 돕기 위해서 원정을 온 것이 아니었다.

예루살렘에 피신해 있는 유다의 지도자들에게 스마야 선지자를 통해 하나님의 말씀이 선포되었다(5절). 스마야는 르호보암에게 북쪽 10지파와 싸우지 말라는 하나님의 말씀을 선포했던 선지자였다(cf. 11:2-4). 선지자가 전한 말씀은 이 일이 주의 백성이 하나님을 거역해서 일어난 일이며 하나님이 예루살렘을 시삭의 손에 넘겨주실 것이라는 내용이었다. 시삭은 하나님이 죄를 범한 이스라엘을 치리하기 위해서 사용하시는 진노의 막대기였다.

이 시점에서 르호보암과 지도자들이 변명을 늘어놓을 수도 있다. 자신들이 여호와를 완전히 버린 것이 아니며 아직도 성전에서 예물을 바치고 때가 되면 예배를 드린다고 말이다. 그러나 하나님을 섬기는 일에 있어서는 중간 지점이 있을 수 없다. 하나님과 백성들이 완전히 하나가 되든지, 아니면 완전히 등을 돌리든지 둘 중 하나일 뿐이다(Johnstone).

선지자의 메시지를 들은 왕과 지도자들은 곧바로 하나님께 회개했다(6절). 어떠한 변명도 하지 않고 자신을 낮추고 선지자를 통해 선포된 하나님의 말씀의 진실함을 전적으로 인정했다는 뜻이다. 하나님은 그들의 회개를 받으시고 용서하셨다. 솔로몬의 헌당 기도를 들으시고 "내 이름으로 일컫는 내 백성이 그들의 악한 길에서 떠나 스스로 낮추고 기도하여 내 얼굴을 찾으면 내가 하늘에서 듣고 그들의 죄를 사하고 그들의 땅을 고칠지라"고 하신 약속의 말씀(7:14)이 처음으로 이행된

순간이다.

하나님은 그들의 죄를 용서하시고 그들을 시삭에게 완전히 넘겨주지는 않으셨지만, 매우 큰 고통을 당하게 하셨다(7절). 하나님의 지배를 거부한 사람들에게 다른 나라의 지배 아래 사는 것이 얼마나 힘든 일인가를 깨닫게 하기 위해서였다(8절). 이스라엘이 이집트를 떠나온 후 이집트의 지배를 받게 된 것이 이때가 처음이다.

주의 백성들은 어느덧 이집트에서 노예 생활을 하던 때를 모두 망각하고 살고 있었는데, 하나님이 이 기회를 통해서 다시 한 번 노예 생활의 혹독함을 깨닫게 하신다. 그것도 다시 이집트를 통해서 말이다. 그러므로 이 사건은 상당한 경고를 포함하고 있다. 하나님이 이스라엘을 혹독하다 못해 잔인했던 이집트 노예 생활에서 구원해 주셨지만, 언제든지 다시 그들을 이집트 노예 생활로 되돌릴 수 있다는 경고이다.

하나님이 유다를 시삭에게 완전히 넘겨주시지 않았음에도 불구하고 시삭의 약탈이 얼마나 심했던지 왕실과 성전에 있는 모든 보물을 빼앗아갔다. 솔로몬이 시위할 때 사용했던 금 방패까지도 빼앗아갔다(9절; cf. 9:15-16). 하나님이 유다를 시삭에게 완전히 넘겨주지 않으시고 조금만 고생하게 하셨는데도 이 정도니 만일 그들이 끝까지 회개하지 않아 하나님이 이들을 완전히 넘기셨더라면 상황이 얼마나 더 비참했을까? 참으로 아찔한 순간이다.

비록 유다가 시삭에게 착취당하는 것이 고통스럽기는 하지만 더 심하지 않게 된 것에 대해서 하나님께 감사해야 한다. 하나님은 이처럼 인간의 죄를 용서하시는 것과는 상관없이 대가를 꼭 치르게 하시는 경우가 많다. 그러므로 최대한 죄를 짓지 않는 것이 환란과 고통을 피할 수 있는 제일 좋은 방법이다.

시삭에게 금 방패를 모두 빼앗긴 르호보암은 호위병들에게 놋 방패로 자신을 경호하게 하였다(10-11절). 금은 부귀영화를 상징하며 솔로몬 이야기를 화려하게 장식했다(cf. 9:13-28). 그러던 금이 모두 사라졌다.

이제는 금 대신 초라하고 값싼 놋이 유다의 빈곤을 상징하고 있다. 그뿐만 아니라 솔로몬 시대를 장식했던 평안은 온데간데없고 전쟁과 침략이 있을 뿐이다. 한 세대를 지나면서 다윗 왕조가 이처럼 처참하게 몰락했다. 모두 지도자들의 영적 타락 때문이었다. 사람들은 종종 자신이 누리는 것들이 영원할 것이라는 착각 속에 살아간다. 그러나 성경은 하나님이 작정하시면 이 모든 것을 한순간에 사라지게 할 수 있으시다고 분명히 경고한다.

그래도 최악은 면했다. 르호보암이 회개했기 때문이다(12절). 하나님은 왕의 회개를 보시고 진노를 거두셨다. 그래서 유다는 완전히 멸망하지는 않았다. 더 이상 시삭의 손에 혹사당하지 않도록 하셨다. 마지막 순간에 하나님의 은총이 피해를 줄여주었다. 그래서 유다는 형편이 다시 좋아졌다. 완전한 회복은 아니지만, 시삭에게 당한 때에 비교하면 상황이 많이 호전되었다.

Ⅲ. 분열왕국의 역사(10:1-28:27)
2장. 르호보암(11:5-12:16)

5. 결말적 통치 요약(12:13-16)

13 르호보암 왕은 예루살렘에서 스스로 세력을 굳게 하여 다스리니라 르호보암이 왕
위에 오를 때에 나이가 사십일 세라 예루살렘 곧 여호와께서 이스라엘의 모든 지파
중에서 택하여 그의 이름을 두신 성에서 십칠 년 동안 다스리니라 르호보암의 어머
니의 이름은 나아마요 암몬 여인이더라 14 르호보암이 악을 행하였으니 이는 그가 여
호와를 구하는 마음을 굳게 하지 아니함이었더라 15 르호보암의 처음부터 끝까지의
행적은 선지자 스마야와 선견자 잇도의 족보책에 기록되지 아니하였느냐 르호보암
과 여로보암 사이에 항상 전쟁이 있으니라 16 르호보암이 그의 조상들과 함께 누우매
다윗 성에 장사되고 그의 아들 아비야가 그를 대신하여 왕이 되니라

저자가 솔로몬의 통치를 정리했던 것처럼(cf. 9:29-31) 르호보암의 통치를 요약하고 있다(cf. 왕상 14:21-22, 29-31). 저자는 앞으로 이와 같은 방식으로 유다의 모든 왕의 통치를 요약할 것이다. 르호보암은 41세에 왕위에 올랐고 17년 동안 예루살렘에서 유다를 다스렸다(13절). 오늘날의 연대로 계산해보면 주전 931-913년쯤에 통치한 것이 된다(Thiele). 저자는 예루살렘을 "여호와께서 이스라엘의 모든 지파 중에서 택하여 그의 이름을 두신 성"이라고 설명한다(13절). 나라가 분열되면서 10지파가 떨어져 나갔지만, 하나님은 당신의 이름을 계속 예루살렘 성전에 두셨기 때문에 이 도시는 매우 특별한 곳이었다. 예루살렘이 분열왕국 시대에도 여호와께서 인정하신 종교적 중심지였음을 강조한다.

르호보암의 어머니 나아마는 암몬 사람이었다. 암몬 사람들은 롯과 둘째 딸 사이에 태어난 아들 벤암미에서 유래된 족속이었다(창 19:38). 솔로몬이 주변 국가들과 평화로운 관계를 유지하기 위해서 수많은 외국 공주를 아내로 맞이했는데, 나아마는 아마도 이런 정황에서 솔로몬에게 시집온 암몬 족속의 공주였을 것으로 생각된다. 다윗 왕조가 벌써 이방인들에 의해서 영향을 받고 변질되어가고 있다(Johnstone). 저자는 르호보암을 "악을 행한 사람"으로 평가한다(14절). 그가 회개한 적도 있고 하나님의 은총을 체험한 적도 있지만, 전반적으로 그의 일생은 하나님이 기뻐하시는 삶이 아니었다는 뜻이다(Japhet). 우리의 절대적인 순종과 온전한 마음을 요구하시는 하나님께 르호보암은 대충 순종하고 마음은 반쯤 드린 것이다.

르호보암에 대한 나머지 이야기는 "스마야 선지자의 족보책"과 "잇도 선견자의 족보책"에 모두 기록되어 있다고 한다(15절). 스마야는 이미 두 차례나 르호보암에게 하나님의 말씀을 선포한 선지자였다(11:1-4; 12:5). 잇도는 여로보암에 대한 책을 남겼으며(9:29), 아비야와 연관되어 한 번 더 언급될 선지자이다(13:22). 역대기는 열왕기에 비해 르호보암에게 3배 더 많은 공간을 할애하는데, 저자가 이러한 출처들을 인용해 왕의 이야기를 재구성했음을 밝힌다. 물론 우리는 이 책들에 대해서 더 이상 아는 바가 없다. 오래전에 잊혀진 책들이지만 역대기 기자가 책을 쓸 무렵에는 이 책들이 존재했음을 뜻한다.

저자는 르호보암이 사는 날 동안은 여로보암과 계속 싸웠다고 한다(15절). 두 자매 나라의 갈등이 역사의 흐름 속에 지속되었던 것이다. 평생 전쟁으로 가득했던 르호보암의 시대는 평화로웠던 솔로몬의 시대와 극적인 대조를 이룬다. 르호보암은 죽어서 다윗 성에 묻혔고 그의 아들 아비야가 왕이 되었다(16절; cf. 11:22).

3장. 아비야(13:1-14:1a)

역대기는 르호보암에게서 보좌를 이어받은 그의 아들을 계속 아비야라고 한다(대상 3:10; 대하 12:16; 13:1, 2, 3, 4, 15, 17, 19, 22; 14:1). 반면에 열왕기는 같은 인물을 지속적으로 아비얌이라고 한다(왕상 14:31; 15:1, 7, 8). 아비야(אֲבִיָּה)는 "여호와가 나의 아버지이시다"라는 뜻을 지닌 좋은 이름이다. 반면에 아비얌(אֲבִיָּם)은 "얌(viz., 고대 근동 신화에 등장하는 바다 신)이 나의 아버지이다"라는 뜻을 가진다.

원래 이 사람의 이름이 아비얌이었는데, 역대기 저자가 신화적이고 부정적인 이름의 요소를 제거하기 위해서 아비야로 바꾼 것으로 보기도 하고(Dillard), 원래 이 사람의 이름이 아비야였는데 열왕기 저자가 아비얌으로 바꾼 것으로 해석하는 사람도 있다(Japhet). 열왕기상 14:1에 의하면 여로보암에게는 병들어 죽은 아들 아비야가 있었다. 이 아비야와 르호보암의 아들 아비야를 구분하기 위해서 열왕기 저자가 르호보암의 아들 이름을 아비얌으로 바꾸었다는 것이다. 한 학자는 하나는 본명이고 다른 하나는 즉위/통치 이름이었을 것이라는 추측을 내놓았다(Hill). 필자는 본문이 기록하고 있는 대로 그를 아비야로 부를 것이다.

역대기의 아비야 이야기는 분량이 열왕기보다 배 이상이다. 열왕기는 아비야에게 8절을 할애하는 반면(cf. 왕상 15:1-8), 역대기는 그에 관한 이야기에 22절이나 할애하고 있다. 또한 열왕기와 역대기가 아비야에 대해서 같은 내용을 언급하는 것은 4절에 지나지 않으며, 나머지는 서로 독립적인 내용으로 그의 이야기를 이어가고 있다.

두 저자가 아비야의 삶을 조명하는 범위도 다르다. 열왕기 저자는 아비야의 삶 전체를 요약적으로 묘사한다. 그래서 아비야를 마음이 온전하게 여호와를 향하지 않았던 실패자로 평가한다(왕상 15:3). 반면에 역대기는 아비야의 삶 전체가 아닌, 그와 여로보암 사이에 있었던 한 전쟁 이야기로만 범위를 제한한다. 이 전쟁 이야기는 여로보암의 통치 아래 북 왕국 이스라엘이 영적으로 얼마나 부패했는지를 보여주고 반면에 유다의 아비야는 얼마나 신실했는지를 보여준다. 특히 이 전쟁에서 아비야가 얼마나 하나님을 의지했는가에 대한 회고로 구성되어 있다(cf. McConville).

그러므로 역대기 저자의 아비야에 대한 평가가 나쁘지 않다. 그가 묘사하는 전쟁에서만큼은 아비야는 훌륭한 믿음을 지닌 왕이었다. 만일 역대기 저자가 아비야의 일생에 대해서 전반적으로 평가했다면 아마 열왕기처럼 아비야에 대해서 부정적인 평가를 했을 것이다. 아비야의 이야기는 다음과 같이 구분할 수 있다.

A. 서론적 통치 요약(13:1-2a)
  B. 북 왕국 이스라엘과의 전쟁(13:2b-21)
A'. 결말적 통치 요약(13:22-14:1a)

Ⅲ. 분열왕국의 역사(10:1-28:27)
3장. 아비야(13:1-14:1a)

1. 서론적 통치 요약(13:1-2a)

[1] 여로보암 왕 열여덟째 해에 아비야가 유다의 왕이 되고 [2a] 예루살렘에서 삼 년 동안 다스리니라 그의 어머니의 이름은 미가야요 기브아 사람 우리엘의 딸이더라

아비야가 르호보암의 대를 이어 유다의 왕이 된 것은 여로보암이 북 왕국 이스라엘을 창설하고 통치한 지 18년째 되던 해였으며, 그는 예루살렘에서 3년 동안 다스렸다(1-2절). 오늘날 연대로 주전 913-911년의 일이다(Thiele). 저자는 그의 어머니는 기브아 사람 우리엘의 딸 미가야(מִיכָיָהוּ בַת־אוּרִיאֵל מִן־גִּבְעָה)였다고 한다. 미가야는 "누가 여호와와 같겠느냐?"라는 의미를 지닌 좋은 이름이다. 문제는 역대기가 이미 그녀를 우리엘의 딸이 아닌 압살롬(אַבְשָׁלוֹם)의 딸이라 했다(11:20; cf. 11:22). 게다가 열왕기는 그녀의 아버지가 우리엘도, 압살롬도 아닌 아비살롬(אֲבִישָׁלוֹם)이었다고 한다(왕상 15:2).

열왕기의 아비살롬과 역대기의 압살롬이 동일인물이라고 하더라도, 다윗의 아들 "압살롬"과 "기브아 사람 우리엘"은 결코 같은 사람일 가능성이 없다(cf. Japhet). 더 혼란스러운 것은 열왕기상 15:9-10은 마아가(미가야의 변형)가 아사의 어머니였다고 한다(새번역은 그녀를 아사의 할머니라고 해석함). 이 경우 아사는 아비야의 형제이지 14:1이 기록한 것처럼 그의 아들이 아니다. 요세푸스는 마아가의 어머니는 다윗의 아들 압살롬의 딸 다말이었다고 한다(Ant., 8.249). 텍스트가 잘 보존되지 않았기 때문에 진실 여부를 확인할 수는 없다. 학자마다 나름대로 계보를 정리해 보려 하지만, 대체로 다음과 같은 결론을 제일 선호한다(cf. Japhet, Hill, Johnstone). 압살롬의 딸 다말과 우리엘 사이에 태어난 딸이 마아가라는 것이다.

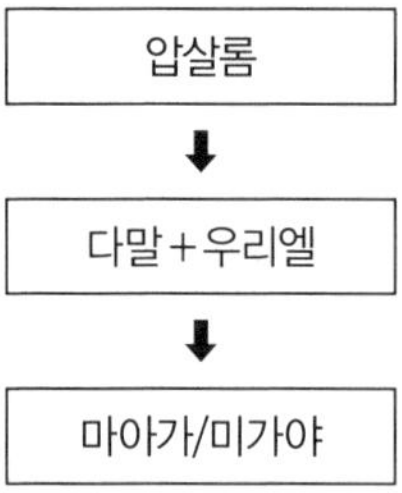

2. 북 왕국 이스라엘과의 전쟁(13:2b-21)

이미 앞에서 언급한 것처럼 역대기는 아비야의 일생 전체에 관심을 가지지 않는다. 저자는 아비야가 여로보암과 치른 한 전쟁 이야기만 집중적으로 조명한다. 사람이 어떠한 곤경에 처하더라도 하나님을 의지하면 하나님이 그 위기를 이겨낼 수 있도록 도움을 주신다는 교훈을 지속적으로 강조하는데(cf. 12:1-12), 이 전쟁 이야기도 이러한 가르침의 좋은 예가 되기에 이 사건을 자세하게 회고하고 있다. 본 텍스트는 다음과 같은 구조를 지닌다.

A. 전쟁 전조(13:2b-3)
  B. 아비야의 스피치(13:4-12)
A'. 전쟁 리포트(13:13-21)

(1) 전쟁 전조(13:2b-3)

2b 아비야가 여로보암과 더불어 싸울새 3 아비야는 싸움에 용감한 군사 사십만 명을 택하여 싸움을 준비하였고 여로보암은 큰 용사 팔십만 명을 택하여 그와 대진한지라

여로보암이 이스라엘의 12지파 중 10지파를 데리고 나가 북 왕국을 세운 이후 두 나라는 끊임없이 갈등을 빚어왔다(cf. 12:15). 르호보암이 죽은 후에도 두 자매 나라의 전쟁은 끝날 줄 몰랐고, 급기야 아들 아비야 시대에 이르러서도 이스라엘과 유다의 갈등은 계속되었다. 아비야는 40만 명을 동원해 싸우러 나갔고, 이에 질세라 여로보암은 80만 대군을 이끌고 나와 대치했다(3절). 대부분의 주석가는 실제 수로 보지 않고 과장된 규모로 보거나(Johnstone), 유다가 2대 1의 비율로 열세라는 것을 모형적으로 보여준 것으로 보기도 한다(Japhet). 또는 "1,000"단위를 뜻하는 히브리어 단어 "엘레프"(אֶלֶף)를 오늘날로 말하면 소대 규모 정도 되는 작은 단위로 보기도 한다(Allen, cf. Hill). 동원된 군인의 실제 수가 훨씬 적었다는 것이다. 당시 상황을 고려할 때, 40만 명 대 80만 명의 전쟁을 실제로 받아들이기에는 여러 가지 어려움이 있기 때문이다.

이 전쟁은 통일 이스라엘이 북 왕국 이스라엘과 남 왕국 유다로 분리된 이후 첫 전쟁이다. 그러므로 북 왕국 10지파의 반역과 분리가 지속될 수 있는지에 대한 처음 테스트라고 할 수 있다(McConville). 두 왕 중 누가 먼저 전쟁을 시작했는지 정확하지 않다. 일부 주석가들은 이미 10지파를 가진 여로보암이 나머지 두 지파를 편입시키려고 시작한 전쟁이라고 한다(Selman, Hill). 반면에 아비야가 조금 늦은 감은 있지만 반역한 북쪽 10지파를 이겨 다시 다윗 왕조의 통치 아래 두려고 일으킨 전쟁이라고 하는 학자들도 있다(Japhet, Johnstone). 전쟁에 동원된 군인들의 수가 아비야에게 불리한 것을 감안하면(cf. 3절) 그가 전쟁을 시작한 것으로 보기에는 어렵다. 숫자만 놓고 볼 때 유다와 아비야에게 불리한 싸움이기 때문이다.

Ⅲ. 분열왕국의 역사(10:1-28:27)
3장. 아비야(13:1-14:1a)
2. 북 왕국 이스라엘과의 전쟁(13:2b-21)

(2) 아비야의 스피치(13:4-12)

4 아비야가 에브라임 산 중 스마라임 산 위에 서서 이르되 여로보암과 이스라엘
무리들아 다 들으라 5 이스라엘 하나님 여호와께서 소금 언약으로 이스라엘 나라
를 영원히 다윗과 그의 자손에게 주신 것을 너희가 알 것 아니냐 6 다윗의 아들 솔
로몬의 신하 느밧의 아들 여로보암이 일어나 자기의 주를 배반하고 7 난봉꾼과 잡

배가 모여 따르므로 스스로 강하게 되어 솔로몬의 아들 르호보암을 대적하였으
나 그 때에 르호보암이 어리고 마음이 연약하여 그들의 입을 능히 막지 못하였었
느니라 8 이제 너희가 또 다윗 자손의 손으로 다스리는 여호와의 나라를 대적하려
하는도다 너희는 큰 무리요 또 여로보암이 너희를 위하여 신으로 만든 금송아지
들이 너희와 함께 있도다 9 너희가 아론 자손인 여호와의 제사장들과 레위 사람들
을 쫓아내고 이방 백성들의 풍속을 따라 제사장을 삼지 아니하였느냐 누구를 막
론하고 어린 수송아지 한 마리와 숫양 일곱 마리를 끌고 와서 장립을 받고자 하는
자마다 허무한 신들의 제사장이 될 수 있도다 10 우리에게는 여호와께서 우리 하
나님이 되시니 우리가 그를 배반하지 아니하였고 여호와를 섬기는 제사장들이 있
으니 아론의 자손이요 또 레위 사람들이 수종 들어 11 매일 아침 저녁으로 여호와
앞에 번제를 드리며 분향하며 또 깨끗한 상에 진설병을 놓고 또 금 등잔대가 있어
그 등에 저녁마다 불을 켜나니 우리는 우리 하나님 여호와의 계명을 지키나 너희
는 그를 배반하였느니라 12 하나님이 우리와 함께 하사 우리의 머리가 되시고 그의
제사장들도 우리와 함께 하여 전쟁의 나팔을 불어 너희를 공격하느니라 이스라엘
자손들아 너희 조상들의 하나님 여호와와 싸우지 말라 너희가 형통하지 못하리라

전쟁이 시작되기 전에 아비야는 스마라임 산(הַר צְמָרַיִם) 위에 올라가 여로보암과 북 왕국 군대를 책망했다. 스마라임의 정확한 위치는 알 수 없다. 성경에 이 지역에 대한 언급이 한 번 더 나오는데, 여호수아서는 이 지역이 베냐민 지파에게 속했다고 한다(수 18:22). 또한 벧엘과 함께 언급되는 것으로 보아(cf. 19절) 벧엘 인근 지역에 있었을 가능성이 높다(Japhet, Johnstone, Hill).

아비야가 높은 산에 올라가 먼발치에서 북쪽을 향해 외치는 모습은 사사 시대에 아비멜렉이 세겜 사람들의 지지를 받아 형제 70명을 죽이고 스스로 왕이 되었을 때 유일한 생존자였던 요담이 높은 산에 올라가 아비멜렉과 세겜 사람들을 비난한 일을 연상케 한다(삿 9:7). 저자는 아비야-여로보암의 갈등을 마치 요담-아비멜렉의 갈등처럼 묘사하고 있

는 것이다(cf. Japhet). 그렇다면 아비멜렉이 죽었던 것처럼 여로보암이 죽게 될 것을 예측할 수 있다(cf. 20절). 또한 여로보암이 아비멜렉처럼 묘사되는 것이 그에 대한 저자의 평가라 할 수 있으며, 저자는 아비야의 스피치에 전적으로 동의하고 있음을 암시한다.

아비야는 먼저 하나님이 다윗과 그의 후손들에게 이스라엘을 영원히 다스리도록 하셨다며 다윗 언약(cf. 삼하 7장; 대상 17장)을 상기시킨다(5절). 이 언약은 영원히 파기될 수 없음을 뜻하는 "소금 언약"(מֶלַח בְּרִית)이다(cf. 민 18:19; 레 2:13). 소금은 성질이 변하지 않는다. 그러므로 소금 언약은 영원성을 강조한다. 소금 언약이라 해서 언약을 체결하는 예식에서 실제로 소금을 사용한 것을 뜻한 것은 아니며 하나의 비유(metaphor)이다(Rudolph, Japhet). 아비야는 하나님이 다윗에게 주신 약속은 영원히 변하지 않고 유효하다며 다윗 언약을 소금 언약이라고 부르고 있다.

아비야는 솔로몬의 부하에 불과했던 여로보암이 솔로몬의 대를 이어 왕이 된 르호보암을 배반했고, 난봉꾼과 잡배들이 여로보암을 도왔다고 한다(6-7절). 결국 나라는 두 동강이가 나 자신의 시대에 이르렀다는 것이 아비야의 역사적 흐름에 대한 이해이다(8절). 지금 여로보암의 통치 아래 10지파가 다윗 집안의 통치 아래 있어야 하는데, 여로보암과 불량배들의 농간에 놀아나 다윗 왕조의 집권을 거부함으로써 하나님의 뜻을 위반하고 있다는 것을 강조한다. 북 왕국 이스라엘은 단순히 다윗 집안에 반역한 것이 아니라 하나님께 반역했다는 것이다.

북 왕국 10지파가 하나님을 거역했다는 것은 반역 이후의 상황에서도 역력하게 드러나고 있다. 그들은 여로보암이 신이라고 만들어준 금송아지들(cf. 왕상 12:28-29)을 의존해서 유다를 넘보며 싸우고 있다(8절). 더 나아가 여로보암과 이스라엘은 레위 사람들과 제사장들을 모두 면직시키고 그 자리에 아무라도 돈을 내고 제사장직을 산 사람들을 고용시켰다(cf. 11:13-16). 오늘날 한국 교회 상황과 비슷하다.

그나마 제사장들이 여호와를 섬기는 것이 아니라 우상을 숭배하게 했다(9절). 아비야의 비난에 의하면 여로보암과 이스라엘은 다윗 집안만 버린 것이 아니라, 여호와께도 등을 돌렸고 수백 년 동안 민족의 정체성과 전통이 되었던 율법도 내팽개쳤다. 반면에 유다는 "여호와의 나라"(מַמְלֶכֶת יְהוָה)이며(8절) 북 왕국은 다윗 집안을 상대로 싸우는 것이 아니라, 하나님의 나라를 상대로 싸우고 있다고 비난한다.

아비야가 유다를 이스라엘과 대조하면서 유다가 여호와의 나라라고 단언하는 것은 배교한 이스라엘과는 달리 유다는 오직 여호와만 섬기고 있으며 하나님의 말씀에 따라 모든 일을 행하고 있기 때문이다. 북 왕국이 몰아낸 제사장들과 레위 사람들도 남 왕국 유다에서는 성전에서 하나님의 율법에 따라 사역하고 있다(10-11절). 이처럼 북 왕국과 남 왕국의 대조적인 종교 생활과 여호와를 향한 태도를 비교한 다음, 아비야는 합리적이고 논리적인 결론을 선포한다. "하나님이 우리와 함께하사 우리의 머리(viz., 군대)가 되신다"(עִמָּנוּ בָרֹאשׁ הָאֱלֹהִים)(12절). 선언의 의미는 "하나님이 우리와 함께하시니 누구든지 우리를 대적하는 자는 어리석다"이다.

북 왕국은 결코 아비야와 유다의 상대가 될 수 없다. 유다의 군사력이나 전략이 뛰어나서가 아니라 하나님이 그들과 함께하시기 때문이다. 아비야는 여호와께서 배교한 이스라엘을 유다를 통해 응징하시는 것이라며 전쟁에 신학적 의미를 더하고 있다(cf. Allen, Japhet, Johnstone). 아비야의 스피치에 대해서 여로보암은 어떤 반론도 제기하지 않는다. 아비야가 객관적인 근거를 가지고 논리를 펼쳤으니 반박할만한 여력이 없어서였기 때문일 것이다. 아니면 거의 이교도자가 되어버린 여로보암이 전쟁의 신학적인 면모는 완전히 묵살하고 오직 싸움에서 이기면 된다는 생각으로 그의 모든 말을 무시하고 있는 것이다.

Ⅲ. 분열왕국의 역사(10:1–28:27)
3장. 아비야(13:1–14:1a)
2. 북 왕국 이스라엘과의 전쟁(13:2b–21)

(3) 전쟁 리포트(13:13-21)

13 여로보암이 유다의 뒤를 둘러 복병하였으므로 그 앞에는 이스라엘 사람들이 있
고 그 뒤에는 복병이 있는지라 14 유다 사람이 뒤를 돌아보고 자기 앞 뒤의 적병으
로 말미암아 여호와께 부르짖고 제사장들은 나팔을 부니라 15 유다 사람이 소리 지
르매 유다 사람이 소리 지를 때에 하나님이 여로보암과 온 이스라엘을 아비야와
유다 앞에서 치시니 16 이스라엘 자손이 유다 앞에서 도망하는지라 하나님이 그들
의 손에 넘기셨으므로 17 아비야와 그의 백성이 크게 무찌르니 이스라엘이 택한 병
사들이 죽임을 당하고 엎드러진 자들이 오십만 명이었더라 18 그 때에 이스라엘 자
손이 항복하고 유다 자손이 이겼으니 이는 그들이 그들의 조상들의 하나님 여호
와를 의지하였음이라 19 아비야가 여로보암을 쫓아가서 그의 성읍들을 빼앗았으니
곧 벧엘과 그 동네들과 여사나와 그 동네들과 에브론과 그 동네들이라 20 아비야
때에 여로보암이 다시 강성하지 못하고 여호와의 치심을 입어 죽었고 21 아비야는
점점 강성하며 아내 열넷을 거느려 아들 스물둘과 딸 열여섯을 낳았더라

전쟁이 시작되자 유다가 불리하게 되었다. 아비야가 이끄는 유다 군의 위치와 정황을 잘 알고 있었던 여로보암이 미리 복병을 매복시켜 두었다가 유다를 포위해서 쳤기 때문이다(13절). 앞과 뒤에서 동시에 공격을 받아 곤경에 처한 데다가 수적으로도 불리했던 유다 군대는 하나님께 부르짖었고 제사장들은 나팔을 불었다(14절).

하나님이 아비야와 유다 군대의 기도를 들으시고 그들이 지켜보는 상황에서 여로보암과 이스라엘 군대를 치셨다(15절). 저자는 하나님이 어떤 구체적인 방법으로 역사하셨는지에 대해서 말을 아낀다. 독자들이 이날 유다를 위해서 싸우신 여호와께 초점을 맞추지 않고, 이스라엘 군대를 상대로 사용하신 기적/현상에 관심을 집중하지 않을까 하는 우려에서이다. 한 가지 확실한 것은 이날 여호와께서 기적을 행하셨다

(Japhet). 이 전쟁으로 이스라엘의 80만 군대 중 50만 명이 죽었다고 한다(17절). 전쟁에 참여한 이스라엘 군 중 60%가 죽었다.

아비야는 여세를 몰아 여로보암을 쫓아가서 벧엘과 여사나와 에브론 지역 등 이스라엘 영토 중 일부를 빼앗았다(19절). 벧엘은 여로보암이 이스라엘을 이집트에서 구원한 신이라며 금송아지를 세워두었던 곳이다(왕상 12:28-29). 이 도시는 유다의 영토에서 북쪽으로 상당히 떨어진 곳에 있었다. 그러므로 이 전쟁을 통해 유다가 상당한 영토 확장을 할 수 있었음을 알 수 있다(Japhet). 또한 하나님이 이 도시를 정복하심으로써 여로보암의 주장이 사실이 아님을 확인해 주셨다(cf. Selman). 여사나는 어디에 있는 도시인지 알 수 없다. 아마도 미스바 근처에 있었을 것으로 추측한다(Johnstone, cf. 삼상 7:12). 에브론은 유다의 영토에 속했던 곳이며 예루살렘의 서쪽에 있었던 성읍이었다(cf. 수 15:9).

여로보암은 아비야 생전에 다시 힘을 회복하지 못하고 죽었다(20절). 여로보암은 북 왕국 이스라엘을 주전 931-910년까지 22년을 통치하다 죽었다(Thiele, cf. Japhet). 아비야는 여로보암 즉위 18년에 왕이 되어 3년을 통치했으니 그의 통치 기간은 주전 913-911년이다(Thiele). 이와 같은 사실을 근거로 한 주석가는 본문이 마치 아비야가 여로보암보다 더 오래 살았던 것처럼 혼란을 빚고 있다고 주장한다(Japhet). 그러나 본문은 여로보암이 아비야가 집권하던 시대에 다시는 힘을 회복하지 못했다고 할 뿐 누가 누구보다 더 오래 살았는가를 논하지 않는다.

저자는 이 전쟁을 회고하면서 두 가지 신학적인 평가를 한다. 첫째, 수적으로 열세였던 유다가 이스라엘을 상대로 이처럼 대승을 거두게 된 이유는 그들이 조상의 하나님 여호와를 의지했기 때문이다(18절). 하나님은 그를 의지하는 백성들의 기도를 들으시는 분이시기에 부르짖으면 속히 응답해 주시는 분이시라는 사실을 강조한다. 이 전쟁은 하나님이 하신 "성전"(holy war)/"여호와 전쟁"(Yahweh war)이었다(Dillard). 둘째, 북쪽 10지파를 데리고 나가 새 나라를 세웠던 여로보암은 아비야에게 크게 패한 후 힘을 회복하지 못하고 하나님의 심판을 받아 죽었다(20절). 반면에 아비야는 더 강해졌으며 아내 14명, 아들 22명, 딸 16명 등 큰 가족을 두었다(21절). 아비야가 산 위에서 주장한 대로 "유다가 여호와의 나라이다"(8절)라는 사실과 "여호와께서 유다 군대와 함께하신다"(12절)라는 사실이 전쟁 결과와 여로보암의 쇠퇴와 아비야의 번성을 통해서 모두 사실로 확인되는 순간이다.

여로보암과 르호보암 시대에도 북 왕국 이스라엘과 남 왕국 유다의 종교적 정체성이 확실히 차별화되어 있었다(cf. 11:13-17). 만일 조금이라도 불확실한 요소들이 남아있었다면, 이 전쟁이 불확실성을 완전히 씻어버렸다. 북 왕국 이스라엘은 하나님을 버리고 우상들을 따르기 때문에 이방 나라와 별반 다를 바가 없다. 반면에 유다는 오직 여호와만을 섬기며 그분의 율법에 따라 살아가는 나라로 남아있다. 그러므로 저자의 관점에서는 유다만이 하나님의 백성이고 나라라고 할 수 있다.

저자가 분열왕국 시대의 역사를 회고하면서 왜 북 왕국 이스라엘에게는 독자적인 공간을 전혀 할애하지 않고 오직 유다의 역사에만 집중적으로 묘사하는지 그 해답이 나왔다. 여호와에 대한 신앙을 버린 이스라엘은 하나님께 별 상관없는 나라가 되어버린 것이다. 물론 하나님은 이스라엘의 회개를 권유하기 위해서 앞으로도 선지자들을 계속 북 왕국에 보내실 것이다(cf. 아모스, 호세아). 그러나 역대기 저자는 이들을 이방인들과 동일하게 취급하고 있다. 그러므로 주의 백성이기를 스스로 거부한 북 왕국의 역사가 주의 백성의 역사에서 배제되는 것은 당연한 일이다.

3. 결말적 통치 요약(13:22-14:1a)

22 아비야의 남은 사적과 그의 행위와 그의 말은 선지자 잇도의 주석 책에 기록되니
라 14:1a 아비야가 그의 조상들과 함께 누우매 다윗 성에 장사되고

역대기 저자는 아비야의 이야기를 마무리하면서 나머지 행적은 "선지자 잇도의 주석 책"에 기록되어 있다고 한다. 이 왕의 일생에 대해서 더 많이 알고 싶으면 그 책을 보라는 것이다. 자신도 그 책을 주로 인용하고 있음을 시사한다. 열왕기는 출처로 "유다 왕 역대지략"이란 책을 언급한다. 그래서 일부 주석가들은 "선지자 잇도의 주석 책"이 "유다 왕 역대지략"의 일부였을 것이라고 추측한다(Japhet).

저자가 "선지자 잇도의 주석 책"(cf. 9:29; 12:15)에 아비야의 나머지 행적이 기록되어 있다는 사실을 밝히는 것은 저자가 아비야에 대해서 이곳에 제공하는 정보보다 그 책에 훨씬 더 많이 나와 있음을 암시한다. 아마도 아비야의 정치적·군사적·경제적 업적에 대해서도 많은 정보를 담고 있었을 것이다. 그러나 저자는 이러한 것들에 관심이 없다. 유일한 관심사는 아비야의 개인적 신앙과 그의 통치가 유다와 이스라엘에 미친 종교적 영향이다.

앞으로도 저자는 유다의 모든 왕의 통치를 평가함에 있어서 이것을 유일한 기준으로 삼는다. 여호와의 신정 통치를 지향했던 유다 같은 나라에서 국가의 흥망성쇠는 결국 그 나라의 최고 지도자인 왕의 신앙생활에 의하여 좌우된다. 교회는 오늘날에도 신정 통치를 추구하는 믿음 공동체이다. 그렇다면 이러한 모임의 지도자들로서 사역자들은 더욱더 경건한 영성을 유지하는 것에 각별한 관심을 기울여야 한다. 그들의 영성이 교회에 속한 모든 지체에게 커다란 영향을 미칠 수밖에 없기 때문이다.

아비야는 3년을 통치하고(cf. 13:1) 죽어 다윗 성에 묻혔다. 그의 아들 아사가 뒤를 이어 왕이 되었다(14:1). 비록 짧은 시간이었지만 아비야의 통치는 전체적으로는 부정적인 평가를 받는다(cf. 왕상 15:3). 그러나 최소한 본문에 기록된 이스라엘과의 전쟁에서 그는 믿음의 소유자가 되어 수적으로 열세하고 상황도 좋지 않은 상태에서 하나님을 의지하여 유다의 대승을 이끌어낸 왕이었다. 하나님을 향한 지속적인 믿음을 유지하는 것은 예나 지금이나 쉬운 일은 아닌가 보다. 그러니 우리는 결코 이미 얻은 것을 잃지 않기 위해서라도 더욱더 열심으로 신앙생활을 해가야 한다.

4장. 아사(14:1b-16:14)

열왕기는 아비야의 대를 이어 유다의 왕이 된 아사에게 고작 16절(왕상 15:9-24)을 할애하지만, 역대기는 세 배나 많은 48절(14:1-16:14)을 통해 상세하게 펼쳐나간다. 역대기 저자는 아사를 유다의 왕 중 상당히 중요한 인물로 부각하고 있다. 역대기 저자가 아사를 조명하면서 열왕기뿐만 아니라 다른 한 가지 중요한 자료로 보이는 출처를 인용하고 있는데, 그 책은 "유다와 이스라엘 열왕기"(סֵפֶר הַמְּלָכִים לִיהוּדָה וְיִשְׂרָאֵל)이다(16:11). 반면에 열왕기 저자는 자신이 인용한 유일한 출처를 "유다 왕 역대지략"(סֵפֶר דִּבְרֵי הַיָּמִים לְמַלְכֵי יְהוּדָה)이라 한다(왕상 15:23). 두 책의 이름이 비슷하지만 서로 다른 책임이 확실하다. 한 가지 특이한 현상은 역대기 저자가 열왕기에 실린 정보(왕상 15:9-24)를 모두 자신이 회고한 아사 이야기의 마지막 부분(16장)에 첨부한다는 것이다.

역대기 저자는 자신만의 출처를 활용하여 열왕기보다 훨씬 더 많은 정보를 제공한다. 그러나 아사에 대해서 열왕기 분량에 비해 세 배나 되는 정보를 제공하는 것은 단순히 인용한 출처가 더 많은 정보를 제공해서만은 아닐 것이다. 저자는 처음에는 종교개혁자였다가 말년에는 하나님을 불신한 자가 되어버렸던 아사에 대해서 관심이 많다. 아사의 삶은 전반적으로 하나님을 향해 있었다(14-15장). 그러던 그가 말년에는 하나님을 의지하지 않았다(cf. 16:1-12). 아사의 삶은 용두사미(龍頭蛇尾)가 무엇인지 보여준 하나의 예가 되었다. 이러한 아사의 모습은 선왕이었던 아비야의 삶과 대조적이다. 아비야는 통치 시작부터 끝까지 하나님을 의지한 자로 묘사되었다(13:1-14:1).

아사의 이야기는 결과가 현저히 달랐던 두 전쟁을 중심으로 구성되어 있다. 첫 번째 전쟁에서 구스(에티오피아)의 대군을 맞아 하나님께 의지하여 승리했다(14장). 두 번째 전쟁에서는 하나님을 의지하지 않고 자기 방법으로 하려다 선지자의 질책을 받았으나 회개하지 않았다. 아사는 오히려 선지자를 감옥에 가두고 백성들을 핍박하며 하나님을 배반했다(16장). 그 사이에 그의 종교적 개혁 이야기가 끼어있다(15장). 한 주석가는 아사의 이야기를 평화 확립(14:1-7)-평화 방어(14:8-15)-평화 강화(15:1-19)-평화 상실(16:1-14) 등 "평화"를 중심으로 구분한다(Johnstone). 아사에 관한 이야기는 다음과 같이 종교개혁을 중심에 둔 구조를 지니고 있다.

A. 서론(14:1b-8)

B. 에티오피아와의 전쟁(14:9-15)

C. 종교개혁(15:1-19)

B'. 이스라엘과의 전쟁(16:1-10)

A'. 결론적 통치 요약(16:11-14)

Ⅲ. 분열왕국의 역사(10:1–28:27)
4장. 아사(14:1b–16:14)

1. 서론(14:1b-8)

1b 그의 아들 아사가 대신하여 왕이 되니 그의 시대에 그의 땅이 십 년 동안 평안하니
라 2 아사가 그의 하나님 여호와 보시기에 선과 정의를 행하여 3 이방 제단과 산당을
없애고 주상을 깨뜨리며 아세라 상을 찍고 4 유다 사람에게 명하여 그 조상들의 하나
님 여호와를 찾게 하며 그의 율법과 명령을 행하게 하고 5 또 유다 모든 성읍에서 산

**당과 태양상을 없애매 나라가 그 앞에서 평안함을 누리니라 6 여호와께서 아사에게
평안을 주셨으므로 그 땅이 평안하여 여러 해 싸움이 없은지라 그가 견고한 성읍들
을 유다에 건축하니라 7 아사가 일찍이 유다 사람에게 이르되 우리가 우리 하나님 여
호와를 찾았으므로 이 땅이 아직 우리 앞에 있나니 우리가 이 성읍들을 건축하고 그
주위에 성곽과 망대와 문과 빗장을 만들자 우리가 주를 찾았으므로 주께서 우리 사
방에 평안을 주셨느니라 하고 이에 그들이 성읍을 형통하게 건축하였더라 8 아사의
군대는 유다 중에서 큰 방패와 창을 잡는 자가 삼십만 명이요 베냐민 중에서 작은 방
패를 잡으며 활을 당기는 자가 이십팔만 명이라 그들은 다 큰 용사였더라**

아비야의 아들이었던 아사는 아버지가 죽은 후에 왕이 되어 유다를 41년 동안 다스렸다(cf. 16:13). 오늘날 연대로 계산해 보면 주전 911-870년이 통치 기간이다(Thiele). 아사 통치의 처음 10년은 매우 평화로웠다(1, 5절). 평화/안식은 본문에서 6차례나 강조되는 중심주제이다(Japhet). 여호와께서 아사에게 평안을 주셨다(6절). 많은 학자가 히브리어 문법을 근거로 1-5절은 아사가 누린 10년의 평안을, 6-7절은 그 이후에 추가로 임한 5년의 특별한 평안의 시대를 묘사하는 것으로 이해한다(De Vries, Allen, cf. NIV). 아사가 이처럼 긴 기간 평안을 누린 것은 주님 보시기에 좋은 일을 했기 때문이다(2절). 아사가 여호와 보시기에 좋은 일을 했다는 것은 다윗처럼 신앙생활을 했다는 뜻이다.

하나님은 오래전에 신실한 사람들에게 원수들로부터 평안을 약속하셨다(신 12:10). 이스라엘의 모든 왕은 하나님이 주시는 평안을 누릴 가능성을 가지고 통치를 시작하였다. 그러나 이 평안을 누리는 사람은 많지 않다. 이러한 상황에서 아사는 솔로몬이 누렸던 평안에 버금가는 평안을 누리고 있다. 아사가 새로운 솔로몬으로 묘사되고 있는 것이다(Allen).

아사는 이방 제단과 산당과 태양상을 없애고 석상을 깨고 아세라 목상을 부수는 등 유다에서 모든 이방 풍습과 우상들을 제거했다(3, 5절).

본문에 언급된 물건 중 "태양상"(חַמָּן)이 무엇을 뜻하는지에 관해서 다소 혼란이 있다. 전통적으로 이 단어는 태양을 숭배하는 데 사용한 기둥을 뜻하는 것으로 풀이한다. 이 해석에 따라 우리말 성경들은 대부분 "태양상"으로 번역했다(개역; 새번역; cf. BDB). 최근에 와서는 이 단어가 향을 태우는 분향단을 뜻한다는 해석이 지배적이다(Baumgartner, HALOT, cf. 공동; NIV; NAS; NRS). 또 이 단어를 작은 신전(shrine)으로 풀이하기도 한다(Williamson, TNK). 제단 주변에 서 있었을 건물을 생각하면 본문의 내용과 잘 어울린다. 그런데 에스겔 6:6과 역대하 34:4, 7절 등이 이것을 "〔도끼로〕 찍다/자르다"라는 동사와 함께 사용한 것으로 보아 분향단으로 보는 것이 바람직하다(Japhet).

아사는 유다에서 우상을 제거하는 일로 만족하지 않고 더 나아가 백성들에게 하나님의 율법과 명령을 배워 실천하게 했다(4절). 그가 백성들에게 하나님을 찾도록 했다고 하는데, 아사의 이야기에서 "하나님/여호와를 찾다"라는 표현이 9차례나 등장한다(14:4, 7[2x]; 15:2, 4, 12, 13, 15; 16:12). 아사와 유다 사람들의 삶의 중심에 여호와를 섬기는 일이 가장 우선이 되었던 점을 강조한다. 아사는 종교개혁을 단행하여 유다 사람들의 삶에서 우상이 차지하던 자리를 하나님과 율법이 차지하도록 했다. 사람들의 삶에서 부정한 것들을 제거하는 것도 중요하지만, 그보다 더 중요한 것은 대안을 제시하고 우상이 제거된 자리에 경건한 것들로 채우는 것이라는 사실을 잘 알고 있었던 것이다.

이처럼 열심히 하나님을 위해서 살려고 애쓰던 아사에게 하나님의 평안이 임한 것은 당연하다. 아사도 자신이 누리는 평안이 하나님께로부터 온 축복이라는 사실을 잘 알고 있었다(7절). 아사는 하나님이 그가 개혁을 단행한 것을 기뻐하여 내려주신 평화로운 시대를 최대한 이용해 유다 성읍들을 요새화시키는 일을 했다(7절). 역대기 저자가 건축 사업을 하나님의 축복의 실현으로 강조하고 있는 것으로 미루어볼 때, 아사는 참으로 하나님의 복을 누린 사람이었다.

요새화 사업이 은혜롭게 잘 끝났다. 아사는 요새화된 성읍들만 갖게 된 것이 아니라 괄목할만한 군대도 가지고 있었다. 그에게는 방패와 창으로 무장한 유다 군인 30만 명과 작은 방패와 활로 무장한 베냐민 군인 28만 명 등 60만 명에 가까운 규모의 군대가 있었다(8절). 물론 숫자가 실제적인 것인지, 아니면 상징적인 것인지에 대해서는 학자들의 의견이 분분하다(cf. Japhet, Johnstone). 확실한 것은 아사가 하나님을 열심히 찾았기 때문에 이 모든 축복을 누릴 수 있었다는 것이 역대기 저자의 가르침이다. 하나님은 그를 찾는 자에게 복 주시는 분이시다.

2. 구스와의 전쟁(14:9-15)

9 구스 사람 세라가 그들을 치려 하여 군사 백만 명과 병거 삼백 대를 거느리고 마레
사에 이르매 10 아사가 마주 나가서 마레사의 스바다 골짜기에 전열을 갖추고 11 아사
가 그의 하나님 여호와께 부르짖어 이르되 여호와여 힘이 강한 자와 약한 자 사이에
는 주밖에 도와 줄 이가 없사오니 우리 하나님 여호와여 우리를 도우소서 우리가 주
를 의지하오며 주의 이름을 의탁하옵고 이 많은 무리를 치러 왔나이다 여호와여 주
는 우리 하나님이시오니 원하건대 사람이 주를 이기지 못하게 하옵소서 하였더니 12
여호와께서 구스 사람들을 아사와 유다 사람들 앞에서 치시니 구스 사람들이 도망하
는지라 13 아사와 그와 함께 한 백성이 구스 사람들을 추격하여 그랄까지 이르매 이
에 구스 사람들이 엎드러지고 살아 남은 자가 없었으니 이는 여호와 앞에서와 그의
군대 앞에서 패망하였음이라 노략한 물건이 매우 많았더라 14 여호와께서 그랄 사면
모든 성읍 백성을 두렵게 하시니 무리가 그의 모든 성읍을 치고 그 가운데에 있는 많
은 물건을 노략하고 15 또 짐승 지키는 천막을 치고 양과 낙타를 많이 이끌고 예루살
렘으로 돌아왔더라

아사의 요새화 프로젝트와 막강한 군대의 역량을 한순간에 무력화시키는 위기가 찾아왔다. 구스(에티오피아) 사람 세라가 유다를 치려고 백만 대군에 병거 삼백 대를 이끌고 쳐들어온 것이다(9절). 구스는 성경에서 미디안에 속한 한 지역의 이름으로도 사용된다(cf. 민 12:1). 모세의 아내가 이곳 출신이었다. 본문에서도 미디안의 구스인지, 아니면 아프리카의 에티오피아인지 확실하지는 않지만, 일단 에티오피아를 뜻하는 것으로 간주하는 것이 무난하다(Dillard, Allen, cf. Mabie, cf. 16:8).

구스 군대의 모습이 좀 이상하다. 병거 300대는 충분히 현실성이 있는 규모지만 군사가 100만 명이라는 것은 당시 정황을 고려할 때 비현실적이라는 것이 거의 모든 학자의 결론이다(De Vries). 게다가 100만 명의 군대가 고작 병거 300대를 가지고 온 것도 이상하고, 이 대군이 마레사(מָרֵשָׁה)에 진을 쳤다는 것도 실제적으로는 군대의 규모가 훨씬 작았음을 시사한다. 마레사는 유다의 남서쪽 접경 지역에 있는 변두리 성읍이기 때문이다(cf. 대하 11:8; 20:37). 그래서 대부분 주석가들은 "100만 명"이 실제적인 수라기보다는 유다가 감당하기에는 "너무 큰 군대"를 뜻하는 일종의 과장법 내지는 상징적인 의미가 있다고 해석하거나(Japhet, Johnstone, Hill, cf. 표준각주), "1,000개의 소수 유닛"으로 간주한다(McConville).

침략자들과 싸우기 위해서 아사는 마레사의 스바다 골짜기에 진을 쳤다(10절). 스바다 골짜기의 이름은 호르마였다(Johnstone, cf. 삿 1:17). 양쪽의 군사력을 감안할 때 아사는 결코 세라의 상대가 되지 못한다. 이 점을 부각하기 위해서 저자는 아사가 동원한 군대의 규모가 어떠했는지 알려 주지 않는다. 앞부분에서(8절) 58만 명에 달하는 군대를 가지고 있었다고 밝힌 점을 감안하면 아사가 그래도 세라를 해볼 만한 상대라고 생각할 수도 있었겠지만, 저자는 독자들에게 이러한 추측을 허락하고 싶지 않아서 아사가 동원한 군대의 규모를 밝히지 않는다. 이야기의 포인트는 아사가 얼마나 큰 규모의 군대로 대항했는가가 아니라, 어떤 방법으로 전쟁에서 이겼는가에 있다.

아사는 기도로 세라와의 전쟁을 이겼다. 그의 기도는 하나님께 호소하는 것으로 시작하고 끝을 맺으며, 중간에 아사와 유다 군대의 여호와에 대한 믿음을 확인한다(Allen). 그는 전쟁은 하나님께 속한 것이기 때문에 하나님이 유다 군대와 함께하신다면 적들의 숫자가 별 의미가 없음을 고백했다(11절). 그래서 유다가 상대하기 힘든 규모의 구스 군이 마차를 앞세우고 왔지만 자신들은 여호와를 의지하고 주의 이름으로 그들을 물리치러 왔기 때문에 하나님이 도우실 것을 확신했다.

아사는 이 전쟁을 주께서 함께하시며 도우시는 백성과 주를 대적하는 나라 사이의 갈등으로 생각했다. 또한 "사람이 주를 이기지 못하게 하옵소서"라고 외침으로써(11절) 이 전쟁을 여호와와 세라의 전쟁으로 몰아가고 있다. 유다 백성이 여호와께 순종하는 삶을 살면서 그분과 함께하는 한, 유다의 문제는 곧 하나님의 문제라는 확신을 가지고 있었던 것이다. 이러한 원리는 저자의 독자들인 귀향민들에게도 매우 중요한 메시지가 되었다. 만일 그들이 전적으로 하나님을 의지하고 산다면, 그 어떤 위기와 어려움도 극복해 나갈 수 있다. 하나님이 그들과 함께하며 돕고 계시기 때문이다(cf. McConville).

여호와께서는 아사의 기도를 들으시고 구스 군대를 치셨다(12절). 아사와 유다 군이 도저히 상대할 수 없을 정도로 큰 군대가 그들 앞에서 혼비백산했다. 저자는 전쟁이 어떻게 전개되었는가에 대해서 구체적인 내용을 언급하지 않는다. 이야기의 초점이 방법에 맞춰져 있지 않고 승리하신 여호와에 맞춰져 있기 때문이다(cf. Japhet). 유다 군은 그랄(cf. 창 10:19)에 이르기까지 적들을 추격하며 쳤다(13절). 의기양양해서 유다를 침략했던 구스 군이 순식간에 전멸했다. "살아남은 자가 없었다"(13절)는 말씀을 대부분 주석가들이 과장된 표현으로 생각한다. 그러나 핵심 메시지는 분명하다. "하나님이 통치하시는 나라의 평화를 침범하는 자는 멸망할 것이다"(Johnstone).

유다는 가나안 땅의 남서쪽 경계선이었던 그랄 지역까지 약탈하여 많은 노획물을 얻었다. 저자는 유다가 얻은 전리품의 양이 엄청났음을 세 차례나 강조한다. "많은 전리품"(שָׁלָל הַרְבֵּה)(13절), "[점령한 성읍 안의] 많은 물건"(בִזָּה רַבָּה)(14절), "많은 양과 낙타"(צֹאן לָרֹב וּגְמַלִּים)(15절). 큰 군대의 침략으로 위기를 맞았던 유다가 하나님을 의지함으로써 오히려 전쟁에서 승리했을 뿐만 아니라 상상을 초월하는 양의 전리품도 챙겼다. 모두 아사의 신앙을 바탕으로 한 리더십이 이룩해낸 일이다. 하나님이 지도자들에게 요구하시는 것은 위대한 능력이나 재력이 아니라 하나님만 믿고 의지하는 신앙이다.

III. 분열왕국의 역사(10:1-28:27)
4장. 아사(14:1b-16:14)

3. 종교개혁(15:1-19)

이 섹션은 아사가 세라와의 전쟁 이후 어떻게 유다의 종교개혁을 추진했는가를 회고하고 있다. 세라와 전쟁을 했을 때가 즉위 10년째 되던 해였다(cf. 14:1). 그는 아사랴라는 선지자의 가르침을 근거로 종교개혁을 단행했으며, 즉위 15년째 되던 해에는 개혁을 마치고 하나님과의 언약을 갱신하는 예식을 가졌다(15:10). 이때를 계산해보면 주전 896년이다(Thiele). 아사랴 선지자와 아사의 언약 갱신에 관한 이야기는 역대기에만 기록되어 있다. 하나님은 아사와 유다 백성들이 온 마음을 다해서 주님을 찾는 것을 귀하게 여기시고 그들에게 복을 주셔서 20년 동안 전쟁이 없게 하셨다(cf. 15:19). 다음 장이 기록하는 북 왕국 바아사 왕과의 전쟁은 아사 즉위 35년째 되던 해(876 BC)에 있었던 일이다.

저자는 본 텍스트를 통해 하나님은 그를 사모하는 백성들에게 평안과 안식을 주신다는 사실을 강조하고자 한다. 아사가 통치한 41년의 대부분이 평화로울 수 있었던 것은 왕과 백성들이 전심으로 하나님을 찾왔기 때문이라고 한다. 이러한 사실을 강조함으로써 저자는 독자들에게 다음과 같은 메시지를 선포한다. "만일 누구든지 이 땅에 진정한 평화가 임하기를 원한다면, 먼저 하나님께 전적으로 순종하고 온 마음을 다해 그분만을 섬겨야 한다." 평화와 안식은 하나님만이 주실 수 있기 때문이다. 본 텍스트는 다음과 같이 세 파트로 구분한다.

A. 아사랴의 예언(15:1-7)
B. 아사의 개혁(15:8-18)
C. 마무리하는 말(15:19)

Ⅲ. 분열왕국의 역사(10:1-28:27)
4장. 아사(14:1b-16:14)
3. 종교개혁(15:1-19)

(1) 아사랴의 예언(15:1-7)

1 하나님의 영이 오뎃의 아들 아사랴에게 임하시매 2 그가 나가서 아사를 맞아 이
르되 아사와 및 유다와 베냐민의 무리들아 내 말을 들으라 너희가 여호와와 함께
하면 여호와께서 너희와 함께 하실지라 너희가 만일 그를 찾으면 그가 너희와 만
나게 되시려니와 너희가 만일 그를 버리면 그도 너희를 버리시리라 3 이스라엘에
는 참 신이 없고 가르치는 제사장도 없고 율법도 없은 지가 오래 되었으나 4 그들
이 그 환난 때에 이스라엘 하나님 여호와께로 돌아가서 찾으매 그가 그들과 만나
게 되셨나니 5 그 때에 온 땅의 모든 주민이 크게 요란하여 사람의 출입이 평안하
지 못하며 6 이 나라와 저 나라가 서로 치고 이 성읍이 저 성읍과 또한 그러하여
피차 상한 바 되었나니 이는 하나님이 여러 가지 고난으로 요란하게 하셨음이라 7
그런즉 너희는 강하게 하라 너희의 손이 약하지 않게 하라 너희 행위에는 상급이
있음이라 하니라

아사와 그의 군대가 세라와의 전쟁에서 승리하고 얼마나 시간이 흘렀을까? 승리를 만끽하며 노획물들을 즐기고 있는(cf. Japhet) 아사와 유다 백성들에게 선지자의 신탁이 선포되었다. "하나님의 영"(רוּחַ אֱלֹהִים)

이 오뎃의 아들 아사랴라는 선지자에게 임했던 것이다. 본문을 벗어나면 성경은 아사랴 선지자에 대해서 더 이상 언급하지 않는다. 아사 왕 시대 때 유다에서 사역했던 그는 이곳에만 모습을 드러낸다. 그는 "오뎃의 아들"(בֶּן־עוֹדֵד)이라는 간략한 계보를 통해 소개된다. 그의 신탁은 원리 제시(2절)-역사적 전례(3-4절)-과거와 현재 비교(5-7절)로 구성되어 있다.

"하나님/여호와의 영"이란 표현은 역대기 안에서 자주 등장하는 말이 아니다. 아사랴, 아마새, 레위 사람 야하시엘, 제사장 스가랴 등 잘 알려지지 않은 사람들이 예언을 소개할 때에만 사용된 표현이다(대상 12:18; 대하 15:1; 20:14; 24:20). 반면에 나단, 갓, 예후 등 잘 알려진 선지자들에게는 한 번도 사용되지 않는다. 아마도 무명인 선지자들이 선포한 말씀도 하나님의 영에 감동해서 주어진 것으로, 여느 선지자의 신탁에 못지않은 권위를 가지고 있음을 강조하기 위해서인 듯하다. 선지자의 경력과 배경에 근거한 차별은 있을 수 없다는 것이다.

아사랴는 먼저 유다와 하나님의 관계를 요약하는 영적 원리를 선포한다(2절). "하나님이 먼저 주의 백성을 떠나는 일은 없다." 왕과 백성들이 여호와께 등을 돌리지 않는 한, 여호와께서도 결코 왕과 백성들에게 등을 돌리지 않으신다. 백성이 주를 찾으면 주께서 백성들을 만나주실 것이다. 그러나 백성이 하나님을 버리면, 여호와께서도 백성을 버리실 것이다. 하나님과 백성의 관계는 백성들 하기 나름이다. 하나님을 존귀하게 여기면 하나님이 그들을 존귀하게 여기실 것이며, 하나님을 등한시하면 하나님도 그들을 버리실 것이다. 이런 면에서 주의 백성의 미래와 운명은 자신들이 스스로 만들어가는 것이다.

선지자는 이스라엘의 역사에서 한 시대를 예로 들어가며 원리를 설명한다(3-4절). 이스라엘은 과거에 한참 동안 하나님 없이 지내온 때가 있었다. 그때에는 가르치는 제사장도, 율법도 없었다(3절). 그러나 이스라엘이 곤경에 처할 때마다 여호와께 돌아와 그분을 찾으면 하나님은 그들을 만나주셨다(4절). 그런데 이때가 언제를 두고 하는 말일까? 특별한 시대를 염두에 두지 않고 이런 시대가 있었다고 가정(假定)하는 것으로 생각할 수도 있지만, 아마도 사사 시대를 회고하는 것으로 생각한다(Japhet, Allen). 이스라엘 역사에서 가장 암울한 시대였던 사사 시대에는 율법도, 제사장도 없었다. 이 시대 사람들은 곤경에 처했을 때만 하나님을 찾았다. 그런데도 하나님은 이들을 마다치 않으시고 울부짖음에 응답해 주셨다. 가장 어두운 시대를 지날 수 있었던 것은 하나님의 변함없는 귀 기울이심 때문이었다.

선지자가 사사 시대를 묘사하면서 사람들의 삶에서 (1) 참 하나님과 (2) 제사장과 (3) 율법이 없었던 시대라고 한다(3절). 이 회고를 통해 귀향민 독자들에게 신실한 삶을 유지하는 데 필요한 것이 바로 이 세 가지라는 사실을 강조한다(Hill). 하나님의 축복을 누리려면 이것을 항상 추구해야 한다.

선지자는 더 나아가 사사 시대를 매우 위험한 시대라며 세 가지로 묘사한다. (1) 그때에는 세상이 너무 혼란스러워서 사람들이 마음 놓고 여행할 수도 없었다, (2) 나라와 나라가 싸웠다, (3) 성읍과 성읍이 싸웠다(5-6절). 춘추전국시대(春秋戰國時代)가 임했던 것이다. 물론 이 모든 전쟁은 연루된 세력들이 자기 잇속을 채우기 위해서 벌이는 비극이었다. 세상이 이렇게 험하게 된 것은 하나님이 사람들을 온갖 고난 속에서 고통받도록 버려두셨기 때문이다(6절). 하나님을 버린 백성들에 대한 심판이었다.

그러나 아사와 유다는 이러한 시대가 그들 세대에 임할 일을 걱정할 필요가 없다(7절). 왕과 백성들이 하나님을 경외하고 순종하는 한 전혀 염려할 이슈가 아니기 때문이다. 오히려 그들이 누리는 이 평안한 시대에 집중해야 할 것은 더욱더 열심히 하나님께 순종하고 그분의 뜻에 따라 삶으로 더 많은 복을 누리는 일이다. 종종 하나님의 복을 누리며 평안하게 사는 사람들이 "이렇게 좋아도 되는가?"라는 질문을 하는 것을 보곤 한다. 성경은 아무 걱정하지 말고 하나님의 축복을 누리라고 한다. 곤경과 환란은 닥쳐서 생각하면 되는 것이지 굳이 좋은 때에 염려할 필요는 없다.

Ⅲ. 분열왕국의 역사(10:1–28:27)
4장. 아사(14:1b–16:14)
3. 종교개혁(15:1–19)

(2) 아사의 개혁(15:8-18)

선지자 아사랴의 말씀이 자극이 되어 아사와 백성들은 종교개혁을 단행했다. 하나님이 그들의 노고를 보상해 주실 것이라는 선지자의 말씀(7절)도 촉진제가 되었지만, 무엇보다도 왕과 백성들의 하나님을 향한 일편단심이 개혁을 단행하는 힘이 되었다. 아사는 유다 땅에 있는 모든 우상을 제거했고, 백성들을 모아 하나님과의 언약을 갱신하기도 했다. 더 나아가 자신의 가족이 연루된 우상들을 제거했고 성전에 많은 제물을 들여놓기도 했다. 하나님은 그의 주를 향한 열정을 귀하게 여기셔서 20년 동안 평안을 주셨다. 아사의 개혁 이야기는 다음과 같이 세분될 수 있다.

A. 우상 제거와 언약 갱신(15:8-15)
B. 혐오스러운 것들 제거(15:16-17)
C. 제물 드림(15:18)

Ⅲ. 분열왕국의 역사(10:1–28:27)
4장. 아사(14:1b–16:14)
3. 종교개혁(15:1–19)
(2) 아사의 개혁(15:8–18)

① 우상 제거와 언약 갱신(15:8–15)

8 아사가 이 말 곧 선지자 오뎃의 예언을 듣고 마음을 강하게 하여 가증한 물건들을 유다와 베냐민 온 땅에서 없애고 또 에브라임 산지에서 빼앗은 성읍들에서

도 없애고 또 여호와의 낭실 앞에 있는 여호와의 제단을 재건하고 9 또 유다와 베
냐민의 무리를 모으고 에브라임과 므낫세와 시므온 가운데에서 나와서 저희 중에
머물러 사는 자들을 모았으니 이는 이스라엘 사람들이 아사의 하나님 여호와께
서 그와 함께 하심을 보고 아사에게로 돌아오는 자가 많았음이더라 10 아사 왕 제
십오년 셋째 달에 그들이 예루살렘에 모이고 11 그 날에 노략하여 온 물건 중에서
소 칠백 마리와 양 칠천 마리로 여호와께 제사를 지내고 12 또 마음을 다하고 목숨
을 다하여 조상들의 하나님 여호와를 찾기로 언약하고 13 이스라엘 하나님 여호와
를 찾지 아니하는 자는 대소 남녀를 막론하고 죽이는 것이 마땅하다 하고 14 무리
가 큰 소리로 외치며 피리와 나팔을 불어 여호와께 맹세하매 15 온 유다가 이 맹세
를 기뻐한지라 무리가 마음을 다하여 맹세하고 뜻을 다하여 여호와를 찾았으므로
여호와께서도 그들을 만나 주시고 그들의 사방에 평안을 주셨더라

아사랴 선지자의 말씀을 통해 하나님의 격려를 받은 아사는 종교개혁을 단행했는데, 그의 종교개혁은 구체적으로 세 단계로 진행되었다. (1) 우상 제거, (2) 번제단 보수, (3) 언약 갱신. 먼저 아사는 자신이 통치하는 모든 지역에서 역겨운 물건들(הַשִּׁקּוּצִים)을 없애버렸다(8절). 아세라 목상, 바알 신상, 이방 제단들 등 모든 우상을 없앴다는 뜻이다. 그 다음 성전 정문 앞에 있는 제단을 보수했다. 이 제단은 솔로몬이 성전을 지을 때 세운 것이었다. 어느덧 수십 년이 흘러 많이 훼손되었기에 보수가 필요했다.

셋째, 마치 성전에 있는 제단을 보수한 일을 기념이라도 하는 것처럼, 아사는 유다와 베냐민 백성들과 종교적인 이유로 북 왕국에서 이주해 와 살던 그 외 지파 사람들을(cf. 11:13-16) 모두 불러모아 함께 예배를 드렸다. 저자는 이들 중 유다의 북쪽에 근접해 있던 에브라임과 므낫세와 유다의 남쪽에 있던 시므온 지파 소속 사람들을 대표적으로 언급한다(9절). 주를 사모하는 자들이 방방곡곡에서 몰려왔다는 뜻이다.

그뿐만 아니라 북 왕국 이스라엘에 사는 사람 중에서도 여호와를 섬기거나 섬기고자 하는 사람들이 주님께서 아사와 함께하시는 것을 보고 많이 몰려왔다(9절). 여로보암 때 시작된 일부 북쪽 지파 사람들의 종교로 인한 북 왕국 탈출과 남 왕국 정착이 계속되었던 것이다. 이처럼 북쪽 10지파 사람 중 여호와를 경외하는 자들이 남쪽으로 이주해 왔기 때문에 역대기 저자는 분열왕국 이후에도 유다의 왕들이 "온 이스라엘"을 다스렸다고 말한다. 나라가 분열된 이후 한때 생존을 위협받았던 유다는 영토를 넓히고 있을 뿐만 아니라(cf. 13:19; 14:14), 주민들의 숫자도 급격히 늘고 있다(cf. 11:13-17; 15:9). 모두 통치자들이 하나님을 경외한 결과였다.

이들이 하나님을 경배하기 위해서 예루살렘에 모인 때는 아사 왕 15년 셋째 달이었다(10절). 오늘날 달력으로 하면 주전 896년 5-6월이 된다. 성경에 의하면 이달은 두 가지 중요한 종교적 이벤트와 연관이 있다. 첫째, 시내 산에 임한 하나님의 현현이 이달에 있었던 일이다(출 19:1). 둘째, 칠칠절(오순절)이 안식일 후 일곱째 주가 되는 날(cf. 레 23:15-16), 곧 셋째 달에 있었다(Japhet). 이달 어느 날에 모였는지 알 수는 없지만 시내 산 현현을 기념하는 달이자 봄 수확에 대해서 하나님께 감사의 제단을 쌓는 칠칠절이 있는 달에 온 백성이 한곳에 모여 하나님께 예배를 드리는 것은 의미 있는 일이었다.

그들은 구스 사람 세라와의 전쟁에서 노획했던 전리품 가운데 소 7백 마리와 양 7천 마리를 희생제물로 드렸다(11절). 전쟁이 끝난 지 벌써 5년이 되었는데도 아직도 이처럼 많은 전리품을 가지고 있었다는 것은 전쟁의 노획물 규모가 매우 대단했음을 암시한다. 결과적으로 "여호와 이레"(여호와께서 준비하신다)의 원리가 이 일에서도 드러난다. 하나님이 이 예배에 사용하실 것들을 이미 5년 전부터 준비해 두신 것이다.

왕과 백성들은 마음을 다하고 정성을 다하여 그들의 조상의 하나님 여호와만을 찾기로 언약을 맺었다(12절). 그뿐만 아니라 남녀노소를 가리지 않고 그들 중 누구든지 여호와를 찾지 않는 사람은 다 죽이기로 했다(13절). 그날 실제로 죽은 사람이 있었는지에 대한 여부가 전혀 기록되지 않은 것을 볼 때 이것은 자신을 위한 다짐이지 배교자들을 색출해서 처형하는 데 목적이 있었던 것은 아니었다. 이러한 각오와 맹세로 그들은 삶의 중심을 여호와께 드리겠다고 약속하였으며, 그들이 약속한 여호와는 새로운 신이 아니라 이미 조상들이 섬기던 하나님이셨다. 선조들 시대에 시작된 역사와 전통이 지속되고 있는 것이다.

예루살렘 성전에 모인 백성들이 이와 같은 내용을 하나님께 서약하는데, 그 열정도 대단했다. 그들은 큰 소리와 피리 소리와 나팔 소리가 울려 퍼지는 가운데 하나님께 맹세했다(14절). 그들은 이처럼 마음을 다해 맹세하는 것이 기쁘기만 했다(15절). 백성들이 드린 이 예배가 형식에 그친 것이 아니라 마음까지 담은 예배였으며, 마음을 담은 예배는 예배자를 기쁘게 한다. 백성들이 이처럼 온 마음으로 하나님을 찾았으므로 하나님이 그들을 만나주셨고 사방으로 그들에게 평안을 주셨다. 하나님이 인간을 만지실 때 많은 환란과 풍파가 있을 수 있지만, 주님이 인간을 만나주실 때에는 평안과 안식을 주신다.

Ⅲ. 분열왕국의 역사(10:1–28:27)
4장. 아사(14:1b–16:14)
3. 종교개혁(15:1–19)
(2) 아사의 개혁(15:8–18)

② 혐오스러운 것들 제거(15:16–17)

16 아사 왕의 어머니 마아가가 아세라의 가증한 목상을 만들었으므로 아사가 그의 태후의 자리를 폐하고 그의 우상을 찍고 빻아 기드론 시냇가에서 불살랐으니 17 산당은 이스라엘 중에서 제하지 아니하였으나 아사의 마음이 일평생 온전하였더라

아사는 언약 갱신 예배를 드린 후 개혁을 지속해 나갔다. 그는 할머니 마아가(cf. 11:20-22)가 아세라 목상을 만든 일을 문제 삼아 태후의 자리에서 물러나게 했다(16절). 이유가 어떻든 간에 선왕의 아내를 내치는 것은 정치적으로 엄청난 부담을 안고 있는 일이다. 그래서 다윗의 후손 중에서 선왕의 아내를 자리에서 물러나게 한 사람은 아사가 유일하다. 정치적인 부담을 모두 감수하고도 이런 일을 한 것을 보면 아사의 종교개혁 의지가 이 시절에는 매우 강했던 것을 알 수 있다.

아사는 할머니 마아가가 만든 목상들을 토막을 내고 가루를 만들어서 기드론 시냇가에서 불살라 버렸다. 시냇가에 가서 이것들을 없앴다는 것은 마치 오물을 시냇물에 떠내려 보내듯 이 오염물들을 물에 떠내려 보냄을 상징한다(Johnstone). "찍다/토막 내다(כרת), 가루를 내다(דקק), 불살랐다(שׂרף)"는 완전한 파괴를 강조하는 자극적인 표현이다(Japhet).

불행하게도 한때는 열정적이었던 아사의 개혁이 한계에 도달했다. 그가 산당은 제거하지 않았기 때문이다(17절). 표면적으로는 이 말씀이 그가 산당을 제거했다는 14:3의 말씀과 상충한다. 그래서 한 주석가는 그가 유다에 있는 산당은 모두 제거했지만, 이스라엘에 있는 산당은 제거하지 못했다는 것을 뜻한다고 한다(Curtis, Hill). 그러나 아사가 왜 북 왕국에 있는 산당들 때문에 비난을 받아야 하는가가 잘 이해가 되지 않는다. 어떤 학자는 훗날 역대기 사본을 필사하던 사람이 별생각 없이 열왕기에서 이 문구를 도입해 삽입하다 보니 빚어진 일이라고 한다(Rudolph). 한 주석가는 역대기가 산당 제거에 대해서 열왕기만큼 큰 관심을 가지지 않았기 때문이라 한다(Japhet).

가장 간단한 해결은 그가 대부분의 산당을 제거하기는 했지만 모든 산당을 제거하지는 못한 것을 뜻하는 것으로 해석하는 것이다. 특히 산당 문제는 한순간의 개혁으로 해결될 문제가 아니다. 수년 혹은 수십 년 동안 지속적으로 해결해 나가야 할 문제였다(Thompson). 이러한 맥락에서 새번역은 "그렇다고 산당이 모두 제거된 것은 아니었지만"으로 번역해 놓았다.

비록 아사가 모든 산당을 없애지는 못했지만, 하나님을 향한 그의 마음은 평생 한결같았다(17절). 이 말씀은 그의 즉위 35년(19절) 때까지의 상황을 말하고 있을 뿐 그 이후에 대해서 말하는 것은 아니다. 저자는 아사가 말년에 가서는 하나님을 섬기는 데 열심을 내지 않았다고 증언한다(16:12).

Ⅲ. 분열왕국의 역사(10:1–28:27)
4장. 아사(14:1b–16:14)
3. 종교개혁(15:1–19)
(2) 아사의 개혁(15:8–18)

③ 제물 드림(15:18)

18 그가 또 그의 아버지가 구별한 물건과 자기가 구별한 물건 곧 은과 금과 그릇들을 하나님의 전에 드렸더니

아사는 귀중한 예물을 성전에 들여놓았다. 하나님을 향한 그의 마음이 헌물을 통해 표현되었다. 그는 자신과 아버지가 거룩하게 구별하여 바친 은과 금과 그릇들을 성전에 들여놓았다. 아사가 그의 아버지 아비야가 성전에 들여놓겠다고 거룩하게 구별해 두었던 것들도 함께 드렸다는 것은 아비야가 갑자기 죽었기 때문에 이 물건들을 성전에 들여놓을 겨를이 없었다는 것을 뜻한다(Japhet). 그러므로 죽은 아버지가 헌물한 물건들을 아들이 자신의 예물과 함께 들여놓은 것이다.

Ⅲ. 분열왕국의 역사(10:1–28:27)
4장. 아사(14:1b–16:14)
3. 종교개혁(15:1–19)

(3) 마무리하는 말(15:19)

19 이 때부터 아사 왕 제삼십오년까지 다시는 전쟁이 없으니라

아사의 주님을 향한 마음과 열정을 헤아리신 여호와께서 그때(아사 즉위 15년)부터 35년까지 20년 동안 전쟁이 없게 하셨다. 오늘날 연대로 환산하면 주전 896년에서 876년까지 20년 동안 유다는 평화를 누렸다. 모두 다 좋은 믿음을 가진 한 지도자로 인한 것이었다. 지도자의 신앙은 이처럼 공동체의 평안에 중요한 작용을 한다.

Ⅲ. 분열왕국의 역사(10:1-28:27)
4장. 아사(14:1b-16:14)

4. 이스라엘과의 전쟁(16:1-10)

지난 35년 동안 하나님의 축복 아래 평안을 누리며 통치했던 아사가 위기를 맞았다. 북 왕국 이스라엘의 바아사가 유다를 침략해 온 것이다. 저자가 세 차례나 왕이 누린 평화는 그의 신앙과 연관되어 있음을 강조한 점으로 미루어보아(14:6; 15:15, 19) 전쟁이 시작되었다는 것은 하나님을 향한 왕의 마음이 예전 같지 않다는 것을 암시한다(cf. 2, 7-10절). 세월이 지나면서 아사의 믿음이 변질되었으며, 35년 동안 이룩한 것이 5년 사이에 무너지게 된 것이다.

저자는 앞부분(15장)을 기록하면서 열왕기에서 고작 4절을 인용했다. 본 텍스트(16장)에서는 열왕기상 15:17-24의 내용을 추가 자료들을 토대로 보충하거나 확대해서 인용한다. 특히 선견자 하나니에 대한 이야기(7-10절)는 열왕기에 전혀 기록되지 않은 내용이다. 역대기 저자만의 자료가 이 이야기의 출처가 되었다. 본 텍스트는 다음과 같이 두 파트로 구분할 수 있다.

A. 이스라엘과의 전쟁(16:1-6)
B. 선견자 하나니(16:7-10)

Ⅲ. 분열왕국의 역사(10:1-28:27)
4장. 아사(14:1b-16:14)
4. 이스라엘과의 전쟁(16:1-10)

(1) 이스라엘과의 전쟁(16:1-6)

1 아사 왕 제삼십육년에 이스라엘 왕 바아사가 유다를 치러 올라와서 라마를 건축
하여 사람을 유다 왕 아사에게 왕래하지 못하게 하려 한지라 2 아사가 여호와의
전 곳간과 왕궁 곳간의 은금을 내어다가 다메섹에 사는 아람 왕 벤하닷에게 보내
며 이르되 3 내 아버지와 당신의 아버지 사이에와 같이 나와 당신 사이에 약조하

자 내가 당신에게 은금을 보내노니 와서 이스라엘 왕 바아사와 세운 약조를 깨뜨
려 그가 나를 떠나게 하라 하매 4 벤하닷이 아사 왕의 말을 듣고 그의 군대 지휘관
들을 보내어 이스라엘 성읍들을 치되 이욘과 단과 아벨마임과 납달리의 모든 국
고성들을 쳤더니 5 바아사가 듣고 라마 건축하는 일을 포기하고 그 공사를 그친지
라 6 아사 왕이 온 유다 무리를 거느리고 바아사가 라마를 건축하던 돌과 재목을
운반하여다가 게바와 미스바를 건축하였더라

아사가 왕이 된 지 36년째 되던 해(875 BC)에 이스라엘 왕 바아사가 유다를 치러 왔다(1절). 바아사는 이스라엘을 건국한 여로보암의 집안을 제거하고 왕이 된 사람이었다(왕상 15:27-30). 바아사가 아사 왕 즉위 36년째 되던 해에 유다를 쳐들어왔다는 것이 혼란스럽다. 왜냐하면 열왕기상 16:8은 바아사가 아사 왕 즉위 26년(viz., 본문이 배경으로 하고 있는 때보다 10년 전)에 죽었다고 하기 때문이다(cf. 왕상 15:33). 이 문제에 대해서 학자들은 여러 가지 제안을 했지만(cf. Japhet), 그중 가장 설득력이 있다고 생각되는 것은 아사 즉위 35년(15:19)과 36년(16:1)을 "나라가 둘로 분열한 때로부터 35/36년"으로 보아야 한다는 제안이다(Williamson). 물론 두 구절이 구체적으로 "아사 즉위"(מַלְכוּת אָסָא)라는 문구를 사용하고 있다는 사실이 부담스럽기는 하지만, 이렇다 할 대안이 없는 현 상황에서는 가장 가능성 있는 해석으로 생각한다(cf. Thiele, Mabie).

바아사는 라마를 건축하고 그 누구도 유다의 아사 왕과 왕래하지 못하게 했다. 라마는 베냐민 지파에 속한 땅의 중심부에 있는 성읍으로 가나안 북쪽과 남쪽을 연결하는 길목에 있었다(cf. 수 18:25; 삿 19:10-13). 그뿐만 아니라 이곳을 통제하면 바로 근처에 있는 벧호론도 지배할 수 있기 때문에 가나안 지역의 동·서간의 교류도 차단할 수 있었다(Dillard). 그러므로 바아사가 라마를 차지하여 요새화했다는 것은 북왕국 이스라엘이 영토확장을 위한 정책을 펼쳐나가고 있으며 상당 부분 성공하고 있음을 시사한다(Japhet). 또한 라마가 예루살렘에서 고작

11㎞ 밖에 떨어져 있지 않다는 것도(Hill) 남 왕국 유다를 통치하고 있는 아사에게 심리적으로 큰 압박이 되었을 것이다. 이곳을 차단하면 남 왕국과 북 왕국 영토를 왕래할 수 없게 되기 때문이다. 아마도 북 왕국 사람 중 아직도 많은 사람이 종교적인 이유 때문에 유다로 이주하는 것을 막겠다는 의지에서 비롯된 건축 사업으로 생각된다.

그동안 하나님을 잘 신뢰해 왔던 아사가 이 일로 인해서 큰 불신을 저질렀다. 예전 같았으면 하나님께 먼저 기도하고 그분의 인도하심에 따라 최선을 다했을 그가 이번에는 하나님께 도움을 청하지도 않고 왕으로 감당해야 할 책임과 의무도 저버렸다. 하나님을 불신했을 뿐만 아니라 직무유기까지 한 것이다.

아사는 자신의 왕궁뿐만 아니라 성전에 있는 모든 금과 은을 모아 시리아의 벤하닷 왕에게 상납하고 도움을 청했다. 금은보화를 받고 이스라엘의 바아사와 맺은 동맹을 깨고 북 왕국을 침략해 달라는 것이었다(2-3절). 시리아는 이미 솔로몬 시대 때부터 세력을 키워오던 나라였으며(cf. 왕상 11:23-25), 이들의 세력 확장은 아합 왕 시대 때 벤하닷이 북 왕국의 수도 사마리아를 포위하면서 절정에 이른다(왕상 20장). 아사에게 큰 뇌물을 받은 벤하닷은 곧장 부하를 시켜 이욘과 단과 아벨마임과 납달리를 치도록 했다(4절). 아벨마임(אָבֵל מָיִם)은 아마도 아벨벧마아가(אָבֵל בֵּית־מַעֲכָה)(왕상 15:20)의 포로기 이후 시대 이름이었을 것이다(Allen).

재물과 국익에 혈안이 되어있던 시리아 왕 벤하닷에게 이스라엘과 맺었던 동맹은 별 의미가 없었다. 언제든지 더 많은 돈을 주는 나라가 있으면 이미 맺었던 동맹을 깨는 것을 밥 먹듯이 했던 것이 시리아 사람들의 본 모습이었다(Hill). 또한 마음 내키는 대로 약소국가와 맺은 언약을 파괴하는 것은 강대국의 횡포이기도 하다. 결국 아사는 역사상 처음으로 자매 나라 이스라엘과의 갈등에 이방 세력을 끌어들인 유다 왕이 되었다. 훗날 아하스도 아사의 전례를 따르게 된다(왕하 16:7ff.).

시리아 군이 쳐들어왔다는 소식에 바아사는 라마 건축을 멈추고 시리아 침략자들에게 대항하기 위해서 본국으로 돌아갔다(5절). 아사는 백성들을 시켜 바아사가 라마를 건축하는 데 사용했던 돌과 목재들을 모두 가져오게 해서 그 자재들로 게바와 미스바를 보수했다(6절). 게바는 예루살렘에서 북서쪽으로 10㎞ 떨어진 곳에 있었던 베냐민 지파의 성읍이었으며, 미스바는 예루살렘에서 북동쪽으로 13㎞ 떨어져 있고 라마의 북쪽에 있던 성읍이었다(Hill, cf. 수 18:24, 26). 아사는 라마에서 노획한 건축자재들을 가져다 북쪽 국경선을 강화한 것이다. 이때부터 북 왕국 이스라엘이 멸망하는 주전 722년에 이르기까지 유다와 이스라엘의 국경은 이곳이다(Mabie).

(2) 선견자 하나니(16:7-10)

7 그 때에 선견자 하나니가 유다 왕 아사에게 나와서 그에게 이르되 왕이 아람 왕
을 의지하고 왕의 하나님 여호와를 의지하지 아니하였으므로 아람 왕의 군대가
왕의 손에서 벗어났나이다 8 구스 사람과 룹 사람의 군대가 크지 아니하며 말과
병거가 심히 많지 아니하더이까 그러나 왕이 여호와를 의지하였으므로 여호와께
서 왕의 손에 넘기셨나이다 9 여호와의 눈은 온 땅을 두루 감찰하사 전심으로 자
기에게 향하는 자들을 위하여 능력을 베푸시나니 이 일은 왕이 망령되이 행하였
은즉 이 후부터는 왕에게 전쟁이 있으리이다 하매 10 아사가 노하여 선견자를 옥
에 가두었으니 이는 그의 말에 크게 노하였음이며 그 때에 아사가 또 백성 중에서
몇 사람을 학대하였더라

아사가 바아사의 침략에 대해서 이렇게 반응한 일에 대해서 하나님이 기뻐하실 리 없다. 아사가 이스라엘의 주인이신 여호와께 구하지 않은 불신, 아예 싸우려 하지도 않았던 직무유기, 자매 나라와의 갈등에 이방 나라를 끌어들인 것 등 모두 다 하나님이 싫어하실 일들이었다.

그래서 주님은 선견자 하나니(חֲנָנִי; viz., "자비/긍휼")를 보내셔서 아사를 책망하셨다(7절). 선지자의 이름이 "자비"라는 뜻을 지닌 것이 아사가 회개하면 하나님이 용서하실 의향이 있음을 암시하는 듯하다.

선지자는 이번 일을 통해서 시리아 왕과 군대가 아사의 손에서 벗어났다고 한다(7b절). 아사가 이번 일을 믿음으로 처리했다면 침략해 온 북 왕국뿐만 아니라 북 왕국의 동맹국 시리아까지 이길 수 있는 기회를 얻었을 텐데 이 절호의 찬스를 스스로 버렸다는 뜻이다. 선지자는 아사가 도저히 대항해 싸울 수 없었던 엄청난 구스 군대의 침략을 받고도 하나님을 의지하여 승리했던 일을 회고하며(cf. 14:9-15), 그때 왕이 승리한 것이 유다의 군사력이 강해서가 아니라 왕이 하나님을 의지했기 때문이었다는 사실을 상기시킨다(8절). 하나님은 온 마음을 다해 그분을 의지하는 자에게 꼭 힘을 주시는 분이시다(9절).

이어서 선지자는 아사의 죄를 직선적으로 비난한다. "이 일은 왕이 망령되이 행하였나이다"(9절). 그리고 이 일로 인해 이제부터 아사는 전쟁에 휘말릴 것이라는 말을 더한다. 이번 일에서 아사가 하나님을 의지했다면 앞으로 유다를 계속 괴롭힐 이스라엘과 시리아 문제를 한꺼번에 해결했을 것이고, 아사와 그의 후손들은 지속적으로 평안을 누릴 수 있었을 텐데 아사가 하나님을 의지하지 않아 일을 망쳤다. 아사의 불신과 직무유기가 한없이 안타까운 결과를 초래했다.

아사가 하나님을 의지하지 않은 것이 분명 죄이지만, 왕이 하나님의 말씀을 선포한 선지자 하나니를 어떻게 대했는가는 더 불손한 죄악이었다. 하나니의 신탁을 듣고 회개하기는커녕 오히려 그를 감옥에 가두었다(10절). 아사가 순간적으로 하나님을 불신한 것이 아니라 완고한 의지를 가지고 하나님을 불신하고 있음을 시사하는 대목이다(Japhet). 아사는 이방 군대를 자매 나라와의 관계에 끌어들인 최초의 왕이었을 뿐만 아니라 선지자를 핍박하는 최초의 왕이라는 불명예의 2관왕(double crown)이 된 것이다.

왕이 주의 선지자를 핍박하는 것은 앞으로 두 제도(왕권과 선지자권)의 필연적인 관계에 대한 증표이자 예고이다(Hill). 앞으로 선지자들은 하나님의 말씀을 대언하는 과정에서 왕들의 핍박을 감수해야 하며, 심지어는 목숨을 잃는 경우도 생길 것이다(cf. 왕상 19:14; 느 9:26; 암 2:12). 처음 왕권과 선지자권이 도입된 것은 두 제도가 협력하여 주의 백성들에게 이상적인 리더십을 보여주기 위해서였는데, 어느덧 이들은 원수 아닌 원수가 되어버렸다.

아사는 선지자를 감옥에 가두는 것으로 화가 풀리지 않아 백성들도 학대했다. 한때는 하나님을 의지하여 백성들에게 평화를 안겨주었던 아사가 말년에 가서 폭군으로 변했다. 아사는 백성들을 공개적이고 노골적으로 핍박한 최초의 폭군으로도 기록된다. 그는 최초로 이방 군대를 이스라엘 땅에 불러들인 왕, 최초로 선지자를 핍박한 왕, 최초로 백성들을 공개적으로 핍박한 왕 등 불명예의 삼관왕(triple crown)이 되었다. 하나님을 의지한 믿음에서 비롯된 35년간의 훌륭하고 괄목할만한 통치의 금자탑이 마지막 5년 동안의 불신과 교만으로 무너져 내렸다. 용두사미(龍頭蛇尾)가 무엇을 뜻하는지 그의 삶이 하나의 실감 나는 예를 보여준다.

5. 결론적 통치 요약(16:11-14)

11 아사의 처음부터 끝까지의 행적은 유다와 이스라엘 열왕기에 기록되니라 12 아사가
왕이 된 지 삼십구 년에 그의 발이 병들어 매우 위독했으나 병이 있을 때에 그가 여
호와께 구하지 아니하고 의원들에게 구하였더라 13 아사가 왕위에 있은 지 사십일 년
후에 죽어 그의 조상들과 함께 누우매 14 다윗 성에 자기를 위하여 파 두었던 묘실에

무리가 장사하되 그의 시체를 법대로 만든 각양 향 재료를 가득히 채운 상에 두고 또 그것을 위하여 많이 분향하였더라

본 텍스트는 열왕기상 15:23-24을 인용하면서 일부 내용을 추가한 것이다. 저자가 열왕기의 내용을 보완하면서 인용한 출처는 "유다와 이스라엘 열왕기"(סֵפֶר הַמְּלָכִים לִיהוּדָה וְיִשְׂרָאֵל)이다(11절). 일부 주석가들은 이 책이 열왕기 저자가 자료로 사용했던 "유다 왕 역대지략"(לְמַלְכֵי יְהוּדָה סֵפֶר דִּבְרֵי הַיָּמִים)(왕상 15:23)과 같은 책으로 간주하지만(Thompson, Hill) 그렇게 생각할 근거는 없다. 서로 다른 책일 가능성이 다분하다. 역대기에 기록된 아사 왕에 관한 내용이 열왕기의 것보다 훨씬 더 분량이 많은 것으로 보아 "유다와 이스라엘 열왕기"가 아사 왕에 대해서 만큼은 "유다 왕 역대지략"보다 더 상세하게 묘사하는 것으로 생각된다.

아사 왕은 즉위 39년째 되던 해에 발에 병이 나서 위독하게 되었다(12절). 하나님이 그에게 회개하고 삶을 바로잡을 수 있는 마지막 기회를 주신 것이다(Thompson, Hill). 그러나 그는 하나님을 찾지 않고 의술로 문제를 해결하려 했다. 마치 북 왕국의 바아사가 침략했을 때 문제를 믿음으로 해결하지 않고 외교적인 권모술수로 해결한 것처럼 말이다. 처음에는 하나님을 그처럼 의지하던 자가 일생의 마지막 5년은 불신자가 되어 생을 마감한 것이 참으로 안타까운 일이다. 그는 결국 병에서 회복하지 못하고 41년째 되던 해에 죽었다(13절). 거의 2년 동안 병을 앓은 것이다. 일부 주석가들은 아사가 앓았던 병을 밝히기 위해서 많은 노력을 했지만(cf. Williamson) 정확히 어떤 질병을 앓았는지 밝혀내는 것은 별로 중요하지 않다.

아사는 다윗 성에 장사 되었는데 그는 살아생전 자신이 묻힐 무덤을 파 두었으므로, 그 무덤에 안치되었다(14절). 사람들은 온갖 향을 쌓은 침상에 그를 장사하고, 죽음을 애도하기 위해서 큰불을 밝혔다. 역대기 저자가 왕의 장례식에 대해서 이처럼 세부적인 내용을 첨부하는 것은 아사가 유일하다. 비록 아사 왕이 말년에 타락하여 하나님과 백성들에게 상당한 피해를 주었지만(cf. 10절), 저자는 매우 훌륭한 왕으로 평가한다(Japhet). 아사가 타락한 마지막 6년의 통치는 안타까운 일이지만 처음 35년의 경건한 통치는 기념되어야 한다는 것을 의미하기도 한다(Allen). 또한 유다 백성들은 옛적 아사를 생각하며 그의 죽음을 슬퍼했음을 암시한다. 아사는 나라가 분열된 이후 이때까지 가장 오랫동안 유다를 통치한 왕이었다.

5장. 여호사밧(17:1-21:1)

여호사밧은 히스기야, 요시야와 함께 역대기 저자가 가장 집중적으로 조명하는 3대 왕 중 첫 번째 인물이다. 세 왕만이 역대기 저자로부터 "다윗과 같았다"라는 평가를 받는다(17:3; 29:2; 34:2). 또한 저자가 세 왕에게 많은 공간을 할애하는 것에서도 그들에 대해서 지대한 관심을 가지고 있음이 역력히 드러난다. 특히 여호사밧의 경우 열왕기 저자가 51절을 배정한 것에 반해 역대기 저자는 102절이나 할애하는 것에서도 저자의 이 왕에 관한 관심을 엿볼 수 있다. 쉽게 말해서 여호사밧에 대한 역대기의 기록이 열왕기의 것보다 두 배나 더 자세하다.

여호사밧이 매우 특별한 왕이었다는 사실은 하나님이 그와 함께하셨다는 사실에서도 확인된다. 저자는 "함께"(עִם)라는 전치사를 전략적으로 사용해 하나님이 다윗과 함께하셨던 일(대상 11:9; 17:2, 8 등등), 솔로몬과 함께하셨던 일(대상 22:11, 16; 28:20; 대하 1:1), 중요한 정황에서 이스라엘과 함께하셨던 일(13:12; 15:2, 9; cf. 13:8)을 묘사했다. 저자는 여호사밧의 이야기에서도 이 전치사를 전략적으로 사용하여 하나님이 그와 함께하셨던 일을 회고하며 강조한다(Allen, cf. 17:3). 역대기 저자에게 여호사밧은 다윗과 솔로몬에 버금가는 훌륭한 왕이었다.

그러나 여호사밧에 대한 모든 기록이 좋은 것은 아니다. 그는 북 왕국 이스라엘 왕 중에서도 으뜸가는 죄인이라고 할 수 있는 아합, 아하시야와 동맹을 유지한 사람이다(18:3; 20:25-37). 이러한 한계로 인해서 제

2의 다윗이라는 평가를 받지 못한다. 그러므로 여호사밧은 하나님과 함께하는 매우 훌륭한 왕인 동시에 악인들과 연합한 사람이었기에 이 왕에 대해서 설교하는 것은 쉽지 않다(Allen). 열왕기에 기록된 여호사밧 이야기의 내용이 역대기에서 어디에, 어떻게 인용되고 있는지는 다음 도표를 참조하라.

역대기(하)	열왕기(상)
17:1a	15:24b
17:1b-18:1	없음
18:2-34	22:2b-35b(거의 비슷함)
19:1-20:30	없음
20:31-37	22:41-44, 46, 50, 49(참고 사항)
21:1	22:50
21:2-3	없음

여호사밧은 아버지 아사의 대를 이어 35세에 유다의 왕이 되어 25년을 통치했다(20:31). 이때가 주전 872-848년쯤이다(Thiele). 아버지 아사가 주전 911-870년에 나라를 다스렸는데, 여호사밧이 아버지가 죽기 2-3년 전부터 통치를 했다는 것은 두 사람이 이 기간에 공동 통치를 했음을 전제한다(Hill, Thiele). 특히 아사가 죽기 2년 전부터 발에 병을 앓았던 점을 감안하면 공동 통치의 가능성은 더욱 커진다. 여호사밧의 이야기는 다음과 같이 전개된다.

A. 통치와 위상(17:1-19)
- B. 길르앗 라못 전쟁(18:1-19:3)
  - C. 사법제도 개혁(19:4-11)
- B'. 모압-암몬과의 전쟁(20:1-30)

A'. 통치 요약(20:31-21:1)

Ⅲ. 분열왕국의 역사(10:1–28:27)
5장. 여호사밧(17:1–21:1)

1. 통치와 위상(17:1-19)

여호사밧의 이야기를 시작하는 본 텍스트는 그가 신정 통치를 지향하는 유다의 왕이 갖추어야 할 것들을 두루 갖춘 이상적인 왕이었다고 한다. 북 왕국 이스라엘과 끊임없는 갈등을 빚고 있는 유다의 왕으로서 나라를 방어하기 위해 만반의 준비를 했다(1-2절). 또한 여호와께서 통치하시는 나라의 왕답게 여호사밧의 믿음과 하나님을 향한 열정도 모범적이었다(3-6절). 더 나아가 온 백성이 하나님의 율법대로 살게 하려고 '율법 전도사'가 되었다(7-9절). 하나님이 여호사밧의 열정을 보시고 국내외적으로 많은 복을 내리셨다(10-19절). 여호사밧은 모든 면에서 유다의 왕들이 지향할 모범사례로 소개되고 있다. 여호사밧의 통치와 위상을 소개하고 있는 본 텍스트는 다음과 같이 구분한다.

A. 전반적인 소개(17:1-6)
B. 율법 전파(17:7-9)
C. 정치적·군사적 위상(17:10-19)

Ⅲ. 분열왕국의 역사(10:1–28:27)
5장. 여호사밧(17:1–21:1)
1. 통치와 위상(17:1–19)

(1) 전반적인 소개(17:1-6)

1 아사의 아들 여호사밧이 대신하여 왕이 되어 스스로 강하게 하여 이스라엘을 방
어하되 2 유다 모든 견고한 성읍에 군대를 주둔시키고 또 유다 땅과 그의 아버지
아사가 정복한 에브라임 성읍들에 영문을 두었더라 3 여호와께서 여호사밧과 함
께 하셨으니 이는 그가 그의 조상 다윗의 처음 길로 행하여 바알들에게 구하지 아
니하고 4 오직 그의 아버지의 하나님께 구하며 그의 계명을 행하고 이스라엘의 행
위를 따르지 아니하였음이라 5 그러므로 여호와께서 나라를 그의 손에서 견고하

게 하시매 유다 무리가 여호사밧에게 예물을 드렸으므로 그가 부귀와 영광을 크게 떨쳤더라 6 그가 전심으로 여호와의 길을 걸어 산당들과 아세라 목상들도 유다에서 제거하였더라

역대기는 제일 먼저 여호사밧을 능력 있는 군장(君長)으로 소개한다(1-2절). 그는 아버지 아사의 뒤를 이어 왕이 되자마자 자신의 입지부터 확고히 했다(1절). 새번역은 "그는 이스라엘의 침략을 막으려고 국방을 튼튼하게 하였다"라고 번역하는데, 이 히브리어 문구의(וַיִּתְחַזֵּק עַל־יִשְׂרָאֵל) 해석에 대해서 의견이 분분하다. 문자적으로 번역하면 이 문구는 "이스라엘을 〔통치하는〕 자신의 위치를 확고히 했다"(made his position over Israel firm)(NAS; TNK; cf. 개역; 공동) 혹은 "이스라엘에 대항하는 자신을 스스로 강하게 했다"(strengthened himself against Israel)가 된다(NIV; NRS). 첫 번째 해석에 의하면 여호사밧은 왕이 되자마자 제일 먼저 "온 이스라엘/영적 이스라엘"을 상징하는 유다를 통치하게 된 자신의 왕권을 든든하게 했다(cf. 대하 1:1; 12:13; 13:21; 21:4). 반면에 두 번째는 여호사밧이 왕이 되자마자 북 왕국 이스라엘의 침략에 대비하는 일을 제일 먼저 했다는 뜻이다. 미묘한 차이라 할 수 있겠지만, 이 문구가 일상적으로 구상하는 의미를 감안하면 첫 번째가 더 설득력이 있는 해석이다(Thompson, Japhet). 게다가 여호사밧이 이스라엘의 침략에 대비하는 일은 2절에서 충분히 묘사하고 있기 때문에 1절에서까지 같은 내용을 반복적으로 강조할 이유는 없어 보인다. 여호사밧은 왕위에 오른 뒤 제일 먼저 자신의 통치권을 강화했다.

여호사밧은 자신의 왕권을 확고히 한 다음, 북 왕국 이스라엘의 침략에 대비했다(2절). 르호보암 시대에 나라가 분열된 이후 이스라엘과 유다는 끊임없는 갈등을 빚었다. 여호사밧이 즉위한 후에도 두 나라 사이에 평화는 오지 않았다. 그래서 여호사밧은 이스라엘의 침략을 대비하여 성읍들을 요새화하는 일을 최우선적인 프로젝트로 삼았다. 역대기 저자는 왕들의 건축 사업을 하나님의 축복으로 간주한다. 이러한 상황에서 여호사밧이 성읍들을 요새화했다는 것은 하나님의 특별한 은총을 누린 왕이라는 사실을 암시한다(Allen). 그뿐만 아니라 자신의 군대를 나라 전체와 그의 아버지 아사가 여로보암으로부터 빼앗은 북 왕국의 여러 성읍에 파견하여 주둔하도록 했다. 나라의 치안을 확보하고 성읍마다 배치된 군인들의 모습을 통해 백성들의 불안을 최소화하겠다는 정책이었다.

여호사밧은 능력 있는 왕이었을 뿐만 아니라 모범적인 신앙인이었다(3-6절). 그는 조상 다윗의 믿음의 발자취를 따라 살았다. 저자가 책에서 전략적으로 사용하는 동사 "찾다"(דרשׁ)가 3-4절에 두 차례 사용되며 그가 바알을 거부하고 여호와를 찾았다고 한다. 여호사밧의 아들 아하시야의 이야기 가운데서도 역대기 저자는 여호사밧을 "그는 전심으로 여호와를 구하던 사람"이라고 평가한다(22:9). 이처럼 여호사밧이 하나님을 경외하는 삶을 사는 것을 보시고 주님은 그와 함께 하셨다(3절). 여호사밧이 먼저 하나님을 사모하니 하나님이 그와 함께해 주신, 곧 둘 사이에 상호적 관계(reciprocal relationship)가 형성된 것이다(Hill).

여호사밧이 다윗처럼 하나님을 사랑했다는 것이 무엇을 의미하는가? 저자는 몇 가지로 정의한다. 첫째, 여호사밧은 바알 신들을 찾지 않았다(3절). 우상에게 눈길 한 번 주지 않았다는 뜻이다. 여호사밧은 여호와가 시기하시는 하나님임을 잘 알고 있었다. 둘째, 그는 오직 그의 아버지가 섬긴 하나님을 찾았다(דרשׁ)(4a절). 자신의 삶에서 우상을 완전히 배제했을 뿐만 아니라 매우 강력한 열정으로 하나님을 갈망했다는 뜻이다. 셋째, 그는 하나님의 계명을 따라 살았다(4b절). 하나님을 사모하는 마음이 말씀에 대한 순종으로 이어졌음을 뜻한다. 역대기 저자는 하나님을 사랑하는 자는 결코 말씀에 불순종하는 삶을 살 수 없다고 단정한다. 물론 순간적으로 타락할 수는 있지만 지속적으로 불순종하는 것은 하나님을 사랑하는 삶이 아니다.

넷째, 여호사밧은 이스라엘(viz., 북 왕국) 사람의 행위를 따르지 않았다(4c절). 북 왕국 이스라엘은 이미 우상을 숭배하고 있다. 여호와를 섬기고자 하는 사람 중 많은 사람이 이미 종교적인 이유로 유다로 이주해 온 상황이었다. 그러므로 역대기 저자가 보기에는 당시 북 왕국은 이방인들과 다를 바가 없었다. 두 자매 나라가 섬기는 신이 서로 다른 것처럼, 추구하는 가치관과 삶의 방식이 달랐다는 뜻이다. 여호사밧은 변질된 자매 나라 사람들의 삶을 추구하지 않았다. 이처럼 역대기에서 유다의 왕이 노골적으로 북 왕국의 왕/사람들에게 비교되는 것은 여호사밧이 처음이다(Japhet).

여호와께서도 여호사밧의 이런 마음을 아시고 그를 축복하셨다. 주님께서 여호사밧이 다스리는 나라(유다)를 굳건하게 해주셨다(5a절). 저자는 3절에서와 마찬가지로 이곳에서도 여호사밧이 하나님께 먼저 순종했기에 여호와께서 그에게 복을 주셨다고 한다. 사람이 먼저 하나님을 존귀하게 여기면 하나님이 그를 대접하신다는 이 원리를 통해 저자는 독자들에게 비록 상황이 어렵더라도 먼저 하나님을 사랑하고 그분 말씀에 순종하라고 권면한다. 사람이 먼저 하나님을 향한 열정을 보이면 하나님도 결코 침묵하지 않으시고 복으로 화답하실 것이라고 한다.

하나님이 여호사밧에게 주신 축복은 두 가지였다. (1) 재물, (2) 믿음. 첫째, 그에게 물질적인 축복을 주셨다. 주님을 향한 여호사밧의 마음에 감격하고, 또한 왕이 하나님께 순종함으로써 온 나라에 복을 끼쳐 평안과 안정이 유다에 임한 것을 보고 그 평안과 안정의 복을 누리게 된 온 유다 백성이 여호사밧에게 선물을 바치며 그를 격려하고 감사의 뜻을 전했다(5b절). 왕의 순종이 온 백성에게 복이 내리게 하였고, 복을 누린 백성은 왕에게 답례한 것이다. 백성들이 왕에게 얼마나 많은 선물을 주었던지, 여호사밧은 대단한 부귀와 영광을 가질 수 있었다고 한다(5c절). 참으로 아름다운 주고받음이다. 이스라엘 백성들이 스스로 왕에게 예물을 가져온 일은 성경에서 이곳이 유일하다(Japhet).

둘째, 하나님이 그에게 신앙적인 축복도 주셨다. 하나님께로부터 많은 복을 받아 누린 여호사밧은 감격해서 여호와를 향한 마음을 더욱 굳건하게 했다(6절). 하나님의 말씀에 따라 살기로 다짐하고는 유다에서 산당과 아세라 목상을 없앴던 것이다. 오랜 '전통과 역사'를 지닌 산당과 아세라를 없앤다는 것은 정치적으로 엄청난 부담을 안는 일이다. 그러나 여호사밧은 이미 하나님이 어떤 분이신가를 경험을 통해 잘 알고 있었기 때문에 비장한 각오로 이 일을 진행했다. 하나님을 향한 여호사밧의 마음에 더욱더 담대하고 큰 믿음이 하나님의 축복이 되어 임했다. 무릇 가진 자는 더 가지게 될 것이라는 예수님의 말씀이 생각난다.

Ⅲ. 분열왕국의 역사(10:1-28:27)
5장. 여호사밧(17:1-21:1)
1. 통치와 위상(17:1-19)

(2) 율법 전파(17:7-9)

7 그가 왕위에 있은 지 삼 년에 그의 방백들 벤하일과 오바댜와 스가랴와 느다넬
과 미가야를 보내어 유다 여러 성읍에 가서 가르치게 하고 8 또 그들과 함께 레위
사람 스마야와 느다냐와 스바댜와 아사헬과 스미라못과 여호나단과 아도니야와
도비야와 도바도니야 등 레위 사람들을 보내고 또 저희와 함께 제사장 엘리사마
와 여호람을 보내었더니 9 그들이 여호와의 율법책을 가지고 유다에서 가르치되
그 모든 유다 성읍들로 두루 다니며 백성들을 가르쳤더라

여호사밧의 종교개혁은 우상들과 산당들을 제거하는 일에서 멈추지 않았다. 그는 여호와의 율법으로 백성들을 교육하는 일에도 심혈을 기울였다(7절). 백성들의 삶에서 우상들이 차지했던 자리가 공백이 되었는데, 그 공백을 거룩한 대안으로 채워준 것이다. 이 원리는 우리가 항상 염두에 두어야 할 원리이기도 하다. 무엇을 금하거나 제거하는 것도 필요하지만 거기에 대해 건전하고 합리적인 대안을 제시해 주는 것도 중요하다.

여호사밧은 왕이 된 지 3년째 되던 해, 곧 아버지 아사와의 공동 통치가 끝나고 홀로서기를 시작한 첫해에 이 일을 시작했다(7절). 그는 자신의 독자적인 통치 시대를 열면서 하나님의 말씀 전파를 첫 프로젝트로 삼은 '말씀 전도사'가 되었던 것이다. 여호사밧은 이 일을 매우 열정적으로 추진했으며 유다 사회의 리더들의 적극적인 참여를 유도했다. 그는 방백 중에서는 벤하일, 오바댜, 스가랴, 느다넬, 미가야를, 레위 사람 중에서는 스마야, 느다냐, 스바댜, 아사헬, 스미라못, 여호나단, 아도니야, 도비야, 도바도니야를, 제사장 중에서는 엘리사마, 여호람 등 평신도 지도자 5명과 종교 지도자 11명(레위 사람 9명, 제사장 2명) 등 총 16명을 지명하여 율법을 전파하는 일을 지속적으로 추진하도록 했다. 대부분의 주석가는 레위 사람 도바도니야(טוֹב אֲדוֹנִיָּה)가 아도니야(אֲדֹנִיָּהוּ)와 도비야(טוֹבִיָּהוּ)를 필사자들이 실수로 합성한 것이라고 간주하여 목록에서 이 이름을 제외한다(Japhet, Hill). 이 경우 16명이 아니라 15명이 이 일을 감독하고 지휘한 것이 된다. 온 유다 백성이 말씀으로 무장하게 되는 계기가 마련되었다.

III. 분열왕국의 역사(10:1–28:27)
5장. 여호사밧(17:1–21:1)
1. 통치와 위상(17:1–19)

(3) 정치적·군사적 위상(17:10-19)

10 여호와께서 유다 사방의 모든 나라에 두려움을 주사 여호사밧과 싸우지 못하게
하시매 11 블레셋 사람들 중에서는 여호사밧에게 예물을 드리며 은으로 조공을 바
쳤고 아라비아 사람들도 짐승 떼 곧 숫양 칠천칠백 마리와 숫염소 칠천칠백 마리
를 드렸더라 12 여호사밧이 점점 강대하여 유다에 견고한 요새와 국고성을 건축하
고 13 유다 여러 성에 공사를 많이 하고 또 예루살렘에 크게 용맹스러운 군사를 두
었으니 14 군사의 수효가 그들의 족속대로 이러하니라 유다에 속한 천부장 중에는
아드나가 으뜸이 되어 큰 용사 삼십만 명을 거느렸고 15 그 다음은 지휘관 여호하

난이니 이십팔만 명을 거느렸고 [16] 그 다음은 시그리의 아들 아마시야니 그는 자기를 여호와께 즐거이 드린 자라 큰 용사 이십만 명을 거느렸고 [17] 베냐민에 속한 자 중에 큰 용사 엘리아다는 활과 방패를 잡은 자 이십만 명을 거느렸고 [18] 그 다음은 여호사밧이라 싸움을 준비한 자 십팔만 명을 거느렸으니 [19] 이는 다 왕을 모시는 자요 이 외에 또 온 유다 견고한 성읍들에 왕이 군사를 두었더라

여호사밧의 마음을 헤아리시고 함께하셨던(3절) 하나님이 그의 열정을 보시고 나라를 평탄하게 하셨고 여호사밧에게는 많은 재물을 주셨다(5절). 이제 하나님은 말씀 전도사가 된 여호사밧에게 더 큰 복을 내려주신다. 유다가 내부적으로만 안정되고 평안한 것이 아니라, 대외적으로도 대단한 위상을 누리게 된 것이다. 하나님이 주변 국가들이 여호사밧의 나라를 전혀 넘보지 못하게 만드셨다(10절). 유다의 군대가 두려워서가 아니라 그들과 함께하시는 여호와가 두려워서였다. 넘보기는커녕 오히려 조공을 바쳤다. 블레셋 사람들은 예물을 바쳤고, 아라비아 사람들은 숫양 7,700마리와 숫염소 7,700마리를 바쳤다(11절). 유다의 백성들만 왕에게 선물을 가져온 것이 아니라(cf. 5절), 주변 국가들도 여호사밧에게 예물을 바칠 정도로 그의 위상이 대단했다.

주변 국가들이 유다를 넘보지 못한다는 사실을 잘 알고 있었던 여호사밧은 그것에 자만하지 않고 국토 방어전략을 계속했다. 성읍들을 요새화시키고 군인들을 배치했다(13, 19절). 또한 대단한 규모의 군대도 가지게 되었다. 유다 가문에서는 천부장 아드나가 거느린 30만 명, 여호하난이 지휘한 28만 명, 아마시야의 20만 명 등 총 78만 명이 여호사밧의 통치 아래 있었다. 베냐민 지파에서는 엘리아다의 20만 명이 그를 섬겼으며, 여호사밧 자신도 18만 명을 직접 거느렸다. 여호사밧이 동원할 수 있는 군대는 총 116만 명에 달했던 것이다. 이스라엘이 가나안을 정복할 때 앞세웠던 군대가 60만 명이었던 점을 감안하면, 12지파 중 10지파가 떨어져 나가버린 나라의 군대로는 상상을 초월할 정도로 대

단하다. 역대기가 기록하고 있는 가장 큰 규모의 군대는 다윗이 인구조사를 했을 때, 이스라엘 11지파에서 110만 명, 유다에서 47만 명 등 157만 명이었다(대상 21:5). 저자는 여호사밧이 하나님을 의지했기 때문에 하나님의 축복으로 다윗의 군대에 버금가는 군대를 가질 수 있었다고 한다. 물론 116만 명이라는 숫자가 문자적인 숫자인가에 대해서는 의견이 분분하다(cf. Japhet, Hill, Johnstone). 숫자를 어떻게 취급하든 간에 역대기 저자가 강조하는 메시지는 확실하다. 여호사밧은 인간적인 노력으로 가질 수 없는 국력과 위상을 하나님께로부터 축복으로 받았다. 이 모두가 왕이 하나님을 온전히 의지하였고 삶에서 믿음에 걸맞은 행동을 보여주었기 때문이라고 한다.

2. 길르앗 라못 전쟁(18:1-19:3)

저자는 이 섹션에서 열왕기상 22장에 기록된 내용을 별다른 변화를 주지 않고 거의 그대로 인용하고 있으며 새로운 문맥에서 이 이야기를 전개하기 위해서 새로운 서론(1-2절)과 결론(19:1-3)으로 열왕기의 서론(왕상 22:1)과 결론(22:35-38)을 대체한다. 이야기의 강조점은 믿음이 좋았던 여호사밧이 우상 숭배자가 되어버린 북 왕국의 아합과 연합하여 하나님의 경고를 무시하고 거짓 선지자들의 말에 귀를 기울였던 일을 강력하게 비난하는 데 있다(cf. Allen). 그래서 이 섹션에서는 〔누가〕 "말하다"(אמר), "예언하다"(נבא), "선포하다"(הגיד) 등 말하는 것과 연관된 단어들이 50차례나 사용된다(Japhet). 여호사밧같이 훌륭한 왕도 때로는 이처럼 하나님의 음성을 분별하지 못해서 엄청난 대가를 치를 때가 있다. 본 텍스트는 다음과 같이 구분할 수 있다.

A. 배경적 서론(18:1-2)
B. 거짓 선지자들의 신탁(18:3-11)
C. 선지자 미가야의 경고(18:12-27)
D. 전쟁 결과(18:28-34)
E. 선지자 예후의 비난(19:1-3)

(1) 배경적 서론(18:1-2)

1 여호사밧이 부귀와 영광을 크게 떨쳤고 아합 가문과 혼인함으로 인척 관계를 맺
었더라 2 이 년 후에 그가 사마리아의 아합에게 내려갔더니 아합이 그와 시종을
위하여 양과 소를 많이 잡고 함께 가서 길르앗 라못 치기를 권하였더라

여호사밧은 많은 부와 큰 영예를 누리게 되었다. 그는 북 왕국 아합 가문과 혼인의 유대를 맺었다(1절). 나라가 분열된 이후 수십 년 동안 지속하여 온 갈등을 끝내기 위해서 두 왕가가 정략결혼을 한 것이다. 여호사밧은 아합의 딸을 며느리로 맞아들였다(cf. 왕하 8:18, 27). 그의 아들 여호람이 북 왕국의 공주와 결혼을 했는데, 이 여자가 훗날 다윗 왕조의 생존을 위협하는 아달랴이다. 저자는 이 정략결혼에 대해서 직접 이렇다 할 평가를 하지 않지만, 예후 선지자의 비난으로 대신한다(19:2). 여호사밧은 결코 해서는 안 될 일을 했다(cf. Japhet). 이미 하나님이 주변 국가들이 유다를 넘보지 못하도록 하시는데, 굳이 이런 거룩하지 못한 연합을 통해 평화를 유지하려고 했던 일 자체가 문제다.

여호사밧은 아들 여호람을 아합의 딸(cf. 왕하 8:27) 아달랴와 결혼시킨 후 몇 년이 지나 사돈 아합을 찾아갔다(2절). 아합은 여호사밧을 위해서 환영 만찬을 베푼 후 함께 길르앗 라못을 치자고 제안했다. 역대기에는 기록되어 있지 않지만 열왕기에 의하면 아합이 한 번은 시리아 왕 벤하닷을 살려주었고, 그 대가로 벤하닷은 이스라엘에게서 빼앗은 땅을 모두 돌려주기로 했다(cf. 왕상 20:34). 그러나 벤하닷이 약속을 지키지 않았고 아합은 전쟁을 해서라도 빼겼던 땅을 되찾고자 했던 것이다.

라마로도 알려진 라못은(cf. 왕하 8:29) 한 때 도피성이었다(신 4:43). 이곳은 길르앗 지역의 동북쪽에 있는 고원의 주요 요새였기에 이스라엘과 시리아가 소유권을 놓고 자주 싸우던 곳이었다(cf. 왕하 8:28-29). 벤하닷이 아직도 이곳을 돌려주지 않았다는 것은 비록 그가 전쟁에서 패했지만 아직 상당한 세력을 유지하고 있을 뿐만 아니라 라못이 그만큼 시리아에게 중요했음을 알 수 있다.

Ⅲ. 분열왕국의 역사(10:1–28:27)
5장. 여호사밧(17:1–21:1)
2. 길르앗 라못 전쟁(18:1–19:3)

(2) 거짓 선지자들의 신탁(18:3-11)

3 이스라엘 왕 아합이 유다 왕 여호사밧에게 이르되 당신이 나와 함께 길르앗 라
못으로 가시겠느냐 하니 여호사밧이 대답하되 나는 당신과 다름이 없고 내 백성은
당신의 백성과 다름이 없으니 당신과 함께 싸우리이다 하는지라 4 여호사밧이 또
이스라엘 왕에게 이르되 청하건대 먼저 여호와의 말씀이 어떠하신지 오늘 물어 보
소서 하더라 5 이스라엘 왕이 이에 선지자 사백 명을 모으고 그들에게 이르되 우리
가 길르앗 라못에 가서 싸우랴 말랴 하니 그들이 이르되 올라가소서 하나님이 그
성읍을 왕의 손에 붙이시리이다 하더라 6 여호사밧이 이르되 이 외에 우리가 물을
만한 여호와의 선지자가 여기 있지 아니하니이까 하니 7 이스라엘 왕이 여호사밧
에게 이르되 아직도 이믈라의 아들 미가야 한 사람이 있으니 그로 말미암아 여호
와께 물을 수 있으나 그는 내게 대하여 좋은 일로는 예언하지 아니하고 항상 나쁜
일로만 예언하기로 내가 그를 미워하나이다 하더라 여호사밧이 이르되 왕은 그런
말씀을 마소서 하니 8 이스라엘 왕이 한 내시를 불러 이르되 이믈라의 아들 미가야
를 속히 오게 하라 하니라 9 이스라엘 왕과 유다 왕 여호사밧이 왕복을 입고 사마

> 리아 성문 어귀 광장에서 각기 보좌에 앉았고 여러 선지자들이 그 앞에서 예언을 하는데 [10] 그나아나의 아들 시드기야는 철로 뿔들을 만들어 가지고 말하되 여호와께서 이같이 말씀하시기를 왕이 이것들로 아람 사람을 찔러 진멸하리라 하셨다 하고 [11] 여러 선지자들도 그와 같이 예언하여 이르기를 길르앗 라못으로 올라가서 승리를 거두소서 여호와께서 그 성읍을 왕의 손에 넘기시리이다 하더라

전쟁 참여를 제안받은 여호사밧은 당연히 그렇게 할 것이지만(3절) 먼저 여호와의 뜻을 알아보자고 했다(4절). 아합은 여호사밧의 요청대로 하나님의 뜻을 알아보기로 했다. 그래서 평소에 후원하던 선지자 400명을 불러들였다. 그러고는 그들에게 전쟁에서 승리할 것인지를 물었다. 그들은 한결같이 "올라가십시오. 주께서 그 성을 임금님의 손에 넘겨 주실 것입니다"라고 예언했다(5절). 그러나 여호사밧은 이들의 말에 만족하지 못했다(6절). 대부분의 주석가는 마치 400명을 참 선지자로 생각하는데(Japhet, cf. Hill), 그렇지 않다. 이들은 아세라 선지자들이다. 원문을 잘 보면 왜 이들이 아세라 선지자들인지, 왜 여호사밧이 만족하지 못했는지 이유를 확실히 알 수 있다.

여호사밧은 아합에게 "여호와"(יְהוָה)께 묻자고 했다(4절). 아합이 불러온 400명은 여호와의 선지자가 아니라 단순히 "선지자들"(הַנְּבִיאִים)이었다. 그들은 아합에게 "주"(אֲדֹנָי)가 승리를 줄 것이라고 했다(5절). 만족하지 못한 여호사밧은 다시 여호와(יְהוָה)의 선지자를 요구했다. 이들은 여호와의 선지자가 아니었던 것이다. 그들은 자신의 신을 주/주인(אֲדֹנָי)이라고 한다. 물론 이 단어가 성경에서는 여호와를 뜻하며 사용되는 경우가 매우 흔하다. 그러나 엘리야가 갈멜 산의 대결을 앞두고 450명의 바알 선지자들과 400명의 아세라 선지자들을 데려오라고 했었는데 400명의 아세라 예언자들은 나타나지 않았다. 공교롭게도 여기에 모인 선지자들의 숫자가 400명이다. 게다가 이세벨은 여호와의 선지자들을 학살했다(cf. 왕상 18:4). 그러던 그녀가 언제부터 남편이 여호와의

선지자들을 후원하는 것을 허락했을까? 불가능한 일이다. 그러므로 이 선지자들은 여호와의 선지자들이 아니라 아세라를 숭배하는 선지자들이었다(cf. Provan, Walsh). 여호와의 음성을 듣는 자들이 아니라 아합의 애완용 짐승들이었다.

여호사밧이 다른 선지자를 요구하자 아합은 마지못해 자기가 싫어하는 이믈라의 아들 미가야(מִיכָיְהוּ; viz., "누가 여호와 같은가/여호와 같은 이가 누군가")라는 선지자를 불러들였다(7절). 아합이 그를 싫어하는 이유는 간단했다. 미가야는 한 번도 자기에게 좋은 일을 예언한 적이 없는 '재수 없는 사람'이라는 것이다. 우리는 여기서 아합의 어리석음을 목격한다. 그는 좋은 말을 해주는 사람들, 즉 그의 귀를 간지럽게 말하는 사람들을 좋아하고 진실을 말하는 사람들을 싫어했다. 이렇게 되면 당연히 그의 통치는 좋지 않은 쪽으로 치우칠 수밖에 없다. 게다가 아합은 선지자를 왕이 듣고자 하는 말을 해주는 종교 정도로 생각한다. 반면에 미가야는 여호사밧이 믿을 만한 참 선지자, 즉 자신의 이익을 위해서 결코 진리를 왜곡하지 않고 오직 신념을 가지고 하나님이 주신 말씀만을 전하는 사람이었다.

아합의 부하들이 미가야를 부르러 간 사이에 400명의 거짓 선지자들이 다시 예언하기 시작했다. 그들 중 시드기야라는 자가 철 뿔들을 가지고 나와서 아합에게 말했다. "주님(יְהוָה)께서 이렇게 말씀하십니다. '너 아합은 철로 만든 이 뿔을 가지고 시리아 사람들을 찌르되, 그들이 모두 파멸될 때까지 그렇게 할 것이다' 하십니다"(10절, 새번역). 다른 예언자들도 그를 따라 여호와의 이름을 들먹이며 예언했다(11절).

위에서는 여호와의 이름으로 예언하지 않던 자들이 어떻게 된 것일까? 그들이 진정 여호와의 선지자란 말인가? 아니다. 그들은 여호사밧이 자신들의 예언을 믿지 않자 설득하기 위해서 여호와의 이름을 들어 예언하고 있는 것뿐이다(cf. Walsh). 아세라 종교의 선지자들은 다신주의 자들이기에 손님이 숭배하는 신(들)의 이름으로 예언하는 일은 별문제가 되지 않았다.

Ⅲ. 분열왕국의 역사(10:1–28:27)
5장. 여호사밧(17:1–21:1)
2. 길르앗 라못 전쟁(18:1–19:3)

(3) 선지자 미가야의 경고(18:12-27)

12 미가야를 부르러 간 사자가 그에게 말하여 이르되 선지자들의 말이 하나 같이
왕에게 좋게 말하니 청하건대 당신의 말도 그들 중 한 사람처럼 좋게 말하소서 하
니 13 미가야가 이르되 여호와께서 살아 계심을 두고 맹세하노니 내 하나님께서
말씀하시는 것 곧 그것을 내가 말하리라 하고 14 이에 왕에게 이르니 왕이 그에게
이르되 미가야야 우리가 길르앗 라못으로 싸우러 가랴 말랴 하는지라 이르되 올
라가서 승리를 거두소서 그들이 왕의 손에 넘긴 바 되리이다 하니 15 왕이 그에게
이르되 여호와의 이름으로 진실한 것 이외에는 아무것도 말하지 말라고 내가 몇
번이나 네게 맹세하게 하여야 하겠느냐 하니 16 그가 이르되 내가 보니 온 이스라
엘이 목자 없는 양 같이 산에 흩어졌는데 여호와의 말씀이 이 무리가 주인이 없으
니 각각 평안히 자기들의 집으로 돌아갈 것이니라 하셨나이다 하는지라 17 이스라
엘 왕이 여호사밧에게 이르되 저 사람이 내게 대하여 좋은 일로 예언하지 아니하
고 나쁜 일로만 예언할 것이라고 당신에게 말씀하지 아니하였나이까 하더라 18 미
가야가 이르되 그런즉 왕은 여호와의 말씀을 들으소서 내가 보니 여호와께서 그
의 보좌에 앉으셨고 하늘의 만군이 그의 좌우편에 모시고 섰는데 19 여호와께서
말씀하시기를 누가 이스라엘 왕 아합을 꾀어 그에게 길르앗 라못에 올라가서 죽
게 할까 하시니 하나는 이렇게 하겠다 하고 하나는 저렇게 하겠다 하였는데 20 한
영이 나와서 여호와 앞에 서서 말하되 내가 그를 꾀겠나이다 하니 여호와께서 그
에게 이르시되 어떻게 하겠느냐 하시니 21 그가 이르되 내가 나가서 거짓말하는
영이 되어 그의 모든 선지자들의 입에 있겠나이다 하니 여호와께서 이르시되 너
는 꾀겠고 또 이루리라 나가서 그리하라 하셨은즉 22 이제 보소서 여호와께서 거
짓말하는 영을 왕의 이 모든 선지자들의 입에 넣으셨고 또 여호와께서 왕에게 대

하여 재앙을 말씀하셨나이다 하니 23 그나아나의 아들 시드기야가 가까이 와서 미
가야의 뺨을 치며 이르되 여호와의 영이 나를 떠나 어디로 가서 네게 말씀하더냐
하는지라 24 미가야가 이르되 네가 골방에 들어가서 숨는 바로 그 날에 보리라 하
더라 25 이스라엘 왕이 이르되 미가야를 잡아 시장 아몬과 왕자 요아스에게로 끌
고 돌아가서 26 왕이 이같이 말하기를 이 놈을 옥에 가두고 내가 평안히 돌아올 때
까지 고난의 떡과 고난의 물을 먹게 하라 하셨나이다 하니 27 미가야가 이르되 왕
이 참으로 평안히 돌아오시게 된다면 여호와께서 내게 말씀하지 아니하셨으리이
다 하고 또 이르되 너희 백성들아 다 들을지어다 하니라

미가야를 데리러 간 아합의 신하가 미리 미가야에게 다른 예언자들처럼 승리를 예언할 것을 강요했다(12절). 그러나 미가야는 죽어도 여호와께 받은 말씀만 할 뿐이라고 잘라 말했다(13절). 그는 어떠한 압력에도 좌지우지되지 않는 인물이었다. 아합이 정식으로 미가야에게 전쟁에 관해서 물었더니 미가야는 "올라가십시오. 승리는 임금님의 것입니다. 주께서 그곳을 왕의 손에 넘겨 주실 것입니다"라고 했다(14절). 지금까지 거짓 선지자들이 한 말과 똑같은 말을 했다. 그러나 아합은 기뻐하기는커녕 역정을 내며 진실을 말하라고 다그쳤다(15절). 무슨 일이 벌어지고 있는가? 미가야가 아합의 승리를 말하면서 빈정대는 투로 혹은 대충 성의 없이 말한 것이다(cf. Japhet).

아합이 진실을 알기 원하자 미가야는 그에게 진실을 주었다. 전쟁할 생각하지 말고 이스라엘 백성들이나 잘 간수하라는 것이다. 그렇지 않으면 온 이스라엘이 목자가 없이 방황하게 될 것이라고 했다(16절). 이스라엘의 목자, 아합이 죽을 것을 경고하고 있다. 아합은 여호사밧을 바라보며, "내가 이래서 저 사람을 싫어한다"라고 설명했다(17절). 미가야는 이러한 정황에 기죽지 않고 그들에게 이 일에 대해서 자기가 본 환상과 들은 말씀을 전해 주었다(19절). 거짓 선지자들이 승리를 예언하는 것은 천상 어전 회의에서 거짓 영을 파견해 그들을 속였기 때문이라는 것이다(20-22절). 그 이유는 아합을 길르앗 라못으로 꾀어내 죽이기 위해서라는 것이다(19절).

더 나아가 미가야는 환상에서 본 내용을 회고하면서 아합은 무시하다시피 하고 영적인 분별력이 있는 여호사밧에게만 말을 하는 듯하다. 저자가 여기에 미가야의 이러한 의도를 선지자가 두 왕을 향해 말하면서도 마치 한 사람에게만 하듯 단수를 사용한 것을 통해서 알 수 있다(22절). 비록 미가야가 두 왕을 향해 말하고 있지만 사실은 믿음의 사람 여호사밧에게 패할 전쟁이니 나가지 말라고 권면하는 것이다. 그럼에도 불구하고 여호사밧은 선지자의 권면을 무시하고 전쟁에 나간다.

미가야의 이야기를 듣고 있던 거짓(아세라) 선지자 시드기야가 그의 뺨을 때리며 대들었다. "여호와의 영이 나를 떠나 어디로 가서 네게 말씀하더냐?"(23절) 거짓 종이 참된 종을 핍박하고 있다! 세상은 종종 요지경이다. 미가야는 시드기야가 몇 년 전 아합에게 패해 아벡 성의 어느 골방에 숨었던 벤하닷의 신세처럼 되어서야 자기가 한 말이 진실이었다는 것을 알게 될 것이라고 선언했다(24절; cf. 왕상 20:29-31). 시드기야도 심판을 피할 수 없을 것이라는 점을 확고히 하고 있다.

평소에 미가야에게 좋지 않은 감정이 많았던 아합도 화를 냈다. 그리고 자신이 전쟁에서 승리하고 돌아올 때까지 그를 감옥에 가두어 죽지 않을 만큼의 물과 음식을 주라고 명령했다(25-26절). 아합은 길르앗 라못에서 보란 듯이 승리를 하고 돌아와서 미가야를 처형할 것임을 말한다. 아합의 신하들에게 끌려가던 미가야는 한 마디 더했다. 요즘 말로 하면 "만일 당신이 살아 돌아오면 내 손에 장을 지진다!"라는 의미이다(27절). 선지자는 또한 모든 백성에게 자기가 한 말에 대한 증인이 되어 줄 것을 당부하고 감옥으로 떠났다.

아합은 결코 신적(神的) 속임수에 희생된 것이 아니다. 그는 스스로 자신의 운명을 택했다. 하나님은 미가야를 통해서 분명히 앞으로 될 일을 말씀해 주셨다. 만일 아합이 살기 원했다면 미가야의 말을 들어야 했다. 그러나 아합은 미가야를 싫어했기에 그를 통해 선포된 하나님의 말씀 듣기를 거부했다. 결국 아합은 미가야를 통해 주신 하나님의 경고를 무시했다가 스스로 죽음을 택하게 된다. 사람들은 종종 홧김에 자신의 미래를 결정짓는 일을 한다.

아세라 선지자들이 예언할 때 여호사밧은 하나님의 말씀을 구했다. 그래서 불려온 사람이 미가야이다. 미가야가 여호사밧이 구한 하나님의 말씀을 알려 주었는데도 그 말씀을 어기고 아합과 함께 전쟁터로 향한다! 여호사밧 역시 다른 왕들에 비해 상대적으로 좋은 믿음을 지녔지만 온전히 하나님을 따르는 사람은 아니었다. 이야기에서 여호사밧은 오늘날 자신을 하나님의 자녀라며 교회에 다니는 많은 사람과 비슷하다. 입으로는 누구보다도 하나님을 사랑하지만 정작 순종하는 일에서는 주저하는 사람들 말이다.

Ⅲ. 분열왕국의 역사(10:1–28:27)
5장. 여호사밧(17:1–21:1)
2. 길르앗 라못 전쟁(18:1–19:3)

(4) 전쟁 결과(18:28-34)

28 이스라엘 왕과 유다 왕 여호사밧이 길르앗 라못으로 올라가니라 29 이스라엘 왕
이 여호사밧에게 이르되 나는 변장하고 전쟁터로 들어가려 하노니 당신은 왕복을
입으소서 하고 이스라엘 왕이 변장하고 둘이 전쟁터로 들어가니라 30 아람 왕이 그
의 병거 지휘관들에게 이미 명령하여 이르기를 너희는 작은 자나 큰 자나 더불어
싸우지 말고 오직 이스라엘 왕하고만 싸우라 한지라 31 병거의 지휘관들이 여호사
밧을 보고 이르되 이가 이스라엘 왕이라 하고 돌아서서 그와 싸우려 한즉 여호사밧
이 소리를 지르매 여호와께서 그를 도우시며 하나님이 그들을 감동시키사 그를 떠
나가게 하신지라 32 병거의 지휘관들이 그가 이스라엘 왕이 아님을 보고 추격을 그
치고 돌아갔더라 33 한 사람이 무심코 활을 당겨 이스라엘 왕의 갑옷 솔기를 쏜지
라 왕이 그의 병거 모는 자에게 이르되 내가 부상하였으니 네 손을 돌려 나를 진중

에서 나가게 하라 하였으나 34 이 날의 전쟁이 맹렬하였으므로 이스라엘 왕이 병거에서 겨우 지탱하며 저녁 때까지 아람 사람을 막다가 해가 질 즈음에 죽었더라

아합은 화를 내며 '재수 없는' 미가야를 감옥에 가두었지만 그가 한 말이 마음에 걸렸다(Skinner). 아니면 벤하닷이 자기를 얼마나 미워하는지 알기에 직접 부딪치는 것을 피하기 위해서였을까(Farrar), 그는 변장으로 만일을 대비했다(29절). 아합은 자신이 벤하닷뿐만 아니라 여호와도, 미가야가 말한 운명도 속일 수 있다고 생각한 것 같다. 그래서 일반 군인으로 변장하고 전쟁에 나갔다. 아합이 변장술을 쓴 것은 이전에 한 선지자가 변장하고 아합을 길가에서 만났던 일을 연상케 한다(cf. 왕상 20:35-42). 그뿐만 아니라 이스라엘의 왕 중 변장술을 쓴 사람들은 별로 좋은 사람들이 아니었다. 사울이 변장하고 엔돌의 여인을 찾았고, 여로보암은 아내를 변장시켜 아히야를 찾아가게 한 적이 있다.

아합의 변장술이 처음에는 제 기능을 하는 것처럼 보였다. 왕복을 입고 출전을 했던 여호사밧이 이스라엘의 왕으로 오인되어 죽을 위기에 처했지만(31절), 시리아 사람들은 그가 아합이 아닌 것을 알고는 뒤쫓지 않았다(32절). 열왕기는 일이 이렇게 된 것에 대해서 어떠한 신학적 설명을 더 하지 않고 단지 여호사밧이 소리친 것으로 시리아 군이 그가 아합이 아님을 알고 쫓지 않았다고 한다. 반면에 역대기 저자는 명백한 신학적 해석을 첨부한다. 그는 여호사밧의 소리침을 기도로 해석하고 있다(Hill). 그의 부르짖음을 들으신 하나님이 도우셔서 시리아 군인들이 그를 내버려두게 하셨기 때문이었다는 것이다(32절). 하나님이 실수한 여호사밧을 버리지 않으셨다.

전쟁이 한참 진행되는 상황에서 한 시리아 군인이 '무심코'(לְתֻמּוֹ) 당긴 활이 아합에 명중했다(33절). 그것도 갑옷 가슴막이 이음새 사이를 뚫고 들어갔다! 아합이 변장술로 시리아 사람들을 따돌릴 수는 있었지만 여호와가 결정하신 운명은 피할 수 없었다. 결국 치명적인 부상을 입었지만 전쟁이 얼마나 치열했던지 치료도 제대로 받아보지 못하고 저녁 무렵에 죽었다(34절).

Ⅲ. 분열왕국의 역사(10:1-28:27)
5장. 여호사밧(17:1-21:1)
2. 길르앗 라못 전쟁(18:1-19:3)

(5) 선지자 예후의 비난(19:1-3)

[1] 유다 왕 여호사밧이 평안히 예루살렘에 돌아와서 그의 궁으로 들어가니라 [2] 하나
니의 아들 선견자 예후가 나가서 여호사밧 왕을 맞아 이르되 왕이 악한 자를 돕고 여호와를 미워하는 자들을 사랑하는 것이 옳으니이까 그러므로 여호와께로부터 진노하심이 왕에게 임하리이다 [3] 그러나 왕에게 선한 일도 있으니 이는 왕이 아세
라 목상들을 이 땅에서 없애고 마음을 기울여 하나님을 찾음이니이다 하였더라

열왕기는 선지자 예후가 여호사밧을 찾아와 책망한 일에 대해서 언급하지 않는다. 이 섹션은 역대기 저자가 자신만의 출처를 인용하여 구상하고 있다. 하나님이 미가야를 통해서 여호사밧에게 경고하셨지만 분별력이 없어서 죽을 고비를 넘겼던 여호사밧이 예루살렘으로 돌아와 숨을 돌리고 있을 때 하나님의 선지자가 찾아왔다(1절). 여호사밧이 비록 죽음에 닥친 마지막 순간에 부르짖고 하나님이 그의 기도를 들으심으로 목숨은 구했지만(cf. 18:31), 미가야를 통한 하나님의 경고를 무시하고 전쟁터에 나간 일에 대해서는 질책을 받아야 했다.

하나님이 여호사밧을 일깨워주기 위해서 보내신 선지자는 하나니(חֲנָנִי)(viz. "은혜/자비")의 아들 예후(יֵהוּא)(viz., "그가 여호와이시다")였다(2절). 여호사밧의 아버지 아사가 신앙적으로 잘못하고 있을 때 하나니 선지자가 그를 책망한 적이 있다(16:7-9). 그때 아사는 회개하기는커녕 오히려 그를 감옥에 가두었다(16:10). 본문이 예후를 하나니의 아들이라고 하는데, 히브리어로 "아들"(בֵּן)이 친아들, 제자, 혹은 직업까지도 뜻할 수 있기 때문에 예후가 그의 아들이었는지, 아니면 제자였는지 혹은 전혀 상관없는 사람이었는지 정확히 알 수는 없다. 한 가지 확실한 것은 예후는 하나니의 곧은 정신을 이어받은 참 선지자였다는 사실이다. 경우에 따라서는 하나니처럼 감옥에 투옥되거나 심지어는 죽을 수도 있다는 사실을 잘 알면서도 하나님의 말씀을 대언하기 위해서 왕 앞에 선 것이다.

예후는 여호사밧이 아합을 도와 전쟁에 참여한 일을 책망했다(2절). 경우에 따라서는 전쟁이 필연적일 수 있지만 하나님이 허락하시는 전쟁만 그렇지, 하나님이 허락하시지 않은 전쟁은 하지 않아야 한다는 것을 전제한다. 특히 다른 나라와 연합하는 것은 하나님께 책망받을 일이다(Dillard). 아사가 시리아의 힘을 빌렸다가 하나니를 통해 비난을 받은 것처럼 말이다(cf. 16장).

게다가 이번 전쟁을 통해 여호사밧은 하나님을 대적하는 아합을 돕는 결과를 초래했다(2절). 신앙인으로서 해서는 안 될 일을 했던 것이다. 그래서 선지자는 이 일로 인해 하나님이 그에게 벌을 내리실 것이라고 경고했다. 다행히 하나님이 선한 일을 한 것을 참고하실 것이라는 말을 더했다(3절). 선지자는 여호사밧이 행한 선한 일을 "우상들을 제거한 일"과 "마음을 오로지 하나님 찾는 일에 쏟은 것" 등 두 가지로 정리한다. 저자는 우상을 제거하는 일이 중요하지만, 우상만 없앤다고 해서 그것이 진정한 예배가 아니라 하나님을 향한 마음을 동반할 때, 곧 거룩한 대안이 제시될 때에 진정한 예배가 이루어지는 것이라고 강조한다(Japhet).

예후는 여호사밧에게 구체적인 행동을 요구하는 것이 아니다. 그는 여호사밧이 잘못한 일에 대한 하나님의 깨우침을 선포하러 온 것이다. 하나님의 말씀을 선포했던 하나니를 감옥에 가두었던 아사와는 달리 그의 아들 여호사밧은 하나니의 정신을 이어받은 선지자 예후의 책망을 그대로 수용하고 하나님께 무릎을 꿇었다.

3. 사법제도 개혁(19:4-11)

4 여호사밧이 예루살렘에 살더니 다시 나가서 브엘세바에서부터 에브라임 산지까지
민간에 두루 다니며 그들을 그들의 조상들의 하나님 여호와께로 돌아오게 하고 5 또
유다 온 나라의 견고한 성읍에 재판관을 세우되 성읍마다 있게 하고 6 재판관들에게
이르되 너희가 재판하는 것이 사람을 위하여 할 것인지 여호와를 위하여 할 것인지
를 잘 살피라 너희가 재판할 때에 여호와께서 너희와 함께 하심이니라 7 그런즉 너희
는 여호와를 두려워하는 마음으로 삼가 행하라 우리의 하나님 여호와께서는 불의함
도 없으시고 치우침도 없으시고 뇌물을 받는 일도 없으시니라 하니라 8 여호사밧이
또 예루살렘에서 레위 사람들과 제사장들과 이스라엘 족장들 중에서 사람을 세워 여
호와께 속한 일과 예루살렘 주민의 모든 송사를 재판하게 하고 9 그들에게 명령하여
이르되 너희는 진실과 성심을 다하여 여호와를 경외하라 10 어떤 성읍에 사는 너희
형제가 혹 피를 흘림이나 혹 율법이나 계명이나 율례나 규례로 말미암아 너희에게
와서 송사하거든 어떤 송사든지 그들에게 경고하여 여호와께 죄를 범하지 않게 하여
너희와 너희 형제에게 진노하심이 임하지 말게 하라 너희가 이렇게 행하면 죄가 없
으리라 11 여호와께 속한 모든 일에는 대제사장 아마랴가 너희를 다스리고 왕에게 속
한 모든 일은 유다 지파의 어른 이스마엘의 아들 스바댜가 다스리고 레위 사람들은
너희 앞에 관리가 되리라 너희는 힘써 행하라 여호와께서 선한 자와 함께 하실지로
다 하니라

예후 선지자가 왕을 책망하고 돌아간 다음 얼마쯤 시간이 흘렀을까? 선지자의 책망에 자극을 받은 여호사밧은 자신의 삶을 돌아보며 신앙의 회복이 필요하다고 느꼈다(Hill, Japhet). 아합과의 일을 떠올리며 하나님을 사랑한다면서도 온 마음으로 그를 섬기지 못한 것에 대한 회개가 있었다. 또한 온 나라—유다의 남쪽 끝에 있었던 브엘세바에서 유다의 북쪽 국경이 있었던 에브라임 산간 지역(cf. 17:2)—를 두루 돌아

다니며 백성들을 "여호와 그들의 조상의 하나님"께 돌아오게 하였다(4절). 여호사밧이 통치를 시작하면서 종교개혁을 단행하여 온 백성이 하나님을 사랑하게 되었는데(cf. 17장) 세월이 지나면서 여호사밧의 마음이 나태해졌던 것처럼, 하나님을 향한 유다 백성들의 열정도 식었다. 그래서 자신의 경험을 토대로 다시 한 번 하나님을 향한 '첫사랑'을 회복하자는 취지의 영적 회복 운동을 시작했다.

여호사밧은 영적 각성만 추구한 것이 아니라 유다의 사법제도도 개혁했다(5-11절). 유다처럼 신정 통치를 지향하는 사회에서 영적 회복은 곧 사회적 제도의 회복으로 이어져야 한다는 생각에서였다. 하나님에 대한 믿음이 삶에서 열매로 드러나야 한다는 논리이다. 여호사밧은 유다의 각 성읍에 재판관들을 세우고 두 가지로 권면했다(5절). 첫째, 하나님을 기쁘게 하는 재판을 하라(6절). 재판은 모든 사람에게 공평해야 한다. 그래서 좋은 판결은 재판받는 사람들이 수긍할 수 있는 재판이다. 재판에 연관된 사람들을 만족시킬 수 있어야 한다. 그러나 여호사밧은 재판관들이 단순히 사람들이 흡족해하는 재판이 아니라, 하나님이 기뻐하시는 판결을 하라고 한다. 가장 이상적인 것은 하나님이 기뻐하시고 사람들이 만족하는 재판이겠지만, 만일 사람들의 논리와 하나님이 주신 원칙이 대립하게 될 경우 하나님이 주신 법을 우선시하라는 뜻이다. 유다는 하나님을 경외하는 나라이기 때문이다.

둘째, 항상 하나님을 경외하는 마음을 지니라(7절). 이 권면은 하나님이 기뻐하시는 재판을 할 수 있는 비결이기도 하다. 유다는 자신들이 만들어낸 규칙으로 소송하고 재판하는 것이 아니었다. 하나님 여호와께서 모세를 통해 주신 율법이 바로 그들의 사법이자 형법이었다. 그러므로 재판관들이 이스라엘에게 법을 주신 하나님을 경외하는 마음을 가지고 재판에 임하는 것은 당연한 일이다. 이러한 마음을 품고 재판을 하는 한, 그들은 하나님을 기쁘게 하는 재판을 할 수 있다. 여호사밧은 더 나아가 재판관들이 하나님을 경외하는 마음을 지닌다는 것이 무엇을 의미하는지 세 가지로 정의한다. (1) 불의하지 않는 것, (2) 치우침이 없는 것, (3) 뇌물을 받지 않는 것(cf. 신 16:19).

불의(עַוְלָה)하지 않은 재판은 죄지은 자를 놓아주고, 죄 없는 자를 벌하는 일이 없어야 한다. 하나님이 주신 법을 기준으로 삼아 누구도 수긍할 수 있는 정확하고 공정한 판결을 내려야 한다. 치우침(מַשֹּׂא)이 없는 재판이란 편파적인 판결이 없다는 것을 뜻한다. 경제적인 능력(혹은 무능력)이 재판의 결과를 좌우하는 일은 없어야 한다. 이 주제에 대해서 레위기 19:15은 다음과 같이 권면한다. "재판할 때에는 공정하지 못한 재판을 해서는 안 된다. 가난한 사람이라고 하여 두둔하거나, 세력이 있는 사람이라고 하여 편들어서는 안 된다. 이웃을 재판할 때에는 오로지 공정하게 하여라"(새번역). 그렇다면 무엇이 편파적인 판결을 초래하는가? 여호사밧이 금하는 뇌물이다.

뇌물은 재판에 부정적인 영향을 미친다. 그래서 모세는 뇌물의 영향에 대해서 다음과 같이 경고한다. "뇌물은 지혜 있는 사람의 눈을 어둡게 하고, 죄 없는 사람을 죄인으로 만듭니다"(신 16:19b절, 새번역, cf. 시 15:5; 잠 17:23; 사 1:23; 5:23; 33:15; 겔 22:12). 성경에서 뇌물(שֹׁחַד)은 자신의 충성을 표현하기 위한 혹은 대가를 바라고 주는 선물이다(HALOT). "선물"은 소송 중인 사람의 기본적인 권리를 박탈하는 효과를 발휘한다. 왜냐하면 재판관으로 선출될 때에는 아무리 순수하고 청렴한 사람이었다 할지라도, 뇌물을 받기 시작하는 순간부터 그의 판결은 편파적일 수밖에 없기 때문이다.

지도자로 세움을 받은 사람은 일을 시작할 때까지 열심히 노력하고 실력을 쌓아야 하지만, 일을 시작한 후에도 끊임없이 자신을 성찰하며 자기 관리를 철저히 해야 할 책임이 있다. 여호사밧이 재판관들에게 권면한 것은 매우 중요한 신학적 포인트를 담고 있다. 그들은 유다의 인간 왕 여호사밧의 권위를 위임받아 재판하는 것이 아니라 유다의 하나님 여호와의 재판권을 위임받아 판결하고 있음을 깨달아야 한다(Thompson).

여호사밧이 추진한 사법제도 개혁의 두 번째 단계는 예루살렘에 최고법원을 세우는 일이었다(8절). 만일 유다 각 지역에서 활동하는 재판관들의 판결에 불복한 사람들이 항소하면 예루살렘에 있는 법원이 판결하게 된다(cf. 10절). 아마도 예루살렘에는 상급 법원과 하급 법원(오늘날의 지방법원)이 있었을 것이다(Dillard). 그래서 예루살렘 주민들도 하급 법원의 판결에 동의할 수 없으면 상급 법원에 상소할 수 있었다. 여호사밧이 최고법원을 설립한 이유는 "여호와께 죄를 범하지 않게 하여 하나님의 진노하심이 임하지 않기 위한 것"이었다(10절; cf. Selman). 여호와를 경외하는 것이 법원을 세운 가장 근본적인 이유가 되었다.

최고법원은 레위 사람들, 제사장들, 족장들로 구성되었지만 구체적인 수나 규모는 알 수 없다. 여호사밧은 이 법원을 통해 레위 사람들과 제사장들은 "주님의 법을 어긴 일"에 대해서 판결하도록 하였고, "왕에게 속한 일"에 대해서는 족장들이 재판하도록 했다(cf. 11절). 이 법원이 종교법과 민법을 다루는 것을 기준으로 이분화되었는지, 아니면 한 법정에서 소송의 성격에 따라 대표 재판관이 바뀌었는지 정확히 알 수 없다(Japhet).

여호사밧은 유다 곳곳에서 재판하도록 임명받은 사람들을 권면한 것처럼 예루살렘 법정에서 일하게 될 사람들도 권면했다. 내용은 이전 것(6-7절)과 비슷하다. 그러나 중요한 차이가 있다. 이전 권면에서는 "여호와를 경외하는 마음"을 강조한 반면 예루살렘 법관들에게 준 권면에서는 "온 마음"(לֵבָב שָׁלֵם)을 다할 것을 강조한다(9절). 여호사밧은 재판을 최고의 믿음과 사모함으로 하나님께 드리는 예배의 한 형태로 보고 있는 것이다(Japhet).

여호사밧은 최고법원을 설립한 근본적인 목적을 주의 백성들이 여호와께 죄짓지 않게 하기 위해서라고 했다(10절). 왕은 만일 사람들이 죄를 지으면 하나님의 심판이 온 유다에 임할 것을 우려하고 있다. 하나님의 백성들로 형성된 공동체는 하나님의 공의와 정의로 다스려야 한다는 뜻이다. 만일 그렇게 하지 못할 경우 그 책임은 온 백성에게 돌아간다. 법원은 공동체의 생존을 위해서도 공의와 정의로 재판을 해야 하며 부당한 판결로 인해 주님 앞에 더 큰 죄를 짓는 일이 없어야 한다.

여호사밧은 종교법에 관한 재판은 대제사장 아마랴에게 최종 판결권을 주었고, 민사나 형법에 관한 재판은 유다 지파의 지도자 이스마엘의 아들 스바댜에게 최종 결정권을 주었다(11절). 이스라엘이 신정 통치를 지향하는 사회였지만, 그럼에도 불구하고 여호사밧은 벌써 "교회와 정부"(church and state)를 구분한 것이다(Hill).

4. 모압-암몬과의 전쟁(20:1-30)

19장에 기록된 이야기처럼 20장이 회고하고 있는 이야기도 열왕기에서는 찾아볼 수 없다. 저자가 자신만의 출처를 인용하여 기록한 것이다. 본 텍스트는 모압-암몬 연합군의 침략을 받아 생애 최고의 위기를 맞이한 여호사밧이 하나님을 의지하여 그 위기를 극복한 이야기이다. 저자는 이야기를 통해 주의 백성에게 가장 중요한 이슈는 하나님이 그들과 함께하심이라는 진리를 선포한다(cf. 17절). 하나님이 함께하시면 아무리 큰 적이 쳐들어온다 해도 문제 될 것이 없다. 주님의 함께하심이 모든 문제를 해결할 수 있기 때문이다.

여호사밧은 유다의 군사력으로는 도저히 이길 수 없는 침략자들을 하나님을 찾음으로써 이기게 된다. 그래서 이 이야기는 역대기 저자가 꿈꾸는 가장 이상적인 상황을 묘사하는 것으로 이해되기도 한다(De Vries). 또한 성전(聖戰) 이야기는 역대기 저자에게 분열왕국 시대(대하 10-36장)에 있었던 가장 인상적이고 대표적인 전쟁 이야기이며(Selman), 이 이야기뿐 아니라 역대기 저자의 핵심적인 가르침이 20절에 기록된 여호사밧의 선언이다. "주 우리의 하나님을 믿어야만 흔들리지 않는다." 저자가 책에서 전략적으로 사용하고 있는 "찾다"(דרשׁ) 동사가 이 이야기에서도 사용된다(3절; cf. 비슷한 낱말인 "찾다"(בקשׁ)가 4절에서 두 차례 더 사용됨). 본 텍스트는 다음과 같이 두 파트로 나눈다.

A. 여호사밧의 전쟁 대비(20:1-19)

B. 거룩한 전쟁(20:20-30)

Ⅲ. 분열왕국의 역사(10:1-28:27)
5장. 여호사밧(17:1-21:1)
4. 모압-암몬과의 전쟁(20:1-30)

(1) 여호사밧의 전쟁 대비(20:1-19)

여호사밧은 유다의 종교와 사법제도를 개혁하려고 많은 노력을 기울여 왔다. 하나님도 왕의 노력을 보시고 많은 복을 내리셨다. 그러나 사탄이 그를 내버려두지 않았다. 유다 스스로는 결코 감당할 수 없는 큰 이방인 군대가 유다를 침략해온 것이다. 어쩔 수 없이 여호사밧은 사활을 건 전쟁을 하게 되었다. 여호사밧이 침략자들을 맞이하기 위해서 어떻게 준비했는가를 회고하는 본문은 다음과 같이 구분될 수 있다.

A. 연합군의 침략과 신앙적 대응(20:1-4)

B. 여호사밧의 기도(20:5-13)

C. 선지자의 신탁(20:14-17)

D. 예배와 찬양(20:18-19)

Ⅲ. 분열왕국의 역사(10:1-28:27)
5장. 여호사밧(17:1-21:1)
4. 모압-암몬과의 전쟁(20:1-30)
(1) 여호사밧의 전쟁 대비(20:1-19)

① 연합군의 침략과 신앙적 대응(20:1-4)

1 그 후에 모압 자손과 암몬 자손들이 마온 사람들과 함께 와서 여호사밧을 치고

자 한지라 [2] 어떤 사람이 와서 여호사밧에게 전하여 이르되 큰 무리가 바다 저쪽
아람에서 왕을 치러 오는데 이제 하사손다말 곧 엔게디에 있나이다 하니 [3] 여호
사밧이 두려워하여 여호와께로 낯을 향하여 간구하고 온 유다 백성에게 금식하라
공포하매 [4] 유다 사람이 여호와께 도우심을 구하려 하여 유다 모든 성읍에서 모여
와서 여호와께 간구하더라

여호사밧이 사법제도를 개혁한 뒤 있었던 일이다. 모압과 암몬이 연합하여 마온 사람들과 함께 여호사밧의 유다를 침략해 왔다(1절). 모압과 암몬 사람들은 아브라함의 조카 롯과 딸들 사이에서 비롯된 민족들로서 성경에 잘 알려졌다. 역대기 저자는 언급하지 않지만, 열왕기는 모압 왕 메사가 아합에게 조공을 바쳐오다가 아합의 아들 여호람 시대에 반역을 했다고 한다(왕하 3:4-27). 이때 남 왕국은 여호사밧이 다스리고 있었다.

암몬 사람들의 이야기는 다윗 시대까지 거슬러 올라간다. 다윗의 부하 요압이 암몬을 제압하여 속국으로 삼은 적이 있다(cf. 대상 19장). 이스라엘의 지배 아래 속국으로 살았던 암몬과 모압이 세력이 커지자 지난날의 착취와 수모를 앙갚음하기 위해 연합군을 형성해서 유다를 쳐들어온 것이다. 이들은 남 왕국 유다보다는 북 왕국 이스라엘에게 보복할 일이 더 많았지만, 아마도 당시 여호사밧과 아합 집안이 조약을 맺은 상태였기 때문에 두 자매 나라 중 유다가 더 만만해 보여 먼저 유다를 침략해 온 것으로 생각된다(Hill).

우리말 번역본들이 세 번째 민족으로 묘사하는 "마온 사람들"(개역; 새번역)/"므운 사람들"(공동)(מֵהָעַמּוֹנִים)이 누구였는지가 확실하지 않다. 이 단어/문구를 그대로 해석하면 "다른 암몬 사람들"이라는 뜻이다. 그래서 일부 영어 번역본들은 "other Ammonites"(다른 암몬 사람들)로 번역한다(KJV; TNK). 반면에 대부분 번역본은 칠십인역의 "Μιναίων"(미나 사람들)을 근거로 "Meunites"(므은 사람)으로 번역한다(NIV; NAS; NRS;

cf Allen; Mabie). 구약에서 본문을 벗어나서 마온 사람들이 등장하는 곳은 이 사건이 있은 후 약 100년이 지난 히스기야 시대이다. 웃시야가 이 민족을 정복하여 속국으로 삼았다고 한다(26:7). 그 외에는 알려진 바가 없다. 본문에서는 이들이 에돔 사람들의 땅이었던 세일 산에서 온 사람들이었다고 한다(10, 22-23절). 아마도 가나안 남쪽 광야를 떠돌며 살았던 유목민들이었을 가능성이 많다(cf. Williamson, Dillard, Japhet).

전령들이 이 사실을 여호사밧에게 보고하였다(2절). "매우 큰 부대"(הָמוֹן רָב)가 쳐들어 왔다고 하는데, 이 표현은 수적으로 상대할 수 없는 압도적인 규모를 뜻한다(Hill). 이들의 침략은 수적으로 매우 위협적이었다. 여호사밧이 약 120만 명에 달하는 군대를 지휘하고 있긴 했지만(cf. 17:14-18) 침략군의 수에 비하면 턱없이 부족했던 것이다. 아울러 이 표현은 "무질서하고 통제할 수 없는 떼거지"라는 뉘앙스를 지닌다(Japhet, Johnstone). 이 침략군은 여호사밧이 그동안 심혈을 기울인 개혁과 노력을 통해서 이루어낸 모든 질서와 정의를 한순간에 위협하고 있다(Johnstone).

연합군 침략자들은 사해 건너편 아람/에돔에서 침략해 왔으며, 그들은 이미 하사손다말이라고 하는 엔게디까지 진군해 왔다(2절). 본문이 부패해서 아람/에돔인지, 시리아를 뜻하는 아람인지 확실하지가 않다(cf. Mabie). 침략자들이 진군해온 지리적인 정황을 감안하면 분명 에돔이 맞다. 반면에 대부분의 사본은 침략자들이 아람(אֲרָם)에서 왔다고 한다. 그래서 번역본들도 두 가지로 나눈다. 일부는 아람/시리아에서 왔다고 하고(NAS; TNK; KJV; 개역), 나머지는 에돔에서 왔다고 한다(NIV; NRS; NLT; 공동; 표준). 침략자들이 "하사손다말이라고 하는 엔게디"(חַצְצוֹן תָּמָר הִיא עֵין גֶּדִי)까지 와 있다고 하는데, 엔게디는 예루살렘에서 40km 남서쪽에 있는 성읍이었다는 점을 감안하면 침략군은 유다와 예루살렘에 참으로 위협적인 요소가 아닐 수 없다.

보고를 받은 여호사밧은 곧장 하나님께 도와달라는 기도를 시작했고 온 유다 백성들에게 금식령을 내렸다(3절). 위기의 순간, 그는 인간적인 대책이나 군사적인 계책을 강구하지 않고 하나님의 도움을 바랐던 것이다. 구약에서 금식령은 전쟁과 같은 국가적인 위기 혹은 기근과 같은 재앙에서 하나님의 구원을 바랄 때 선포되곤 하였다. 금식은 사람이 자신의 무기력함을 하나님께 고백하는 수단이었다(Japhet). 역대기에서는 이 사건 외에 한 번 더 금식이 선포되었는데, 이스라엘의 초대 왕 사울의 죽음을 애도할 때였다(대상 10:12).

여호사밧의 반응만큼이나 온 유다 백성들의 반응도 종교적이었다. 왕이 부르지도 않았는데 그들은 모두 예루살렘으로 몰려와 여호사밧과 하나가 되어 하나님의 뜻을 구했다(4절). 지난 수십 년 동안 왕이 지속적으로 진행해온 종교개혁의 열매이다(Hill).

Ⅲ. 분열왕국의 역사(10:1–28:27)
5장. 여호사밧(17:1–21:1)
4. 모압-암몬과의 전쟁(20:1–30)
(1) 여호사밧의 전쟁 대비(20:1–19)

② 여호사밧의 기도(20:5–13)

5 여호사밧이 여호와의 전 새 뜰 앞에서 유다와 예루살렘의 회중 가운데 서서 6 이
르되 우리 조상들의 하나님 여호와여 주는 하늘에서 하나님이 아니시니이까 이방
사람들의 모든 나라를 다스리지 아니하시나이까 주의 손에 권세와 능력이 있사오
니 능히 주와 맞설 사람이 없나이다 7 우리 하나님이시여 전에 이 땅 주민을 주의
백성 이스라엘 앞에서 쫓아내시고 그 땅을 주께서 사랑하시는 아브라함의 자손에
게 영원히 주지 아니하셨나이까 8 그들이 이 땅에 살면서 주의 이름을 위하여 한
성소를 주를 위해 건축하고 이르기를 9 만일 재앙이나 난리나 견책이나 전염병이
나 기근이 우리에게 임하면 주의 이름이 이 성전에 있으니 우리가 이 성전 앞과 주
앞에 서서 이 환난 가운데에서 주께 부르짖은즉 들으시고 구원하시리라 하였나이
다 10 옛적에 이스라엘이 애굽 땅에서 나올 때에 암몬 자손과 모압 자손과 세일 산
사람들을 침노하기를 주께서 용납하지 아니하시므로 이에 돌이켜 그들을 떠나고

> 멸하지 아니하였거늘 11 이제 그들이 우리에게 갚는 것을 보옵소서 그들이 와서 주
> 께서 우리에게 주신 주의 기업에서 우리를 쫓아내고자 하나이다 12 우리 하나님이
> 여 그들을 징벌하지 아니하시나이까 우리를 치러 오는 이 큰 무리를 우리가 대적
> 할 능력이 없고 어떻게 할 줄도 알지 못하옵고 오직 주만 바라보나이다 하고 13 유
> 다 모든 사람들이 그들의 아내와 자녀와 어린이와 더불어 여호와 앞에 섰더라

왕은 성전 새 뜰 앞에 모인 유다와 예루살렘 회중 가운데 서서 온 나라를 대표하여 하나님께 기도했다(cf. 5, 13절). 이야기에서 "회중"(קָהָל)이라는 단어가 세 차례나 사용되며 위기 앞에서 연합된 백성들의 모습을 강조한다(5, 14, 26절). 저자는 귀향민 독자들에게 여호사밧 시대에 온 백성이 연합하여 위기를 이겨냈던 것처럼 연합하여 민족의 영성을 회복하는 일을 추진해야 한다고 강조한다(Hill). 저자는 성전의 "새 뜰"(הֶחָצֵר הַחֲדָשָׁה)에 대해서 이렇다 할 설명을 하지 않는다. 이후 성경에서 "성전의 새 뜰"이 다시는 언급되지 않기 때문에 구체적으로 어느 곳을 의미하는지 알 수는 없지만, 예루살렘 성전 근처였음은 확실하다. 그의 기도는 국가적 위기를 맞이한 '공동체 탄식 시' 형태를 취하는데 이 양식은 다음과 같은 요소들을 포함한다(cf. 시 12; 44; 58). (1) 하나님을 부름(6절), (2) 과거에 입은 은혜 회고(7-8절), (3) 결백 주장과 확신 고백(9절), (4) 탄원(10-11절), (5) 구원 호소(12절)(Hill, cf. Petersen).

이와 같은 순서로 진행되는 여호사밧의 기도는 하나님의 자비나 은총에 호소하는 것이 포인트가 아니라 하나님의 공의와 정의가 실현되기를 바라는 것에 초점을 맞춘다. 여호사밧은 유다가 억울한 일을 당하고 있다며 정의의 하나님이 공평하게 판결해 달라고 호소하고 있다. 여호사밧은 자신의 이름이 뜻하는 바("여호와께서 심판하신다")를 하나님께 요구하고 있다(Johnstone). 여호와의 공정한 판결을 갈망하는 그는 서로 대조적인 언어를 사용하여 기도를 진행해 나간다. (1) 무자비하고 강한 침략자와 의롭지만 연약한 이스라엘, (2) 위기에 처한 무능한 주의

백성과 전능하신 주 여호와. 여호사밧의 기도는 세 단계를 통해 점진적으로 전개되는데, 단계에 따라 점차적으로 짧아지며 세 번째 단계에 이르러서는 가장 짧고 절정에 달한다(Japhet). 첫 번째 단계인 6-9절은 여호사밧의 간구를 뒷받침할 전반적인 신학적 근거를 제시한다. 두 번째 단계인 10-11절은 위협의 본질을 정리한다. 가장 짧은 세 번째 단계인 12절은 하나님의 개입을 호소한다.

여호사밧은 하나님의 네 가지 성품을 기념하며 기도를 시작한다(6절). 첫째, 여호와는 위기를 맞은 이스라엘 조상의 하나님이시다. 아브라함 이후 지난 수천 년 동안 이스라엘과 함께하신 하나님께 이방인들의 침략을 받아 위기를 맞은 민족이 다름 아닌 이스라엘의 자손들임을 호소한다. 특히 주의 백성이 정착하고 사는 땅은 하나님이 그들에게 주신 것이다. 그러므로 침략자들은 이스라엘의 정당한 권리를, 하나님의 주권을 동시에 침해하고 있다(Allen).

둘째, 여호와는 하늘에 계시는 하나님이시다. 하나님이 세상의 일부가 아니며 온 세상을 하늘에서 내려다보시는 분이시고 세상과는 완전히 다른 분이심을 강조한다. 그분은 하늘에서 이 세상에서 진행되는 모든 일을 낱낱이 보시는 분이시다. 세 민족이 합세하여 이스라엘을 침략해 온 것도 보셨다는 뜻이다.

셋째, 여호와는 세계 만민의 모든 나라를 다스리시는 분이시다. 하나님은 이스라엘만을 수호하시는 분이 아니라 온 세상 모든 나라도 통치하신다. 지금 쳐들어온 모압, 암몬, 마온 사람들도 그분의 통치 아래 있다. 혹시 이들이 여호와의 허락을 받지 않고 유다를 침략해 온 것은 아닌가를 묵상하게 한다. 만일 그렇다면 이 전쟁은 단순히 이스라엘과 적들의 전쟁이 아니라, 하나님의 열방 통치권이 도전을 받은 상황이다(Allen).

넷째, 여호와는 무한한 권세와 능력을 가진 분이시다. 만일 이 민족들이 하나님의 허락 없이 이스라엘을 쳤다면, 분명 그들을 벌하실 것이다. 하나님은 정의의 하나님이시며 자기의 주권을 침해하는 자들을 결코 용납하지 않으실 것이기 때문이다.

여호사밧은 6절에서 하나님이 하늘에 거하시면서 온 세상을 통치하는 전능하신 분이시며, 특별히 이스라엘을 조상 때부터 보호해 주신 분이라고 했다. 이러한 사실을 근거로 왕은 한 걸음 더 나아가 이스라엘은 전능자이자 통치자이신 하나님이 주신 땅에서 살아가고 있다고 한다(7절). 하나님은 원주민들(viz., 가나안 사람들)을 이스라엘 앞에서 쫓아내시고 이 땅을 주님의 벗 아브라함의 자손에게 영원히 주셨다(cf. 여호수아). 이스라엘이 무단 침입해서 스스로 가나안 땅을 차지한 것이 아니라 세상 모든 나라를 다스리시는 여호와께서 원주민들을 내치시고 그 땅을 이스라엘에게 주셨기 때문에 이 땅은 이스라엘의 것이라는 뜻이다. 그러므로 세 민족이 이 땅을 취하려고 쳐들어왔다는 것은 하나님의 섭리와 주권을 거역하는 행위이다. 여호사밧은 하나님의 감정을 자극하기 위해서 아브라함을 "주님의 벗"(אֹֽהַבְךָ)이라고 하며, 이 땅은 하나님이 이스라엘에게 "영원히"(לְעוֹלָם) 주신 것이라고 한다.

그들은 전능하신 여호와께서 이스라엘에게 이 땅을 영원히 주신 것을 믿고 여호와께서 기업으로 주신 땅에 성전을 건축하였다(8절). 그리고 위기에 처할 때마다 이스라엘은 성전을 찾아가 땅을 선물로 주신 능력의 하나님께 간구하기로 다짐했다(9절). 흥미로운 것은 솔로몬은 헌당 기도에서 하나님이 백성들의 기도를 "하늘에서 들으시고"라는 말을 여러 차례 반복함으로써 성전이 결코 하나님의 거처가 될 수 없음을 강조한 반면, 여호사밧은 "이 성전"(הַבַּיִת הַזֶּה) 앞에 서는 것은 하나님 앞에 서는 것이라는 사실을 강조한다(9절).

여호사밧은 비록 성전이 하나님의 거처가 될 수는 없지만, 이 세상에서 하나님의 임재를 상징하는 건물로서 전혀 손색이 없다는 것을 잘 알고 있다. 여호사밧과 함께한 백성들에게는 하나님께 도움을 청할 때마다 주께서 그들에게 구원의 손길을 내미실 것이라는 믿음이 있었다.

여호사밧은 국가적인 위기에 처한 이스라엘이 어떤 근거로 하나님의 전을 찾게 되었는지를 명확하게 설명한다. 하나님의 인격과 과거에 베풀어주신 은혜가 이번에도 그분을 찾는 동기부여가 된다. 위기의 순간에 가장 호소력 있는 부르짖음은 곧 하나님의 인격과 이미 베풀어주신 은혜를 묵상하는 것이다.

백성들과 함께 주님을 찾게 된 동기를 설명한 여호사밧은 이스라엘이 당면하고 있는 이번 위기는 사실상 하나님이 책임지고 해결해 주실 의무가 있다는 것을 설득력 있게 호소하고 있다. 그는 출애굽 때 일을 회상한다. 이스라엘이 이집트에서 출발하여 광야를 거쳐 가나안 땅으로 입성하는 과정에서 암몬과 모압 자손을 칠 수 있었지만 하나님은 그들이 이스라엘과 피를 나눈 민족들이라 하여 치는 것은 물론이고 그들의 땅을 지나가는 것도 금하셨다(10절). 창조주 하나님이 명령하셨기 때문에 이스라엘은 그들에게 일종의 자비를 베푼 것이다.

세월이 지나자 그들이 오히려 이스라엘을 침략해 왔다. 여호사밧은 하나님이 출애굽 때 그들을 치는 것을 허락하셨다면 이 순간에 드러난 배은망덕한 행위를 예방할 수 있었다고 생각한다. 이스라엘이 모압과 암몬을 치지 않은 유일한 이유는 하나님의 명령에 순종하기 위함이었다. 결국 이 모든 일이 하나님의 말씀대로 살다 빚어진 일이라는 것이다. 그러므로 여호사밧은 이번 일은 이스라엘이 하나님의 말씀에 순종해서 일어난 일이니 하나님이 침묵하시면 안 된다고 한다.

암몬과 모압의 배은망덕한 침략은 이스라엘이 여호와의 말씀에 순종해서 빚어진 일이라는 사실을 상기시킨 여호사밧이 여호와의 개입을 호소한다(12절). 그가 원하는 것은 그들의 배은망덕한 행위에 대한 하나님의 공의로운 심판이다. 여호사밧은 하나님이 모압과 암몬에 벌을 내리시기를 간구한다. 동시에 이스라엘의 연약함을 솔직하게 고백한다. "우리의 힘은 보잘것없습니다. 우리는 지금 어떻게 해야 할지 모르겠습니다." 이러한 상황에서 주의 백성이 유일하게 할 수 있는 것이 무엇인가? 오직 주님만을 바라보며 선처를 기대하는 일뿐이라고 여호사밧은 마지막으로 고백한다. 왕의 이런 겸손하고 하나님만 바라보는 기도에 모든 백성이 함께했다. 국가적 위기가 얼마나 심각했으면 평소에는 모습을 보이지 않던 아녀자들까지 모두 주님 앞에 모였다(13절).

여호사밧의 기도는 위기에 처한 자들이 무엇을 어떻게 기도해야 하는지를 가르쳐준다. 무엇보다도 하나님은 어떤 분이시라는 것, 즉 하나님의 속성(attribute)에 대한 깊은 이해가 있어야 한다. 또한 하나님이 과거에 하신 일, 특히 베풀어주셨던 은혜를 기념해야 한다. 만일 당면한 위기가 하나님의 말씀대로 살다가 빚어진 일이라면 하나님께 더욱더 강력한 호소를 할 수 있는 근거가 된다. 위기에 처한 자가 기도할 것은 구원과 선처가 아니고 하나님의 공의가 드러나기를 간구해야 한다. 그리고 마음에서 모든 것을 비우고 오직 주님만을 바라보아야 한다.

Ⅲ. 분열왕국의 역사(10:1–28:27)
5장. 여호사밧(17:1–21:1)
4. 모압-암몬과의 전쟁(20:1–30)
(1) 여호사밧의 전쟁 대비(20:1–19)

③ 선지자의 신탁(20:14–17)

14 여호와의 영이 회중 가운데에서 레위 사람 야하시엘에게 임하셨으니 그는 아삽
자손 맛다냐의 현손이요 여이엘의 증손이요 브나야의 손자요 스가랴의 아들이더
라 15 야하시엘이 이르되 온 유다와 예루살렘 주민과 여호사밧 왕이여 들을지어다
여호와께서 이같이 너희에게 말씀하시기를 너희는 이 큰 무리로 말미암아 두려워
하거나 놀라지 말라 이 전쟁은 너희에게 속한 것이 아니요 하나님께 속한 것이니
라 16 내일 너희는 그들에게로 내려가라 그들이 시스 고개로 올라올 때에 너희가
골짜기 어귀 여루엘 들 앞에서 그들을 만나려니와 17 이 전쟁에는 너희가 싸울 것
이 없나니 대열을 이루고 서서 너희와 함께 한 여호와가 구원하는 것을 보라 유다
와 예루살렘아 너희는 두려워하지 말며 놀라지 말고 내일 그들을 맞서 나가라 여
호와가 너희와 함께 하리라 하셨느니라 하매

침략해 온 군대의 규모가 워낙 크기 때문에 어떻게 해야 할 바를 전혀 모르고 그저 주님만을 바라볼 뿐이라는 왕의 겸손한 기도에(cf. 12절) 하나님은 야하시엘이라는 레위 사람을 통해서 응답하셨다(14절). 야하시엘에게 "여호와의 영"(רוּחַ יְהוָה)이 임한 것이다. 아사 왕 시대 때 오뎃의 아들 아사랴라는 사람에게 하나님의 영이 임하여 아사의 개혁에 박차를 가한 적이 있다(cf. 15:1-7). 이미 아사랴와 연관해서 언급한 것처럼 역대기 저자는 무명의 선지자 혹은 선지자 사역이 본업이 아닌 사람들의 신탁을 소개할 때 이러한 문구를 사용한다(Schniedewind). 하나님의 권위 있는 말씀이 이들에게 임했으니, 메시지 선포자를 보고 판단하지 말고 그에게 말씀을 주신 분을 염두에 두고 평가하라는 것이다.

이번에 말씀을 선포하는 야하시엘 역시 하나님의 말씀을 대언할 만한 사람은 아닌 것으로 보인다. 찬양대로 예배에 참석한 사람일 수도 있다(Japhet). 당시 제사장들도 많았고 전문적인 선지자들도 있었을 텐데 이 무명의 레위 사람이 하나님의 말씀을 대언할 줄이야! 저자도 이 점을 고려해서 그의 계보를 5대나 거슬러 올라가며 알려 준다. 그는 맛다냐-여이엘-브나야-스가랴의 계보를 잇는 사람이라며 야하시엘이 분명히 레위 지파 사람인 것을 강조한다. 맛다냐는 다윗 시대 때 찬양대장으로 사역한 아삽의 증손이었다(cf. 대상 9:15; 25:16).

야하시엘이 선포한 말씀은 구원 신탁(salvation oracle)과 유사하며(Williamson, Dillard), 온 백성에게 성전(聖戰)이 시작될 것을 선포한다(Mason). 하나님이 이스라엘 편에 서서 전쟁하시기 위해 오셨다는 야하시엘의 신탁은 여호사밧과 백성의 두려움을 해소하기에 충분했다. 우리말 번역본 중에서는 공동번역이 히브리어 단어 순서가 의미하는 메시지를 가장 잘 드러내고 있다. "두려워 마라. 적군이 아무리 많더라도 겁내지 마라"(15b절). 그다음 선지자는 왜 이들이 두려워하지 않아도 되는지를 구체적으로 알려준다. "이 전쟁은 너희의 것이 아니라, 하나님의 것이다"(15c절. 공동). 유다를 침략해온 연합군과의 전쟁은 성전(聖

戰)이 될 것을 확인해 주신다.

여호사밧은 "우리는 어떻게 할 줄도 알지 못한다"(12절)고 고백했는데, 하나님은 야하시엘의 신탁을 통해 "어떻게 할 바"도 알려 주셨다. 내일 적이 진군해오면 여루엘 들 맞은편에서 그들을 맞으라는 것이었다(16절). 이러한 지시는 이 전쟁이 하나님이 싸우시는 전쟁이라는 점을 확인하는 징표가 된다. 적군이 여루엘에서 이스라엘을 만나기 위해서 시스 고개로 올라올 것이라는 말씀도 더하셨다. 다음날 적의 이동 경로와 유다가 그들을 만나는 장소가 신탁이 선언하는 것과 맞으면 정녕 하나님이 하시는 일임을 깨닫고 말씀하신 대로 그들과 싸우실 것을 믿으라는 뜻이다.

시스 고개/언덕과 여루엘은 이곳에만 언급하는 장소들이어서 어디에 있었는지 알 수는 없지만 사해 쪽에서 예루살렘을 향해 오다 보면 지나야 하는 지형을 잘 반영하고 있다(Japhet). 여호사밧과 백성들이 바로 다음 날 드고아 근처에 있는(cf. 20절) 이곳에서 적들을 만나는 것을 감안할 때 예루살렘에서 상당히 가까운 지역임을 알 수 있다. 유다는 적군이 이처럼 예루살렘 근처까지 진군해오는 동안 아무런 손을 쓰지 못했음을 뜻한다. 여호사밧이 고백한 것처럼 이들은 적군의 규모에 놀라 참으로 어찌할 바를 몰랐던 것이다.

하나님은 유다가 결코 적군을 상대할 필요가 없음을 다시 한 번 강조하셨다(17절). 왕과 백성들은 여호와께서 가져다주는 승리를 즐기기만 하면 된다. 그리고 적들을 두려워하지 말 것을 다시 강조하셨다. "너희는 두려워하지 말아라. 겁내지 말아라." 야하시엘은 마지막으로 여호사밧과 백성들에게 다음날 당당하게 전쟁터로 나가라고 했다. 하나님이 그들과 함께하실 것이기 때문이다.

이 말씀은 분명 구원 신탁이기는 하지만 사실 많은 믿음을 요구하는 선언이기도 하다. 하나님이 이번만큼은 어떤 군사적 준비도 하지 말고 오직 주께서 적들을 어떻게 물리치시는가만 지켜보라고 하셨다. 그러나 여호사밧과 백성들 입장에서는 모험이다. 아무런 전쟁 준비를 하지 않고 나갔다가 만일 일이 잘못되면 어떻게 할 것인가? 그러므로 선지자를 통해서 선포된 신탁을 그대로 받아들이는 일 자체가 큰 믿음을 요구한다. 저자는 오직 여호와의 말씀을 어떤 의심의 여지도 없이 믿는 자들만이 그분의 기적을 체험할 것이라고 선언한다.

Ⅲ. 분열왕국의 역사(10:1-28:27)
5장. 여호사밧(17:1-21:1)
4. 모압-암몬과의 전쟁(20:1-30)
(1) 여호사밧의 전쟁 대비(20:1-19)

④ 예배와 찬양(20:18-19)

**18 여호사밧이 몸을 굽혀 얼굴을 땅에 대니 온 유다와 예루살렘 주민들도 여호와
앞에 엎드려 여호와께 경배하고 19 그핫 자손과 고라 자손에게 속한 레위 사람들
은 서서 심히 큰 소리로 이스라엘 하나님 여호와를 찬송하니라**

야하시엘의 신탁을 받은 여호사밧은 그 자리에서 하나님께 엎드려 경배했다. 하나님이 이스라엘 편에 서서 적들을 물리치려고 오신다는 신탁을 받은 백성이 하나님을 찬양하고 경배하는 것 외에 무엇을 더하겠는가! 여호사밧이 처한 정황을 고려하면 당연한 일이라고 할 수도 있겠지만, 평생 여호와를 경외하고 그분만을 바라보며 살아왔던 그이기에 이 순간 더욱더 감격에 찬 경배를 드릴 수 있었을 것이다. 또한 여호사밧의 경배와 찬양은 하나님이 말씀하신 대로 될 것이라는 확신과 믿음의 표현이기도 하다. 그는 다음날까지 기다렸다가 하나님의 말씀대로 된 것을 보고 그분을 경배한 것이 아니라, 신탁을 받은 순간에 아무 주저함 없이 드리는 경배이기 때문이다(Japhet).

예루살렘에 모여든 유다의 모든 백성도 함께 그 자리에 엎드려 여호와께 감사기도를 드렸다. 이런 이스라엘의 모습을 우리도 답습해야 한다. 예배는 지켜보는 것이 아니라 행동하는 것이기 때문이다(Hill). 그핫 자손과 고라 자손들로 구성된 찬양대는 목소리를 높여 하나님을 찬

양했다. 그핫의 자손들과 고라 자손들은 대체로 문지기 역할을 맡았다(cf. 대상 9:19, 31; 26:1 등등). 그러나 많은 시편을 남긴 점을 감안하면 그들이 성가대로 봉사했으며(cf. 시 42; 44 등등), 나중에는 성가대 사역의 구심점이 되었을 것으로 본다(Petersen, Allen).

Ⅲ. 분열왕국의 역사(10:1-28:27)
5장. 여호사밧(17:1-21:1)
4. 모압-암몬과의 전쟁(20:1-30)

(2) 거룩한 전쟁(20:20-30)

여호사밧과 백성들은 적들과 싸우기 위해서 전쟁터로 나갔다. 그러나 일상적인 무기를 가지고 군대의 전열을 형성하며 행진하지 않았다. 하나님이 스스로 싸우시겠다고 하신 말씀을 믿고 찬양대를 앞세우고 갔다. 그리고 승리했다! 선지자를 통해 주신 말씀대로 여호와께서 그들을 위해서 싸워주셨다. 그래서 패할 수밖에 없었던 그들이 오히려 승리하여 엄청난 노획물을 앞세우고 돌아왔다. 이 섹션은 세 부분으로 구분한다.

A. 여호와의 승리(20:20-26)
B. 영광스러운 개선(20:27-28)
C. 전쟁 이후 상황(20:29-30)

Ⅲ. 분열왕국의 역사(10:1-28:27)
5장. 여호사밧(17:1-21:1)
4. 모압-암몬과의 전쟁(20:1-30)
(2) 성전(聖戰)(20:20-30)

① 여호와의 승리(20:20-26)

20 이에 백성들이 아침에 일찍이 일어나서 드고아 들로 나가니라 나갈 때에 여호
사밧이 서서 이르되 유다와 예루살렘 주민들아 내 말을 들을지어다 너희는 너희
하나님 여호와를 신뢰하라 그리하면 견고히 서리라 그의 선지자들을 신뢰하라 그

리하면 형통하리라 하고 21 백성과 더불어 의논하고 노래하는 자들을 택하여 거룩
한 예복을 입히고 군대 앞에서 행진하며 여호와를 찬송하여 이르기를 여호와께
감사하세 그의 인자하심이 영원하도다 하게 하였더니 22 그 노래와 찬송이 시작될
때에 여호와께서 복병을 두어 유다를 치러 온 암몬 자손과 모압과 세일 산 주민들
을 치게 하시므로 그들이 패하였으니 23 곧 암몬과 모압 자손이 일어나 세일 산 주
민들을 쳐서 진멸하고 세일 주민들을 멸한 후에는 그들이 서로 쳐죽였더라 24 유
다 사람이 들 망대에 이르러 그 무리를 본즉 땅에 엎드러진 시체들뿐이요 한 사
람도 피한 자가 없는지라 25 여호사밧과 그의 백성이 가서 적군의 물건을 탈취할
새 본즉 그 가운데에 재물과 의복과 보물이 많이 있으므로 각기 탈취하는데 그 물
건이 너무 많아 능히 가져갈 수 없을 만큼 많으므로 사흘 동안에 거두어들이고 26
넷째 날에 무리가 브라가 골짜기에 모여서 거기서 여호와를 송축한지라 그러므로
오늘날까지 그 곳을 브라가 골짜기라 일컫더라

드디어 결전의 날이 밝았다. 백성들은 다음 날 아침 일찍 일어나서 드고아 들로 나갔다(20a절). 드고아는 예루살렘에서 동쪽으로 약 15km 떨어져 있었다. 백성들이 전쟁터로 향할 때 여호사밧이 격려하며 호소했다. "주 우리의 하나님을 믿어야만 흔들리지 않습니다. 주님께서 보내신 예언자들을 신뢰하십시오. 우리는 반드시 이깁니다"(20b절, 새번역). 여호사밧이 이처럼 백성들을 믿음으로 권면한 때로부터 약 100년 후에 선지자 이사야가 비슷한 말로 믿음이 없는 아하스를 책망한다(사 7:9). 반면에 여호사밧은 매우 확신에 차서 이런 말을 하고 있다. 이 사람이 바로 하루 전에 "어떻게 할 바를 알지 못한다"라고 고백했던 그 사람이 맞는가? 무엇이 그를 이렇게 확신에 찬 신앙인으로 변화시킨 것인가? 바로 전날 야하시엘을 통해 온 하나님의 말씀이었다. 하나님이 이 전쟁을 직접 싸우실 것이라는 말씀을 듣고 여호사밧이 완전히 변했다(Japhet).

역대기 저자는 여호사밧이 백성들을 격려하는 말씀을 통해서 자신의

독자들에게 도전을 주고자 한다. 이 세상 그 무엇을 의지하고 믿어서는 안 될 것이며 오직 여호와만 의지해야 한다. 하나님을 믿을 때만 흔들리지 않기 때문이다. 어떤 이들은 역대기의 이 말씀, "주 우리의 하나님을 믿어야만 흔들리지 않습니다"를 "20/20 〔영적〕 시력"이라고 한다. 이 말씀이 역대하 20:20에 기록되어 있는 점을 쉽게 기억하기 위해서이며, 하나님이 우리에게 이런 영적 시력을 요구하신다는 의미에서이다. 영어권에서는 사람이 가질 수 있는 가장 좋은 시력을 20이라고 하는데(우리나라에서는 2.0으로 표현함), 두 눈 모두 20이라면 더 이상 바랄 게 없다. 우리에게 가장 필요한 영적 시력은 다름 아닌 "주 우리의 하나님을 전적으로 믿는 것"이다.

여호사밧은 하나님에 대한 신뢰와 확신을 행동으로 옮겼다. 백성들과 상의하여 동의를 얻은 후 전쟁터로 나가는 군대에 성가복을 입힌 찬양대를 앞세웠다(21a절). 하나님이 이미 전쟁은 주님이 하실 것이니 유다 백성들은 그저 지켜만 보고 하나님이 안겨주실 승리를 즐기라고 하신 말씀을(17절) 액면 그대로 믿고 행동에 옮긴 것이다. 왕은 "하나님을 믿어야만 흔들리지 않는다"는 것이 무엇을 의미하는지 몸소 실천했다. 어떠한 의심도 없이 액면 그대로 믿는다는 것을 뜻한다.

군대를 앞서가던 찬양대는 "여호와께 감사하세 그의 인자하심이 영원하도다" 찬송을 부르며 전쟁터로 나아갔다(21b절). 성경에서 군대가 찬양하며 싸움터로 나아가는 일은 이 전쟁이 유일하다. 레위 사람들의 찬양으로 전쟁터의 함성(battle cry)을 대신한 것이다(Williamson).

드디어 하나님이 싸우시기 시작했다. 주께서 복병을 시켜서 적군을 치게 하여 그들을 완전히 물리치셨다(22절). 복병이 천군 천사였는지(Johnstone), 아니면 유다 군대였는지(Japhet) 정확하지 않다. 그러나 유다 사람들이 아직 싸움터에 도착하지 않은 것으로 보아 유다 군대와는 무관한 일로 생각된다(cf. 24절). 또한 바로 다음에 벌어진 일이 유다를 침략해온 적군이 서로를 죽이는 상황인 것으로 보아(23절) 상상을 초월하는 공포가 침략자들을 휩쓴 것으로 생각된다. 두려움과 공포가 적들을 사로잡는 것은 성전(聖戰)의 전형적인 형태이다. 복병이 누구였든 간에 적들에게 엄청난 공황 상태를 조성하기에 충분했다.

하나님이 적들을 치시니 암몬과 모압 사람들이 합세하여 세일 산에서 온 사람들(마온 족)을 죽였다. 그런 다음에는 암몬 사람들과 모압 사람들이 서로 쳐 죽였다(23절). 유다를 침략해온 군대가 순식간에 자멸한 것이다! 성경에는 주의 백성을 대적하던 적군이 스스로 자멸하는 일이 몇 차례 기록되어 있다(삿 7:22; 삼상 14:20; 왕하 3:23; 겔 38:21; 학 2:22). 하나님이 적을 물리칠 때 종종 사용하시는 방법이다. 하나님은 전날 선지자를 통해 주신 신탁을 통해서 여호사밧과 유다에게 자신이 직접 나서서 싸울 것이니 걱정할 필요가 없다고 하셨다. 여호사밧은 이 말씀을 믿고 찬양대를 앞세우고 전쟁터에 나왔다. 모든 일이 여호사밧이 믿고 기대한 대로 되었다.

유다 사람들이 망대에 이르러 들판을 내려다보니 적들이 모두 죽어 있었다(24절). 전쟁터로 나아왔던 여호사밧과 유다 사람들은 하나님의 말씀대로 싸우지도 않고 전리품을 챙기게 되었다(25절). 하나님이 왕과 백성들의 믿음을 축복으로 화답하신 것이다. 사람들이 쓰러진 적군의 시체들 사이를 다니며 마음껏 탈취했다. 전리품이 얼마나 많았던지 거두어들이는 데 3일이 걸렸다. 세 민족(암몬, 모압, 마온)으로 구성된 적군의 물건을 약탈하는 데 3일 걸렸으니, 한 민족당 하루가 걸린 셈이다. 드디어 전리품을 모두 거두어들인 다음 날, 이스라엘 사람들은 브라가 골짜기에 모여서 하나님을 송축하였다. "브라가"(בְּרָכָה)는 "찬양/축복"이라는 뜻이다. 이곳에서 왕과 백성들이 하나님을 찬양했기 때문에 이곳의 이름이 "브라가"가 되었다고 한다(26절).

Ⅲ. 분열왕국의 역사(10:1–28:27)
5장. 여호사밧(17:1–21:1)
4. 모압-암몬과의 전쟁(20:1–30)
(2) 성전(聖戰)(20:20–30)

② 영광스러운 개선(20:27–28)

27 유다와 예루살렘 모든 사람이 다시 여호사밧을 선두로 하여 즐겁게 예루살렘으
로 돌아왔으니 이는 여호와께서 그들이 그 적군을 이김으로써 즐거워하게 하셨음
이라 28 그들이 비파와 수금과 나팔을 합주하고 예루살렘에 이르러 여호와의 전에
나아가니라

찬양대를 앞세우고 찬양을 부르며 전쟁터로 떠났던 여호사밧과 백성들이 더 큰 소리로 찬양을 부르며 돌아왔다. 개선하는 유다 사람들은 찬양대와 악단과 함께 기뻐하며 열광하였다. 며칠 전 전쟁터로 떠날 때 성전(聖殿)에서 출발했던 그들이 성전(聖戰)에 참여했다가 다시 성전(聖殿)으로 돌아왔다. 모든 것이 하나님의 말씀대로 이루어졌고 주의 백성은 별로 싸우지도 않고 승리했다. 전쟁에서 승리하고 돌아온 여호사밧과 백성들은 적들의 침략 소식을 처음 듣고 어찌할 바 모르고 금식하며 기도하던 바로 그곳에 서 있다. 장소는 같은 곳이지만, 며칠 전과 완전히 다른 분위기이다. 주의 백성은 하나님의 신실하심에 감격했고, 하나님이 자신들의 기도를 들어주신 것에 감격했다.

Ⅲ. 분열왕국의 역사(10:1–28:27)
5장. 여호사밧(17:1–21:1)
4. 모압-암몬과의 전쟁(20:1–30)
(2) 성전(聖戰)(20:20–30)

③ 전쟁 이후 상황(20:29–30)

29 이방 모든 나라가 여호와께서 이스라엘의 적군을 치셨다 함을 듣고 하나님을
두려워하므로 30 여호사밧의 나라가 태평하였으니 이는 그의 하나님이 사방에서
그들에게 평강을 주셨음이더라

하나님이 유다를 침략해온 모압과 암몬과 마온 자손들을 물리치신

일은 유다가 이 전쟁에서 승리한 것 이상의 효과를 발휘했다. 주변 국가들이 소식을 듣고 하나님을 두려워하게 된 것이다(29절). 그래서 여호사밧이 다스리는 동안 유다는 태평하고(שׁקט) 평안했다(נוח)(30절). 하나님이 사방으로 평안함을 주셨기 때문이다. 하나님이 어떤 분이신가를 깨달은 이방 나라들이 유다를 넘볼 생각을 아예 하지 않았다.

Ⅲ. 분열왕국의 역사(10:1-28:27)
5장. 여호사밧(17:1-21:1)

5. 통치 요약(20:31-21:1)

31 여호사밧이 유다의 왕이 되어 왕위에 오를 때에 나이가 삼십오 세라 예루살렘에서
이십오 년 동안 다스리니라 그의 어머니의 이름은 아수바라 실히의 딸이더라 32 여
호사밧이 그의 아버지 아사의 길로 행하여 돌이켜 떠나지 아니하고 여호와 보시기
에 정직하게 행하였으나 33 산당만은 철거하지 아니하였으므로 백성이 여전히 마음
을 정하여 그들의 조상들의 하나님께로 돌아오지 아니하였더라 34 이 외에 여호사밧
의 시종 행적은 하나니의 아들 예후의 글에 다 기록되었고 그 글은 이스라엘 열왕기
에 올랐더라 35 유다 왕 여호사밧이 나중에 이스라엘 왕 아하시야와 교제하였는데 아
하시야는 심히 악을 행하는 자였더라 36 두 왕이 서로 연합하고 배를 만들어 다시스
로 보내고자 하여 에시온게벨에서 배를 만들었더니 37 마레사 사람 도다와후의 아들
엘리에셀이 여호사밧을 향하여 예언하여 이르되 왕이 아하시야와 교제하므로 여호
와께서 왕이 지은 것들을 파하시리라 하더니 이에 그 배들이 부서져서 다시스로 가
지 못하였더라 21:1 여호사밧이 그의 조상들과 함께 누우매 그의 조상들과 함께 다윗
성에 장사되고 그의 아들 여호람이 대신하여 왕이 되니라

본 텍스트는 열왕기상 22:41-50을 바탕으로 한다. 그러나 여호사밧의 북 왕국 왕과의 관계 등 북 왕국에 대한 내용(cf. 왕상 22:41, 44)과 아사 시대까지 남아있던 신전 남창들을 내쫓은 일(왕상 22:46)은 삭제했다. 나머

지 부분은 열왕기에 기록된 이야기와 거의 비슷하다.

여호사밧은 35세에 왕이 되어 25년 동안 통치했다(31절). 통치 기간은 아버지 아사와 공동 통치 3년(872-869 BC)과 아들 여호람과 공동 통치 5년(853-848 BC)을 포함한다(Thiele). 그렇다면 여호사밧이 홀로 유다를 통치한 기간은 주전 869-853년 사이의 16년에 불과하다. 이 연대와 숫자는 열왕기상 15:24, 22:51-52, 열왕기하 1:17, 3:1, 8:16-24 등을 감안하여 내린 결론이다.

여호사밧은 아버지 아사처럼 믿음의 사람이었다(32절). 그는 하나님 보시기에 정직하게 행했지만 아쉬운 점은 산당을 제거하지 않아 백성들이 산당으로 인해 실족하게 되었다는 점이다(33절). 여호사밧은 참으로 훌륭한 왕이었지만, 이처럼 큰 오점을 남겼다. 만일 그가 산당까지 제거하여 온 백성이 성전에서만 예배를 드리게 했다면 하나님이 매우 기뻐하시고, 그는 이스라엘 역사에 길이 빛나는 왕이 되었을 것이다. 그러므로 과감하게 산당을 제거하지 못한 것은 참으로 아쉬운 일이다.

성경에서 몇몇 유다 왕이 긍정적인 평가를 받지만 오직 두 왕만 산당을 제거한 것으로 기록되어 있다. 바로 히스기야와 요시야이다. 여호사밧의 나머지 행적은 "하나니의 아들 예후의 글"에 기록되어 있는데, 이 내용은 "이스라엘 열왕기"에도 올라있다고 한다(34절). 저자가 열왕기 외에 사용한 출처를 밝히고 있다. 하나니의 아들 예후는 여호사밧이 아합과 연합하여 시리아를 친 전쟁에서 패하고 예루살렘으로 도망왔을 때 그를 책망한 선지자였다(cf. 19:1-3).

여호사밧은 솔로몬처럼 선박 사업에도 뛰어들었다. 그는 에시온게벨에서 다시스를 왕래할 상선들을 만들었다(35-36절). 본문은 동맹을 맺고 있던 북 왕국 왕 아하시야의 권유에 따라 이 배들을 만들었다고 하는데, 열왕기는 아하시야의 권유에 대해서는 전혀 언급하지 않는다. 열왕기에 의하면 여호사밧이 이 상선들을 사용하여 오빌의 금을 들여오려고 했다고 한다(왕상 22:48). 그러나 배들이 파손하는 바람에 성공하지 못했다. 여호사밧의 사정을 딱하게 생각했던 북 왕국의 아하시야 왕이 동업을 제안했지만 그는 받아들이지 않았다(왕상 22:49). 이 사건은 여호사밧이 솔로몬의 영화를 회복하려고 노력했지만 실패했음을 상징한다.

이와는 달리 역대기 저자는 여호사밧이 실패하게 된 이유를 악행을 많이 저지른 북 왕국의 아하시야와 동맹했기 때문이라 한다(35-37절). 여호사밧의 경건한 삶을 감안하면 잘 이해되지 않는 부분이다. 그는 일평생 하나님을 사모했고 조상 다윗처럼 경건하게 살았던 왕이다. 그런데 왜 우상 숭배자와 다름없는 아합 집안과 동맹을 맺고 아합의 딸을 며느리로 들였을까? 물론 두 나라의 정치적인 안정을 위한 것이겠지만, 여호사밧처럼 훌륭한 신앙인이 정치적인 명분을 초월하지 못했다는 사실이 참으로 안타깝다. 결국 그의 일생에서 아합 집안과의 연합은 끝까지 걸림돌로 작용했다. 하나님은 주의 백성이 죄인들과 연합하는 것을 좋아하시지 않는다. 여호사밧은 죽어서 다윗 성에 조상들과 함께 묻혔으며, 그의 아들 여호람이 뒤를 이어 왕이 되었다(21:1).

6장. 여호람(21:2-20)

여호사밧의 아들 여호람에 대한 이야기는 열왕기하 8:16-24을 바탕으로 하고 있지만, 여호람이 아합의 딸과 결혼하면서 그 집안과 매우 가까이 지냈다는 정보(5-6절)와 에돔 사람들과의 전쟁에서 패한 일에 대한 신학적 설명(10-11절) 등은 새로 추가한 정보이다. 역대기 저자는 여호사밧을 매우 훌륭한 왕으로 묘사하는데, 그의 아들 여호람은 매우 악한 왕으로 평가한다. 역대기 저자에 의해서 완전히 나쁜 왕으로만 묘사되기는 여호람이 처음이다. 그의 아들의 통치도 아버지의 통치만큼이나 부정적인 평가를 받는다. 두 왕은 유다를 통치한 다윗의 후손 중 가장 영적으로 어두운 사람들에 속한다(cf. Allen).

저자가 여호람을 이처럼 부정적으로 평가하는 것에는 무엇보다도 여호람이 하나님을 배신한 일이 가장 큰 이유가 되었다. 유다의 왕들을 평가하는 일에 있어서 역대기 저자에게 가장 중요한 이슈는 각 왕의 믿음이기 때문이다. 이 섹션은 다음과 같은 구조를 지닌다(cf. Dillard, Hill).

A. 서론적 통치 요약(21:2-5)
  B. 여호람의 악행(21:6-7)
    C. 에돔과 립나의 반역(21:8-11)
      D. 엘리야의 편지(21:12-15)
    C'. 블레셋과 아라비아 사람들의 침략(21:16-17)
  B'. 악행에 대한 심판(21:18-19)
A'. 결론적 통치 요약(21:20)

1. 서론적 통치 요약(21:2-5)

2 여호사밧의 아들 여호람의 아우들 아사랴와 여히엘과 스가랴와 아사랴와 미가엘과
스바댜는 다 유다 왕 여호사밧의 아들들이라 3 그의 아버지가 그들에게는 은금과 보
물과 유다 견고한 성읍들을 선물로 후히 주었고 여호람은 장자이므로 왕위를 주었더
니 4 여호람이 그의 아버지의 왕국을 다스리게 되어 세력을 얻은 후에 그의 모든 아
우들과 이스라엘 방백들 중 몇 사람을 칼로 죽였더라 5 여호람이 왕위에 오를 때에
나이가 삼십이 세라 예루살렘에서 팔 년 동안 다스리니라

여호사밧이 죽자 그의 아들들 사이에 피바람이 불었다(2-4절). 이 내용은 성경 다른 곳에는 기록되지 않은 역대기 저자만의 이야기이다. 여호사밧에게는 대를 이어 왕이 되는 장자 여호람 외에도 아사랴(עֲזַרְיָה), 여히엘, 스가랴, 아사랴(עֲזַרְיָהוּ), 미가엘, 스바댜 등 6명의 아들이 더 있었다(2절). 첫 번째 아사랴와 두 번째 아사랴는 둘 다 "여호와께서 도우셨다"는 뜻을 지닌 이름이지만 저자가 끝부분을 "-야"(יָה)와 "-야후"(יָהוּ)로 차별화시키는 것으로 보아 동명이인으로 간주하는 것이 바람직하다.

여호사밧은 지혜로운 왕이어서 죽기 전에 장자 여호람과 5년 동안(853-848 BC) 공동 통치를 했다(Thiele). 죽기 전에 그를 후계자로 세운 것을 온 세상에 알리고 여호람의 위상을 확고히 해주기 위해서였다. 나머지 아들들에게는 많은 재산을 주며 여러 성읍들을 다스리게 하였다(3절). 아마도 선왕 르호보암에게서 얻은 지혜였을 것이다(cf. 11:22-23).

그러나 여호람은 악한 사람이어서 아버지의 배려에 만족하지 못했다. 그래서 자신의 왕권이 튼튼해지자 아우들 전부와 이스라엘 지도자 중 몇 사람을 죽였다. 정치적 숙청이 이루어진 것이다. 그것도 이렇다 할 명분 없이 말이다. 앞으로 전개될 여호람의 행보를 예측케 한다. 그는 이스라엘 역사 이래 이때까지 최악의 왕이었다.

여호람(יְהוֹרָם)의 문자적 의미는 "여호와가 존귀하게 되다"이지만 부모가 지어준 신앙의 이름에 걸맞지 않은 매우 부끄러운 삶을 산 사람이었다. 여호람은 이름값을 제대로 하지 못한 것이다. 그는 32세에 왕이 되어 8년을 통치했다.

만일 우리가 여호람이 아버지 여호사밧이 죽은 후에 왕이 된 것으로 간주하면 설명하기 어려운 문제들이 발생하기 시작한다. 그래서 학자들 대부분은 여호람의 때를 전후로 해서 유다의 여러 왕들의 즉위 기간에 공동 통치를 도입하여 이런 문제들을 해결한다(Thiele, Bright, Cogan & Tadmor, Hayes & Hooker). 본문은 여호람이 홀로 통치한 8년을 언급하고 있는데, 이전에 5년 동안 아버지 여호사밧과 공동으로 통치했다는 것이다. 그가 홀로 통치한 8년은 오늘날 연대로 계산하면 주전 848-841년 정도 된다(Thiele).

Ⅲ. 분열왕국의 역사(10:1-28:27)
6장. 여호람(21:2-20)

2. 여호람의 악행(21:6-7)

**6 그가 이스라엘 왕들의 길로 행하여 아합의 집과 같이 하였으니 이는 아합의 딸이
그의 아내가 되었음이라 그가 여호와 보시기에 악을 행하였으나 7 여호와께서 다윗
의 집을 멸하기를 즐겨하지 아니하셨음은 이전에 다윗과 더불어 언약을 세우시고 또
다윗과 그의 자손에게 항상 등불을 주겠다고 말씀하셨음이더라**

여호람이 아합의 딸(viz., 아달랴)과 결혼한 일이 치명적인 결과를 초래했다. 선하고 신실했던 아버지 여호사밧과는 달리 여호람이 하나님 보시기에 악한 왕이 된 것은 처가인 아합 집안과의 잘못된 만남에서 비롯되었기 때문이다(6절). 아달랴가 아합의 딸이었는지, 아니면 누이였는지

에 대해서 다소 논란이 있지만 대체로 학자들은 아합의 딸로 간주한다 (cf. Japhet).

어떻게 생각하면 여호람이 매우 악명이 높고 불손했던 아합과 이세벨의 딸 아달랴와 결혼한 것은 아버지 여호사밧에게도 책임이 있다. 나라가 분열한 이후 지난 수십 년 동안 두 왕국 사이에 있었던 적대관계를 해소하기 위해서 아합 집안과 정략결혼을 한 것이 문제가 되기 때문이다. 부모가 심은 악의 씨앗이 아들을 통해 만개한 것이다. 우리는 자식들을 결혼시킬 때 정말 신중해야 한다. 세상의 무엇보다도 하나님을 사랑하는 자들에게 우리 아들, 딸을 주어야 한다.

처가인 아합 집안의 가치관과 종교에 깊은 영향을 받은 여호람은 할아버지 아사와 아버지 여호사밧의 길을 가지 않고 아합 집안, 곧 이스라엘 왕들의 길로 행했다(6절). 성경은 종종 "길"에 대한 선택을 강요한다. 모세는 가나안 정복을 눈앞에 둔 이스라엘에게 "생명의 길"과 "죽음의 길" 중 하나를 택하라고 했다. 지혜문헌들은 "지혜의 길"과 "어리석은 길" 중 하나를 택하라고 한다. 역대기 저자도 자신의 책에서 종종 길에 대해서 언급한다. 하나는 하나님이 기뻐하시고 귀하게 여기시는 "다윗이 걸었던 길"이고, 다른 하나는 하나님이 혐오하시는 북 왕국 "이스라엘의 왕들이 걸었던 길"이다. 그런데 여호람이 바로 죽음의 길인 "이스라엘 왕들의 길"(דֶּרֶךְ מַלְכֵי יִשְׂרָאֵל)을 간 것이다(6절). 저자는 여호람이 죽음의 길을 택했기 때문에 하나님이 그와 그의 집안을 멸절시켜도 정당하다는 점을 암시한다(cf. Allen).

이스라엘 왕들의 길을 걸은 여호람은 하나님이 아합 집안에 내리신 심판과 동일하게 혹독한 심판을 받기에 합당하다. 다행히 하나님의 파멸에 이르게 하는 심판과 여호람 사이에 서 있는 것 하나가 있다. 여호람이 불쌍하다거나 그도 일종의 피해자라는 측은함도 아니다. 바로 다윗 언약이다(7절). 하나님이 북 왕국의 왕권을 심판하듯이 유다의 왕권을 심판하시지 않는 유일한 이유는 하나님이 오래전에 다윗과 맺으신 약속 때문이었다(cf. 삼하 7장; 대상 17장).

다윗은 오래전에 죽었지만, 그의 그림자는 이렇게 오랜 세월이 지나면서도 후손들에게 드리워져 하나님의 은총이 임하게 한다. 다윗의 '등불'(נִיר)이 여호람의 어두운 시대를 밝히고 있다(Hill). 이처럼 우리 각 사람의 순종은 역사를 바꿀 수 있을 정도로 중요하다. 하나님은 다수를 소중히 여기시는 만큼이나 한 사람을 소중히 여기신다. 여호람이 조상 다윗 때문에 하나님의 심판을 피할 수 있었다. 앞으로도 다윗의 이름은 역대기 안에서 수차례 더 등장한다.

Ⅲ. 분열왕국의 역사(10:1-28:27)
6장. 여호람(21:2-20)

3. 에돔과 립나의 반역(21:8-11)

8 여호람 때에 에돔이 배반하여 유다의 지배하에서 벗어나 자기 위에 왕을 세우므로
9 여호람이 지휘관들과 모든 병거를 거느리고 출정하였더니 밤에 일어나서 자기를
에워싼 에돔 사람과 그 병거의 지휘관들을 쳤더라 10 이와 같이 에돔이 배반하여 유
다의 지배하에서 벗어났더니 오늘까지 그러하였으며 그 때에 립나도 배반하여 여호
람의 지배 하에서 벗어났으니 이는 그가 그의 조상들의 하나님 여호와를 버렸음이더
라 11 여호람이 또 유다 여러 산에 산당을 세워 예루살렘 주민으로 음행하게 하고 또
유다를 미혹하게 하였으므로

여호람이 하나님을 경외하지 않았다는 사실에서 우리는 그의 통치도 평안하지 못할 것을 짐작할 수 있다(cf. 15:15; 20:30). 그가 왕이 되어 다스리던 때에 유다의 속국으로 있던 에돔이 반역했다(8절). 여호람이 군사를 일으켜 에돔을 다시 취하려 했지만, 에돔을 정복하기는커녕 오히려 구사일생으로 겨우 살아 돌아오는 수모를 겪었다(9절). 그 이후 유다는 다시는 에돔을 통치하지 못하게 되었으며 에돔의 반역에서 영감을 받은 립나 역시 반역을 일으켜 유다의 통치에서 벗어났다(10절).

일이 왜 이렇게 되었는가? 저자는 신학적인 이유를 두 가지로 정리해 준다. 첫째, 여호람이 조상의 하나님 여호와를 저버렸기 때문이다(10b절). 평범한 이스라엘 사람이 하나님께 등을 돌려도 심각한 죄가 된다. 하물며 하나님의 권력을 위임받아 주의 백성을 통치하는 왕은 어떠하겠는가! 여호람이 하나님을 떠난 일은 자신에게 통치권을 주신 이스라엘의 왕을 배반한 것이다. 게다가 그 하나님은 그의 조상의 하나님이기도 하시다. 여호와께 등을 돌리는 순간 그는 대대로 내려온 아름다운 전통까지 버렸다.

둘째, 여호람이 유다의 여러 산에 산당을 세워 백성들로 하여금 그릇된 길을 가게 했기 때문이다(11절). 여호람은 자신만 타락의 길을 선호한 것이 아니라 자신이 다스리고 있는 모든 백성도 자신이 걷고 있는 죽음의 길로 가도록 유도했다(Japhet). 여호람은 이스라엘 왕들의 길을 가고 백성들까지 그릇된 길을 가게 한 나쁜 지도자였다.

III. 분열왕국의 역사(10:1–28:27)
6장. 여호람(21:2–20)

4. 엘리야의 편지(21:12-15)

12 선지자 엘리야가 여호람에게 글을 보내어 이르되 왕의 조상 다윗의 하나님 여호와
께서 이같이 말씀하시기를 네가 네 아비 여호사밧의 길과 유다 왕 아사의 길로 행하
지 아니하고 13 오직 이스라엘 왕들의 길로 행하여 유다와 예루살렘 주민들이 음행하
게 하기를 아합의 집이 음행하듯 하며 또 네 아비 집에서 너보다 착한 아우들을 죽였
으니 14 여호와가 네 백성과 네 자녀들과 네 아내들과 네 모든 재물을 큰 재앙으로 치
시리라 15 또 너는 창자에 중병이 들고 그 병이 날로 중하여 창자가 빠져나오리라 하
셨다 하였더라

여호람이 악한 길에서 돌아서지 않자, 하나님은 엘리야 선지자를 통해 최후통첩을 보내셨다. 일부 학자들은 이때쯤이면 엘리야가 이미 하늘로 승천한 후라며 이야기의 신빙성에 의구심을 제기한다(Allen, cf. Rudolph, Japhet). 그러나 엘리야가 승천한 때(왕하 2장)를 살펴보면 남 왕국에서는 여호람이 이미 통치를 시작했을 가능성이 매우 크다. 특히 주전 853년부터 아버지 여호사밧과 공동 통치를 펼쳤다는 점을 감안하면 여호람이 엘리야와 동시대였을 가능성은 의심할 여지가 없다(Selman, Hill, cf. Thiele).

일부 주석가들은 엘리야가 직접 하나님의 말씀을 선포한 것이 아니라 편지를 보낸 것에 대해서 의아해한다. 그러나 선지자들은 상황에 따라 문서화된 신탁을 다른 사람들을 통해서 보내기도 했다. 훗날 예레미야는 바룩을 통해 성전에서 말씀을 선포하기도 했고(렘 36:5), 바빌론으로 끌려간 포로민들에게 서신을 보내 하나님의 말씀을 전하기도 했다.

엘리야의 편지는 내용과 어조에 있어서 선지자가 아합 집안에 대해서 문제 삼은 것과 비슷하다. 심판 신탁이 선포되고 있는 것이다(Mabie). 하나님은 여호람의 행위에 대해서 세 가지를 문제 삼으셨다. 첫째, 여호람이 그의 아버지 여호사밧과 할아버지 아사가 가던 길을 따르지 않고 오히려 이스라엘 왕들이 걷던 길을 따라가고 있다(12-13a절). 이미 언급한 것처럼 여호람은 생명의 길을 버리고 죽음의 길을 가고 있다. 그가 하나님이 무엇을 원하시고 율법이 어떤 삶을 요구하는지를 몰라서가 아니다. 만일 이런 부분에서 가르침이 필요하면 아버지 여호사밧과 할아버지 아사의 모범 사례를 보고 답습하면 된다. 여호람은 의도적으로 여호와께 반역하고 있다.

둘째, 여호람은 자신만 여호와께 반역한 것이 아니라 유다와 예루살렘 주민으로 음행하게 하기를 아합 왕가가 음행하듯 했다(13절). 아합 왕가는 여호와의 선지자들을 핍박하고 바알과 아세라 종교를 이스라엘의 국교로 승격시킨 집안이었다. 여호람이 이런 천박한 자들과 함께 취급되는 것은 그가 여호와를 버리고 바알과 아세라를 숭배하라고 백성들을 선동했음을 암시한다. 여호람 자신만 타락해도 온 나라에 심각한 위기를 초래하는데, 적극적으로 백성들로 하여금 하나님께 등을 돌리게 하고 있다. 그의 행위가 이렇게 악했으니 하나님이 다윗 왕조를 멸하시는 것은 당연한 일인데 다윗과의 언약 때문에 자제하셨다(7절).

셋째, 여호람은 동생들을 모두 죽였다(13b절; cf. 2-4절). 동생들이 그의 왕권을 위협해서가 아니었다. 단순히 자신의 입지를 굳히기 위해 저지른 범죄였다. 그가 동생들을 모두 죽였다는 것은 매우 흉악한 이기주의자였음을 뜻할 뿐만 아니라 상당히 낮은 자존감의 소유자였음을 암시한다. 건강한 자아가 없는 사람은 주변 사람들을 경쟁 상대로 생각하고 위협을 느끼기 일수이기 때문이다. 지도자가 정신적으로 건강하지 못하면 그의 지배를 받는 모든 사람은 대가를 치러야 한다. 그러니 공동체를 위해서라도 목회자들은 심리적으로 건강해야 한다. 만일 건강하지 않으면 도움을 받아서라도 치유해야 한다.

하나님이 흉악한 여호람에게 내리신 벌은 두 가지였다. 첫째, 그의 주변이 대가를 치르게 될 것이다(14절). 그가 다스리는 백성들이 하나님께 범죄한 왕으로 인해 재앙을 겪게 되며 자식들이 아버지의 반역으로 인해 대가를 치르게 되며 아내들이 남편의 죄악으로 인해 고난을 받을 것이며 재산도 큰 타격을 입을 것이다. 어떻게 생각하면 여호람 때문에 모든 사람이 재앙을 받아야 하는 것이 불공평하다고 할 수 있겠지만 사실은 그렇지 않다. 이들도 모두 공범이다. 여호람이 하나님께 반역할 때 이들도 함께 반역했으며, 왕이 우상에게 절할 때 이들도 함께 절했다. 이들은 여호람의 범죄에 동참한 "운명 공동체"였다. 그러므로 하나님이 여호람을 심판하실 때 이들을 심판하시는 것은 당연한 일이다. 설령 적극적으로 여호람의 죄악에 참여하지 않았다 할지라도 왕의 죄를 방조하는 죄를 범한 사람들이었다. 사랑은 관계에 근거하며 관계는 책임을 동반함을 기억해야 한다.

둘째, 여호람 자신은 창자에 중병이 들어 마침내 창자가 빠져 죽는 심판을 받을 것이다(15절). 자신의 죄로 인하여 주변 사람들을 괴롭게 한 여호람도 엄청난 고통이 따르는 죽음을 맞이할 것이다. 선지자가 이처럼 앞으로 될 일을 미리 알려 주는 데는 두 가지 목적이 있다. 첫째, 훗날 선지자가 예언한 대로 일이 진행되면 여호와께서 하신 일임을 깨달으라는 것이다. 둘째, 더 큰 목적은 이 비난과 경고를 듣고 있는 여호람과 백성들이 회개하도록 하기 위함이다. 여호람과 백성들이 신탁을 듣고 회개한다면 선포된 재앙이 임하지 않을 수도 있다. 안타깝게도 두 가지 모두 잠시 후 역사적 현실로 드러난다. 예나 지금이나 변하지 않는 것은 회개하기를 거부하는 사람에게는 하나님의 어떠한 음성도 효과가 없다.

Ⅲ. 분열왕국의 역사(10:1-28:27)
6장. 여호람(21:2-20)

5. 블레셋과 아라비아 사람들의 침략(21:16-17)

16 여호와께서 블레셋 사람들과 구스에서 가까운 아라비아 사람들의 마음을 격동시
키사 여호람을 치게 하셨으므로 17 그들이 올라와서 유다를 침략하여 왕궁의 모든 재
물과 그의 아들들과 아내들을 탈취하였으므로 막내 아들 여호아하스 외에는 한 아들
도 남지 아니하였더라

에돔과 립나의 독립으로(10절) 국제적 위상과 영향력에 큰 타격을 입은 여호람과 유다에 큰 위기가 찾아왔다. 물론 선지자의 편지를 받고도 회개하기를 거부해서 빚어진 결과였다. 하나님이 블레셋 사람과 구스에 인접해 사는 아라비아 사람들이 유다를 치도록 하신 것이다(16절). 이들은 여호사밧에게 조공을 바쳤던 족속들이었다(17:11). 아버지 세대에 유다를 섬겼던 족속들이 아들 세대에 가서 오히려 유다를 치러 올라온 것이다. 한 세대를 거치며 상황이 이렇게 악화된 것은 여호람의 불신앙 때문이었다. 침략군이 유다 땅을 밟기 시작한 순간까지도 하나님은 여호람이 회개하기를 바라셨을 것이다. 그러나 회개가 없자 침략군들이 예루살렘까지 진군해 왕궁을 쑥대밭으로 만들도록 하셨다.

그들은 왕궁의 모든 재물을 약탈했고, 여호람의 아들들과 아내들까지 탈취했다(17절). 본문은 "탈취했다"(שׁבה)라고 하지만, 22:1은 그들이 여호람의 아들들을 "죽였다"(הרג)고 한다. 저자가 처음에는 이들이 끌려갔다고 하다가 몇 절 후에는 죽였다고 하는 것은 침략자들이 이들을 인질로 끌고 가다가 도중에 처형했다는 것을 뜻하거나, 아니면 상황이 너무 충격적이어서 두 단계로 나누어 진실을 말함으로써 독자들에게 심리적으로 준비하는 시간을 주기 위해서일 수도 있다.

안타깝게도 여호람이 회개하기를 거부했기 때문에 엘리야의 편지에서 예언한 일이 그대로 성취된다. 침략자들은 막내아들 아하시야만 남겨두고 모든 왕자와 왕비를 잡아갔다. 그래서 비록 아하시야가 여호람의 막내아들이었지만, 유일한 생존자였기 때문에 여호람의 대를 이어 유다의 왕이 된다(22:1). 여호람의 아내들과 자식들은 다시는 유다 땅으로 돌아오지 못했을 뿐만 아니라 끌려가다가 처형당했다(22:1). 하나님께 범죄한 아버지/남편 한 사람 때문에 온 가족이 비참한 종말을 맞았다.

Ⅲ. 분열왕국의 역사(10:1-28:27)
6장. 여호람(21:2-20)

6. 악행에 대한 심판(21:18-19)

18 이 모든 일 후에 여호와께서 여호람을 치사 능히 고치지 못할 병이 그 창자에 들게
하셨으므로 19 여러 날 후 이 년 만에 그의 창자가 그 병으로 말미암아 빠져나오매 그

가 그 심한 병으로 죽으니 백성이 그들의 조상들에게 분향하던 것 같이 그에게 분향하지 아니하였으며

블레셋 사람과 아라비아 사람들의 침략이 있은 뒤, 하나님은 이미 엘리야를 통해 경고하신 벌을 여호람에게 내리셨다. 그가 선지자가 말한 것처럼 창자에 불치병을 앓게 된 것이다(18절). 여호람의 경우처럼 때로는 하나님이 인간의 죄에 대해서 즉결심판을 내리신다. 역대기 저자는 여호람 외에도 하나님의 즉결심판을 받은 왕으로 아사(16:12-14)와 웃시야(26:16-19)를 기록하고 있다. 여호람은 창자병으로 2년을 앓다가 결국 창자가 몸 밖으로 빠져나와서 심한 통증에 시달리다가 죽었다(19절). 일부 주석가들은 이 병이 정확히 무엇이었는가에 대해서 많은 관심을 쏟지만(cf. Williamson), 증상이 상세하게 기록되어 있지 않았기 때문에 정확한 병명을 찾는 것은 부질없는 일이며, 알아낸다 해도 본문을 이해하는 데 별 영향을 미치지 않는다.

여호람은 죽은 후에도 제대로 된 대접을 받지 못했다. 왕들이 죽으면 으레 향을 피우는 것이 당시 풍습이었으나 여호람이 죽었을 때는 향을 피우지 않았다. 역대기 저자는 여호람의 할아버지 아사가 죽었을 때 백성들이 향을 피웠다고 한다(16:12-14). 저자는 여호람이 죽어서도 백성들의 존경을 받지 못했던 일을 회고함으로써 하나님께 반역한 자의 비참한 종말을 부각한다(Japhet). 여호람의 비참한 죽음은 다음과 같은 과정으로 요약할 수 있다(Mabie). 그의 죽음을 둘러싼 모든 것이 부정적이다. 하나님을 반역한 왕에 대한 적절한 죽음이라는 것이 저자의 주장이다.

1	주님께서 불치병에 들게 하셨다.
2	병세가 계속 악화되었다.
3	매우 고통스럽게 죽었다.

4	왕의 죽음을 기념하는 향을 피우지 않았다.
5	그의 죽음을 슬프게 여기는 사람이 없었다.
6	왕족 묘에 묻히지 않았다.

7. 결론적 통치 요약(21:20)

20 여호람이 삼십이 세에 즉위하고 예루살렘에서 팔 년 동안 다스리다가 아끼는 자 없이 세상을 떠났으며 무리가 그를 다윗 성에 장사하였으나 열왕의 묘실에는 두지 아니하였더라

저자는 여호람의 이야기를 시작했을 때 제공한 정보로(cf. 5절) 그의 이야기를 마무리한다. 그가 왕이 되었을 때 32세였으며, 8년 동안 유다를 다스렸다. 하나님께 등을 돌린 그를 백성들도 좋아하지 않았다. 그래서 여호람은 그의 죽음을 슬퍼하는 사람도 없이 세상을 떠났다(20절). 그가 죽자 사람들은 "다윗 성"에 묻기는 했지만 왕실 묘지에 장사하지는 않았다.

백성들이 그를 위해 향을 피우지 않았을 뿐만 아니라 왕처럼 장사하지도 않았다. 여호람이 통치하는 동안 유다의 위상이 국제적으로 매우 위축되었던 것과 백성들에게 많은 환란을 가져다준 것에 대한 백성들의 불만이 폭발한 결과였다. 본문이 여호람의 나머지 행적이 기록된 책을 언급하지 않는 것도 여호람에 대한 저자의 부정적인 평가를 뜻한다(Thompson). 저자가 여호람의 이야기를 기록하면서 자신이 참조했던 출처를 밝히지 않는 것은 독자들이 이 형편없는 왕에 대해서 관심을 갖는 것을 금하기 위해서일 수도 있다(Hill).

7장. 아하시야(22:1-9)

1 예루살렘 주민이 여호람의 막내 아들 아하시야에게 왕위를 계승하게 하였으니 이
는 전에 아라비아 사람들과 함께 와서 진을 치던 부대가 그의 모든 형들을 죽였음
이라 그러므로 유다 왕 여호람의 아들 아하시야가 왕이 되었더라 2 아하시야가 왕이
될 때에 나이가 사십이 세라 예루살렘에서 일 년 동안 다스리니라 그의 어머니의 이
름은 아달랴요 오므리의 손녀더라 3 아하시야도 아합의 집 길로 행하였으니 이는 그
의 어머니가 꾀어 악을 행하게 하였음이라 4 그의 아버지가 죽은 후에 그가 패망하게
하는 아합의 집의 가르침을 따라 여호와 보시기에 아합의 집 같이 악을 행하였더라
5 아하시야가 아합의 집의 가르침을 따라 이스라엘 왕 아합의 아들 요람과 함께 길르
앗 라못으로 가서 아람 왕 하사엘과 더불어 싸우더니 아람 사람들이 요람을 상하게
한지라 6 요람이 아람 왕 하사엘과 싸울 때에 라마에서 맞아 상한 것을 치료하려 하
여 이스르엘로 돌아왔더라 아합의 아들 요람이 병이 있으므로 유다 왕 여호람의 아
들 아사랴가 이스르엘에 내려가서 방문하였더라 7 아하시야가 요람에게 가므로 해를
입었으니 이는 하나님께로 말미암은 것이라 아하시야가 갔다가 요람과 함께 나가서
님시의 아들 예후를 맞았으니 그는 여호와께서 기름을 부으시고 아합의 집을 멸하게
하신 자이더라 8 예후로 하여금 아합의 집을 심판하게 하실 때에 유다 방백들과 아하
시야의 형제들의 아들들 곧 아하시야를 섬기는 자들을 만나서 죽였고 9 아하시야는
사마리아에 숨었더니 예후가 찾으매 무리가 그를 예후에게로 잡아가서 죽이고 이르
기를 그는 전심으로 여호와를 구하던 여호사밧의 아들이라 하고 장사하였더라 이에
아하시야의 집이 약하여 왕위를 힘으로 지키지 못하게 되니라

열왕기 저자는 아하시야의 짧은 통치에 관해서 34절을 할애하여 상당히 자세하게 기록한다(왕하 8:25-9:29). 여기에 그가 통치하던 시기에 북 왕국에서 일어났던 일의 기록을 포함하면 56절에 달한다(cf. Hill). 반면에 역대기 저자는 그의 이야기를 8절로 정리한다. 두 책의 목적이 서로 달라서 빚어지는 현상이다. 열왕기를 기록한 중요한 목적 중 하나는 유다와 이스라엘 왕들의 죄를 적나라하게 드러냄으로써 하나님이 두 나라 백성을 타국으로 보내신 것에 대한 정당성을 설명하는 것이다. 이런 정황에서 아하시야의 죄를 상당히 상세하게 묘사하는 것은 당연한 일이다.

반면에 역대기는 포로생활 이후 예루살렘으로 돌아와 밝은 미래를 갈망하는 공동체에게 소망을 심어주는 것을 주목적으로 하고 있다. 이런 상황에서 이미 죽은 왕들의 죄를 낱낱이 회고하는 것은 별로 중요하지 않다. 그러므로 저자는 자신은 아하시야의 통치와 삶에 대해서 매우 요약적으로 정리할 테니 이 왕에 대해서 관심이 있는 독자들은 열왕기를 보라고 암시한다. 게다가 아하시야의 짧은 통치가 여러 면에서 아버지 여호람의 시대를 보는 듯하기 때문에 자세하게 묘사할 필요를 느끼지 못한 것으로 생각한다(cf. Hill).

역대기는 아하시야의 통치에 대해서 정리하면서 열왕기의 내용을 다음과 같이 활용한다. 22:2-6은 열왕기하 8:26-29을 특별한 변화 없이 그대로 인용하고 있으며, 22:7-9은 열왕기하 9:1-29의 내용을 짤막하지만 정확하게 요약한다. 22:8은 열왕기하 10:13-14을 반영하고 있기도 하다(cf. Hill).

여호람의 대를 이어 아하시야(אֲחַזְיָהוּ; lit.,"여호와가 붙드신다", cf. HALOT)가 유다의 왕이 되었다(1절). 그가 왕이 되는 과정이 특이하다. 아하시야가 스스로 즉위한 것이 아니라 예루살렘 사람들이 여호람의 막내아들인 그를 왕으로 삼은 것이다(1절). 역대기 저자가 왕권 계승을 언급하면서 이곳에서처럼 백성들이 죽은 왕의 아들을 왕으로 삼았다고 표현하는 것은 이번이 처음이다. 이런 표현은 요아스(23:1ff.), 웃시야(26:1), 요시야(33:25) 그리고 여호아하스(36:1)처럼 난폭하게 죽임을 당했던 선왕들의 대를 이은 후계자들에게만 적용하는 문구이다. 저자가 여호람의 대를 이은 아하시야의 즉위를 이렇게 표현하는 것은 여호람이 제 명을 다 살고 자연스럽게 죽은 것이 아니라 하나님의 심판을 받아 비참하게 단명했음을 암시한다(Japhet).

아하시야가 왕위에 오를 때 나이가 확실하지 않다. 2절은 그가 즉위할 때 42세였다고 하는데 열왕기하 8:26은 22세였다고 한다. 그래서 번역본들도 둘로 나누어져 있다. 아하시야가 즉위할 때 나이가 42세였다고 하는 개역, 공동, 아가페, TNK, NRS 등이 있는가 하면, 그의 나이가 22세였다고 하는 새번역, 현대인의성경, NIV, NAS, ESV, CSB 등이 있다. 만일 아하시야가 42세에 왕이 되었다면, 그의 나이가 아버지 여호람보다 더 많게 된다(cf. 21:5, 20). 그러므로 열왕기가 제시하는 22세가 옳다(Myers, Mabie, Allen). 아하시야는 1년 동안 유다를 다스렸다. 이때가 주전 841년쯤 된다(Thiele).

아하시야의 어머니의 이름은 아달랴였고 그는 오므리의 손녀였다(2절). "아달랴"(עֲתַלְיָהוּ)는 "여호와께서 괴롭게 하는 자"라는 뜻을 지녔다(HALOT). 그런데 누가 딸에게 이런 이름을 주겠는가? 아마도 이게 그녀의 본명이 아니든지 혹은 그의 오만한 부모들이 여호와를 무시하고 조롱하는 의미에서("여호와가 이 아이에게 재앙을 내리려면 내려보라 하라") 지어준 이름인 듯하다. 그녀의 이름대로 하나님은 아달랴에게 큰 재앙을 내리셔서 죽이셨다. 그러나 그녀도 죽기 전에 다윗 집안에 큰 재앙을 일으켰다. 아달랴는 "오므리의 손녀"였다고 하는데, 원문은 그녀를 단순히 "오므리의 딸"(בַּת־עָמְרִי)이라고 할 뿐이다. 그러나 시대적 정황, 여호사밧과 아합의 관계 등을 고려할 때 그녀는 아합의 딸이자 오므리의 손녀가 분명하다(cf. Japhet, Johnstone, Hill). "딸"이 오므리 집안의 자손이라는 뜻에서 사용되고 있다.

아하시야 역시 그의 아버지처럼 여호와 보시기에 악을 행했다. 열왕기는 타락의 가장 큰 원인이 어머니만 오므리 왕조였던 것이 아니라, 아내도 오므리 왕조의 여자였기 때문이라고 한다(왕하 8:26-27). 반면에 역대기에서는 어머니 아달랴의 역할만 부각되고 있다(3절). 아하시야가 악하게 된 것은 아내의 영향보다는 어머니의 영향이 결정적이었다는 뜻이다. 아하시야는 아버지 여호람이 죽은 이후에 적당한 보좌관들이 없어서였는지, 아니면 정책적으로 선호해서였는지 알 수는 없지만 북 왕국을 다스리는 아합 집안의 조언을 따르다가 나라가 파국 지경에 도달했다(4절). 북 왕국을 지배하고 있는 오므리 왕조는 자신들의 "오물"로 남 왕국까지 오염시켰던 것이다. 경건했던 여호사밧이 저지른 잘못이 이렇게 큰 문제를 유발할 줄이야!

한 번은 아하시야가 북 왕국의 요람과 함께 시리아의 왕 하사엘과 길르앗 라못(רָמֹת גִּלְעָד)에서 싸우다가 요람이 부상을 입었다. 길르앗 라못은 동편 갓 지파의 지역에 있던 성읍으로 레위 지파에게 속한 도피성이었다(신 4:43; 수 21:38). 이 성읍이 지역을 지나가는 가장 중요한 상업도로(King's Highway)를 통제하는 곳이었기 때문에 이 성읍을 차지하려는 세력들의 전쟁이 끊이지 않았다(Hill).

요람의 아버지 아합도 이 성읍을 차지하려고 벤하닷에게 싸움을 걸었다가 죽었다(18:28-34). 저자는 아하시야가 처가인 아합 집안 사람들의 의견에 따라 전쟁터에 가게 되었다고 한다(5절). 이 전쟁에서 아합의 아들 요람이 큰 상처를 입었다. 요람은 상처를 치료하기 위해서 이스르엘로 돌아갔고 아하시야도 그곳으로 병문안을 갔다(6절). 이스르엘(יִזְרְעֶאל)은 잇사갈 지파에게 주어진 땅으로 사울이 죽었던 길보아 산 밑에 있었다(cf. 수 19:18). 예후는 이곳에서 아합 집안의 뿌리를 뽑았다(왕하 10:6-11).

남·북 왕국의 왕들이 이러한 동기에서 이스르엘에 함께 있었다는 사실이 다음 이야기에서 매우 중요한 역할을 한다. 두 사람 모두 이곳에서 예후의 칼에 맞아 죽게 될 것이기 때문이다. 북 왕국의 요람과 남 왕국의 아하시야가 하나님의 명령에 따라 아합 집안을 멸망시키려고 요람을 찾아온 예후를 만나게 되었다(7절). 예후는 아합의 아들 요람뿐만 아니라 아하시야와 호위병들까지 모두 죽였다(8절). 이러한 내용은 열왕기하 9장에 자세하게 기록되어 있다. 아하시야가 이처럼 비참하게 죽게 된 데에는 세 가지 이유가 작용했다. (1) 거짓 종교와 우상을 통한 다른 나라들의 영향, (2) 할아버지 여호사밧 때부터 시작된 잘못된 집안 내력(아합 집안과 너무 친밀하게 지냄), (3) 개인적인 선택/신앙(Wilcock).

요람의 경우 제대로 된 장례식도 치러지지 않았지만(cf. 왕하 9:26), 아하시야는 사람들이 그의 시체를 가져다 묻어주었다. 그가 "전심으로 여호와를 구하던 여호사밧의 아들이었기 때문"이었다(9b절). 할아버지의 믿음이 손주에게 영향을 끼친 것이다. 아하시야가 죽으니 가뜩이나 불안하던 다윗 왕조가 큰 위기를 맞았다. 그의 대를 이어 왕국을 지켜나갈 사람이 아무도 없기 때문이다(9c절). 다윗의 등불이 전에 경험하지 못한 소멸 위기를 맞았다(Hill).

8장. 요아스(22:10-24:27)

여호사밧 시대까지 왕성하던 다윗 왕조가 여호람 시대를 지나면서 큰 위기를 맞았다. 여호람이 정권을 확립하자마자 형제들을 모두 죽였고 하나님이 이 죄를 물어 그의 아들들을 모두 블레셋 사람들과 아라비아 사람들에 의해 처형당하게 하셨다(22:1). 그래서 여호람의 아들 중에 유일하게 생존한 막내 아하시야가 아버지의 대를 이어 왕위에 오르지만 외가였던 북 왕국 아합 집안과의 깊은 유대관계가 화근이 되었다. 즉위 1년 만에 북 왕국을 통치하던 아합의 아들 요람을 상대로 쿠데타를 일으킨 예후의 손에 죽었다. 가뜩이나 다윗의 후손이 귀한 시절, 아하시야가 죽은 유다의 정치계에, 특히 유다를 다스리는 다윗 집안에 왕조의 생존 자체를 위협하는 또 하나의 세찬 피바람이 불어왔다.

본 텍스트는 열왕기하 11:1-21을 바탕으로 삼고 있으며 역대기 저자의 고유한 편집을 통해 표현하는 방식이 상당히 다를 뿐만 아니라, 열왕기에서는 암시되던 세 주제가 역대기의 회고에서는 중심이 된다(Selman). 첫째, 성전은 신성한 장소이다. 성전은 하나님의 성품을 현상적으로 보여주는 곳이기 때문에 거룩하고 정결하게 보존되어야 한다(23:6, 19). 둘째, 하나님은 "다윗의 등불"이 꺼지지 않도록 지키시겠다는 약속을 지키셨다(23:7; cf. 21:7). 셋째, 온 백성이 요아스를 왕으로 세우는 일과 여호와와 맺었던 언약을 갱신하는 데 중요한 역할을 한다. 이야기 전개 순서도 열왕기 텍스트의 순서를 따르고 있다. 이 섹션은 다음과 같이 나눌 수 있다.

A. 어린 시절: 아달랴의 반역(22:10-23:21)

B. 여호야다와 함께 통치한 시절(24:1-16)

C. 홀로 통치한 시절(24:17-27)

Ⅲ. 분열왕국의 역사(10:1-28:27)
8장. 요아스(22:10-24:27)

1. 어린 시절: 아달랴의 반역(22:10-23:21)

아하시야의 어머니이자 아합의 딸이었던 아달랴가 그나마 남은 다윗의 자손들을 모조리 죽이고 왕권을 차지했다. 남·북 왕국을 포함한 이스라엘의 역사에서 여왕이 지배한 것은 아달랴의 6-7년이 유일하다. 예후가 이스라엘에서 오므리 왕조의 뿌리를 뽑은 후에도 유다에서는 오므리 왕조의 정신과 영향력이 매우 컸음을 암시한다. 유다가 경험한 어두운 시절은 그들에게 있어 하나님이 조상에게 허락하신 땅을 떠나지 않고도 포로생활을 맛보게 하는 뼈아픈 시절이었다(Mabie).

여호사밧은 평안을 위해 아합의 딸 아달랴를 며느리로 맞아들였는데 그 며느리가 유다의 평안을 위협할 뿐만 아니라 다윗 왕조의 생존을 위협하게 되었다. 여호사밧은 자신의 실수가 이처럼 참담한 결과를 초래할 줄은 결코 상상할 수도 없었으며, 이렇게 될 줄 알았으면 절대 아합 집안과 놀아나지 않고 하나님을 의지했을 것이다. 우리가 별다른 생각 없이 저지르는 실수 혹은 죄가 이처럼 혹독한 결과를 초래할 수 있다는 것을 마음에 새겨야 한다. 본 텍스트는 다음과 같이 구분할 수 있다.

A. 왕족 학살의 생존자 요아스(22:10-12)

B. 요아스의 즉위식(23:1-15)

C. 여호야다의 개혁(23:16-21)

(1) 왕족 학살의 생존자 요아스(22:10-12)

**10 아하시야의 어머니 아달랴가 자기의 아들이 죽은 것을 보고 일어나 유다 집의
왕국의 씨를 모두 진멸하였으나 11 왕의 딸 여호사브앗이 아하시야의 아들 요아스
를 왕자들이 죽임을 당하는 중에서 몰래 빼내어 그와 그의 유모를 침실에 숨겨 아
달랴를 피하게 하였으므로 아달랴가 그를 죽이지 못하였더라 여호사브앗은 여호
람 왕의 딸이요 아하시야의 누이요 제사장 여호야다의 아내이더라 12 요아스가 그
들과 함께 하나님의 전에 육 년을 숨어 있는 동안에 아달랴가 나라를 다스렸더라**

북 왕국에서는 예후에 의해 아합 집안이 깨끗이 정리되었지만, 남 왕국에는 아합의 영향력이 남아있었다. 아하시야가 죽었다는 말을 듣고 여호사밧 시대 때 다윗의 집안으로 시집온 아합의 딸이자 아하시야의 어머니였던 아달랴가 남 왕국의 정권을 잡은 것이다. 그것도 왕족들을 닥치는 대로 무자비하게 죽이고 말이다(10절). 아들의 죽음에 실성한 것일까? 언젠가는 예후와 싸워 부모의 원수를 갚기 위해서 정권을 장악한 것일까? 아마도 그녀의 남편 여호람이 왕족을 앞세운 쿠데타를 사전에 예방하기 위해 모든 형제를 죽인 일을(cf. 21:4) 좋게 여기고 답습한 것으로 생각된다(Gray, Hill). 우리는 그녀의 모습에서 이세벨의 망령이 아직도 주의 백성을 괴롭히고 있음을 목격하고 있다. 여호사밧이 일이 이렇게 될 줄 알았다면 절대 악한 아합 집안과 관계를 맺지 않았을 텐데 하는 아쉬움이 남는다. 이러한 사실이 우리에게 큰 교훈이 된다.

열왕기를 살펴보면 이때까지 북 왕국에는 쿠데타가 종종 있었지만, 유다에서 이런 일은 없었다. 이번이 처음이다. 그것도 아합의 딸이 이 일을 단행하고 있다. 이 이야기에서 아달랴가 다윗 집안 사람이 아니며, 또한 아합의 딸이라는 사실이 배의 충격(double shock)으로 작용한다(Allen). 그녀는 왕족들을 모두 죽이고 스스로 여왕이 되어 6년을 통치

했다(cf. 12절). 물론 열왕기 저자와 역대기 저자는 두 가지 이유를 근거로 아달랴를 유다의 정당한 왕으로 인정하지 않았다. 그녀가 여자라는 것과 아합 집안 사람이라는 이유에서였다(Japhet).

이 사건을 지켜보면서 우리는 다윗 왕조가 이렇게 무너질 것인가 하는 질문을 하지 않을 수 없다. 여호람의 죄도 끄지 못했던 "다윗의 등불"이 드디어 꺼질 것인가? 그것도 하나님의 원수 아합의 딸에 의해서 종말을 맞게 된단 말인가? 그렇다면 하나님이 다윗에게 주신 일명 "다윗 언약"(viz., 다윗과 그의 자손에게 영원히 이스라엘을 통치하게 하시겠다는 약속)은 어떻게 될 것인가? 다윗 왕조가 아무리 잘못해도 다윗과의 약속 때문에 등불을 끄지 않으셨던 하나님이 이번에는 침묵하실 것인가?

다행히 왕의 딸이었던 여호세바(여호사브앗)가 아하시야의 아들 요아스 왕자를 빼돌려 6년 동안 숨기며 양육했다(11절). 모든 왕족을 죽이려는 아달랴, 그녀의 손에서 한 아이를 빼돌린 여호세바. 이 이야기는 마치 대조적인 두 여자의 이야기처럼 느껴진다(Allen). 여호세바는 여호람의 딸이었으며, 아하시야의 누이였다. 그녀가 아달랴와 뜻을 달리한 것으로 보아 아하시야의 이복 누이였던 것으로 보인다(Josephus, cf. Hill). 저자는 그녀가 제사장 여호야다의 아내였다고 한다(11절). "여호세바"(יְהוֹשַׁבְעַת)는 "여호와께서 맹세하시다"라는 뜻을 지닌 이름이다. 다윗 집안의 유일한 생존자 요아스를 두고 전개되는 사건을 감안하면 그녀의 이름은 앞으로 될 일에 대한 예언처럼 느껴진다. 하나님이 다윗에게 맹세하신 일을 꼭 지키실 것을 뜻하는 이름인 것이다.

여호세바가 여호야다 제사장의 아내였다는 사실은 역대기에만 기록되어 있다. 그래서 어떤 주석가는 이 정보를 사실이 아니라고 한다(Curtis). 그러나 그녀가 요아스를 왕으로 세운 여호야다 제사장의 아내였다는 것이 오히려 이야기에 신빙성을 더한다(Williamson, Japhet). 그녀가 제사장의 아내였기 때문에 성전으로 쉽게 들어갈 수 있었다. 요아스는 유모와 여호세바의 보호를 받으며 6년 동안 성전 안에서 비밀리에

양육되었다(12절). 요아스가 6년 동안 은신하다가 드디어 왕위에 오를 때 나이가 7세였던 사실을 감안하면(24:1) 여호세바는 요아스가 한 살이었을 때 이 아이를 숨겼다. 하나님이 이 일을 통해서 아달랴가 여왕이 되어 유다를 다스린 6년 동안 희미하나마 다윗의 등불을 지속시킬 수 있는 불씨를 보존하셨다. 악의 세력이 종종 하나님의 계획과 약속을 위협할 수는 있지만 결코 방해할 수는 없다.

Ⅲ. 분열왕국의 역사(10:1-28:27)
8장. 요아스(22:10-24:27)
1. 어린 시절: 아달랴의 반역(22:10-23:21)

(2) 요아스의 즉위식(23:1-15)

1 제칠년에 여호야다가 용기를 내어 백부장 곧 여로함의 아들 아사랴와 여호하난
의 아들 이스마엘과 오벳의 아들 아사랴와 아다야의 아들 마아세야와 시그리의
아들 엘리사밧 등과 더불어 언약을 세우매 2 그들이 유다를 두루 다니며 유다 모
든 고을에서 레위 사람들과 이스라엘 족장들을 모아 예루살렘에 이른지라 3 온 회
중이 하나님의 전에서 왕과 언약을 세우매 여호야다가 무리에게 이르되 여호와께
서 다윗의 자손에게 대하여 말씀하신 대로 왕자가 즉위하여야 할지니 4 이제 너희
는 이와 같이 행하라 너희 제사장들과 레위 사람들 곧 안식일에 당번인 자들의 삼
분의 일은 문을 지키고 5 삼분의 일은 왕궁에 있고 삼분의 일은 기초문에 있고 백
성들은 여호와의 전 뜰에 있을지라 6 제사장들과 수종 드는 레위 사람들은 거룩한
즉 여호와의 전에 들어오려니와 그 외의 다른 사람은 들어오지 못할 것이니 모든
백성은 여호와께 지켜야 할 바를 지킬지며 7 레위 사람들은 각각 손에 무기를 잡고
왕을 호위하며 다른 사람이 성전에 들어오거든 죽이고 왕이 출입할 때에 경호할지
니라 하니 8 레위 사람들과 모든 유다 사람들이 제사장 여호야다가 명령한 모든 것
을 준행하여 각기 수하에 안식일에 당번인 자와 안식일에 비번인 자들을 거느리고
있었으니 이는 제사장 여호야다가 비번인 자들을 보내지 아니함이더라 9 제사장
여호야다가 하나님의 전 안에 있는 다윗 왕의 창과 큰 방패와 작은 방패를 백부장

들에게 주고 10 또 백성들에게 각각 손에 무기를 잡고 왕을 호위하되 성전 오른쪽
에서부터 성전 왼쪽까지 제단과 성전 곁에 서게 하고 11 무리가 왕자를 인도해 내
어 면류관을 씌우며 율법책을 주고 세워 왕으로 삼을새 여호야다와 그의 아들들이
그에게 기름을 붓고 이르기를 왕이여 만세 수를 누리소서 하니라 12 아달랴가 백성
들이 뛰며 왕을 찬송하는 소리를 듣고 여호와의 전에 들어가서 백성에게 이르러
13 보매 왕이 성전 문 기둥 곁에 섰고 지휘관들과 나팔수들이 왕의 곁에 모셔 서 있
으며 그 땅의 모든 백성들이 즐거워하여 나팔을 불며 노래하는 자들은 주악하며
찬송을 인도하는지라 이에 아달랴가 그의 옷을 찢으며 외치되 반역이로다 반역이
로다 하매 14 제사장 여호야다가 군대를 거느린 백부장들을 불러내어 이르되 반열
밖으로 몰아내라 그를 따르는 자는 칼로 죽이라 하니 제사장의 이 말은 여호와의
전에서는 그를 죽이지 말라 함이라 15 이에 무리가 그에게 길을 열어 주고 그가 왕
궁 말문 어귀에 이를 때에 거기서 죽였더라

아달랴가 유다를 다스리기 시작한 지 6년이 지났다. 요아스를 성전에 숨겨 보호했던 여호세바의 남편 여호야다 제사장은 아달랴가 정권을 장악한 지 7년째 되던 해에 비밀리에 일을 꾸미기 시작했다. 이때가 주전 837년쯤 된다(Hill). 이 일에서의 역할과 개혁을 단행하는 모습을 보면 여호야다가 당시 대제사장이었던 것이 확실하다(Provan). 그가 의거를 꾸민 것은 요아스를 통해 다윗 왕조를 다시 확립하겠다는 의지에서였다. 결코 개인적인 이익을 추구하기 위해서 이 일을 도모했던 것이 아니다. 제사장이 이처럼 다윗 왕조를 다시 세우는 것은 상당한 상징성을 내포하고 있다(House). 옛적에 사독 제사장이 기름을 부어 솔로몬을 왕으로 세웠던 때를 상기시킨다(왕상 1:39). 이번에는 여호야다가 어린 요아스에게 기름을 부어 허물어진 다윗 왕조를 다시 세웠다. 그것도 경건한 물건을 들어야 할 레위 사람들의 손에 창과 칼을 쥐여주면서 말이다(7절). 시국이 시국이니만큼 하나님이 옛적 광야 시절에 아론의 금송아지 사건으로 인해 레위 사람들에게 칼을 쥐여주셨던 것처럼 이번에

도 레위 사람들을 폭력에 투입하셨다.

여호야다는 요아스가 이제 일곱 살이 되었으니 왕위에 올려도 괜찮다는 생각에서 일을 진행했을 것이다. 여호야다는 은밀히 군 장교들을 불러 일사천리로 일을 진행했다(2-3절). 열왕기는 주동이 된 장교들의 이름을 밝히지 않는데, 역대기는 여로함의 아들 아사랴, 여호하난의 아들 이스마엘, 오벳의 아들 아사랴, 아다야의 아들 마아세야, 시그리의 아들 엘리사밧 등 다섯 명의 이름을 밝힌다(1절).

장교들은 다윗의 등불이 이미 꺼졌다고 생각하다가 어린 요아스 왕자를 보고는 감격의 눈물을 흘렸을 것이다. 그들은 온 유다를 돌아다니며 레위 사람들과 족장들을 예루살렘으로 데리고 왔다. 이스라엘의 역사를 살펴보면 레위 사람들은 종교적인 일에만 능한 것이 아니라 군사적인 일에도 능한 사람들이었다(Dillard, Hill). 거사는 안식일에 하도록 했다(4절). 이때는 여느 날보다 성전을 찾는 백성들도 많을 것이기 때문에 최대한으로 많은 백성이 지켜보는 가운데서 요아스가 왕으로 즉위하기에 적합한 때라고 생각했다.

이야기의 전개를 감안할 때, 독재자 아달랴는 군대와 종교인들의 지지를 거의 받지 못한 것이 확실하다(House). 모든 것이 여호야다가 계획한 대로 진행되었다. 제사장은 옛적에 다윗이 만들었던 시위대의 방패와 창의 모양을 본 따 만든 창과 방패를 나누어주었다(9절). 물론 이 창과 방패는 전시용이지 실전용이 아니었다(Japhet, Hill). 그러나 다윗 왕조를 상징하는 것으로 이보다 더 좋은 유물이 없었다. 여호야다는 삼엄한 호위 속에 요아스를 데리고 나와서 즉위식을 거행했다. 어린 요아스에게 규례서/언약서/율법책(הָעֵדוּת)도 주었다(11절). 이 율법책에는 왕에 관한 규정들이 적혀 있었다(cf. 신 17:14-20; 왕상 2:3; 왕하 17:15; 23:3; Keil, Provan). 이 문서는 시내 산 언약의 일부였다. 그러므로 요아스의 즉위식은 시내 산 언약과 다윗 왕조에 대한 충성을 확인하는 예식이었다(House).

여호야다가 요아스를 왕으로 선포하자 성전에 모였던 백성들은 환호하며 어린 왕자를 왕으로 맞이했다(11절). 무슨 일이 벌어지고 있는지를 전혀 몰랐던 아달랴가 백성들의 소리를 듣고 급히 성전으로 달려왔다(12절). 상황을 알아차리고 나서는 "반역이다! 반역이다!"를 외쳤다(13절). 아달랴의 모습이 여러 면에서 옛적에 스스로 왕을 자처했다가 솔로몬이 즉위한 일을 뒤늦게 알고 당황했던 아도니야의 모습을 연상케 한다(Hill, cf. 왕상 1:39-41). 여호야다는 군사들에게 그녀를 끌고 나가서 처형하도록 했다(14절).

아달랴가 죽은 곳은 말들이 왕궁으로 드나드는 길에 있었던 "말의 문" 어귀였다. 저자가 아달랴의 죽음과 말을 연관시키는 것은 그녀의 어머니 이세벨의 죽음을 연상하기 위한 것이다. 그 어머니에 그 딸이라고, 두 여인은 같은 종말을 맞았다. 그뿐만 아니라, 솔로몬 시대에 말은 이집트를 포함한 이방 국가들의 상징이기도 했다. 아달랴의 죽음이 말과 연관된 것은 유다 왕실에 이방인들의 영향력이 끝났음을 의미한다.

이렇게 해서 6년 동안 지속된 아달랴의 시대는 막을 내렸다. 그녀는 이 기간에 어머니 이세벨의 "얼"을 이어받아 유다에 바알 종교를 전파했다. 이제 그녀의 죽음으로 유다는 북 왕국에서 예후가 단행했던 바알 종교 제거에 버금가는 개혁을 펼쳐나갈 수 있는 발판을 마련했다(cf. 18절). 여호야다 제사장의 지휘하에 총체적인 종교개혁을 기대할 수 있게 된 것이다. 세월이 악할 때는 악의 세력이 영원히 세상을 장악할 것 같아 보이지만 하나님의 때가 이르면 선이 승리한다. 이것은 하나님의 약속이자 창조주의 축복이다.

(3) 여호야다의 개혁(23:16-21)

16 여호야다가 자기와 모든 백성과 왕 사이에 언약을 세워 여호와의 백성이 되리
라 한지라 17 온 국민이 바알의 신당으로 가서 그 신당을 부수고 그의 제단들과 형
상들을 깨뜨리고 그 제단 앞에서 바알의 제사장 맛단을 죽이니라 18 여호야다가
여호와의 전의 직원들을 세워 레위 제사장의 수하에 맡기니 이들은 다윗이 전에
그들의 반열을 나누어서 여호와의 전에서 모세의 율법에 기록한 대로 여호와께
번제를 드리며 다윗이 정한 규례대로 즐거이 부르고 노래하게 하였던 자들이더라
19 또 문지기를 여호와의 전 여러 문에 두어 무슨 일에든지 부정한 모든 자는 들어
오지 못하게 하고 20 백부장들과 존귀한 자들과 백성의 방백들과 그 땅의 모든 백
성을 거느리고 왕을 인도하여 여호와의 전에서 내려와 윗문으로부터 왕궁에 이르
러 왕을 나라 보좌에 앉히매 21 그 땅의 모든 백성이 즐거워하고 성중이 평온하더
라 아달랴를 무리가 칼로 죽였었더라

여호야다가 아달랴를 죽이고 요아스를 왕으로 추대한 이후 처음으로 한 일이 언약을 맺는 일이었는데, 이 일이 요아스 즉위식의 절정이기도 하다(Hill). 본문은 두 가지 언약에 대해서 말한다. 첫째, 왕과 백성들이 언약을 맺어 요아스가 다윗의 왕권을 정당하게 계승한 다윗의 후손이며 유다 백성은 다윗이 다스린 백성이었던 것처럼 또한 다윗의 후손 요아스의 백성임을 확인했다. 둘째, 왕과 백성은 하나님과의 언약을 갱신하여 모세의 율법에 순종할 것을 확인했다. 이스라엘은 하나님의 백성이요, 여호와는 그들의 주인 되심을 확인하는 예식이었다.

이 시점에서 언약의 갱신이 필요한 것은 아달랴의 통치 아래 백성들이 하나님을 버리고 바알을 섬겼기 때문이다(Keil). 개혁에 있어서 나쁜 것을 제거하는 것도 좋지만 그 자리를 차지할 좋은 것을 주는 것은 더 중요하다. 특히 아름다운 옛것을 잊었을 때는 새로운 것을 지향하는 것

보다 옛것을 찾는 것이 더 좋은 일이다.

유다 사람들은 언약 갱신을 통해서 자신들이 여호와의 백성이라는 것을 깨닫는 순간 꼭 해야 할 일이 생겼다. 그동안 그들에게 강요되었던 바알 종교를 제거해야 하는 일이었다. 그래서 바알 신전으로 몰려가서 그 신전을 허물고, 제단을 뒤엎고, 신상들을 완전히 부수어 버렸다. 그뿐만 아니라 제단 앞에서 바알의 제사장 맛단을 죽였다(17절). 저자는 이 일에 있어서 이스라엘의 모든 사람이 뜻을 함께했다는 사실을 강조하기 위해서 "온 백성"(כָּל־הָעָם)이 이 일을 했다고 한다(17절). 저자가 아달랴가 살해된 다음에 도성이 평온을 되찾았다고 기록하는 것으로 보아(21절) 아달랴의 통치는 공포와 불안감을 조성하는 독재였던 것으로 생각된다.

예후가 주도한 북 왕국의 개혁과 여호야다가 주관한 남 왕국의 개혁은 두 나라에서 바알 종교를 제거했다는 점에서 비슷하다. 그러나 후속 조치에 있어서는 현저한 차이가 있다. 예후는 바알 종교를 제거한 후 여로보암이 세운 국교를 장려했다. 예후의 개혁은 반쪽 개혁이었다. 자신의 정치적 입지를 굳히는 데 필요한 만큼만 개혁했다. 이와 대조적으로 여호야다는 온전한 개혁을 이루어냈다. 바알을 제거했을 뿐만 아니라 여호와와 유다를 다시 하나님-백성 관계로 회복할 수 있게 하였다.

여호야다는 백성들을 여호와의 품으로 돌아가도록 했다. 모세의 율법에 따라 제사장들과 레위 사람들이 성전에서 여호와께 번제를 드리고 즐거운 노래를 드리도록 했다. 그뿐만 아니라 레위 사람들의 사역을 원래 다윗이 의도한 대로 회복시켰다(18절). 또한 문지기들도 복직을 시켜 부정한 사람들의 성전 출입을 막았다(19절). 저자는 아달랴가 그동안 독재로 억압한 백성들에 의해서 살해되었다는 사실을 한 번 더 상기하며 이 섹션을 마무리한다(21절).

2. 여호야다와 함께 통치한 시절(24:1-16)

아달랴가 집권한 6년 동안 유다 정계에는 마치 다윗의 등불이 꺼진듯 한 불안감이 감돌았다. 그러나 하나님이 등불을 끄지 않겠다고 다윗과 하신 약속을 지키시기 위해서 6년 동안 은밀하게 요아스를 불씨로 보존하셨다. 그리고 그 불씨를 통해 등불이 다시 활활 타오르게 하셨다. 다윗 왕조가 맨 처음처럼 건재하다는 것을 입증하기 위해서인지 하나님은 요아스에게 40년 동안 유다를 통치하게 하셨다(1절). 다윗 왕조에 속한 왕 중에서 이때까지 40년을 통치한 사람은 다윗(왕상 2:11)과 솔로몬(왕상 11:42)뿐이다. 한때 아달랴의 손에 풍전등화와 같은 위기를 맞았지만 다윗 왕조는 옛날처럼 다시 부흥할 것이다. 하나님은 다윗과의 약속을 지키실 것이기 때문이다.

마치 하나님의 은혜에 답례라도 하듯 요아스는 여호와를 섬기며 꾸준히 개혁을 이루어 나갔다. 어렸을 때에는 고모부였던 여호야다 제사장이 그를 도와 이러한 정책을 펴나갈 수 있도록 했지만, 성인이 되어서는 스스로 여호와를 섬겼다. 그러나 여호야다가 죽은 이후에 여호와에 대한 열정은 순식간에 식어갔고 얼마 지나지 않아 우상 숭배자가 되었다(cf. 24:17-22). 참으로 안타까운 일이다.

처음에는 하나님을 사랑하고 열심히 섬기다가 나중에 하나님께 등을 돌리는 왕의 이야기는 요아스가 유일한 것이 아니다. 역대하 24-26장에 기록된 요아스-아마샤-웃시야 모두 비슷한 경험을 한다. 세 왕 모두 영적인 '용두사미'가 무엇인가를 보여주는 실제적인 예가 된 것이다. 그래서 이 왕들의 이야기를 참 신앙은 끝까지 가는 것이고, 처음에는 아무리 열심히 하나님을 섬긴다 할지라도 나중에 변심하면 하나님의 심판을 피할 수 없다는 세 개의 경고로 간주하는 것이 바람직하다(Allen). 세 개의 경고 중 첫 번째인 어린 요아스가 여호야다의 도움을 받아 유다를 다스린 이야기를 회고하고 있는 본 텍스트는 다음과 같이 구분된다.

A. 서론적 통치 요약(24:1-3)

B. 성전 보수(24:4-14)

C. 여호야다의 죽음과 장례(24:15-16)

Ⅲ. 분열왕국의 역사(10:1-28:27)
8장. 요아스(22:10-24:27)
2. 여호야다와 함께 통치한 시절(24:1-16)

(1) 서론적 통치 요약(24:1-3)

1 요아스가 왕위에 오를 때에 나이가 칠 세라 예루살렘에서 사십 년 동안 다스리니라 그의 어머니의 이름은 시비아요 브엘세바 사람이더라 2 제사장 여호야다가 세상에 사는 모든 날에 요아스가 여호와 보시기에 정직하게 행하였으며 3 여호야다가 그를 두 아내에게 장가들게 하였더니 자녀를 낳았더라

요아스는 7세에 유다의 왕이 되었다(1절). 그는 예루살렘에서 40년을 통치했다. 어린 나이에 왕이 되어 매우 오랫동안 안정적으로 나라를 다스렸다. 통치 기간을 오늘날 연대로 계산하면 주전 835-796년쯤 된다(Thiele; Hill). 그는 통치를 더 지속할 수 있었지만 여호야다의 아들 스가랴를 죽인 일에 반감을 품은 부하들이 그를 살해했다(cf. 25절). 결국 그는 쿠데타를 통해 즉위했던 것처럼 쿠데타를 통해 죽임을 당했다.

그의 어머니 시비아는 북 왕국 출신 여자가 아니라 유다의 최남단에 위치한 브엘세바 출신이었다. 북 왕국의 공주였던 아달랴와는 전혀 상관없는 곳에서 온 여인이었다. 요아스는 여호야다 제사장이 살아 있는 동안에는 여호와를 섬기고 개혁적인 마음으로 열심히 신앙생활을 했다. 여호야다는 두 아내를 추천했으며 요아스와 아내들 사이에 아들 딸들이 태어났다(3절). 한때는 풍전등화와 같던 다윗 왕조가 다시 번영하기 시작했다.

(2) 성전 보수(24:4-14)

4 그 후에 요아스가 여호와의 전을 보수할 뜻을 두고 5 제사장들과 레위 사람들을
모으고 그들에게 이르되 너희는 유다 여러 성읍에 가서 모든 이스라엘에게 해마
다 너희의 하나님의 전을 수리할 돈을 거두되 그 일을 빨리 하라 하였으나 레위
사람이 빨리 하지 아니한지라 6 왕이 대제사장 여호야다를 불러 이르되 네가 어찌
하여 레위 사람들을 시켜서 여호와의 종 모세와 이스라엘의 회중이 성막을 위하
여 정한 세를 유다와 예루살렘에서 거두게 하지 아니하였느냐 하니 7 이는 그 악
한 여인 아달랴의 아들들이 하나님의 전을 파괴하고 또 여호와의 전의 모든 성물
들을 바알들을 위하여 사용하였음이었더라 8 이에 왕이 말하여 한 궤를 만들어 여
호와의 전 문 밖에 두게 하고 9 유다와 예루살렘에 공포하여 하나님의 종 모세가
광야에서 이스라엘에게 정한 세를 여호와께 드리라 하였더니 10 모든 방백들과 백
성들이 기뻐하여 마치기까지 돈을 가져다가 궤에 던지니라 11 레위 사람들이 언제
든지 궤를 메고 왕의 관리에게 가지고 가서 돈이 많은 것을 보이면 왕의 서기관과
대제사장에게 속한 관원이 와서 그 궤를 쏟고 다시 그 곳에 가져다 두었더라 때때
로 이렇게 하여 돈을 많이 거두매 12 왕과 여호야다가 그 돈을 여호와의 전 감독자
에게 주어 석수와 목수를 고용하여 여호와의 전을 보수하며 또 철공과 놋쇠공을
고용하여 여호와의 전을 수리하게 하였더니 13 기술자들이 맡아서 수리하는 공사
가 점점 진척되므로 하나님의 전을 이전 모양대로 견고하게 하니라 14 공사를 마
친 후에 그 남은 돈을 왕과 여호야다 앞으로 가져왔으므로 그것으로 여호와의 전
에 쓸 그릇을 만들었으니 곧 섬겨 제사 드리는 그릇이며 또 숟가락과 금은 그릇들
이라 여호야다가 세상에 사는 모든 날에 여호와의 전에 항상 번제를 드렸더라

본 텍스트는 열왕기하 12:4-15를 바탕으로 하며 두 본문은 다음과 같은 공통점을 가진다. (1) 성전 보수라는 중심적 주제, (2) 보수 비용을 위해 두 차례의 모금 시도, (3) 첫 번째 모금 시도가 실패한 후 돈 궤에

돈을 넣게 한 것, (4) 왕이 제사장들을 책망한 것, (5) 성전을 총체적으로 보수한 것(Japhet). 그러나 나머지 부분에서는 매우 다른 내용을 중심으로 이야기가 전개된다. 열왕기는 성전 보수를 위한 모금과 공사를 두 단계로 기록한다. 요아스가 제사장들을 불러 성전 보수를 위해서 성전에 들어오는 모든 헌금을 모으라고 했다. 그러나 요아스 즉위 23년째 되던 해까지 아무런 조치가 취해지지 않자, 왕은 다른 방법을 썼다. 제사장들에게 성전을 보수하는 일을 맡기지 않는 대신, 제사장들도 더 이상 모금한 기금을 받아 보관하지 못하게 했다. 요아스는 헌금 궤를 제단 옆에 두어 모금하게 했고, 대제사장과 왕이 함께 정기적으로 관리하여 모금한 기금을 성전을 수리하는 일에 사용하였다. 열왕기에 의하면 그동안에는 제사장들의 고유 영역이었던 성전 재정과 경영에 왕권이 처음으로 개입하게 된 것이다. 반면에 역대기 저자는 이 이야기의 주요 요소들을 그대로 보존하면서도 마치 다른 사건처럼 묘사하고 있다(Japhet).

솔로몬이 성전을 건축한 지 100년이 훨씬 넘었다. 그러므로 당연히 건물이 낡기 시작했다. 게다가 아달랴가 군림하는 동안 바알 신전은 많은 지원을 받았지만 여호와의 전은 도움을 받지 못하고 심지어는 방치되다시피 했을 것이 뻔하다. 7절은 아달랴의 아들들이 바알을 위해서 여호와의 성전을 약탈했다고 한다. 이러한 정황에서 요아스는 성전을 대폭 수리할 때가 되었다고 생각했다. 그래서 제사장들과 레위 사람들을 불러 유다 전 지역을 돌아다니며 성전 보수를 위한 세금을 거두어들이라고 했다(5절; cf. 출 38:24-31). 열왕기는 전국을 돌아다니며 세금을 징수하라는 말 대신에 성전에 출입하는 사람들이 들여놓는 헌금을 모으라고 했다. 왕은 이들에게 세금징수를 속히 시작하라는 당부를 더했다. 성전의 지출은 왕실에 의해서 충당된 것이 이때까지의 관행이었다는 점을 생각할 때, 요아스의 명령은 성전 유지비용이 왕실에서 유다의 온 백성들에게 전가된 것을 의미한다(Jones, House).

왕의 명령을 받은 사람들이 머뭇거렸다. 요아스는 대제사장 여호야다를 불러 전국을 돌며 모금하는 것은 모세가 율법을 통해 백성들에게 부과한 것이라며 역사적 정당성을 제시하며 추궁했다. 열왕기는 이때가 요아스 즉위 23년이 되던 해였다고 한다. 많은 시간이 흐른 것이다. 역대기 저자는 7절에 요아스가 성전 보수를 추진하기 위해서 세금을 징수하고자 한 일의 정당성을 옹호하는 코멘트를 더한다. 아달랴와 아들들이 성전을 약탈하여 바알에게 바쳤으며 악의를 가지고 성전을 부쉈기 때문에 보수가 시급했다. 그런데도 이 일에 제일 앞장서야 했던 제사장들과 레위 사람들이 자신들의 역할을 잘 이행하지 않았다며 비난한다.

요아스는 자신들이 해야 할 일을 망각하고 있는 제사장들과 레위 사람들을 책망한 후 새로운 계획을 발표했다. 성전 문밖(viz, 성전 뜰에 있는 제단 옆), 곧 모든 사람이 볼 수 있는 곳에 돈 궤를 두어 유다의 모든 백성이 모세가 광야에서 이스라엘이 바치도록 정한 세금을 주님께 드리게 했다(9절; cf. 출 38:24-31). 백성들이 제사장들이나 레위 사람들을 거치지 않고 직접 헌금함에 돈을 넣게 한 것이다(Japhet). 이 궤를 성전 뜰에 둠으로써 성직자들만 출입할 수 있는 성전 건물(viz., 성소)을 일반인들에게서 보호했다(Allen).

궤가 돈으로 가득 차면 왕실 서기관과 대제사장의 관리가 액수를 계산했다(11절). 왕과 대제사장은 이 돈을 보수 공사를 책임진 감독관들에게 주었고, 감독관들은 이 돈으로 기술자들을 고용해서 성전을 수리하게 했다(12절). 직무유기를 범하고 있는 제사장들과 레위 사람들을 믿지 못하겠다는 정책이다. 저자는 중간 역할을 하는 감독관들에 대한 칭찬을 아끼지 않는다(13-14절). 이 일에 있어서 제사장들보다 평신도들이 더 모범적이었던 것이다. 물론 이 모든 문제의 발단도 제사장들에게 있었다. 보수 공사를 완벽하게 마친 감독관들이 남은 돈을 왕과 대제사장에게 가져왔고 왕은 그것으로 성전에서 사용하는 그릇들과 기구들을 마련하도록 했다(14절).

요아스의 이러한 정책은 두 가지의 역사적 의미를 지닌다(Hubbard). 첫째, 성전에 들어오는 헌금을 관리하는 관행을 대폭 수정한 결과를 초래했으며, 요아스가 제정한 방법을 바빌론으로 끌려갈 때까지 사용했다. 둘째, 성전 사업에 관한 권한이 제사장들로부터 왕에게 넘어가는 결과를 초래했다. 하나님은 주어진 특권과 은사를 충분히 활용하지 않는 사람들에게서 있는 것마저도 빼앗는 분이시다. 요아스는 고모부이자 대제사장이었던 여호야다가 살아 있는 동안에는 성전이 잘 운영되도록 했다(14b절). 조카 요아스를 왕으로 세운 여호야다는 평생 왕의 영적 스승 역할을 잘 감당했다. 왕의 보호자이자 고문으로서 대제사장의 역할을 가장 이상적으로 수행한 사람이었다(Hill).

(3) 여호야다의 죽음과 장례(24:15-16)

15 여호야다가 나이가 많고 늙어서 죽으니 죽을 때에 백삼십 세라 16 무리가 다윗 성 여러 왕의 묘실 중에 장사하였으니 이는 그가 이스라엘과 하나님과 그의 성전에 대하여 선을 행하였음이더라

본문이 언급하고 있는 내용은 열왕기에 기록되어 있지 않다. 평생 하나님과 주의 백성의 신앙을 위해서 헌신한 여호야다가 나이가 차서 죽었다. 저자가 여호야다의 죽음에 대해서 묘사하면서 사용한 표현 방법이 제사장의 죽음보다는 왕의 죽음을 묘사하는 것에 더 가깝다(Mabie). 여호야다는 제사장이었지만 왕이 해야 할 일(viz., 이스라엘 종교개혁 추진 등)을 도맡아 한 사람이었기 때문에 그의 죽음을 이렇게 묘사하고 있다. 그가 죽을 때 나이가 130세였다. 일부 주석가들은 숫자의 신빙성에 문제를 제기하지만(Japhet), 설득력 없는 문제 제기에 불과하다. 여호야다는 아브라함의 아내 사라(127세), 요셉(110세), 모세(120세), 아론(110세), 여호수아(110세)보다 더 오래 살았다. 구약에서 오래 사는 것은 하나님의 축복이란 점을 감안하면, 여호야다가 하나님을 위해서 열심히 살았던 것을 하나님이 귀하게 여기시고 장수의 복을 내려주신 것이다.

여호야다의 업적 중 두 가지가 부각된다(16절). 첫째, 그는 유다 백성이 하나님과의 관계를 회복할 수 있도록 하였다. 둘째, 성전을 수리하는 데 수고를 아끼지 않았다. 그가 요아스를 왕으로 세우면서 꺼져가는 "다윗의 등불"을 굳건하게 한 정치적 업적은 언급되지도 않는다. 역대기 저자에게 종교지도자의 가장 빛나는 업적은 가장 기본적인 사명—하나님과 백성의 관계를 확고히 하고, 성전을 잘 보존하는 일—에 충실했던 일이다. 우리도 언젠가 하나님 앞에 설 때, 우리가 이 땅에서 이룬 업적이 아니라 하나님이 우리에게 주신 소명에 얼마나 신실했는가라는 잣대에 의해서 평가받게 될 것이다.

여호야다의 이런 업적이 인정되어 장례식은 왕의 것처럼 치러졌다. 그의 시신이 일부 왕들도 들어가지 못한 "다윗 성"의 왕실 묘지에 안치되었다(16절). 하나님이 그의 길고 길었던 인생 여정에 찍힌 마침표를 가장 아름답고 영화롭게 장식해 주셨다.

3. 홀로 통치한 시절(24:17-27)

여호야다가 살아 있는 동안에 성전의 든든한 후원자가 되어 주었고, 요아스는 매우 열정적으로 하나님을 사모했다. 그러나 여호야다가 죽고 난 후에는 하나님의 길을 저버렸다. 심지어는 여호와께 돌아오라고 외친 선지자까지 죽였다(21절). 여호야다가 죽은 후에 요아스가 이처럼 우상숭배로 급선회한 것은 제사장에 의해서 신앙을 강요당했고, 강요당한 대로 흉내는 내보지만 개인적인 믿음은 없었기 때문이라고 풀이하는 주석가들도 있다(Patterson & Austel). 그러나 성경이 알려 주지 않으니 이유를 정확히 알 수는 없다.

우리는 이미 아사를 통해 분열된 유다 역사에서 용두사미의 삶을 살았던 왕의 첫 번째 예를 목격했는데(cf. 16:11-14), 요아스를 통해 더 확실한 예를 보고 있다. 마음이 아프다. 이 왕의 이야기를 읽으며 끝까지 하나님을 신뢰하고 의지하는 것이 참으로 귀하다는 생각을 한다. 본문은 다음과 같이 구분할 수 있다.

A. 범죄(24:17-18)
B. 스가랴 예언자(24:19-22)
C. 하사엘의 침략(24:23-24)
D. 결론적 통치 요약(24:25-27)

Ⅲ. 분열왕국의 역사(10:1-28:27)
8장. 요아스(22:10-24:27)
3. 홀로 통치한 시절(24:17-27)

(1) 범죄(24:17-18)

17 여호야다가 죽은 후에 유다 방백들이 와서 왕에게 절하매 왕이 그들의 말을 듣
고 18 그의 조상들의 하나님 여호와의 전을 버리고 아세라 목상과 우상을 섬겼으
므로 그 죄로 말미암아 진노가 유다와 예루살렘에 임하니라

여호야다의 죽음과 장례식에 대한 이야기처럼 지금부터 전개되는 요아스의 배교 이야기도 열왕기에 기록되어 있지 않다. 역대기 저자가 자신만의 출처를 인용해 보완한 것이다. 여호야다가 죽은 후 요아스가 죄를 짓는 모습이 즉위 직후의 모습과 대조를 이룬다. 어린 나이에 왕이 된 그는 여호야다의 조언에 따라 훌륭한 왕이 되었고 바람직한 종교 정책을 추진했다. 여호야다의 빈자리를 악한 고문들이 채웠다(17절). 요아스는 악한 조언자들의 충고를 받아들여 여호와를 배신하고 아세라를 섬겼다(18절). 저자는 요아스의 배교를 여호와의 전을 "버렸다"(עזב)(18절)로 묘사하는데, 이 동사는 "〔등을〕 돌리다"를 뜻한다(cf. HALOT, Mabie). 저자가 자신의 책에서 전략적으로 사용하는 "찾다"(דרשׁ)와는 완전히 반대되는 말이다. 요아스는 전에 있었던 믿음을 완전히 버린 것이다. 그는 아합 집안의 조언에 놀아나 죽음의 길을 걸었던 아버지 아하시야의 길을 걸었다.

요아스가 어떻게 해서 악한 조언자들의 농간에 놀아나게 된 것일까? 요아스를 부추긴 자들은 "유다의 지도자들/왕자들"(שָׂרֵי יְהוּדָה)이라고 한다. 사회에서 상당한 세력을 형성한 유지들이었다. 그들은 먼저 요아스를 찾아와서 "절했다"(개역; 공동; cf. NIV; NRS; NAS; TNK) 혹은 "부추겼다"(새번역). 이렇게 번역되고 있는 히브리어 동사(חוה)는 존경스러운 자 앞에 엎드려 절하는 것을 뜻한다(cf. HALOT). 아마도 지도자들이 요아스를 찾아와 아첨해서 요아스의 인격적인 결함인 교만을 자극한 것으로 생각된다(Hill). 요아스가 지도자들의 가식적인 칭찬에 놀아난 것이다.

이 지도자들은 왕에게 성전을 버리고 우상을 섬기라고 조언했다(18절). 요아스가 버린 것을 저자는 "그의 조상들의 하나님 여호와의 전"(בֵּית יְהוָה אֱלֹהֵי אֲבוֹתֵיהֶם)이라 한다. 요아스는 조상 때부터 내려온 아름다운 전통이 된 신앙에도 등을 돌렸다. 요아스의 일생에서 성전은 곧 하나님의 품이었고 신앙적인 열정의 상징이었다. 그는 아달랴의 칼을 피해 6년 동안 하나님의 품과 같았던 성전에 숨어 살았다(22:12). 그는 성전에서 진행된 즉위식을 통해 왕이 되었다(23:6-11). 왕으로서 가장 열정적으로 추진했던 일이 성전 보수였다(24:4-14). 그런 그가 어리석게도 악한 조언자들의 농간에 놀아나 성전을 버렸다. 자신의 모든 정체성을 부인하고 있는 것이다(cf. Japhet, Hill, Johnstone). 이러한 정황을 고려해서 저자는 요아스의 배교가 얼마나 심각한 일인가를 강조하기 위해서 성전을 버렸다고 한다.

하나님은 요아스와 지도자들의 죄를 보시고 온 유다에 진노하셨다. 어떤 재앙이 임했는지는 중요하지 않다. 아마도 언약적 저주 중 한 가지 혹은 여러 가지가 요아스와 유다에 내려졌을 것이다. 그러나 한때는 온 마음을 다해 주를 찾던 왕과 백성들이 돌아오지 않았다. 그들의 마음이 완악할 대로 완악해졌기 때문이다. 하나님의 은혜를 체험했던 사람들이 이처럼 타락하는 것이 잘 이해가 되지 않는다. 그러나 이것이 영적 세계의 현실이다.

Ⅲ. 분열왕국의 역사(10:1–28:27)
8장. 요아스(22:10–24:27)
3. 홀로 통치한 시절(24:17–27)

(2) 스가랴 예언자(24:19-22)

19 그러나 여호와께서 그들에게 선지자를 보내사 다시 여호와에게로 돌아오게 하
려 하시매 선지자들이 그들에게 경고하였으나 듣지 아니하니라 20 이에 하나님
의 영이 제사장 여호야다의 아들 스가랴를 감동시키시매 그가 백성 앞에 높이 서
서 그들에게 이르되 하나님이 이같이 말씀하시기를 너희가 어찌하여 여호와의 명
령을 거역하여 스스로 형통하지 못하게 하느냐 하셨나니 너희가 여호와를 버렸으
므로 여호와께서도 너희를 버리셨느니라 하나 21 무리가 함께 꾀하고 왕의 명령을
따라 그를 여호와의 전 뜰 안에서 돌로 쳐죽였더라 22 요아스 왕이 이와 같이 스가
랴의 아버지 여호야다가 베푼 은혜를 기억하지 아니하고 그의 아들을 죽이니 그
가 죽을 때에 이르되 여호와는 감찰하시고 신원하여 주옵소서 하니라

하나님이 어이없는 광경을 보시고 왕과 백성들에게 선지자들을 보내셨다(19절). 그들이 회개하고 돌아오기를 바라며 한 명이 아닌 여러 선지자들을 보내셨다. 그러나 그들은 선지자들의 말에 귀를 기울이지 않았다. 왕과 백성들이 변질되었던 것이다. 하나님은 마지막으로 한 번 더 선지자를 보내 경고하셨다.

하나님이 보내신 선지자는 요아스를 왕으로 세웠을 뿐만 아니라 종교적 고문이었던 여호야다 제사장의 아들 스가랴였다. 스가랴(זְכַרְיָה)의 이름을 풀이하면 "여호와께서 기억하시다"이다(cf. HALOT). 요아스의 불신을 하나님이 기억하고 있으심을 경고하고 요아스가 여호와를 기억하지(viz., 따르지) 못하는 사실을 비난하기에 적절한 이름이다. 그러나 스가랴의 이야기는 하나님이 이 선지자의 죽음을 기억하는 것(viz., 요아스가 하나님을 기억하지 않고 스가랴 선지자를 죽임)으로 끝이 난다(Allen). 만일 요아스에게 조그만 양심이나 신앙이 남았더라면 다른 사람의 말은 몰라도 선지자의 아버지 여호야다와의 관계를 생각해서라도 스가랴의 말을 귀담아들었을 것이다. 하나님도 이 점을 기대하시고 여호야다의 아들을 선지자로 세우셨다.

스가랴는 하나님의 영에 감동되어 신탁을 선포했다(20절). 이 사람 역시 전문적으로 선지자 사역을 하는 사람이 아니었기 때문에 "하나님의 영"(רוּחַ אֱלֹהִים)이 임했다고 한다(cf. 20:14). 스가랴 제사장은 "너희가 주를 버렸으니 형통하지 못할 것이며 주께서도 너희를 버릴 것이다"라고 경고했다(20절). 경고는 선지자의 가장 기본적인 사역이다(Japhet). 하나님께 버림받고 싶지 않으면 지금이라도 회개하고 그분께 돌아오라는 것이다. 그러므로 스가랴의 신탁은 최종 심판 선언이 아니라 회개를 유도하는 경고의 메시지이다(Allen). 만일 요아스가 회개하지 않으면 여호야다가 주선한 여호와와 이스라엘 사이의 언약 갱신이(cf. 23:16) 아무런 의미가 없고 하나님과의 관계가 깨지는 것을 피할 수 없다.

이미 우상을 숭배하며 죄 속에서 살겠다고 작정한 요아스와 백성들에게 스가랴의 신탁은 아무런 효력을 발휘하지 못했다. 오히려 진실을 외면하고자 했던 자들에게 스가랴는 그들의 마음을 불편하게 하는 귀찮은 존재였다. 그래서 회개는커녕 오히려 스가랴를 죽일 궁리를 했다. 그들의 관점에서 스가랴는 죽어 마땅한 반역죄(treason)를 저지른 자일 뿐이었다(Japhet). 음모를 꾸며놓고 왕의 허락을 기다리던 자들에게 요아스가 선지자를 죽이라는 명령을 내렸다. 이렇게 해서 스가랴는 성전 뜰에서 돌에 맞아 순교했다(21절).

성전은 제사장이었던 그가 평소 사역한 곳이었다. 게다가 성전 뜰에는 번제단이 있었다. 스가랴는 하나님이 주신 말씀을 선포했다는 이유로 주님의 성전 뜰 번제단 옆에서 희생제물이 되어 순교자의 피를 흘렸다. 이 성전은 한때 요아스가 숨어 살던 곳이었고 왕으로 즉위한 곳이었으며 열정적으로 보수했던 곳이다. 어느덧 신실했던 요아스가 하나님을 대적하는 괴물로 변해있다.

저자도 괴물로 변해있는 요아스에게 질타를 가한다. "이렇듯 요아스 왕은, 스가랴의 아버지 여호야다가 자기에게 보인 그 충성을 생각하지 않고, 그의 아들을 죽였다"(22a절, 새번역). 요아스는 살인마일 뿐만 아니라 은혜를 악으로 갚는 배은망덕한 저질 인간이었다. 스가랴는 죽으면서 "여호와는 감찰하시고 신원하여 주옵소서"라는 말을 남겼다(22b절). 이 말씀은 원수갚음을 해달라는 것이 아니며 의로우신 하나님이 자신의 억울함을 헤아려주시고 적절한 정의를 실현해 달라는 뜻이다(Hill). 스가랴는 주님의 주권과 정의에 모든 것을 맡긴 것이다.

스가랴는 유태인 정경에 기록된 마지막 순교자였다. 유태인 정경에서 역대기는 마지막 책인데, 역대기가 기록하는 마지막 순교자가 스가랴이기 때문이다. 훗날 예수님도 서기관들과 바리새인들을 비난하면서 스가랴의 순교를 회고하셨다. "의인 아벨의 피로부터 성전과 제단 사이에서 너희가 죽인 바라갸의 아들 사가랴의 피까지 땅 위에서 흘린 의로운 피가 다 너희에게 돌아가리라"(마 23:35; 눅 11:51).[1]

---

1 예수님은 사가랴(스가랴)의 아버지를 여호야다가 아니라 바라갸라고 하시는데 "바라갸"는 "여호와께서 축복하신다"라는 뜻을 지녔다. 이 이름이 여호야다의 다른 이름이었거나 그의 조상 중에 하나였을 수 있다. 아니면 여호야다가 평소 사용한 타이틀일수도 있다. 만일 타이틀이었다면 그는 "여호와의 축복을 주는 자"로 알려졌을 것이다(cf. Hill).

(3) 하사엘의 침략(24:23-24)

23 일 주년 말에 아람 군대가 요아스를 치려고 올라와서 유다와 예루살렘에 이르
러 백성 중에서 모든 방백들을 다 죽이고 노략한 물건을 다메섹 왕에게로 보내니
라 24 아람 군대가 적은 무리로 왔으나 여호와께서 심히 큰 군대를 그들의 손에 넘
기셨으니 이는 유다 사람들이 그들의 조상들의 하나님 여호와를 버렸음이라 이와
같이 아람 사람들이 요아스를 징벌하였더라

순교자의 피로 성전 뜰을 물들인 요아스와 유다에 하나님의 심판이 임했다. 하나님이 그들의 죄를 이대로 용서하실 수 없으셨을 뿐만 아니라, 그들이 선지자를 죽였으니 순교자 스가랴의 핏값을 요구하시는 것은 당연한 일이다. 이듬해 초("해가 바뀔 무렵")에 시리아 군대가 요아스를 치러온 것이다. 역대기 저자는 시리아 군대가 하나님이 유다를 심판하시면서 사용하신 진노의 막대기임을 전세한다(cf. 24절).

열왕기에 의하면 엘리사가 시리아의 왕이 되어 이스라엘 백성들을 잔혹하게 핍박할 것이라고 예언했던 하사엘이 북 왕국 이스라엘을 괴롭히는 데 만족하지 않고 가나안 남서쪽까지 진군해왔다. 그는 먼저 블레셋 사람들의 영토인 가드를 취했다. 그런 다음에 예루살렘까지 진군해 왔다(왕하 12:17). 북쪽에서 가나안 남서쪽까지 오게 된 것은 아마도 이 지역의 교역의 중심에 있는 통상로(trade route)를 시리아의 주권 아래 두기 위해서였을 것이다(Gray, House).

그러나 역대기 저자가 이곳에 기록하고 있는 내용이 열왕기가 회고하고 있는 하사엘 침략 사건과 너무 다르기 때문에 두 책이 같은 사건을 언급하고 있는지 확실하지 않다(cf. Williamson). 저자는 예루살렘을 점령한 시리아 군대가 많은 지도자를 죽였고 노략한 물건들을 다마스쿠스에 있는 자기들의 왕에게 보냈다고 한다(23절).

유다가 침략군에 비해 힘이 약해서 일방적으로 당한 것이 아니다. 시리아 군의 수가 얼마 되지 않았기 때문에 유다의 대군에 도저히 이길 수 없었다. 그러나 하나님이 범죄한 유다를 심판하려고 시리아를 끌어들이셨기 때문에 시리아 군이 작았음에도 불구하고 대군 유다를 상대로 승리하게 하셨다(24절). 요아스와 백성들에게 심판을 내리신 것이다. 여호사밧 시대에 유다가 작은 군대로 수많은 적들을 물리쳤던 일과 대조적이다. 두 사건의 차이는 하나님이 유다와 함께하신 것과 적들과 함께하신 것이다. 하나님이 이처럼 주의 백성들을 심판하시는 일에 종종 외국 군대를 사용하신다.

Ⅲ. 분열왕국의 역사(10:1–28:27)
8장. 요아스(22:10–24:27)
3. 홀로 통치한 시절(24:17–27)

(4) 결론적 통치 요약(24:25-27)

25 요아스가 크게 부상하매 적군이 그를 버리고 간 후에 그의 신하들이 제사장 여호야다의 아들들의 피로 말미암아 반역하여 그를 그의 침상에서 쳐죽인지라 다윗성에 장사하였으나 왕들의 묘실에는 장사하지 아니하였더라 26 반역한 자들은 암몬 여인 시므앗의 아들 사밧과 모압 여인 시므릿의 아들 여호사밧이더라 27 요아스의 아들들의 사적과 요아스가 중대한 경책을 받은 것과 하나님의 전을 보수한 사적은 다 열왕기 주석에 기록되니라 그의 아들 아마샤가 대신하여 왕이 되니라

요아스는 말년에 살해당했다. 아합의 딸 아달랴를 제외하고는 유다의 왕 중 살해당하기는 요아스가 처음이다. 앞으로 아들 아마샤(25:27-28)와 므낫세의 아들 아몬(33:24)이 요아스처럼 살해당한다. 여호람-아하시야-아달랴 시대를 지나며 지속된 유다 정계의 불안정이 요아스 시대에도 이어진다. 그의 아들 아마샤 시대에도 불안정은 지속된다. 웃시야 시대에 가서야 비로소 정계가 안정을 찾는다.

열왕기에 의하면 요사갈과 여호사바드라는 두 신하가 역모를 꾸며

밀로의 궁에서 요아스를 살해했다(cf. 왕하 12:20-21). 그러나 열왕기는 그들이 요아스를 암살한 이유나 역모가 성공했는지에 대한 정보를 제공하지 않는다. 반면에 역대기 기자는 요아스를 암살한 자들의 이름을 암몬 여인 시므앗의 아들 사밧과 모압 여인 시므릿의 아들 여호사밧이라고 한다(26절). 열왕기와 역대기 중 어느 쪽이 암살자들의 이름을 더 정확하게 표기하고 있는지 알 수는 없지만 역대기에서는 모두 이방인 어머니를 둔 반(半)이스라엘 사람들이라는 점이 부각된다. 이스라엘의 순수 혈통이 아닌 이들이 순수 혈통 유다 사람들보다 하나님의 정의와 심판에 대한 이해가 훨씬 더 높다는 점을 강조하기 위해서이다(Hill). 또한 이스라엘은 그들을 멸망시키고자 하는 원수 국가들에 둘러싸여 있기 때문에 더욱더 하나님을 의지해야 한다(Johnstone).

역대기 저자는 사건의 전모를 열왕기보다 상당히 더 자세하게 기록하고 있다. 요아스가 하나님의 최후통첩을 선포했던 여호야다의 아들 스가랴를 죽인 일로 인해 요아스를 미워하던 사람들이 반란을 일으켜 자던 그를 암살했다는 것이다(25a절). 하나님의 선지자를 죽인 요아스가 자신의 목숨으로 대가를 치렀음을 강조한다. 공평과 정의의 하나님이 스가랴의 기도를 들으시고 그의 억울한 죽음에 대한 정의를 실현하셨다. 요아스의 시신이 "다윗 성"에 묻히기는 했지만 왕실 묘지에는 들어가지 못했다(25b절). 역대기 저자는 하나님께 거역한 왕들은 왕실 묘지에 들어갈 자격이 없다고 한다.

열왕기 저자는 요아스 통치의 이모저모가 "유다 왕 역대지략"에 기록되어 있다고 하는 반면 역대기 저자는 "열왕기 주석"(סֵפֶר הַמְּלָכִים)에 기록되었다고 한다(27절). 요아스 왕에 대한 자세한 언급은 이 책을 참고하라는 뜻이다. 지금까지 저자가 언급하지 않은 새로운 출처이다. 저자가 요아스 이야기를 회고하면서 인용한 출처를 밝히는 것은 그의 이야기가 끝났음을 암시하는 문학적 방법이다(Williamson, McKenzie). 암살된 요아스의 대를 이어 아들 아마샤가 왕이 되었다.

한때는 그렇게 여호와를 섬기고 따르던 요아스가 말년에 여호와께 등을 돌리게 된 것을 보면 큰 슬픔과 안타까움을 느낀다. 요아스가 왜 이렇게 되었을까? 어떤 상황이 있었는지 정확히 알 수는 없다. 그러나 백성들의 꼬드김 때문에 우상을 숭배하고, 백성들의 압력에 못 이겨 스승의 아들을 죽인 일을 통해 성품을 엿볼 수 있다. 그는 스스로 옳다고 생각하는 대로 결단을 내리고 추진하는 사람이 아니었다. 여론에 의하여 이리 밀리고 저리 밀리는 무능한 사람이었다. 요아스의 최후를 돌아보며 한 학자는 이렇게 말한다. "결론적으로 말하자면 하나님의 리더십 아래 있는 사람은 자신만의 결정을 내려야 하고, 스스로 자신의 정직성을 지켜야 하며, 자신만의 운명을 이루어 나가야 한다"(Honeycutt). 진정한 리더는 잘못된 다수에게 설득되지 않고 오히려 다수를 옳은 길로 인도한다.

9장. 아마샤(25:1-26:2)

여호람 시대에 시작된 유다의 정치적 불안은 아하시야의 짧은 통치와 아달랴 시대를 지나며 절정에 달했다. 경건한 사람 여호야다 제사장의 도움으로 왕이 된 요아스는 즉위 후 여호야다의 조언을 바탕으로 통치해서 유다는 정치적으로 상당히 안정을 되찾는 듯했다. 수적으로 위기에 몰렸던 왕족도 번성하기 시작했다(cf. 24:3). 그러나 여호야다가 죽은 후에 요아스는 하나님을 배반했고, 급기야 하나님이 보내신 선지자를 죽이기까지 했다. 결국 하나님은 그를 심판하셔서 두 반(半)이스라엘 사람에게 암살 당하게 하셨다.

요아스는 유다 역사상 최초로 암살된 왕이 되었으며 유다의 정계는 다시 불안과 혼란에 빠졌다. 이런 혼란 속에 아마샤가 왕이 되었다. 그가 왕이 되어서도 유다 정치에 관여하는 이권 세력들이 막강했고 불안한 정국은 계속되었다. 이런 상황에서 왕이 된 후 아마샤는 처음에 하나님을 사랑하여 정치적인 안정을 누렸다. 그리고 자신의 정권이 안정될 때까지 기다렸다가 아버지를 죽인 자들을 처형했다.

아마샤가 29년 동안 유다를 통치했기 때문에 상당히 안정적인 통치를 기대할 수도 있다. 그러나 그렇지 않았다. 아마샤가 통치하는 동안 여호사밧 시대 이후로 유지되었던 북 왕국과의 평화가 깨지고 다시 전쟁이 시작되었고 에돔과도 전쟁을 했다. 그의 마지막도 비참했다. 예루살렘에서 반란이 일어 라기스로 도망했지만 쿠데타를 일으킨 자들이 그곳으로 사람을 보내 아마샤를 죽였다(27절).

유다 정계는 다시 혼란의 소용돌이에 휩싸였다. 유다의 정치적 불안정과 혼란은 웃시야 시대에 가서야 비로소 수습된다. 저자는 여호람 시대에 시작되어 아마샤 시대까지 지속된 유다의 정치적 불안정은 왕들이 하나님을 배신해서 비롯된 것이라고 한다. 정치적 불안은 왕들에게 내리신 하나님의 심판이며, 반대로 정치적 안정은 하나님의 축복임을 암시한다. 아마샤가 유다 왕으로서 유일하게 한 일은 정치적 불안감을 조성한 것이었다. 나라의 정치적 안정은 오직 하나님만 줄 수 있는 선물이다.

요아스의 아들 아마샤 왕의 이야기를 담고 있는 이 섹션은 그에 관해 기록하고 있는 열왕기하 14:1-22의 내용을 상당 부분 그대로 도입했다. 이야기 전개 순서도 동일하다. 그러나 역대기 저자는 제법 많은 양의 추가 정보를 삽입하여 열왕기의 내용보다 더 많은 분량을 제공한다. 가장 두드러지는 차이는 에돔과의 전쟁이다. 열왕기는 전쟁에 대해서 열왕기하 14:7에 간략하게 서술하고 있다. 반면에 역대기 저자는 5-16절을 통해 아주 자세하게 회고한다. 역대기 저자에게 이 전쟁은 아마샤의 불신과 배반을 보여주는 좋은 예가 되기 때문이다. 요아스의 이야기는 다음과 같이 구분할 수 있다.

A. 서론적 통치 요약(25:1-4)
　B. 에돔과의 전쟁(25:5-16)
　B'. 북 왕국과의 전쟁(25:17-24)
A'. 결론적 통치 요약(25:25-26:2)

1. 서론적 통치 요약(25:1-4)

1 아마샤가 왕위에 오를 때에 나이가 이십오 세라 예루살렘에서 이십구 년 동안 다스
리니라 그의 어머니의 이름은 여호앗단이요 예루살렘 사람이더라 2 아마샤가 여호와
께서 보시기에 정직하게 행하기는 하였으나 온전한 마음으로 행하지 아니하였더라 3
그의 나라가 굳게 서매 그의 부왕을 죽인 신하들을 죽였으나 4 그들의 자녀들은 죽이
지 아니하였으니 이는 모세의 율법책에 기록된 대로 함이라 곧 여호와께서 명령하여 이르시기를 자녀로 말미암아 아버지를 죽이지 말 것이요 아버지로 말미암아 자녀를 죽이지 말 것이라 오직 각 사람은 자기의 죄로 말미암아 죽을 것이니라 하셨더라

요아스가 살해된 후 아들 아마샤(אֲמַצְיָהוּ; lit., "여호와는 강하다")가 왕이 되었다. 그는 25세에 왕이 되어 29년 동안 예루살렘에서 다스렸다(1절). 이때가 주전 796-767년쯤 된다(Thiele). 그러나 29년 통치 중 24년은 아들 웃시야와 함께 공동 통치를 했다(cf. 왕하 14:23; 15:1). 아마도 북 왕국의 왕 요아스가 아마샤를 전쟁에서 생포하여 인질로 삼았기 때문일 것으로 추정한다(Hill, cf. 23절). 그래서 학자들은 그의 통치 기간 대부분을 웃시야의 통치 기간에도 포함시킨다(Thiele).

아마샤의 어머니 여호앗단은 예루살렘 사람이었다. 지난 몇 세대 동안 다윗 집안을 좌지우지하던 아합 집안의 영향력이 드디어 끊긴 것이다. 아마샤는 여호와 보시기에 옳은 일을 했으나 다윗에게 견줄 정도는 아니었다(2절). 사실 아마샤의 삶에 대한 평가는 아버지 요아스와 비슷하다. 아마샤도 요아스처럼 전반적으로 제법 긍정적인 평가받는 삶을 살았지만, 마지막에는 하나님께 등을 돌리는 배신의 삶을 살았다는 것이 역대기 저자가 부자(父子)에게 내린 공통적인 평가이다. 게다가 아마샤가 처한 상황은 요아스가 처했던 것보다 더 악화되었다. 우리는 시간이 흐를수록 계속 나빠지는(bad to worse) 다윗 왕조의 연약함과 쇠퇴의 현장을 목격하고 있다(McConville, Selman).

아마샤는 왕권을 굳게 한 다음, 아버지의 원수를 갚았다. 요아스를 살해했던 사람들을 처형한 것이다(3절). 그러나 모세의 율법서에 기록된 "아버지가 자녀 대신에 처형되어서도 안 되고, 또 자녀가 아버지 대신에 처형되어서도 안 된다. 오직 각 사람은 자신이 지은 죄에 따라 처형되어야 한다"(cf. 신 24:16)는 말씀대로 아마샤는 그들의 자녀는 죽이지 않았다(4절).

겉에서 볼 때는 하나님의 말씀을 매우 존중하고 있는 것처럼 보인다. 그러나 이 말씀이 기록된 신명기의 다른 율법들, 특히 가나안 사람들의 우상을 멀리하고 산당을 제거하라는 율법(cf. 신 7:5; 12:2 등등)은 준행하지 않았다(Hill). 아마샤는 자신이 좋아하는 말씀은 따르고 다른 것들은 무시하는 일종의 영적 편식을 행한 것이다. 그래서 저자는 그가 하나님 보시기에 정직하게 행하기는 했으나 온전한 마음으로 행하지 않았다고 평가한다(2절). 오늘날 많은 크리스천이 아마샤처럼 살고 있다. 하나님이 아마샤를 심판하신 것처럼 우리의 삶에도 하나님의 심판이 임할 수 있다는 점을 생각해야 한다.

Ⅲ. 분열왕국의 역사(10:1–28:27)
9장. 아마샤(25:1–26:2)

2. 에돔과의 전쟁(25:5-16)

5 아마샤가 유다 사람들을 모으고 그 여러 족속을 따라 천부장들과 백부장들을 세우
되 유다와 베냐민을 함께 그리하고 이십 세 이상으로 계수하여 창과 방패를 잡고 능
히 전장에 나갈 만한 자 삼십만 명을 얻고 6 또 은 백 달란트로 이스라엘 나라에서 큰
용사 십만 명을 고용하였더니 7 어떤 하나님의 사람이 아마샤에게 나아와서 이르되
왕이여 이스라엘 군대를 왕과 함께 가게 하지 마옵소서 여호와께서는 이스라엘 곧

온 에브라임 자손과 함께 하지 아니하시나니 8 왕이 만일 가시거든 힘써 싸우소서 하
나님이 왕을 적군 앞에 엎드러지게 하시리이다 하나님은 능히 돕기도 하시고 능히
패하게도 하시나이다 하니 9 아마샤가 하나님의 사람에게 이르되 내가 백 달란트를
이스라엘 군대에게 주었으니 어찌할까 하나님의 사람이 말하되 여호와께서 능히 이
보다 많은 것을 왕에게 주실 수 있나이다 하니라 10 아마샤가 이에 에브라임에서 자
기에게 온 군대를 나누어 그들의 고향으로 돌아가게 하였더니 그 무리가 유다 사람
에게 심히 노하여 분연히 고향으로 돌아갔더라 11 아마샤가 담력을 내어 그의 백성을
거느리고 소금 골짜기에 이르러 세일 자손 만 명을 죽이고 12 유다 자손이 또 만 명
을 사로잡아 가지고 바위 꼭대기에 올라가서 거기서 밀쳐 내려뜨려서 그들의 온 몸
이 부서지게 하였더라 13 아마샤가 자기와 함께 전장에 나가지 못하게 하고 돌려보낸
군사들이 사마리아에서부터 벧호론까지 유다 성읍들을 약탈하고 사람 삼천 명을 죽
이고 물건을 많이 노략하였더라 14 아마샤가 에돔 사람들을 죽이고 돌아올 때에 세일
자손의 신들을 가져와서 자기의 신으로 세우고 그것들 앞에 경배하며 분향한지라 15
그러므로 여호와께서 아마샤에게 진노하사 한 선지자를 그에게 보내시니 그가 이르
되 저 백성의 신들이 그들의 백성을 왕의 손에서 능히 구원하지 못하였거늘 왕은 어
찌하여 그 신들에게 구하나이까 하며 16 선지자가 아직 그에게 말할 때에 왕이 그에
게 이르되 우리가 너를 왕의 모사로 삼았느냐 그치라 어찌하여 맞으려 하느냐 하니
선지자가 그치며 이르되 왕이 이 일을 행하고 나의 경고를 듣지 아니하니 하나님이
왕을 멸하시기로 작정하신 줄 아노라 하였더라

열왕기는 에돔과의 전쟁 이야기를 한 절에 요약하고 있기 때문에 세부적인 내용을 알 수 없다. 반면에 역대기 저자는 같은 사건을 12절에 할애하며 상세하게 묘사한다. 여기에서 가장 드러나는 것은 아마샤의 불신앙(하나님을 믿지 못하고 돈을 주고 북 왕국 군대를 고용한 일)과 어리석음(점령한 에돔 사람들의 신상들을 가져다가 숭배한 일)이다. 하나님은 이처럼 어리석고 형편없는 아마샤에게도 선지자를 두 차례나 보내셔서 주님을 의지할 기회를 주셨다. 그러나 아마샤는 아버지 요아스처럼 선지자의

말을 듣지 않았다. 그의 운명은 스스로 결정한 것이다.

아마샤가 즉위한 지 몇 년이나 되었을까? 그는 군대를 일으켰다(5절). 유다와 베냐민 지파 남자 중 전쟁에 참여할 수 있는 20세 이상 된 사람들의 숫자를 세어보니 30만 명에 달했다. 여호사밧 시대에 거의 120만 명에 육박한 숫자가 4분의 1로 줄었다. 그만큼 남 왕국 유다의 상황이 예전에 비해서 좋지 않다는 것을 의미한다. 무엇보다도 몇 세대를 지나며 왕과 백성들의 불신에서 비롯된 쇠퇴였다.

더 큰 군대가 필요하다고 생각한 아마샤는 은 100달란트(5,400kg)를 주고 북 왕국 이스라엘에서 용병 10만 명을 고용했다(6절). 하나님은 선지자를 보내셔서 이스라엘 용병들을 전쟁에 참여시키지 말라고 하셨다(7절). 선지자는 아마샤가 하나님 말씀에 순종하여 이들을 돌려보내고 유다 군대만 이끌고 전쟁에 나가면 여호와께서 유다 군에게 승리를 주시지만, 이스라엘 용병을 전쟁에 참여시키면 꼭 질 것이라고 경고했다(8절). 전쟁의 승패는 군사력에 있지 않고 여호와께 속했기에 아마샤에게 순종해서 승리를 얻든지, 아니면 불순종하여 실패를 얻든지 둘 중 하나를 택하라는 것이다. 그러므로 전쟁의 결과는 아마샤의 믿음에 달려있다.

아마샤가 은 100달란트를 지불하고 고용한 용병들을 돌려보내려 하니 본전 생각이 났다. 그래서 선지자에게 이미 지불한 100달란트를 어떻게 하면 좋겠냐고 물었다. 선지자는 왕이 하나님의 말씀에 순종하여 본전 생각하지 말고 돌려보내서 승리하면 얻게 될 노획물이 이 거금을 충분히 충당하고도 남을 것이라고 했다(9절). 이 순간 제일 중요한 것은 아마샤의 믿음이었다.

선지자의 말을 믿기로 한 아마샤가 이스라엘에서 온 10만 용병을 모두 돌려보냈다(10절). 싸우러 왔던 이스라엘 용병들이 매우 불쾌해하며 집으로 돌아갔다. 이미 받은 돈은 되돌려주지 않아도 되어서 싸우지 않고 돈을 벌어서 좋아해야 할 사람들이 왜 화를 내는 것일까? 1달란트를

3천 세겔로 계산해보면 이 용병들은 각각 3세겔씩 받고 돌아갔다. 당시의 3개월분 월급이었다. 일하지 않고 올린 수입으로는 괜찮아 보인다. 그런데도 이들이 화를 내는 것은 전문가 자존심이 손상을 입었기 때문이다(Hill). 또한 고대 사회에서 용병으로 기용되면 사실 사례비보다는 전쟁을 이기고 나서 얻는 노획물이 더 컸다. 그래서 북 왕국 사람들도 에돔을 약탈해서 한몫씩 챙기려는 목적으로 전쟁에 참여했다. 이런 상황에서 전쟁에서 자신들을 제외한 것은 유다의 승리가 확실해지자 아마샤와 유다 군대가 자신들만 한몫 챙기려고 벌이는 꼼수로 이해하고 있다. 그러니 당연히 불쾌했을 것이다.

아마샤와 그의 군대가 에돔의 영토에 속한 "소금 골짜기"(גֵיא־הַמֶּלַח)에서 세일 자손과 싸워 만 명을 죽이고, 또 만 명은 사로잡아 바위 꼭대기에서 떨어뜨려 죽였다(11-12절). 전쟁에서 싸워 죽인 만 명은 그렇다 치고, 생포한 만 명을 이렇게 처형한 것은 전쟁 범죄(war crime)이다(Johnstone). 포로로 잡은 사람들의 처형은 아마샤의 잔인성을 보여준다.

열왕기는 그가 셀라(הַסֶּלַע)를 쳐서 차지하고 그곳의 이름을 욕드엘(יָקְתְאֵל)로 바꿨다는 추가 정보를 제공한다(왕하 14:7). 셀라의 정확한 위치는 알 수 없지만(Gray, Meyers) 많은 학자는 오늘날 페트라(Petra)로 알려진 곳의 옛날 이름으로 간주한다(Dillard, Japhet, Tadmor & Cogan). 아마샤는 선지자를 통해 주어진 하나님의 말씀에 순종하여 절대적인 승리를 거두게 되었다. 역대기 저자는 이 일을 통해서 독자들에게 삶에서 승리의 기쁨을 즐길 수 있는 유일한 길은 하나님의 말씀에 순종하는 삶을 사는 것임을 역설한다.

아마샤가 에돔 사람들을 상대로 싸워 승리하는 동안, 그가 돌려보냈던 이스라엘 용병 10만 명이 사고를 쳤다. 이스라엘로 돌아가는 길에 사마리아와 벧호론 사이에 있는 유다 성읍들을 쳐서 사람들을 3천 명이나 죽이고 약탈한 것이다(13절). 벧호론은 예루살렘에서 북서쪽으로 20km 떨어져 있는 성읍으로 베냐민 지파와 에브라임 지파 땅의 경계선에 있었다(Hill). 에돔 사람들을 약탈하지 못한 것에 대한 앙갚음이었다. 저자는 이 사건을 통해 북 왕국 사람들이 얼마나 저질로 변질되었는가 강조한다.

이때까지는 이스라엘과 유다는 좋은 관계를 유지하고 있었다. 그래서 아마샤는 선뜻 군대 10만 명을 용병으로 불러들였다. 그러나 이스라엘에게 유다는 약탈하고 착취해도 되는 상대가 되었다. 북 왕국은 돈을 위해서라면 동맹국도 약탈할 수 있는 괴물이 되어 있다. 물론 그들이 정의와 사랑의 하나님을 버린 결과이다. 저자가 이 사건과 다음에 전개될 이스라엘과의 전쟁(17-28절)을 직접적으로 연결하고 있지 않지만 이 일로 인해 두 나라의 유대관계가 완전히 깨진다. 결국 이 일을 복수하려고 아마샤는 이스라엘과 전쟁을 한다.

여호와의 말씀에 순종해 전쟁에서 승리할 수 있었던 아마샤가 어이없는 죄를 범했다. 세일 자손의 신상들을 가져와서 자기의 신으로 숭배한 것이다(14절). 하나님이 이 일로 인해서 아마샤에게 크게 진노하셨고 선지자를 보내 책망하셨다. 선지자는 "어찌 자기들을 숭배하는 백성도 구원하지 못한 무능한 신들을 숭배하느냐?"며 아마샤를 비난했다(15절). 선지자의 논지는 아마샤가 한 일은 당시 근동 정서에도 맞지 않은 일이라는 것이다. 당시 두 나라가 전쟁을 하면 각자 신들을 앞세우고 전쟁터로 나갔다. 전쟁에서 승리한 사람들은 패배한 자들의 신(들)을 자신들이 숭배하는 신(들)의 신전으로 끌고가 신상들 앞에 세웠다. 승자들의 신(들)이 패자들의 신(들)의 능력을 모두 흡수하여 더 능력 있는 신들이 되고, 반면에 패자들의 신들은 그나마 없는 능력도 빼앗겨 무용지물이 된다고 생각했기 때문이다. 이러한 이해에서 이스라엘과의 전쟁에서 승리했던 블레셋 사람들이 여호와의 법궤를 가져다 자기들의 신 다곤의 신전에 갖다 놓았다(cf. 삼상 4장).

아마샤는 근동의 정서에 비추어보아도 어이없는 일을 하고 있다. 여호와의 말씀에 순종해 승리를 맛본 사람이 이런 일을 하고 있다는 것이 믿기지가 않는다. 우리는 이 사건을 통해 그의 영적 어리석음과 인간성을 엿본다(Selman). 더 기가 막히는 일은 선지자의 책망에 그가 어떻게 대응했냐이다. 이때라도 회개하면 하나님의 용서가 가능한데 오히려 선지자를 협박했다. 만일 계속 떠들어대면 죽이겠다는 것이다(16a절). 왕이 전혀 하나님의 말씀을 들을 기미를 보이지 않자 선지자는 "하나님이 왕을 멸하시기로 작정하셨다"라는 말을 남기며 돌아서야 했다(16b절). 아마샤는 하나님께 불순종하여 스스로 비참한 운명을 결정지었다.

3. 북 왕국과의 전쟁(25:17-24)

17 유다 왕 아마샤가 상의하고 예후의 손자 여호아하스의 아들 이스라엘 왕 요아스에
게 사신을 보내어 이르되 오라 서로 대면하자 한지라 18 이스라엘 왕 요아스가 유다
왕 아마샤에게 사람을 보내어 이르되 레바논 가시나무가 레바논 백향목에게 전갈을
보내어 이르기를 네 딸을 내 아들에게 주어 아내로 삼게 하라 하였더니 레바논 들짐
승이 지나가다가 그 가시나무를 짓밟았느니라 19 네가 에돔 사람들을 쳤다고 네 마음
이 교만하여 자긍하는도다 네 궁에나 있으라 어찌하여 화를 자초하여 너와 유다가 함
께 망하고자 하느냐 하나 20 아마샤가 듣지 아니하였으니 이는 하나님께로 말미암은
것이라 그들이 에돔 신들에게 구하였으므로 그 대적의 손에 넘기려 하심이더라 21 이
스라엘 왕 요아스가 올라와서 유다 왕 아마샤와 더불어 유다의 벧세메스에서 대면하
였더니 22 유다가 이스라엘 앞에서 패하여 각기 장막으로 도망한지라 23 이스라엘 왕
요아스가 벧세메스에서 여호아하스의 손자 요아스의 아들 유다 왕 아마샤를 사로잡
고 예루살렘에 이르러 예루살렘 성벽을 에브라임 문에서부터 성 모퉁이 문까지 사백
규빗을 헐고 24 또 하나님의 전 안에서 오벧에돔이 지키는 모든 금은과 그릇과 왕궁의

재물을 빼앗고 또 사람들을 볼모로 잡아 가지고 사마리아로 돌아갔더라

역대기 저자는 이 섹션을 구성하면서 열왕기하 14:8-20을 거의 그대로 인용한다. 모압 원정에서 승리를 거둔 아마샤가 북 왕국의 요아스에게 전령을 보내 싸우자고 했다(17절). 성공적인 원정을 마치고 나니 누구든지 상대해서 이길 수 있다는 교만에 찬 것일까? 그렇지 않은 것이 원래 고용했던 이스라엘의 10만 용병들이 돌아가면서 벧호론 지역을 약탈하고 3천 명이나 주민들을 죽였다(13절). 아마샤는 북 왕국 사람들에게 보복하기 위해서 선전포고한 것이다. 유다의 왕으로서 당연히 할 응징이다.

아마샤의 도전장을 받은 이스라엘의 왕 요아스가 유다의 왕을 비하하는 발언으로 답했다(18-19절). 한 마디로 "너는 내 적수가 못되니 그저 이번에 모압에서 얻은 승리와 같이 작은 영광들을 즐기며 평안히 살라"는 내용이었다. 열왕기에 기록된 내용에 의하면 요아스도 시리아를 세 차례나 쳐서 승리한 관록이 있는 사람이라 당당했다. 그가 부드러운 말이 아니라 냉혹하게 무시하는 말로 아마샤에게 답한 것은 만일 유다가 원하면 얼마든지 싸우겠다는 의지를 확고히 보여주는 행위이다.

아마샤도 자존심이 있는 사람이라 이러한 수모를 당하고 물러설 수 없다. 한 번 뽑은 칼, 호박이라도 찔러봐야 하지 않겠는가! 저자는 아마샤의 굽히지 않는 태도에 대해서 열왕기에 없는 신학적인 해석을 더한다. 이 전쟁은 아마샤가 에돔을 치고 돌아오는 길에 그들의 신들을 가져다가 숭배한 일에 대한 하나님의 응징이라는 것이다(20절). 저자는 아마샤가 에돔 신들에게 구한 것을 회고하며 하나님을 찾는 사람들을 묘사하는 전략적인 단어 "찾다"(דרשׁ)를 사용한다(20절). 하나님을 전심으로 찾아도 부족할 판에 아마샤는 어리석게도 에돔 신들을 찾은 것이다. 하나님이 아마샤의 마음을 강퍅하게 하셔서 무리수를 두게 하셨음을 암시한다.

아마샤가 뜻을 굽히지 않자 결국 북 왕국의 요아스가 군대를 이끌고 내려와 유다의 벧세메스에 진을 쳤다(21절). 벧세메스는 예루살렘에서 서쪽으로 30㎞ 정도 떨어진 곳에 있었다(Hill, Provan). 요아스가 이곳을 전투지로 결정한 것은 예루살렘과 남북으로 오가는 무역을 관리하기 위해서였다(Dillard, Selman). 전쟁은 요아스가 경고한 것처럼 이스라엘의 일방적인 승리로 끝났다. 이스라엘에 패한 유다 군대는 뿔뿔이 흩어져 각자 자기 집으로 도망했다(22절).

요아스는 이 전쟁에서 아마샤를 생포해 그를 앞세우고 예루살렘에 입성했다(23절). 요아스는 예루살렘 성벽 중 에브라임 문에서부터 성 모퉁이에 이르는 400자/규빗(180m)을 허물었고 성전과 왕궁의 보물들을 약탈했으며 인질을 잡아 사마리아로 돌아갔다(24절). 요아스가 성전의 보물들을 약탈할 때 성전에서 보물들을 지키고 있던 사람의 이름이 오벧에돔(עֹבֵד אֱדוֹם; lit., "에돔의 종")이었다. 아마샤는 에돔과의 전쟁에서 승리하고도 어리석게 에돔 신들의 종이 되기를 자처했다(25:14). 그가 진정한 "오벧에돔"이었다. 그러므로 오벧에돔이 지키고 있는 보물들을 빼앗긴 일을 통해 일종의 문학적 인과응보(poetic justice)가 진행되고 있다(Japhet).

이스라엘이 유다에서 인질들을 끌어간 것은 이 일이 유일하다. 아마샤 자신도 수년 동안 요아스의 인질로 잡혔었다는 추측도 있다(Hill, cf. Thiele). 그래서 그는 통치 기간의 대부분을 아들 웃시야와 공동으로 통치했다는 것이다. 저자가 요아스가 죽은 후에도 아마샤가 15년을 더 통치한 것이 아니라 "살았다"(וַיְחִי)(25절)로 밝히는 것도 이런 사실을 입증하는 하나의 증거로 본다(Provan). 아마샤는 참으로 어리석고 교만한 왕이었다.

4. 결론적 통치 요약(25:25-26:2)

[25] 이스라엘 왕 요아하스의 아들 요아스가 죽은 후에도 유다 왕 요아스의 아들 아마
샤가 십오 년 간 생존하였더라 [26] 아마샤의 이 외의 처음부터 끝까지의 행적은 유
다와 이스라엘 열왕기에 기록되지 아니하였느냐 [27] 아마샤가 돌아서서 여호와를 버
린 후로부터 예루살렘에서 무리가 그를 반역하였으므로 그가 라기스로 도망하였더
니 반역한 무리가 사람을 라기스로 따라 보내어 그를 거기서 죽이게 하고 [28] 그의 시
체를 말에 실어다가 그의 조상들과 함께 유다 성읍에 장사하였더라 [26:1] 유다 온 백성
이 나이가 십육 세 된 웃시야를 세워 그의 아버지 아마샤를 대신하여 왕으로 삼으니
[2] 아마샤 왕이 그의 열조들의 묘실에 누운 후에 웃시야가 엘롯을 건축하여 유다에 돌
렸더라

아마샤는 요아스가 죽은 후에도 15년을 더 살았다(25절). 그러나 이 기간에 기록할 만한 업적은 남기지 못했다. 말년은 아버지 요아스만큼이나 비참했다. 그가 거하고 있던 예루살렘에서 반란이 일어났고 그는 급히 라기스로 도망했다. 그러나 반란을 일으킨 사람들은 라기스로 사람을 따라 보내 살해했다. 어떤 이유에서 암살이 진행되었는지 알 수 없지만 이때에 유다에는 상당한 정치적 갈등이 있었던 것이 분명하다.

아마샤가 노골적으로 하나님께 반역하며 살았던 것이 쿠데타의 근거일 수도 있다(cf. Thompson). 아마샤의 시신이 말에 실려 예루살렘으로 돌아와 다윗 성에 장사되었다. 저자는 역시 그가 "왕실 묘지"에 묻혔다는 말을 하지 않는다. 다윗과 같이 묻힐 자격이 없었다는 것이다.

아마샤의 대를 이어 왕이 된 사람은 아들 웃시야(עֻזִּיָּהוּ; lit., "여호와가 나의 힘이시다")였다. 괄목할 만한 것은 아마샤와 아버지 요아스는 암살 당했는데도 다윗 왕조가 지속된다는 사실이다. 암살한 자들이 새로운 왕조를 시작할 수도 있는데 말이다. 역시 하나님이 "다윗의 등불"을 끄지 않으시겠다고 약속하신 일로 밖에는 이런 현상을 설명할 길이 없다. 유다 왕가의 이야기를 읽으면 읽을수록 하나님의 신실하심이 온 천하에 드러난다.

열왕기하 14-15장은 웃시야를 아사랴(עֲזַרְיָה; lit. "여호와가 도우셨다")라고 부른다(왕하 14:21; cf. 대상 3:12). 역대기 저자가 아사랴 왕을 웃시야라고 부르는 것을 선호하는 것은 무엇보다도 웃시야 시대 때 활동했던 아사랴 제사장과의 혼돈을 막기 위한 노력으로 생각된다(cf. 17-20절). 그는 16세에 왕이 되었다(26:1). 많은 학자는 웃시야는 아버지 아마샤가 즉위하는 동안에도 함께 공동 통치를 한 것으로 추정한다. 공동 통치를 포함한 웃시야의 통치 기간은 주전 792-740년이며, 이 중 아버지와 공동 통치를 한 때를 792-767년으로 생각한다(Hill, House, Thiele). 훗날 그는 아들 요담과 함께 750-740년에 10년 동안 공동 통치를 했다(Thiele).

웃시야는 엘롯을 재건하여 유다에 귀속시켰다(26:2). 엘롯은 홍해의 동북쪽 끝자락에 있는 도시였다. 엘롯은 국제적인 무역의 기회를 제공하는 바닷길의 시작에 있었기에 이스라엘과 에돔이 이 도시의 주도권을 놓고 끊임없는 갈등을 벌였다(Japhet). 웃시야가 성읍을 재건하여 유다에 귀속시켰다는 것은 웃시야가 통치를 시작한 직후 도시의 주도권이 유다에게 넘어온 것을 뜻한다.

10장. 웃시야(26:3-23)

웃시야는 유다 왕 중 므낫세 다음으로 오랫동안 통치한 사람이다. 그는 아버지 아마샤와의 공동 통치와 아들 요담과의 공동 통치를 포함해서 총 52년 동안 유다를 다스렸다. 52년 중 40년은 북 왕국을 다스린 여로보암 2세(주전 793-753년)와 겹치는 때이다. 두 왕은 평화를 유지하며 각자 나라에 지대한 경제적 부흥을 안겨주었다(Mabie). 비록 웃시야가 52년이나 유다를 통치했지만 열왕기와 역대기 저자들은 이 왕에게 매우 작은 공간을 할애한다. 열왕기는 겨우 9절을, 역대기는 좀 더 나은 23절을 할당한다. 유다를 30년 동안 통치한 히스기야의 118절, 25년 동안 군림한 여호사밧의 102절에 비하면 웃시야의 52년 통치는 거의 조명하지 않는다고 볼 수 있다.

웃시야의 이야기는 두 파트로 나눈다. 스가랴 제사장이 살아있는 동안 신앙적 지도를 받으며 하나님을 잘 순종하여 많은 복을 누렸던 시대(3-15절)와 스가랴 제사장이 죽은 후에 웃시야가 교만해져서 하나님의 심판을 받아 문둥병을 앓다 죽은 이야기(16-23절)로 구성되어 있다. 요아스가 여호야다 제사장의 지도를 받으며 신앙생활을 잘하다가 제사장이 죽은 후에 신앙을 저버린 이야기와 매우 흡사하다. 웃시야의 삶은 아버지 아마샤의 삶과도 비슷하다. 아마샤도 에돔과 전쟁을 시작할 때에는 하나님의 말씀을 들었다. 그러나 전쟁이 끝나갈 무렵부터 하나님을 배반했다. 이미 요아스 이야기에서 언급한 것처럼 요아스-아마샤-

웃시야는 모두 순종으로 시작했다가 불순종으로 끝맺는 3대에 이르는 용두사미 왕들이다. 역대기 저자는 세 왕들을 예로 들며 성도들에게 처음 믿음을 끝까지 지켜야 함을 설교한다(Allen). 본 텍스트는 다음과 같이 구분한다.

A. 서론적 통치 요약(26:3-5)
 B. 업적(26:6-15)
 B'. 죄와 심판(26:16-21)
A'. 결론적 통치 요약(26:22-23)

1. 서론적 통치 요약(26:3-5)

3 웃시야가 왕위에 오를 때에 나이가 십육 세라 예루살렘에서 오십이 년 간 다스리니
라 그의 어머니의 이름은 여골리아요 예루살렘 사람이더라 4 웃시야가 그의 아버지
아마샤의 모든 행위대로 여호와 보시기에 정직하게 행하며 5 하나님의 묵시를 밝히
아는 스가랴가 사는 날에 하나님을 찾았고 그가 여호와를 찾을 동안에는 하나님이 형통하게 하셨더라

이 섹션은 열왕기하 15:1-3을 인용하여 구성했지만 북 왕국과 연관된 내용은 모두 삭제한 버전이다. 웃시야는 16세가 되던 해에 유다의 왕위에 올랐으며 52년 동안 유다를 통치했다(3절). 이때가 주전 792-740년쯤이다. 그의 52년 통치는 아버지 아마샤와 아들 요담과의 공동 통치를 포함한다(Thiele, Hill). 어머니 여골리아는 예루살렘 태생이었다.

웃시야는 아버지 아마샤가 한 일을 본받아서 여호와 보시기에 정직하게 행했다고 한다(4절). 이미 저자가 아마샤에 대해서 내린 전반적인 평가와 대조되는 표현이다(cf. 25장). 그래서 대부분의 학자가 역대기 저자가 열왕기의 내용을 별다른 생각 없이 도입하다 보니 이런 모순이 빚어진 것이라고 생각한다(Japhet; Hill; Johnstone; cf. 왕하 15:3). 그러나 역대기 저자가 바로 앞장에서 아마샤를 비난하고 나서 이런 평가가 모순이 되는 것을 알면서도 별생각 없이 그대로 도입했다는 주장은 설득력이 없다. 저자는 아마샤에 대해서 회고하면서 그가 훗날 타락했지만, 처음에는 하나님의 말씀에 잘 순종했다고 했다. 그러므로 저자는 아마샤가 처음에 하나님을 잘 순종한 것을 회상하면서 이런 평가를 내렸다(cf. 25:7-10). 웃시야도 아버지처럼 통치를 시작할 때는 제법 하나님을 가까이했다는 뜻이다. 또한 아버지처럼 나중에는 하나님에게서 멀어질 것을 예고한다.

웃시야 옆에는 하나님을 경외하도록 신앙을 지도하는 거룩한 사람이 있었다. 제사장 스가랴였다(5절). 스가랴가 살아있는 동안 웃시야는 하나님의 뜻을 찾았다. 물론 하나님은 주를 찾는 웃시야를 축복하셔서 모든 일이 잘되게 하셨다. 역대기 저자는 하나님은 백성의 신앙을 절대 지켜만 보지 않고 항상 적절한 축복을 하신다는 사실을 강조한다. 하나님을 찾는 사람은 노력하는 만큼의 축복의 열매를 누리게 된다. 물론 하나님께 등을 돌리는 순간 누리던 모든 축복이 회수된다. 축복은 곧 신앙의 정도와 비례한다.

III. 분열왕국의 역사(10:1-28:27)
10장. 웃시야(26:3-23)

2. 업적(26:6-15)

이 섹션에 기록된 내용이 열왕기에는 없다. 역대기 저자는 52년 동안 지속된 웃시야의 통치에서 몇 가지 업적을 표본화하여 몰락하기 전 웃시야가 어떤 왕이었는지를 회고한다. 그는 다방면에서 참으로 훌륭한 왕이었다는 것이 저자의 평가이다. 물론 하나님의 심판을 받아 문둥병을 잃기 전 이야기이다.

이 섹션을 읽어내려 가는 동안 '웃시야가 끝까지 하나님께 신실했다면 얼마나 더 많은 복을 누렸을까'라는 생각을 하게 한다. 또한 '그의 통치를 받은 유다 사람들의 형편도 얼마나 더 좋아졌을까' 하는 아쉬움이 남는다. 웃시야가 하나님 앞에 신실하여 누린 축복들을 회고하는 본 텍스트는 다음과 같이 구분한다.

A. 국제적 위상(26:6-8)

B. 국내적 내실(26:9-10)

C. 군사력(26:11-15)

Ⅲ. 분열왕국의 역사(10:1-28:27)
10장. 웃시야(26:3-23)
2. 업적(26:6-15)

(1) 국제적 위상(26:6-8)

6 웃시야가 나가서 블레셋 사람들과 싸우고 가드 성벽과 야브네 성벽과 아스돗 성
벽을 헐고 아스돗 땅과 블레셋 사람들 가운데에 성읍들을 건축하매 7 하나님이 그
를 도우사 블레셋 사람들과 구르바알에 거주하는 아라비아 사람들과 마온 사람들
을 치게 하신지라 8 암몬 사람들이 웃시야에게 조공을 바치매 웃시야가 매우 강성
하여 이름이 애굽 변방까지 퍼졌더라

여호사밧 시대 이후로 유다는 주변국가와의 전쟁에서 계속 패했다. 유일한 예외는 웃시야의 아버지 아마샤 시대 때 에돔을 정복한 일이었다(25:5-12). 지난 수십 년 동안 유다의 국제적 입지가 그만큼 위축되어 갔다. 다행히 웃시야 시대에 이르러 상황이 많이 호전되었다. 그동안 주로 외부 세력의 침략을 받아온 유다가 군대를 일으켜 주변 국가들을 침략해 승리했다. 웃시야가 스가랴 제사장의 신앙지도를 잘 받아들여 하나님의 뜻을 찾았기 때문이다.

웃시야는 먼저 블레셋을 쳤다. 가드 성벽, 야브네 성벽, 아스돗 성벽

등을 정복하여 성벽들을 헐고 그들 땅에 유다의 성읍들을 세웠다(6절). 왕은 하나님의 도움을 받아서 구르바알에 사는 아라비아 사람과 마온 사람을 쳤다(7절). 구르바알(גּוּר־בָּעַל)은 성경에서 이곳에만 등장하는 이름이다. 한 주석가는 가나안 지역 최남쪽에 있던 그랄(גְּרָר)(cf. 창 20:2; 26:1, 6, 17)로 이해한다(Rudolph). 대부분의 학자도 이 성읍이 블레셋 사람들의 영토와 함께 언급하는 점을 근거로 유다 최남단에 있었던 브엘세바 근처였을 것으로 생각한다(Williamson, cf. Curtis, Japhet).

과거에 블레셋 사람들, 아라비아 사람들, 마온 사람들이 유다를 쳐들어온 적이 있다(cf. 21:16; 20:1). 웃시야는 침략자들에게 앙갚음할 수 있을 정도로 군사력을 키운 것이다. 암몬도 한때는 유다를 침략해왔다(cf. 20장). 웃시야는 이제 그들로부터 조공을 받게 되었다(8a절). 웃시야가 이미 엘롯을 유다에 귀속시킨 점을 감안하면(cf. 2절), 주변국 평정은 곧 가나안 지역에서 유다가 위상을 드높히고 있다는 의미일 뿐 아니라, 주요 통행도로를 통제해 엄청난 경제적 이익도 기대할 수 있게 되었다는 뜻이다(Japhet).

웃시야의 군사적 성공을 추적해보면 서쪽-남서쪽-남쪽-동쪽 등 반원(semi-circle)을 그리고 있다. 군사적 원정에 북쪽(viz., 북 왕국 이스라엘)이 포함되지 않았다는 사실은 둘 사이에 "긴장 완화"(détente)가 유지되고 있음을 시사한다(Allen). 더 나아가 웃시야의 막강한 군사력과 국제적인 위상이 이집트까지 알려졌다(8b절). 마치 다윗과 솔로몬 시대의 영화를 연상케 한다. 쇠퇴를 거듭하던 유다가 가나안 지역에서 가장 막강한 나라로 부상했다. 모두 다 하나님이 주님을 경외한 웃시야에게 내려주신 축복이었다. 웃시야라는 이름이 증언하는 것처럼 여호와는 그의 힘이 되셨다.

(2) 국내적 내실(26:9-10)

**9 웃시야가 예루살렘에서 성 모퉁이 문과 골짜기 문과 성굽이에 망대를 세워 견고
하게 하고 10 또 광야에 망대를 세우고 물 웅덩이를 많이 파고 고원과 평지에 가축
을 많이 길렀으며 또 여러 산과 좋은 밭에 농부와 포도원을 다스리는 자들을 두었
으니 농사를 좋아함이었더라**

주변국들 사이에 유다의 위상을 드높인 웃시야는 국내적으로 내실을 기하는 데도 신경을 썼다. 그는 예루살렘 성의 문들과 성벽을 보수했다(9절). 아마도 아버지 아마샤 시대에 북 왕국의 요아스가 예루살렘까지 들어와 무너뜨렸던 성벽을(cf. 25:23) 그동안 보수하지 못하고 방치하다 웃시야가 드디어 다시 세운 것으로 생각한다. 또한 성경은 웃시야 시대 때 대지진이 있었다고 하는데(cf. 암 1:1; 슥 14:5), 이때 무너진 건물들도 재건하고 보수했을 것으로 본다(Hill). 웃시야는 성문 곳곳에 망대도 세웠다. 적들의 침략으로부터 예루살렘을 쉽게 방어하기 위해서 전반적인 요새화 작업을 추진했던 것이다.

웃시야는 여러 곳을 개간하고 물 웅덩이를 파는 등 전반적으로 국토의 기능성과 효율성을 높였다(10절). 물론 처음 취지는 자신의 농축산업 재산을 관리하고 향상시키기 위해서 한 일이었지만, 궁극적으로 왕의 이러한 노력은 온 백성에게 덕을 끼쳤을 것이다. 왕이 파놓은 웅덩이의 물을 사용하여 농사를 짓고 왕의 포도밭 옆에 새 포도밭을 개간하기도 하는 등 직접적인 도움도 받고 더 나아가 자신들의 생산성을 향상시키는 좋은 자극제가 되었을 것이다.

Ⅲ. 분열왕국의 역사(10:1-28:27)
10장. 웃시야(26:3-23)
2. 업적(26:6-15)

(3) 군사력(26:11-15)

11 웃시야에게 또 싸우는 군사가 있으니 서기관 여이엘과 병영장 마아세야가 직접
조사한 수효대로 왕의 지휘관 하나냐의 휘하에 속하여 떼를 지어 나가서 싸우는
자라 12 족장의 총수가 이천육백 명이니 모두 큰 용사요 13 그의 휘하의 군대가 삼
십만 칠천오백 명이라 건장하고 싸움에 능하여 왕을 도와 적을 치는 자이며 14 웃
시야가 그의 온 군대를 위하여 방패와 창과 투구와 갑옷과 활과 물매 돌을 준비하
고 15 또 예루살렘에서 재주 있는 사람들에게 무기를 고안하게 하여 망대와 성곽
위에 두어 화살과 큰 돌을 쏘고 던지게 하였으니 그의 이름이 멀리 퍼짐은 기이한
도우심을 얻어 강성하여짐이었더라

웃시야는 자신의 직속 지휘관 중 하나였던 하나냐의 밑에 여이엘과 마아세야를 두어 군대 행정을 관리하도록 하였다(11절). 유다 군대에는 2,600명의 장교가 있었으며, 이들은 항시 전투에 투입될 수 있는 30만 7,500명의 군인들을 통솔하였다(12-13절). 지금까지 역대기 기자는 의로운 왕들이 거느린 군인의 수만 독자들에게 알려 주었다(cf. 대상 12:23-40; 21:5; 대하 13:3-4, 17; 17:12-19; 25:5-6). 이처럼 왕의 군대 규모를 밝혀주는 일은 이번이 마지막이다. 군인들은 모두 중무장한 사람들이었다(14절). 웃시야는 군기가 확고하고 사기가 충천한 정예군 30만 명을 두었다.

웃시야는 더 나아가 예루살렘에 무기 제조 기술자들을 두었다(15절). 이들은 군인들의 무기를 생산할 뿐만 아니라 새로운 무기 개발에도 박차를 가했다. 이들이 개발해낸 무기 중 하나는 일종의 투석기(catapult)로 성곽 모서리에 설치해놓고 활과 큰 돌을 쏘아 날리는 것이었다(Williamson). 침략자들 위에 돌과 활을 퍼부어대는 파괴력이 있는 무기였다. 일부 학자들은 이 무기가 공격 무기보다는 성 위에서 싸우는 군인들을 보호하는 방어 무기였다고 한다(Dillard). 이 무기가 공격적이었

는지 혹은 방어적이었는지는 그다지 중요하지 않다. 웃시야의 전술적인 명성은 사방으로 퍼져나갔고 그는 매우 강한 왕이 되었다. 모두 하나님의 도우심 덕분이었다(15c절).

3. 죄와 심판(26:16-21)

16 그가 강성하여지매 그의 마음이 교만하여 악을 행하여 그의 하나님 여호와께 범죄
하되 곧 여호와의 성전에 들어가서 향단에 분향하려 한지라 17 제사장 아사랴가 여호
와의 용맹한 제사장 팔십 명을 데리고 그의 뒤를 따라 들어가서 18 웃시야 왕 곁에 서
서 그에게 이르되 웃시야여 여호와께 분향하는 일은 왕이 할 바가 아니요 오직 분향
하기 위하여 구별함을 받은 아론의 자손 제사장들이 할 바니 성소에서 나가소서 왕
이 범죄하였으니 하나님 여호와에게서 영광을 얻지 못하리이다 19 웃시야가 손으로
향로를 잡고 분향하려 하다가 화를 내니 그가 제사장에게 화를 낼 때에 여호와의 전
안 향단 곁 제사장들 앞에서 그의 이마에 나병이 생긴지라 20 대제사장 아사랴와 모
든 제사장이 왕의 이마에 나병이 생겼음을 보고 성전에서 급히 쫓아내고 여호와께서
치시므로 왕도 속히 나가니라 21 웃시야 왕이 죽는 날까지 나병환자가 되었고 나병환
자가 되매 여호와의 전에서 끊어져 별궁에 살았으므로 그의 아들 요담이 왕궁을 관
리하며 백성을 다스렸더라

열왕기는 웃시야가 왜 문둥병을 앓게 되었는지 그 이유를 설명하지 않았다. 본문은 왕이 병을 얻게 된 경위를 자세하게 설명한다. 웃시야는 자신이 하는 일마다 잘되자(cf. 2-15절) 교만해졌다(16절). 그래서 제사장만이 할 수 있는 일(성전 안에 있는 분향단에 향을 피우는 일)을 스스로 하고자 했다. 율법은 이 일은 레위 사람 중에서도 아론의 후손인 제사장들만 할 수 있다고 한다(출 30:1-10; 민 16:40). 그러므로 만일 웃시야가 향을

피운다면 그는 율법을 어기게 되며 죄를 저지르게 된다(Mabie).

웃시야의 교만이 어떤 것이었는지 다음 둘 중 하나로 설명할 수 있다. 첫째, 지금까지 여호와께서 내려주신 모든 축복이 자신의 노력으로 이룩해낸 결실이라는 착각에 빠졌다. 그래서 많은 업적을 이룬 그가 마지막으로 자신의 화려한 이력서에 제사장 자격을 올리겠다고 나선 것이다. 둘째, 하나님이 왕과 함께하시며 하는 일마다 축복해주시니까 주님께서 그에게 제사장직까지 허락하실 줄 알고 기고만장했다. 그는 이스라엘 역사상 유일하게 성전 분향단에서 향을 피운 왕으로 기억되고 싶었던 것이다. 둘 다 충분히 가능성 있는 이유이지만 후자가 조금 더 매력적으로 다가온다.

아사랴 제사장은 80명의 제사장들을 데리고 성전에 들어가 기어이 자기가 여호와께 향을 피우겠다는 왕을 말렸다(17절). 아사랴가 많은 제사장들을 이끌고 들어간 것으로 보아 웃시야는 상당한 규모의 수행원들을 동반하고 성전에 들어간 것으로 생각된다. 아사랴는 웃시야에게 주님께 향을 피우는 일은 레위 자손 중에도 아론의 자손들만 할 수 있는 일이니 향을 피워 죄를 짓지 말고 속히 성전을 떠나라고 명령했다(18절). 하나님의 즉결심판이 임할 수도 있다는 경고였다. 만일 웃시야가 계획한 바대로 행한다면 왕은 거룩한 공간과 거룩한 예식 등 두 가지를 범하는 죄를 짓게 된다(Allen). 아사랴 제사장은 죽을 각오로 단호하게 왕에게 대항했다(Hill). 사울이 놉의 제사장들을 학살하고 수년 전에 요아스가 스가랴 제사장을 죽인 일을 생각하면 더욱더 그렇다.

향을 피우려던 웃시야가 아사랴 제사장의 말을 듣고 화를 냈으며 그가 화를 내는 순간 이마에 문둥병이 생겼다(19절). 제사장의 말을 듣고 곧장 떠났어도 화는 면할 수 있었다. 그러나 하나님이 주신 율법에 따라 말하는 제사장에게 화를 냈다는 것은 하나님을 무시한 것과 같다. 그래서 하나님이 그를 치셨다. 결국 제사장들의 권유에도 거룩한 공간에서 떠나기를 거부했던 웃시야가 하나님의 심판을 받고 급히 그곳을 떠나야 했다(Mabie). 이마에 난 문둥병을 보고 제사장들이 급히 그를 성전에서 내쫓았다. 이후 웃시야는 거룩한 곳에 있을 수 없는 사람이 되었다.

이 일로 인해 웃시야는 죽는 날까지 문둥병을 앓았다. 문둥병(צָרַעַת)이라 해서 꼭 한센병/나병을 뜻하는 것은 아니다. 구약에서 이 단어는 매우 광범위한 피부병을 뜻한다(cf. HALOT, Dillard, Hill). 웃시야는 나머지 여생 동안 성전 출입이 허락되지 않았으며 격리된 궁에서 살아야 했다. 웃시야는 살아있는 동안 아들 요담을 앞세워 유다를 다스렸다(21절). 웃시야는 좋은 의도에서 주님께 더 가까이 나아가려 했을지 모른다. 그러나 하나님이 주신 율법과 규례를 무시하면서 주님께 나아가는 것은 하나님의 거룩하신 영역을 침범하는 죄일 뿐이다. 이런 경우 하나님은 분명 책임을 물으신다.

4. 결론적 통치 요약(26:22-23)

22 웃시야의 남은 시종 행적은 아모스의 아들 선지자 이사야가 기록하였더라 23 웃시야가 그의 조상들과 함께 누우매 그는 나병환자라 하여 왕들의 묘실에 접한 땅 곧 그의 조상들의 곁에 장사하니라 그의 아들 요담이 대신하여 왕이 되니라

웃시야는 처음에는 신앙생활을 잘하다가 말년에 가서 타락한 사람의 한 예이다. 예수님의 말씀을 빌리면 '처음 된 자가 나중 된' 격이다. 화려한 신앙의 업적과 과거가 결코 미래를 보장할 수는 없다는 뜻일까? 에스겔 선지자는 결코 보장할 수 없다는 말을 누누이 했다(cf. 겔 3:16-21). 하나님의 진노를 사 문둥병자가 된 웃시야는 결국 남은 인생을 격리된 상황에서 살았으며 아들과 공동으로 통치했다. 그가 아들 요담과 함께 공동 통치한 기간은 주전 750-740년 사이의 10년으로 추정한다 (House).

저자는 웃시야에 대한 모든 것이 아모스의 아들 이사야 선지자가 기록해둔 자료에 있다고 한다(22절). 열왕기 저자는 "유다 왕 역대지략"을 인용했는데, 역대기 저자는 이사야가 남긴 기록을 바탕으로 웃시야의 이야기를 재정리한다. 웃시야의 시신은 왕실 묘지에 안치되지 못했다. 생전에 문둥병을 앓았기 때문에 사람들은 왕가에 속한 변두리 땅에 그를 장사했다. 열왕기가 웃시야가 다윗 성에 묻혔다고 한 것으로 보아(왕하 15:7) 역대기 저자도 다윗 성에 속한 변두리 땅을 의미한 것으로 생각한다.

11장. 요담(27:1-9)

요담은 16년 동안 유다를 다스린 왕이었다. 제법 긴 세월이다. 그럼에도 불구하고 그는 열왕기나 역대기에서 자세한 조명을 받지 못한다. 요담이 비록 16년 동안 유다를 다스렸지만 처음 10년은 아버지 웃시야와, 마지막 3-4년은 아들 아하스와 공동 통치를 했다(cf. Thiele). 그래서 독자적 통치는 고작 2-3년에 지나지 않는데, 많은 업적을 남긴 것도 아니고 게다가 인상적인 인물도 아니어서 주목받지 못했다.

역대기 저자는 열왕기하 15:32-38에 기록된 요담 이야기에서 북 왕국 왕과 연계된 부분만 제거하고 거의 그대로 도입해서 사용한다. 본문은 열왕기의 내용을 1-3a절과 7-9절에 나누어 삽입하였으며, 3b-6절에 기록된 내용은 열왕기가 언급하지 않은 것들이다. 역대기 저자는 요담에 대한 긍정적인 정보를 추가함으로써 열왕기가 평가한 것보다 더 훌륭한 왕으로 제시한다. 요담에 대한 이야기는 다음과 같이 세 부분으로 구분할 수 있다

A. 서론적 통치 요약(27:1-2)
  B. 업적(27:3-6)
A'. 결론적 통치 요약(27:7-9)

Ⅲ. 분열왕국의 역사(10:1-28:27)
11장. 요담(27:1-9)

1. 서론적 통치 요약(27:1-2)

[1] 요담이 왕위에 오를 때에 나이가 이십오 세라 예루살렘에서 십육 년 동안 다스리니
라 그의 어머니의 이름은 여루사요 사독의 딸이더라 [2] 요담이 그의 아버지 웃시야의
모든 행위대로 여호와 보시기에 정직하게 행하였으나 여호와의 성전에는 들어가지
아니하였고 백성은 여전히 부패하였더라

웃시야의 아들 요담(יוֹתָם; lit., "여호와는 완벽하시다")이 유다의 왕이 되었다. 그가 왕이 되었을 때 나이가 25세였으며 16년 동안 다스렸는데, 이 중 10년은 문둥병을 앓던 아버지 웃시야와 공동 통치했던 기간이다(Hill, House). 웃시야와의 공동 통치가 4년에 불과했다고 해석하는 주석가도 있다(Cohn). 또한 16년 통치 중 마지막 3-4년은 아들 아하스와 공동 통치한 것으로 추정하기도 한다(Thiele). 요담의 16년 동안의 통치는 주전 750-735년쯤의 일이다(Hill, Mabie). 이때는 신 아시리아 제국(Neo-Assyrian Empire, 745-609 BC)의 위상과 야심이 새로운 정점을 맞이한 때이다(Mabie).

요담의 어머니 여루사는 사독의 딸이었다. 다윗 시대 때 사독이란 유명한 제사장이 있었던 점을 감안할 때, 요담의 어머니는 제사장 집안의 사람이었을 가능성이 크다. 당연히 요담 정권은 제사장들의 지지를 받았을 것으로 생각하며(Cohn), 그래서인지 할아버지 요아스가 했던 것처럼 그도 성전 보수에 나섰다(cf. 3절).

요담은 아버지 웃시야처럼 하나님 보시기에 옳을 일을 행했다(2절). 그러나 아버지를 닮지 않은 부분도 있었으니, 곧 성전에 들어가는 일이었다. 아버지가 성전에 들어갔다가 문둥병을 얻은 일을 교훈 삼아 성전 일은 제사장들과 레위 사람들에게 일임했다. 요담은 웃시야보다 더 훌륭한 신앙인이었다. 그러나 백성은 계속해서 악한 일을 저질렀다. 이때까지 다른 왕들의 사례를 보면 백성들이 왕의 신앙에 따라 살았는데 요담 때부터는 왕의 신앙이 백성들의 영성에 큰 영향을 미치지 못한다. 각 사람은 자신의 의로 인해 하나님께 인정받고 자신의 죄로 인해 심판받는 개인 책임제가 강조되는 듯하다(Hill, Japhet).

2. 업적(27:3-6)

3 그가 여호와의 전 윗문을 건축하고 또 오벨 성벽을 많이 증축하고 4 유다 산중에 성
읍들을 건축하며 수풀 가운데에 견고한 진영들과 망대를 건축하고 5 암몬 자손의 왕
과 더불어 싸워 그들을 이겼더니 그 해에 암몬 자손이 은 백 달란트와 밀 만 고르와
보리 만 고르를 바쳤고 제이년과 제삼년에도 암몬 자손이 그와 같이 바쳤더라 6 요담
이 그의 하나님 여호와 앞에서 바른 길을 걸었으므로 점점 강하여졌더라

요담 왕의 업적은 세 가지로 요약한다. 건축 사업(3-4절), 군사적 업적(5절), 통치권 강화(6절). 첫째, 건축 업적을 살펴보자. 그는 성전의 "북쪽 문"을 세웠고 오벨 성벽도 연장하여 쌓았다. 성전의 북쪽 문이 보수가 필요했던 이유는 북 왕국의 요아스가 예루살렘에 들어와 성벽을 허물었을 때 이 문도 파괴했기 때문이라는 추측이 있다(Selman). 오벨 성벽은 성전의 남쪽 끝자락에 근접해 있던 예루살렘의 동남쪽 벽을 뜻한다(Hill). 요담이 예루살렘의 전반적인 보수공사를 한 것이다. 그는 유다 산간지방에는 요새를 만들고 망대를 세웠다. 적들의 침략에 대비하는 공사였다.

둘째, 군사적 업적은 다음과 같다. 그는 암몬을 쳐서 속국으로 삼고 정기적으로 조공을 받았다. 암몬 사람들은 3년 동안 매년 은 백 달란트(5,400kg)와 밀 만 고르와 보리 만 고르를 보내왔다(5절). 매우 큰 액수이다. 요담은 가나안 지역의 군주로 자리를 잡으면서 자연스럽게 위상도 높아졌다. 셋째, 자신의 통치적 능력을 강화했다(6절). 증조할아버지 요아스와 할아버지 아마샤가 암살당했고 아버지 웃시야가 말년에 하나님의 심판을 받아 문둥병을 앓았던 일이 지난 수십 년 동안 다윗 왕조에게 큰 부담으로 작용했을 것이다. 요담 시대에 이르러 그가 정권을 강화하니 예루살렘 정치계의 분위기가 달라졌다. 저자는 모든 것이 그가 하나님 앞에서 바른 길을 걸었기 때문에 여호와께서 내려주신 축복이라는 사실을 암시한다.

III. 분열왕국의 역사(10:1–28:27)
11장. 요담(27:1–9)

3. 결론적 통치 요약(27:7-9)

7 요담의 남은 사적과 그의 모든 전쟁과 행위는 이스라엘과 유다 열왕기에 기록되니
라 8 요담이 왕위에 오를 때에 나이가 이십오 세요 예루살렘에서 다스린 지 십육 년
이라 9 그가 그의 조상들과 함께 누우매 다윗 성에 장사되고 그의 아들 아하스가 대
신하여 왕이 되니라

저자는 이곳에 기록한 것 외에 요담에 관한 정보는 "이스라엘과 유다 열왕기"(סֵפֶר מַלְכֵי־יִשְׂרָאֵל וִיהוּדָה)를 참조하라고 한다(7절). 자신도 이 책을 인용하고 있음을 시사한다. 반면에 열왕기 저자는 그가 "유다 왕 역대지략"을 인용하고 있음을 밝힌다(왕하 15:36). 선지자 미가는 요담 시대에 사역을 시작했다(미 1:1)

요담은 즉위기간 동안 좋은 업적을 남겼지만 아버지 웃시야처럼 교만하지 않았다. 요담이 왕이 되었을 때 25세였으며 16년 동안 다스렸다(8절). 요담은 죽어서 다윗 성에 장사되었다. 그가 죽은 후에 아들 아하스가 뒤를 이어 왕이 되었다(9절).

12장. 아하스(28:1-27)

역대기 저자는 아하스 이야기를 서론과 결론 부분을 제외하고는 열왕기와 대부분 다른 내용으로 전개해 나간다. 열왕기에 기록된 내용 중 역대기 저자는 시리아-이스라엘 전쟁(5-15절; cf. 왕하 16:5-6)과 아시리아에 지원 요청(16-21절; cf. 왕하 16:7-9)을 열왕기보다 더 상세하게 기록하는 반면, 아하스의 배교 행위(22-25절; cf. 왕하 16:10-18)는 상당히 간추려서 조명한다. 저자가 추가로 언급하는 것들이 아하스의 죄를 충분히 고발하고 있기 때문에 열왕기의 내용을 다시 그대로 반복할 필요를 느끼지 못한 것이다. 역대기 저자에게 아하스는 평생 가증스러운 죄를 범한 변절자였다.

아하스의 이야기를 전개하면서 저자는 다음과 같은 교차대구법적 구조의 중심에 정치적·군사적 재난(5-21절)을 둔다. 역대기는 이와 같은 구조를 통해서 아하스가 겪은 모든 고난이 죄와 불신앙에서 비롯되었음을 강조한다(cf. Japhet).

A. 서론적 통치 요약(28:1)

B. 죄(28:2-4)

C. 정치적·군사적 재난(28:5-21)

B'. 추가적 죄(28:22-25)

A'. 결론적 통치 요약(28:26-27)

Ⅲ. 분열왕국의 역사(10:1-28:27)
12장. 아하스(28:1-27)

1. 서론적 통치 요약(28:1)

1 아하스가 왕위에 오를 때에 나이가 이십 세라 예루살렘에서 십육 년 동안 다스렸으나 그의 조상 다윗과 같지 아니하여 여호와 보시기에 정직하게 행하지 아니하고

아하스(אָחָז; lit., "그가 붙잡다")는 20세에 왕이 되었고 16년 동안 통치했다. 그의 아버지 요담도 16년을 통치했는데 아하스도 16년을 통치한다. 그러나 내용적으로 둘의 통치는 극과 극을 이룬다(Allen). 본문의 내용은 열왕기에서 그대로 도입한 것이다(왕하 16:2). 그러나 이 정보는 그의 아들 히스기야에 대한 기록과 비교해볼 때 다소 문제가 있다. 성경은 히스기야가 즉위할 때 나이가 25세라고 한다(29:1; 왕하 18:2). 그렇다면 아하스가 20세에 왕이 되었을 때 히스기야의 나이가 9세였다. 아하스가 11세 때 히스기야가 태어났다는 것이다. 성경에 기록된 가장 나이 어린 아버지다! 그래서 일부 주석가들은 아하스의 나이에 대한 정보가 정확하지 않다고 생각한다(Curtis, Japhet).

열왕기와 역대기는 지금까지 전례와 달리 아하스의 어머니가 누구였는지 알려 주지 않는다. 그가 너무 지나치게 불신자의 삶을 살아서였을까? 어머니에게 누를 끼치는 자식이었기 때문이었을까? 아하스의 통치 기간은 아버지 요담과의 3-4년 공동 통치를 포함하여 주전 735-716년쯤이다(Thiele, cf. Hill).

저자는 그가 참으로 실망스러운 신앙인이었다는 말을 두 차례 강조한다. (1) "그는 주님 보시기에 올바른 일을 하지 않았다", (2) "그는 그의 조상 다윗이 한 대로 하지 않았다." 아하스가 저지른 죄들의 심각성을 감안하면 저자가 이처럼 나쁜 사람이라고 반복하는 것은 독자들로 하여금 미리 최악에 대비한 마음의 준비를 하게 한다. 아하스는 자식을 몰렉에게 번제로 바친 역겨운 우상 숭배자였다.

2. 죄(28:2-4)

2 이스라엘 왕들의 길로 행하여 바알들의 우상을 부어 만들고 3 또 힌놈의 아들 골짜
기에서 분향하고 여호와께서 이스라엘 자손 앞에서 쫓아내신 이방 사람들의 가증한
일을 본받아 그의 자녀들을 불사르고 4 또 산당과 작은 산 위와 모든 푸른 나무 아래
에서 제사를 드리며 분향하니라

아하스는 유다의 국교이자 아버지 요담의 신앙이었던 여호와 종교에 전혀 관심이 없는 왕이었다. 그는 다윗의 후손이면서도 북 왕국 이스라엘 왕들의 길을 가는 것도 모자라 바알 신상들을 만들어 세우기까지 했다. 그동안 몇몇 왕들이 여호와의 말씀대로 살지 못했지만 이처럼 적극적으로 우상을 숭배한 경우는 아하스가 처음이다. 이때까지 저자가 언급한 왕족의 구체적 우상숭배는 요아스가 성전을 버리고 아세라 목상과 우상을 섬겼다는 말이 유일했다(24:18). 아하스는 유다의 왕 중 처음으로 바알 신상들을 부어 만든 사람이다.

아하스의 죄는 여기에서 그치지 않았다. 그는 힌놈의 아들 골짜기에서 우상들에게 분향하고 자기 아들들까지 불살랐다(3절). "힌놈의 아들"(בֶּן־הִנֹּם; lit. "애곡하는 자/애곡의 아들") 골짜기는 예루살렘의 남서쪽에 있는 깊고 가파른 계곡이었다. 북쪽으로는 시온 산과 남쪽으로는 르바임 언덕 정상을 접하고 있었는데 유다는 이곳에서 끊임없이 우상을 숭배한 것으로 알려 졌다(cf. 왕하 23:10; 대하 33:6; 렘 7:30-32). 훗날 예루살렘 주민들의 쓰레기 폐기장이 되며 이곳에서 죽은 짐승들과 쓰레기를 태우는 불이 꺼지지 않았다(Hill). 아하스가 여기서 아들을 불살랐다는 것은 인간 번제를 좋아한 모압 사람들의 신 몰렉(Molech)을 섬겼다는 의미로 해석한다(Wiseman, Provan).

아하스가 "아들들"(בָּנָיו)을 바친 것으로 보아 그의 몰렉 숭배는 여러 차례 반복하여 진행된 가증스러운 일이다. 그는 왜 아들들을 번제로 바쳤을까? 고대 근동에서 인간 번제는 흔히 큰 국가적 위기를 모면하는 수단으로 사용한 점을 감안해 아하스가 베가와 르신이 침략해온 것에 위기를 느끼고 이런 일을 했을 것으로 해석한다(Jones). 또한 아하스가 직접 산당과 언덕과 모든 푸른 나무 아래서 제사를 지내고 분향했던 것과(4절) 아시리아의 종교를 적극적으로 도입하였던 것은(cf. 왕하 16:10-13) 당면한 국가적·정치적 위기를 모면해보려고 안간힘을 쓰는 다신주의자의 모습이었다.

나라를 구해보려고 안간힘을 쓰는 것은 좋은데 방법이 틀렸다. 그의 신앙과 정치적 삶의 첫 단추가 잘못 꿰어졌다. 이런 열정을 하나님께 쏟았다면 상황이 많이 달라졌을 텐데 결국 그는 열심히 노력은 했지만 원하던 결과는 얻지 못했다. 엉뚱한 곳에 열정을 투자했기 때문이다.

3. 정치적·군사적 재난(28:5-21)

하나님이 아하스의 불신과 이교 행위를 잠잠히 지켜보실 리 없다. 재앙을 내려서라도 회개하게 하는 것이 하나님의 마음이다. 주님은 그를 시리아 왕과 이스라엘의 왕에 넘기셨다. 그러나 아하스는 엄청난 피해를 입으면서도 하나님께 돌아오기를 거부했다. 결국 아하스의 잘못된 신앙은 12만 명을 죽게 했고 20만 명이 노예로 끌려가게 했다.

일이 이런 식으로 더 진행된다면 아하스 정권도 안전하지 못했을 것이다. 다행히 하나님이 선지자를 보내셔서 아하스의 죄 때문에 북 왕국 이스라엘의 전쟁포로가 되어 끌려가는 사람들을 풀어주셨지만 아하스는 이런 하나님의 은혜에도 아랑곳하지 않았다. 더 이상 다시 돌아올 수 없는 곳까지 가버린 것이다. 한마디로 말해서 그의 삶과 통치는 "사탄에게 넘겨준 자"의 삶이 되었다. 본 텍스트는 세 부분으로 나눈다.

A. 북쪽 이웃들과의 전쟁(28:5-8)

B. 전쟁 포로들이 풀려남(28:9-15)

A'. 아시리아를 전쟁에 끌어들임(28:16-21)

Ⅲ. 분열왕국의 역사(10:1-28:27)
12장. 아하스(28:1-27)
3. 정치적 · 군사적 재난(28:5-21)

(1) 북쪽 이웃들과의 전쟁(28:5-8)

**5 그러므로 그의 하나님 여호와께서 그를 아람 왕의 손에 넘기시매 그들이 쳐서
심히 많은 무리를 사로잡아 다메섹으로 갔으며 또 이스라엘 왕의 손에 넘기시매
그가 쳐서 크게 살륙하였으니 6 이는 그의 조상들의 하나님 여호와를 버렸음이라
르말랴의 아들 베가가 유다에서 하루 동안에 용사 십이만 명을 죽였으며 7 에브라
임의 용사 시그리는 왕의 아들 마아세야와 궁내대신 아스리감과 총리대신 엘가나
를 죽였더라 8 이스라엘 자손이 그들의 형제 중에서 그들의 아내와 자녀를 합하여
이십만 명을 사로잡고 그들의 재물을 많이 노략하여 사마리아로 가져가니**

이 섹션의 주제는 유다의 북쪽 이웃들인 시리아와 이스라엘과의 전쟁이다. 하나님이 아하스와 유다를 두 나라의 손에 넘겨주어 엄청난 피해를 입게 하셨다는 내용이다(5절). 이런 재앙을 경험하고도 아하스는 하나님께 돌아오지 않는다. 유다의 시리아와 이스라엘과의 전쟁은 열왕기하 16:5에도 언급한다. 그러나 전쟁 진행과 결과가 너무 다르다(cf. 왕하 16:5-9; 사 7:1-9:6; 호 5:8-6:6). 열왕기에서는 두 나라가 연합군이 되어 쳐들어왔다. 이곳에서는 두 나라가 따로따로 침략해왔다. 열왕기에서는 예루살렘 정복에 실패했다. 본문에서는 예루살렘 정복에 성공한다. 이러한 차이에 대해서 학자들은 다양한 정황 설명을 내놓지만(Wellhausen, Dillard, cf. Hill), 두 텍스트의 내용이 너무 다르기 때문에 열왕기에 기록된 전쟁과 본문에 기록된 전쟁이 침략자들이 동일하다는

것만 같을 뿐, 서로 다른 전쟁을 회고한 것으로 간주하는 것이 바람직하다(Rudolph, Japhet).

유나를 침략한 시리아는 유나 군대를 물리치고 수많은 군인들을 인질로 잡아갔다(5b절). 하나님이 작정하고 유다를 시리아 군대에게 넘겨주셨으니 해볼 재간이 없었다. 그러나 아하스는 돌아오지 않았다. 그래서 하나님이 이번에는 이스라엘 군대를 보내셔서 유다를 치게 하셨다(5c절). 이스라엘 왕 르말리야의 아들 베가 역시 유다를 상대로 대승을 거두었다. 수많은 유다 사람들이 죽었다. 통치자를 잘못 만난 백성들이 치러야 하는 대가는 너무 컸다. 지도자들은 백성들을 위해서라도 하나님께 바로 서야 하는 것이 역대기 저자의 계속되는 주장이다. 그러나 아하스의 완악함은 계속되었다. 도대체 백성들이 얼마나 더 죽어나가야 깨달을까? 불행하게도 아하스는 끝까지 하나님께 돌아오지 않았다.

저자는 전쟁을 이긴 이스라엘 베가 왕이 유다에게 준 피해를 묘사한다. 베가는 하루 동안 유다 군인 12만 명을 죽였다(6절). 물론 유다 사람들이 조상의 하나님 여호와를 버리고 우상숭배한 결과였다(6a절). 하나님이 주의 백성들에게 딱 한 가지만 요구하신다. 하나님을 사랑하여 그분 말씀대로 살아가는 것이다. 이 기초적인 원리만 지키면 하나님은 어떤 위기에서라도 주의 백성을 구하신다. 반면에 아무리 유능한 지도자들이라도 하나님께 등을 돌리면 끝장이다. 주의 백성이 하나님과 언약을 맺었을 때 이미 이러한 일이 결정되지 않았던가! 순종하는 삶에는 축복을, 그러나 불순종과 배신의 삶에는 재앙을 주실 것을 알고 언약을 맺었다. 그러므로 주의 백성이 죄를 지으면 재앙을 당하게 되는 것은 당연한 일이다. 세월이 지나면 재앙마저도 죄인을 돌이키게 하려는 주의 은혜라는 것을 깨닫는다.

북 왕국의 용사 시그리는 아하스의 아들 마아세야와 아스리감 궁내대신과 엘가나 총리대신을 죽였다(7절). 마아세야에게 주어진 "왕의 아들"(בֶּן־הַמֶּלֶךְ)이 높은 지위를 뜻하는 각료의 타이틀일 가능성을 배제할 수는 없지만(cf. Williamson) 왕자로 간주하는 것이 자연스럽다. 개역개정과 새번역은 엘가나를 "총리대신"(מִשְׁנֵה הַמֶּלֶךְ)이라고 하는데 이 히브리어 문구의 문자적 의미는 "왕 다음 2인자"라는 뜻이다. 오늘날로 말하면 대통령 다음가는 국무총리급이다. 유다 정계에서 최고로 높은 지위에 있는 자들이 처형당한 것이다. 물론 이 외에도 수많은 각료들과 왕조들이 죽었지만 여기서는 상징적으로 세 사람의 이름만 언급한다.

아하스는 자기 아들을 우상에게 제물로 바쳤다(3절). 이제 하나님이 아하스의 수고를 덜어주신다. 침략자들이 그의 아들을 죽이고 있다! 그뿐만 아니라 이스라엘 군대는 동족인 유다 사람들을 남녀노소 가리지 않고 20만 명이나 사마리아로 사로잡아갔다(8절). 물론 역대기 저자가 다른 곳에서 제시하는 숫자처럼 죽은 12만 명과 끌려간 20만 명의 실제성에 대해서 학자들의 의견이 분분하다(cf. Selman, Japhet, Johnstone). 인질들의 미래는 불 보듯 뻔하다. 노예로 팔릴 것이고 북 왕국 사람들의 아내들이 될 것이다. 참으로 비참한 상황이다. 다행히 이스라엘이 "동족"을 끌고 갔다는 말이 매우 희미하게나마 희망을 갖게 한다.

Ⅲ. 분열왕국의 역사(10:1-28:27)
12장. 아하스(28:1-27)
3. 정치적 · 군사적 재난(28:5-21)

(2) 전쟁 포로들이 풀려남(28:9-15)

9 그 곳에 여호와의 선지자가 있는데 이름은 오뎃이라 그가 사마리아로 돌아오는
군대를 영접하고 그들에게 이르되 너희 조상의 하나님 여호와께서 유다에게 진
노하셨으므로 너희 손에 넘기셨거늘 너희의 노기가 충천하여 살륙하고 10 이제 너
희가 또 유다와 예루살렘 백성들을 압제하여 노예로 삼고자 생각하는도다 그러
나 너희는 너희의 하나님 여호와께 범죄함이 없느냐 11 그런즉 너희는 내 말을 듣
고 너희의 형제들 중에서 사로잡아 온 포로를 놓아 돌아가게 하라 여호와의 진노
가 너희에게 임박하였느니라 한지라 12 에브라임 자손의 우두머리 몇 사람 곧 요

하난의 아들 아사랴와 무실레못의 아들 베레갸와 살룸의 아들 여히스기야와 하들
래의 아들 아마사가 일어나서 전장에서 돌아오는 자들을 막으며 13 그들에게 이르
되 너희는 이 포로를 이리로 끌어들이지 못하리라 너희가 행하는 일이 우리를 여
호와께 허물이 있게 함이니 우리의 죄와 허물을 더하게 함이로다 우리의 허물이
이미 커서 진노하심이 이스라엘에게 임박하였느니라 하매 14 이에 무기를 가진 사
람들이 포로와 노략한 물건을 방백들과 온 회중 앞에 둔지라 15 이 위에 이름이 기
록된 자들이 일어나서 포로를 맞고 노략하여 온 것 중에서 옷을 가져다가 벗은 자
들에게 입히며 신을 신기며 먹이고 마시게 하며 기름을 바르고 그 약한 자들은 모
두 나귀에 태워 데리고 종려나무 성 여리고에 이르러 그의 형제에게 돌려준 후에
사마리아로 돌아갔더라

하나님은 분명 북 왕국을 들어서 유다의 불신을 징벌하셨다. 그러나 이스라엘이 자매 나라 유다를 쳐서 엄청난 살육을 저지르고도 모자라 수많은 인질을 끌고 가는 일은 용납하지 않으셨다. 그래서 하나님은 20만 명의 포로들을 앞세우고 사마리아로 돌아가는 이스라엘 군대에게 한 선지자를 보내셨다. 사마리아에 살던 오뎃이라는 사람이다(9절). 아직도 사마리아에 주님의 선지자가 있었다는 것이 믿기지 않지만 하나님은 언제든지 '바알에게 무릎 꿇지 않은 칠천 명'을 두시는 분이다.

하나님이 왜 사마리아의 선지자를 보내셨을까? 만일 유다에 거주하는 선지자 중 한 사람을 보내셨다면, 북 왕국 군대가 선지자의 말을 들으려 하지 않았을 것이다. 그러나 자기 백성 중 한 사람인 선지자가 와서 이런 말씀을 선포하면 훨씬 더 신중하게 생각할 것을 염두에 두신 조치이다.

오뎃은 이스라엘이 유다를 쳐 승리하게 된 것은 이스라엘의 능력이 월등해서가 아니라 유다가 여호와께 범죄해서 너희 손에 넘기셨다는 말로 시작한다(9절). 그는 이스라엘이 저지르고 있는 두 가지 죄를 지적한다. 첫째, 그들은 필요 이상의 만행을 저질렀다. 하나님이 유다를 치

시기 위해서 이스라엘의 손에 붙이셨지만 이스라엘은 하나님이 바라신 것보다 더 심한 잔인함과 폭력으로 유다를 밀어붙였다(9절). 오뎃은 이스라엘이 유다에게 필요 이상으로 잔인하고 폭력적으로 했음을 문제 삼고 있다.

하나님은 필요에 따라서 주의 백성을 적들에게 넘겨 고난을 당하게 하시지만 필요 이상의 폭력과 지나친 파괴에 대해서는 책임을 물으신다. 그렇기 때문에 하나님이 종종 자기 백성을 악한 자들의 손에 넘기시지만 끝에 가서는 악한 자들을 심판하신다. 악한 사람들은 하나님께 이용당하는 줄도 모르고 주의 백성을 핍박할 절호의 기회라고 생각하고 필요 이상의 피해를 입히기 때문이다.

둘째, 이스라엘 군대는 형제를 노예로 삼기 위해서 사마리아로 끌고 가고 있다(10절). 하나님이 유다를 이스라엘에게 넘겨주셔서 승리할 수 있었다는 신학적인 정황을 깨닫지 못했다해도 유다 사람 20만 명을 인질로 끌고 가는 것은 심각한 문제이다. 물론 당시 전쟁에서는 승리한 자들이 패배한 자들을 잡아다가 노예로 삼거나 팔아먹는 일이 허다했다. 그러나 유다와 이스라엘은 피를 나눈 형제들이 아닌가?

비록 북 왕국이 하나님을 저버렸다 하더라도 여전히 그들은 시내 산 율법대로 살아야 하는 책임이 있다. 율법은 이스라엘 사람을 영구적인 노예로 삼거나 팔아넘기는 것을 금한다. 그러므로 이들이 하고자 한 일은 형제애를 배반하는 것일 뿐만 아니라 율법이 요구하는 도덕성을 무시하는 행위이다. 저자는 이러한 논리를 펼치기 위해서 이스라엘로 끌려가는 이들을 "이스라엘 자손"이라고 불렀던 것이다(cf. 8절). 선지자도 이스라엘이 끌고 온 인질들을 "너희의 형제들"이라며 양심에 호소한다(11절).

오뎃 선지자는 이스라엘 군대에게 "너희의 하나님 여호와께 범죄함이 없느냐"는 말로 자신의 논리를 뒷받침한다(10c절). 비록 유다가 죄를 지어 하나님이 그들을 이스라엘 손에 붙이셨지만, 전쟁의 승자가 된 이스라엘은 하나님 앞에서 떳떳하냐는 것이다. 그들도 하나님 앞에서 죄인이기는 마찬가지였다. 그러므로 이러한 상황을 깨닫고 겸손하게 자신의 위치를 돌아보고 적절한 대응을 하지 않으면 승리를 주신 하나님이 언제든지 그들을 대적하여 치실 수도 있다는 사실을 암시한다.

오뎃은 마지막으로 이스라엘 군대에게 하나님의 말씀에 순종할 것인가, 아니면 불순종하여 여호와의 심판을 자청할 것인가를 결정하라며 말씀을 마친다(11절). 이스라엘은 자기들이 전쟁에서 승리한 것은 여호와께서 미리 써 놓으신 각본대로 된 일이라는 사실을 깨달아야 한다. 하나님이 미리 써 두신 각본에는 수많은 유다 사람들을 노예로 부리기 위해서 데려가는 일은 포함되지 않았다. 그러므로 만일 각본에 따르지 않으면, 감독이신 하나님의 응징을 받는 것은 당연한 일이라는 뜻이다. 그렇다면 이스라엘 군에게는 선택의 여지가 없다.

어떻게 할까 망설이고 있는 이스라엘 군대에게 오뎃의 경고를 지지하는 지원사격이 주어졌다. 이스라엘의 지도자 중 요하난의 아들 아사랴, 무실레못의 아들 베레갸, 살룸의 아들 여히스기야, 하들래의 아들 아마사 등 네 사람이 전장에서 돌아오는 자들의 개선 길을 막은 것이다(12절). 그들은 "결코 포로를 이스라엘에 끌어들이지 못하리라"는 단호한 의지로 말을 시작한다. 선지자 오뎃처럼 전쟁에서 승리한 이스라엘 군대가 유다 사람들을 인질로 잡아온 일은 범죄행위라고 규정한다(13절).

리더들은 "죄"(אַשְׁמָה), "허물"(חַטָּאת, 3x), "〔하나님의〕 진노"(חָרוֹן)라는 단어들을 사용하면서 상황의 심각성을 더한다. 이번 전쟁은 다른 나라들과 전쟁했을 때와 성향이 다르다는 것이다. 자매 국가를 상대로 싸웠기 때문에 인질들을 전리품으로 가져오는 일은 오로지 이스라엘의 죄를 드러내는 일일 뿐이며, 만일 그들을 돌려보내지 않으면 이스라엘은 하나님의 심판을 감수해야 한다는 것이 주장이다. 물론 하나님의 심판으로 빚어지는 피해는 노예들을 통해 얻는 이익보다 훨씬 더 클 것을 암시한다. 비록 이스라엘 사람들이 대부분 우상을 숭배하고 있었지만, 아직도 하나님의 율법과 섭리를 이해하는 소수가 그들 중에 있었다.

선지자의 말에 주춤했던 이스라엘 군대의 마음이 지도자들의 말에 녹아내렸다. 그래서 그들은 포로들을 지도자들에게 넘겼다(14절). 포로들을 넘겨받은 지도자들은 이스라엘 군대가 포로들과 함께 운반해오던 전리품들을 풀어 벗은 자들을 입히고 신발이 없는 자들은 신기며 아픈 자들은 치료하고 거동이 불편한 자들은 나귀에 태워서 유다에 속한 여리고 성으로 데리고 갔다.

종려나무 성으로도 알려진 여리고 성은 베냐민 지파에게 속했지만 에브라임 지파의 땅과 경계선에 있었다(cf. 수 16:1; 18:12, 21). 그곳에서 인질들이 다시 친지들의 품에 안기도록 해 주었다(15절). 그리고 자신들은 빈손으로 사마리아로 돌아왔다. "네 이웃을 네 몸같이 사랑하라"는 말씀이 실천되는 상황이다(cf. 레 19:18). 훗날 예수님께서 비유하신 "선한 사마리아인 이야기"가 이 사건에 바탕을 둔 것이라는 추측도 있다(Dillard, cf. 눅 10:25-37).

Ⅲ. 분열왕국의 역사(10:1-28:27)
12장. 아하스(28:1-27)
3. 정치적 · 군사적 재난(28:5-21)

(3) 아시리아를 전쟁에 끌어들임(28:16-21)

16 그 때에 아하스 왕이 앗수르 왕에게 사람을 보내어 도와 주기를 구하였으니
17 이는 에돔 사람들이 다시 와서 유다를 치고 그의 백성을 사로잡았음이며 18 블레
셋 사람들도 유다의 평지와 남방 성읍들을 침노하여 벧세메스와 아얄론과 그데롯
과 소고 및 그 주변 마을들과 딤나 및 그 주변 마을들과 김소 및 그 주변 마을들을
점령하고 거기에 살았으니 19 이는 이스라엘 왕 아하스가 유다에서 망령되이 행하
여 여호와께 크게 범죄하였으므로 여호와께서 유다를 낮추심이라 20 앗수르 왕 디
글랏빌레셀이 그에게 이르렀으나 돕지 아니하고 도리어 그를 공격하였더라 21 아

하스가 여호와의 전과 왕궁과 방백들의 집에서 재물을 가져다가 앗수르 왕에게 주었으나 그에게 유익이 없었더라

열왕기는 시리아-이스라엘 연합군이 유다를 치러 왔을 때, 아하스가 많은 돈을 아시리아의 디글랏에게 보내며 도와달라고 청한 적이 있다고 한다(왕하 16:7-9). 이 사건은 이사야 7장에도 상세히 기록되어 있다. 이 섹션도 아하스가 아시리아를 초청한 일을 회고하고 있다. 그러나 내용이 열왕기와 많이 달라서 두 책이 같은 사건을 묘사하고 있는 것으로 보기 어렵다. 열왕기와 이사야서는 시리아와 북 왕국 등 유다의 북쪽 이웃들이 쳐들어왔을 때를 배경으로 하지만 본 텍스트는 블레셋과 에돔 등 유다의 남쪽 이웃들이 침략해온 때를 배경으로 한다.

아하스가 아시리아 왕에게 사신을 보내 도움을 청했다(16절). 에돔과 블레셋 사람들의 공격을 받았을 때였다(17절). 에돔은 유다 백성을 잡아갔고 블레셋 사람들은 벧세메스와 아얄론과 그데롯 등을 점령하고 거기에 정착했다(18절). 블레셋이 유다 영토의 상당히 깊숙한 부분까지 침략해 왔음을 뜻한다(Japhet). 다윗과 솔로몬 시대 이후로 이스라엘의 통제 아래 있었던 에돔이 여호람 시대 때 유다의 지배에 반역한 일이 있었지만(cf. 21장), 아마샤가 다시 에돔을 정복했다(cf. 25장). 이때까지 에돔은 홀로 유다를 넘볼만한 나라가 되지 못했다. 그런데 아하스 시대에 접어들어서 에돔이 유다를 침략해 왔다. 유다의 정치적 상황이 급속도로 악화되고 유다의 국제적 위상도 많이 손상되었다는 뜻이다.

블레셋 역시 다윗 시대 이후로 이스라엘의 상대가 되지 못했다. 여호사밧 시대에도 블레셋은 유다에 조공을 바쳤다(cf. 17:11). 유일하게 블레셋이 유다를 위협했을 때는 여호람이 하나님을 거역한 일로 인해 엘리사가 편지를 보내 경고한 대로 하나님이 블레셋 사람과 아라비아 사람들을 부추겨 여호람을 치게 하셨을 때였다(21:16). 아하스의 할아버지 웃시야가 블레셋을 쳐 평정하고 그들의 땅에 유다 성읍들을 세운 적이 있다(26:6-7). 그런 블레셋이 유다를 쳐들어와 땅을 빼앗았다(18절).

블레셋의 침략 역시 유다의 국제적 위상이 많이 흔들렸을 뿐만 아니라 아하스는 자신이 다스리는 나라를 방어할만한 군사력을 가지지 못한 왕이었음을 암시한다. 그가 나라를 방어할만한 능력을 가지지 못했다는 것보다는 유다를 보호할만한 믿음을 가지지 못했다는 말이 더 옳을 것이다. 저자가 모든 어려움이 그가 유다 사람들을 부추겨 하나님을 거역하게 해서 빚어진 일이라고 말하는 점을 감안하면 더욱 그렇다(19절). 하나님은 아하스와 백성들의 죄를 보시고 그들을 낮추기로 하신 것이다.

유다가 주변국들로부터 침략을 당하여 백성과 영토를 빼앗기는 일이 하나님께로부터 온 징계라면 이런 상황을 탈출할 수 있는 유일한 방법도 치신 하나님께 돌아가는 것이다. 그러나 아하스는 회개하고 하나님께 돌아오지 않았다. 그는 침략자들의 문제를 외교적으로 풀려고 했다. 그래서 아시리아의 왕에게 사신을 보내 도움을 청했던 것이다(16절). 당시 아시리아는 디글랏빌레셀(Tiglath-Pileser III, 745-727 BC)의 지배 아래 있었다(20절). 디글랏빌레셀이 아하스의 요청으로 오긴 왔지만 유다에 많은 피해를 입혔다.

아시리아의 기록에 의하면 가뜩이나 가나안 지역에 영향력을 행사하고 싶었던 디글랏빌레셀은 아하스의 뇌물을 받고 주전 734년쯤부터 기쁜 마음으로 가나안 평정에 나섰다. 그는 먼저 블레셋을 침략하여 이 나라들의 영토를 아시리아 주(province) 세 개로 나누어 편입시켰다. 또한 시리아를 쳐서 르신 왕을 처형하고 그의 나라를 네 개의 주로 나누어 아시리아 영토로 편입시켰다(Dillard). 이 아시리아의 가나안 원정은 이스라엘, 유다, 암몬, 모압, 에돔 등이 모두 아시리아를 군주로 섬기는 결과를 초래했다(Wiseman).

아시리아의 가나안 평정은 디글랏빌레셀을 초청한 아하스와 유다에도 좋지 않은 영향을 미쳤다. 이 일로 인해 유다는 30여 년 동안 아시리아를 군주로 섬기며 조공을 바쳐야 했기 때문이다(Dillard). 상황이 이렇게 전개되었기 때문에 역대기 저자는 아하스가 주변 나라들과의 다툼에 아시리아를 불러들인 일이 그에게도 해가 되었다고 하는 것이다(20절). 아하스가 아시리아 왕을 달래려고 성전과 왕궁과 대신들의 집에서 보물을 꺼내어 바쳤으나 별 효과가 없었다(21절). 유다는 아시리아에게 바칠 조공을 마련하기 위해서 경제적인 어려움을 겪게 되었을 뿐만 아니라 정치적인 자치권도 상당 부분 제한을 받는다(Hill). 유다는 돈은 돈대로 주고 망신은 망신대로 당한다. 이 모든 일이 하나님께 등을 돌려서 비롯된 일이었다(19절).

Ⅲ. 분열왕국의 역사(10:1-28:27)
12장. 아하스(28:1-27)

4. 추가적 죄(28:22-25)

22 이 아하스 왕이 곤고할 때에 더욱 여호와께 범죄하여 23 자기를 친 다메섹 신들에
게 제사하여 이르되 아람 왕들의 신들이 그들을 도왔으니 나도 그 신에게 제사하여
나를 돕게 하리라 하였으나 그 신이 아하스와 온 이스라엘을 망하게 하였더라 24 아
하스가 하나님의 전의 기구들을 모아 하나님의 전의 기구들을 부수고 또 여호와의
전 문들을 닫고 예루살렘 구석마다 제단을 쌓고 25 유다 각 성읍에 산당을 세워 다른
신에게 분향하여 그의 조상들의 하나님 여호와를 진노하게 하였더라

아하스가 조금이라도 생각이 있는 사람이었다면 일이 이렇게 된 것에 대한 깊은 반성과 묵상이 있어야 했다. 그리고 하나님께 회개하고 돌아왔어야 했다. 회개하고 주님께 돌아오는 것만이 자신과 온 나라가 사는 길이었기 때문이다. 그러나 그는 오히려 하나님께 더 큰 죄를 저질렀다(22절). 마치 하나님께 보란 듯이 우상숭배를 더 노골적으로 지향했다.

아하스가 이번에는 시리아의 우상들에 관심을 가졌다. 사실 시리아는 이미 아시리아의 손에 망한 나라였다. 그런데도 아하스는 시리아의 신들이 시리아를 도운 것처럼 자기를 도울 것이라며 신들에게 제사를 드렸다(23절). 물론 이런 일은 아하스와 이스라엘을 망하게 하는 일이었다. 그의 영적인 어리석음이 극에 달하고 있다. 이스라엘 역사상 아하스처럼 영적으로 어두운 사람은 이때까지 없었다.

아하스는 우상만 숭배한 것이 아니라 여호와 종교도 핍박했다(24절). 저자는 그가 성전의 기물들을 부쉈다고 하는데 아마도 이것은 아하스가 아시리아 왕에게 바칠 조공을 마련하기 위해 성전에 있는 보물들을 빼돌린 일을 이렇게 표현한 것으로 생각한다(Hill, cf. 왕하 16:17-18). 역대기 저자는 아하스가 성전 재산을 빼돌린 것을 파괴 행위로 간주하고 있다. 아하스는 더 나아가 성전 문들을 걸어 잠그며 예배를 폐지했다. 그는 예루살렘 곳곳에 제단을 쌓아 백성들에게 우상을 숭배하도록 강요했다. 그뿐만 아니라 온 유다 각 성읍에도 산당들을 세워 우상들에게 분향하게 했다(25절). 하나님이 진노하실 일만 골라서 한 것이다. 자기 자식들을 몰렉에게 불살라 바친 인간에게 무엇을 바라겠는가!

Ⅲ. 분열왕국의 역사(10:1-28:27)
12장. 아하스(28:1-27)

5. 결론적 통치 요약(28:26-27)

26 아하스의 남은 시종 사적과 모든 행위는 유다와 이스라엘 열왕기에 기록되니라
27 아하스가 그의 조상들과 함께 누우매 이스라엘 왕들의 묘실에 들이지 아니하고 예
루살렘 성에 장사하였더라 그의 아들 히스기야가 대신하여 왕이 되니라

저자가 아하스 이야기를 정리하면서 사용한 출처를 밝힌다. 아하스의 모든 행적이 "유다와 이스라엘 열왕기"에 기록되었다고 한다. 열왕기 저자는 자신이 "유다 왕 역대지략"을 인용했다고 한다(왕하 16:19). 아하스가 죽자 사람들은 그를 왕실 묘지에 장사하지 않고 예루살렘 성안에 장사했다(27절). 열왕기는 그가 "다윗 성"에 묻혔다고 하지만 역대기 저자는 아하스에게 그런 영광을 허락하지 않는다(cf. 왕하 16:20). 저자에 의하면 이때까지 유다 왕 중 왕실 묘지에 묻히지 못한 사람들은 있었어도 "다윗 성"을 벗어난 곳에 묻힌 사람은 아하스가 처음이다. 저자는 아하스를 역대 최악의 왕으로 취급하고 있다.

아하스는 이스라엘 역사상 가장 무능한 왕이었을 뿐만 아니라 최악의 종교인이기도 했다. 역대 왕 중 하나님을 가장 진노하게 한 아하스가 가장 무능한 왕이 된 것은 당연한 결과이다. 유다의 정치는 하나님께 속한 것이기 때문이다. 그래서 신앙이 좋은 왕들은 하나님의 축복으로 나라를 평안하고 번영하게 했지만 하나님께 반역한 왕들은 국내외적으로 많은 고난을 당했다. 그의 아버지 요담과 아하스의 이야기는 여러 가지 면에서 "보라 내가 오늘 생명과 복과 사망과 화를 네 앞에 두었나니"라는 신명기 30:15 말씀을 생각나게 한다.

Ⅳ. 유다의 마지막 왕들
(29:1-36:21)

유다는 이미 돌이킬 수 없는 곳까지 왔다. 그동안 여러 왕들의 불신으로 인해서 하나님의 심판을 여러 차례 경험했지만 바로 앞 섹션에 기록한 아하스는 최악이었다. 유다는 아하스 시대를 지나며 영적·정치적으로 회복하기 어려운 위기에 봉착하게 된다. 다행히 유다의 마지막 순간을 장식하는 왕 중에 히스기야와 요시야 같은 모범적인 왕들이 있지만 하나님의 심판을 되돌려 놓기에는 너무 늦었고 부족했다. 유다는 머지않아 바빌론으로 끌려가 많은 시간을 그곳에서 보내야 한다. 하나님을 배신한 것에 대한 당연한 죗값이다.

그러므로 책의 끝부분(36:13-21)은 예루살렘 함락에 대한 회고와 신학적 평가이며 주의 백성이 바빌론으로 끌려갈 수밖에 없었던 이유를 설명한다. 그들이 하나님께 범죄했기 때문이다. 다행히 유다가 바빌론으로 끌려가 인질로 살게 된 것이 주의 백성 이야기의 끝은 아니다. 저자는 한 이방 왕이 선포한 칙령을 책 끝에 첨부한다. 페르시아의 고레스왕이 바빌론에 끌려와 있는 유다 백성은 조국으로 돌아가 조상들의 여호와를 섬겨도 좋다는 내용이다.

저자가 이 칙령을 책에 더하는 것은 유다가 인질이 되어 바빌론으로 끌려갔던 것이 주의 백성의 종말이 아니며 바빌론 포로 생활로 잠시 유보되었던 다윗 언약이 머지않아 회복될 것이라는 소망을 제공하기 위해서이다. 역대기의 마지막 부분을 구성하고 있는 본 텍스트는 다음과 같이 구분할 수 있다.

A. 히스기야(29:1-32:33)
B. 므낫세(33:1-20)
C. 아몬(33:21-25)
D. 요시야(34:1-36:1)
E. 유다의 마지막 왕들(36:2-12)
F. 유다의 최후(36:13-21)
G. 고레스의 칙령(36:22-23)

1장. 히스기야(29:1-32:33)

역대기는 다윗과 솔로몬을 제외하고 히스기야에게 가장 많은 공간을 할애한다. 역대기에서 히스기야의 이야기는 118절의 공간을 차지하며 분량으로 계산하면 열왕기의 히스기야 이야기보다 70%가 더 많다(Japhet). 역대기가 아하시야(8절), 여호아하스(4절), 여호야김(4절), 여호야긴(2절) 등에 할애하는 공간에 비하면 참으로 괄목할 만한 현상이다. 열왕기에서 히스기야에 견줄 만한 종교개혁자 요시야가 역대기에서는 고작 히스기야 이야기의 반밖에 되지 않는 61절을 차지하고 있다는 사실을 감안하면 더욱 그렇다. 그만큼 저자가 히스기야를 높이 평가하고 있다.

역대기에 기록된 히스기야에 관한 이야기의 대부분이 새롭다. 열왕기의 내용과 중복되는 부분이 거의 없다. 저자는 히스기야 이야기를 정리하면서 자신만의 출처를 최대한으로 반영하여 완전히 새로운 이야기를 기록하다시피 한다. 이 점 역시 저자의 히스기야에 대한 지대한 관심을 반영한다. 히스기야의 어떠한 면모가 역대기 저자를 이처럼 '히스기야 매니아'로 만든 것일까?

저자는 무엇보다도 종교개혁가로서 히스기야에게 관심을 집중한다. 그래서 열왕기 저자는 히스기야의 종교개혁을 한 절에 요약한 것에 반해(cf. 왕하 18:4), 역대기 저자는 같은 주제를 세 장에 걸쳐 기록한다(29-31장). 역대기는 유다 역사상 히스기야처럼 지속적이며 열정적으로 종교개혁을 단행한 사람이 없었다는 사실을 강조한다. 성전 건물만 새 단장을 한 것이 아니라 종교적 절기들의 중요성이 히스기야 때 새로이 주목받게 된다. 여러 가지 면에서 히스기야는 역대기 저자에게 마치 새로운 다윗 혹은 솔로몬과 같은 존재였다(cf. Allen).

역대기의 히스기야 이야기가 열왕기와 비교했을 때 거의 대부분이 새로운 이야기라고 해서 저자가 열왕기의 내용을 전혀 참조하지 않은 것은 아니다. 저자는 열왕기에 기록된 히스기야 이야기의 흐름을 비교적 그대로 따르면서 새로운 내용을 중간에 삽입하기도 하고 열왕기에 기록된 내용을 재구성하기도 한다. 다음 도표를 참조하라(Japhet). 거의 같은 내용을 반영한 경우는 "="로 표시했다. 공백은 그 책에는 없는 내용이라는 뜻이다.

열왕기 텍스트(왕하)	역대기 텍스트(대하)
18:1-3	= 29:1-2
	29:3-36
	30:1-27
18:4	= 31:1
	31:2-19
18:5-6	= 31:20-21
18:7-8	32:22-23
18:9-12	
18:13-19:37	= 32:1-21
20:1-11	= 32:24-26
	32:27-30
20:12-19	= 32:31
20:20-21	32:32-33

역대기에서 다윗-솔로몬 다음으로 가장 많은 공간을 차지하는 종교

개혁자 히스기야 이야기는 29:1-31:21과 32:1-33 등 같은 분량의 두 파트로 구분한다(Allen). 첫 번째 파트는 그가 하나님 보시기에 옳은 일을 했다는 말로 시작하고 마무리한다(29:2; 31:20). 두 번째 파트 역시 히스기야가 하는 일마다 잘되었다는 말로 시작하고 마무리한다(31:21; 32:30). 여러 가지 면에서 히스기야는 다윗-솔로몬 왕권이 추구했던 이상적인 가치들을 실현한 사람이었다(Throntveit). 그는 포로기 이후 시대를 살아가는 역대기 저자의 귀향민 독자들이 진정한 의미에서 답습해야 할 모범적인 사람이었다(Allen). 본문을 더 세부적으로 구분하면 다음과 같이 아홉 개 섹션으로 나눌 수 있다.

A. 서론적 통치 요약(29:1-2)
B. 성전 정화와 예배 회복(29:3-36)
C. 유월절 예배 초청(30:1-12)
D. 유월절과 무교절 예배(30:13-27)
E. 공동체의 예물(31:1-21)
F. 산헤립의 침략(32:1-23)
G. 히스기야의 병과 교만(32:24-26)
H. 히스기야의 부귀영화(32:27-31)
I. 결론적 통치 요약(32:32-33)

1. 서론적 통치 요약(29:1-2)

1 히스기야가 왕위에 오를 때에 나이가 이십오 세라 예루살렘에서 이십구 년 동안 다
스리니라 그의 어머니의 이름은 아비야요 스가랴의 딸이더라 2 히스기야가 그의 조
상 다윗의 모든 행실과 같이 여호와 보시기에 정직하게 행하여

히스기야(יְחִזְקִיָּה; lit., "여호와께서 강하게 하신 자")가 왕이 되었을 때 나이는 25세였으며 29년 동안 통치했다. 그러나 이때가 정확히 언제였는가에 대해서는 학자들 사이에 의견이 분분하다. 가장 유력한 주장은 주전 715년경에 왕이 되었다는 것이다(cf. Thiele). 성경은 그가 왕으로 즉위한 지 14년째 되던 해에 아시리아의 산헤립이 예루살렘을 공략했다고 하는데(cf. 왕하 18:13), 아시리아의 기록을 오늘날의 연대로 계산해보면 산헤립이 예루살렘을 공략한 때가 주전 701년이기 때문이다.

문제는 히스기야의 연대와 북 왕국 호세아 왕의 연대를 어떻게 이해하느냐이다. 호세아는 북 왕국의 마지막 왕이었으며 9년 통치한 왕이다. 그러므로 그가 이스라엘을 통치하기 시작한 때는 주전 731/732년경이며 히스기야가 왕위에 오르게 된 호세아 즉위 3년은 주전 728년쯤 된다. 715년과는 13년의 차이를 두고 있다(cf. Mabie).

한 학자는 히스기야의 호세아 즉위에 연관된 연대가 계산 착오에서 비롯된 것이라고 생각한다(Thiele). 히스기야의 연대를 주전 725-696년으로 결론짓고 열왕기하 18:13의 '14'년은 '24'를 잘못 쓴 것이거나 18:13의 14년을 히스기야의 통치 기간에서 죽을 뻔했다가 이사야를 통해 연장받은 15년을 뺀 것(29-15=14)에서 나온 것이라는 주석가들도 있다(Montgomery & Gehman). 히스기야의 연대에 대해서 현재까지 모든 사람들이 만족할만한 해법은 나오지 않았다(Hubbard). 이 책에서는 히스기야의 통치 기간을 주전 715-687년으로 간주한다(cf. Thiele, Bright, Hill).

히스기야의 어머니 아비야(אֲבִיָּה; lit., "나의 아버지는 여호와이시다")는 스가랴의 딸이었다. 히스기야는 "그의 조상 다윗의 모든 행실과 같이 여호와 보시기에 정직하게 행했다"라는 평가를 받는다(2절). 역대기에서 이러한 평가를 받은 사람은 히스기야가 처음이다. 히스기야가 어떤 사람이었기에 저자가 이처럼 극찬하는 것일까? 히스기야에 대한 기대감을 한껏 부풀려놓고 저자는 왕의 이야기를 시작한다.

2. 성전 정화와 예배 회복(29:3-36)

히스기야는 왕으로 등극하자마자 아버지 아하스가 닫았던 성전 문을 다시 열도록 하고 부정으로 얼룩졌던 성전을 정결하게 하기 위해서 대대적인 정화작업을 시작했다. 그리고 드디어 모든 작업이 끝나자 성전을 재봉헌했으며 이 일을 기념하기 위해서 큰 잔치를 벌였다. 본 텍스트는 다음과 같이 세 섹션으로 구분한다.

A. 성전 정화(29:3-19)
B. 성전 재봉헌(29:20-30)
C. 기념 축제(29:31-36)

(1) 성전 정화(29:3-19)

3 첫째 해 첫째 달에 여호와의 전 문들을 열고 수리하고 4 제사장들과 레위 사람들
을 동쪽 광장에 모으고 5 그들에게 이르되 레위 사람들아 내 말을 들으라 이제 너
희는 성결하게 하고 또 너희 조상들의 하나님 여호와의 전을 성결하게 하여 그 더
러운 것을 성소에서 없애라 6 우리 조상들이 범죄하여 우리 하나님 여호와 보시기
에 악을 행하여 하나님을 버리고 얼굴을 돌려 여호와의 성소를 등지고 7 또 낭실
문을 닫으며 등불을 끄고 성소에서 분향하지 아니하며 이스라엘의 하나님께 번제
를 드리지 아니하므로 8 여호와께서 유다와 예루살렘에 진노하시고 내버리사 두
려움과 놀람과 비웃음거리가 되게 하신 것을 너희가 똑똑히 보는 바라 9 이로 말
미암아 우리의 조상들이 칼에 엎드러지며 우리의 자녀와 아내들이 사로잡혔느니
라 10 이제 이스라엘의 하나님 여호와와 더불어 언약을 세워 그 맹렬한 노를 우리
에게서 떠나게 할 마음이 내게 있노니 11 내 아들들아 이제는 게으르지 말라 여호

와께서 이미 너희를 택하사 그 앞에 서서 수종들어 그를 섬기며 분향하게 하셨느
니라 12 이에 레위 사람들이 일어나니 곧 그핫의 자손 중 아마새의 아들 마핫과 아
사랴의 아들 요엘과 므라리의 자손 중 압디의 아들 기스와 여할렐렐의 아들 아사
랴와 게르손 사람 중 심마의 아들 요아와 요아의 아들 에덴과 13 엘리사반의 자손
중 시므리와 여우엘과 아삽의 자손 중 스가랴와 맛다냐와 14 헤만의 자손 중 여후
엘과 시므이와 여두둔의 자손 중 스마야와 웃시엘이라 15 그들이 그들의 형제들을
모아 성결하게 하고 들어가서 왕이 여호와의 말씀대로 명령한 것을 따라 여호와
의 전을 깨끗하게 할새 16 제사장들도 여호와의 전 안에 들어가서 깨끗하게 하여
여호와의 전에 있는 모든 더러운 것을 끌어내어 여호와의 전 뜰에 이르매 레위 사
람들이 받아 바깥 기드론 시내로 가져갔더라 17 첫째 달 초하루에 성결하게 하기
를 시작하여 그 달 초팔일에 여호와의 낭실에 이르고 또 팔 일 동안 여호와의 전
을 성결하게 하여 첫째 달 십육 일에 이르러 마치고 18 안으로 들어가서 히스기야
왕을 보고 이르되 우리가 여호와의 온 전과 번제단과 그 모든 그릇들과 떡을 진설
하는 상과 그 모든 그릇들을 깨끗하게 하였고 19 또 아하스 왕이 왕위에 있어 범죄
할 때에 버린 모든 그릇들도 우리가 정돈하고 성결하게 하여 여호와의 제단 앞에
두었나이다 하니라

히스기야가 왕이 된 후 제일 먼저 한 일이 아버지 아하스가 닫았던 (cf. 28:24) 성전 문을 열고 수리하는 것이었다(3절). 히스기야는 성전의 기능을 다시 회복시키는 일을 왕으로서 해야 할 가장 중요하고 시급한 일로 여겼다는 뜻이다. 그의 마음이 무엇보다 하나님을 향하고 있었음을 암시한다. 저자는 하나님을 향한 히스기야의 마음을 강조하기 위해서 왕이 된 "첫째 해 첫째 달"에 성전 문을 열었다고 하고, 다른 사람이 아닌 히스기야가 이 일을 했다는 사실을 강조하기 위해서 강조형 대명사 "그"(הוּא)로 문장을 시작한다(Japhet). 더 나아가 히스기야는 성전 정화작업을 첫째 달 초하루에 시작했다(cf. 17절). 노골적으로 하나님께 반역한 것도 모자라 성전 문까지 걸어 잠궜던 아하스에게 이렇게 하나

님을 사모하는 아들이 있었다는 것이 경의로울 따름이다. 주의 백성을 향한 하나님의 은혜와 배려라고 밖에는 설명되지 않는 부분이다.

히스기야는 지난 수(십)년 동안 폐쇄되었던 성전에서 사역할 수 없어서 곳곳에 흩어져 방황하던 제사장들과 레위 사람들을 모았다. 그리고 성전을 복구하고 예배를 재개하라는 명령과 왜 그래야 하는가에 대해서 역사적·신학적으로 설명해 주었다(5-11절). 왕은 먼저 제사장들과 레위 사람들이 해야 할 두 가지 일을 제시한다. (1) 제사장들과 레위 사람들은 자신들을 정결하게 할 것, (2) 성전에서 모든 더럽고 가증한 것들을 제거할 것(5절).

제사장들과 레위 사람들은 성전을 정화하기 전에 먼저 자신들을 정결하게 해야 한다. 거룩한 일을 하기 전에 먼저 자신의 몸가짐을 정결하게 하는 것은 필수적이다. 부정한 상태에서 이 일을 하면 성전이 더 오염될 수 있고 경우에 따라서는 그들의 생명을 위협할 수도 있기 때문이다. 오늘날의 사역자들도 이런 마음가짐으로 하나님의 거룩한 사역에 임해야 한다.

레위 사람들과 제사장들은 자신들의 몸가짐을 정결하게 한 후 성전을 정화해야 한다. 아하스가 성전에 세운 가증스러운 우상들과 제단들을 제거하고 하나님의 번제단에 꺼진 불을 다시 지피는 일 등 할 일이 태산 같다. 비록 몸은 피곤하지만 이런 일을 하면서 얼마나 많은 눈물을 흘리며 감격했을까 상상해 보라. 아마 그들 중에는 다시는 정결해진 성전이 하나님께 드려진 날을 보지 못하고 죽을 것이라며 절망했던 제사장들도 있었을 것이다. 하나님의 신실하심이 아하스 같은 배교자에게서 히스기야가 태어나게 하셔서 이런 날을 보게 하신 것이다.

히스기야는 제사장들과 레위 사람들이 진행하게 될 성전 정화작업의 역사적·신학적 중요성을 설명한다. 황폐해진 성전은 조상들의 죄를 고발한다(6절). 히스기야는 아버지 아하스와 같은 특정한 인물을 지적하지 않으면서 스피치를 진행한다. 비록 일이 이렇게 된 것은 아하스의 역할이 결정적이었지만 책임은 그를 막지 못한 공동체에도 있다. 그러므로 성전이 이렇게 된 것은 온 공동체의 책임이라는 뜻이다.

히스기야 세대에게 굳게 닫힌 성전을 전수해 준 이스라엘의 조상들은 두 가지 죄를 저질렀다. 첫째는 하나님을 버리고 성전에 등을 돌린 일이다(6절). 성전은 이스라엘과 시내 산에서 언약을 맺으신 여호와가 거하시는 곳이다. 그러므로 이스라엘이 성전에 등을 돌린 것은 하나님과의 언약을 파기한 심각한 죄를 상징한다. 둘째, 이들은 하나님께 등을 돌린 것으로 모자라 아예 사람이 성전에 들어가지 못하도록 폐쇄해 버렸다(7절). 그래서 오랜 세월 동안 성전의 등불이 꺼졌고 분향도 없었고 번제도 없었다. 자신들만 하나님께 죄짓는 것으로 모자라 아예 다른 사람들이 하나님을 찾는 것도 막은 것이다.

결과적으로 이스라엘은 지난 수년 동안 하나님의 언약에 따라 지켜야 할 최소한의 예의도 지키지 않았다. 왕은 5-7절에서 유다 백성이 하나님께 배신한 일을 회고하며 성전을 네 가지로 부른다. "여호와의 전"(בֵּית יְהוָה)(5절), "여호와의 성소"(מִשְׁכַּן יְהוָה)(6절), "낭실"(הָאוּלָם; lit., "현관"이며 성전 전체를 뜻하는 환유[metonym]), "성소"(הַקֹּדֶשׁ)(Japhet)(7절). 그동안 이들은 거룩한 곳에 등을 돌리고 마치 아무 일도 없는 것처럼 살아왔다.

하나님이 유다의 이런 배신을 가만히 두실 리 없다. 만일 가만히 두신다면, 하나님께도 유다의 배교를 방치한 책임이 있다. 이스라엘이 하나님께 반역하거나 불순종하면 하나님이 그들을 징계하실 책임이 있다는 것이 시내 산에서 이스라엘과 하나님이 맺으신 언약의 일부이기 때문이다. 그래서 하나님은 유다와 예루살렘에 진노하셔서 그들이 두려움에 떨게 하셨고 세상의 비웃음거리가 되게 하셨다(8절). 유다 사람들이 이방인들이 휘두른 칼에 맞아 죽고 자녀들과 아내들이 노예가 되어 타국으로 끌려갔다(9절). 히스기야는 아버지 아하스가 통치하던 시대에 유다가 경험했던 온갖 재앙과 국제적인 수모를 하나님의 이스라엘을 향한 징계로 이해하고 있다.

히스기야가 이 말을 하고 있는 순간에도 하나님의 징계는 계속되고 있다(10절). 그래서 왕은 하나님의 징계가 속히 걷히게 하는 일을 자신이 해야 할 가장 시급한 일로 여겼다(cf. 3절). 왕은 유다가 하나님과의 문제를 해결하지 않는 한 유다를 회복시키기 위해서 어떤 정책도 별 의미가 없다는 것을 잘 알고 있었다. 그렇다면 히스기야는 어떻게 하나님이 이스라엘에게 내리신 진노를 거두게 할 계획인가?

히스기야는 유다가 당면하고 있는 모든 어려움이 하나님의 언약적 저주에서 비롯된 것임을 잘 알고 있다. 이런 언약적 저주는 주의 백성이 하나님께 돌아오지 않는 한 결코 풀리지 않는다. 그래서 히스기야는 지난 수년 동안 방치하고 무시했던 하나님과의 언약을 갱신하는 것으로 문제를 해결하고자 한다(10절). 왕은 자신과 백성들이 살 길은 딱 한 가지, 하나님께 돌아와 그분을 섬기는 것뿐이라는 것을 깨닫고 있다.

히스기야는 성전 정화와 언약 갱신의 필요성뿐만 아니라 시급함에 대해서도 잘 알고 있다. 그래서 레위 사람들과 제사장들에게 바로 이 일을 신속하게 해 달라고 부탁한다(11절). 유다가 처해 있는 어려운 형편을 생각하면 한시가 급하다. 히스기야는 하나님이 이런 일을 하라고 그들을 성직자로 세우셨다는 말을 더했다. 아무리 급한 사안이라도 이 일을 할 수 있는 사람들이 정해져 있다. 하나님이 기뻐하실 일을 하면서 주께서 주신 규정대로 하지 않는다면 어리석은 일이다. 하나님이 규정하신 대로 이 일은 제사장들과 레위 사람들만이 할 수 있다. 히스기야는 웃시야가 제사장이 해야 할 일을 하려다 하나님의 진노를 산 일을 기억하고 있다.

히스기야의 명령을 받은 제사장들과 레위 사람들은 왕에게 말로 대답하지 않고 몸소 실천으로 왕의 명령을 따랐다(12-17절). 레위 사람 중에서는 일곱 집안에서 집안별로 두 명씩 대표를 선발하여 성전 정화작업을 진행하도록 했다(12-14절). 전통적으로 레위 사람들은 세 집안(게르손, 그핫, 므라리, cf. 출 6:16-25)으로 구분한다. 역대기 저자가 살던 시대에는 세 집안 중 제사장들이 속한 그핫 자손들이 가장 유력한 집안이었다. 그래서 저자는 게르손을 제일 뒤로 밀어내고 그핫 자손을 제일 먼저 언급한다(cf. 대상 15:5-7).

저자는 또한 세 집안에서 가지치기를 해 따로 취급해야 할 집안이 넷이나 더 있다는 점을 암시한다. 넷 중 아삽, 헤만, 여두둔은 찬양대 지휘자들로서 이미 잘 알려진 사람들이다(cf. 대상 6장). 반면에 엘리사반은 별로 알려져 있던 사람이 아니다. 게다가 그가 한 번 더 언급되는 역대상 15:8에 의하면 그는 헤브론과 웃시엘과 함께 그핫 자손으로 표기되어 있다.[2] 이런 정황에서 역대기 저자가 이곳에서 굳이 따로 구분한 이유는 무엇일까? 많은 주석가는 역대기 저자가 '7'이라는 숫자에 부여하는 상징성과 이야기가 '7'을 중심으로 구성되어 있기 때문이라고 한다(Dillard, Japhet, cf. 21절).

엘리사반이 지니고 있는 상징성도 중요하게 작용한 듯싶다. 엘〔리〕사반은 그핫의 넷째 아들 웃시엘의 아들이었다(출 6:16-22). 아론의 아들 나답과 아비후가 성막에서 경건하지 못한 불을 드렸다가 죽은 적이 있는데 이때 시체를 옮긴 두 사람 중 하나가 바로 엘〔리〕사반이었다(레 10:1-5). 온갖 오염과 가증스러운 것으로 더럽혀져 있는 성전을 정화하는 데 이 집안 사람들보다 더 적합한 자들은 없었다(Johnstone).

아하스의 핍박에도 불구하고 레위 사람들은 건재하고 왕성했다. 하나님은 어떠한 역경 속에서도 당신이 사용할 거룩한 씨앗은 왕성할 수 있도록 보호하신다. 옛적에 이스라엘과 하나님 사이에 언약을 중재한 모세가 레위 사람들을 충분히 활용했던 것처럼, '새로운 모세' 히스기야가(Hill) 하나님이 예비해두신 레위 사람들을 사용하여 거룩한 일을 추진했다. 다음 도표를 참조하라.

2 필자의 『엑스포지멘터리 역대상』의 설명을 참고하라.

집안	대표
그핫	아마새의 아들 마핫, 아사랴의 아들 요엘
므라리	압디의 아들 기스, 여할렐렐의 아들 아사랴
게르손	심마의 아들 요아, 요아의 아들 에덴
엘리사반	시므리, 여우엘
아삽	스가랴, 맛다냐
헤만	여후엘, 시므이
여두둔	스마야, 웃시엘

레위 사람들은 지도자들의 지시에 따라 먼저 자신들을 정결하게 한 다음, 히스기야가 명령한 대로 율법이 규정하는 절차에 따라 성전을 정화시켰다(15절). 레위 사람들도 하나님이 주신 법에 따라 움직이고 있음을 강조한다. 이들은 절차상 전혀 문제없이 일을 진행한 것이다. 제사장들 역시 자신들의 일을 잘 수행했다(16절). 제사장만이 들어갈 수 있는 성전에 들어가 온갖 가증스러운 것들을 끌어내어 성전 뜰에다 쌓아두면 레위 사람들이 이 물건들을 가져다 예루살렘 성 밖에 있는 기드론 시내로 가져가 버렸다(16절). 성전 정화작업은 히스기야 즉위 첫째 해 첫째 달 초하루에 시작해서 16일에 끝났다(17절). 성전 뜰을 정화시키는 데 처음 8일을 보냈고 성전 건물과 내부를 정화하는 데 8일이 걸렸다. 아마도 안식일에는 일을 하지 않았기 때문에 14일이 아니라 16일이 걸린 것으로 생각한다.

드디어 성전 정화작업이 끝났다(18절). 레위 사람들은 히스기야를 찾아가 성전 건물 전체와 기구들에 대한 정결예식이 모두 끝나서 이제는 예배를 드려도 된다고 보고하였다. 선왕 아하스가 저지른 온갖 불손한 행동과 파괴의 흔적이 이제는 사라졌다(19절). 역대기 저자에게 가장 중요한 이슈는 하나님께 제대로 된 예배를 드리는 일이다(Selman). 2주

동안의 정화작업을 통해 히스기야와 백성들은 드디어 하나님이 율법을 통해 규정해 주신 절차에 따라 예배를 드릴 수 있게 되었다.

Ⅳ. 유다의 마지막 왕들(29:1-36:21)
1장. 히스기야(29:1-32:33)
2. 성전 정화와 예배 회복(29:3-36)

(2) 성전 재봉헌(29:20-30)

20 히스기야 왕이 일찍이 일어나 성읍의 귀인들을 모아 여호와의 전에 올라가서
21 수송아지 일곱 마리와 숫양 일곱 마리와 어린 양 일곱 마리와 숫염소 일곱 마리
를 끌어다가 나라와 성소와 유다를 위하여 속죄제물로 삼고 아론의 자손 제사장들
을 명령하여 여호와의 제단에 드리게 하니 22 이에 수소를 잡으매 제사장들이 그 피
를 받아 제단에 뿌리고 또 숫양들을 잡으매 그 피를 제단에 뿌리고 또 어린 양들을
잡으매 그 피를 제단에 뿌리고 23 이에 속죄제물로 드릴 숫염소들을 왕과 회중 앞
으로 끌어오매 그들이 그 위에 안수하고 24 제사장들이 잡아 그 피를 속죄제로 삼
아 제단에 드려 온 이스라엘을 위하여 속죄하니 이는 왕이 명령하여 온 이스라엘
을 위하여 번제와 속죄제를 드리게 하였음이더라 25 왕이 레위 사람들을 여호와의
전에 두어서 다윗과 왕의 선견자 갓과 선지자 나단이 명령한 대로 제금과 비파와
수금을 잡게 하니 이는 여호와께서 그의 선지자들로 이렇게 명령하셨음이라 26 레
위 사람은 다윗의 악기를 잡고 제사장은 나팔을 잡고 서매 27 히스기야가 명령하여
번제를 제단에 드릴새 번제 드리기를 시작하는 동시에 여호와의 시로 노래하고 나
팔을 불며 이스라엘 왕 다윗의 악기를 울리고 28 온 회중이 경배하며 노래하는 자
들은 노래하고 나팔 부는 자들은 나팔을 불어 번제를 마치기까지 이르니라 29 제사
드리기를 마치매 왕과 그와 함께 있는 자들이 다 엎드려 경배하니라 30 히스기야
왕이 귀인들과 더불어 레위 사람을 명령하여 다윗과 선견자 아삽의 시로 여호와를
찬송하게 하매 그들이 즐거움으로 찬송하고 몸을 굽혀 예배하니라

히스기야는 다음 날(viz., 첫째 달 17일) 아침에 일찍 일어나 지도자들과 함께 성전으로 올라갔다(20절). 왕이 되자마자 제일 먼저 한 일이 성

전을 정화한 일이었고 드디어 정화작업이 끝나자 바로 다음날 아침 일찍 일어나 성전으로 나아간 것에서 하나님에 대한 열정을 엿볼 수 있다. 지도자들과 함께 성전으로 올라갔다는 것은 그동안 종교개혁을 혼자 추진했다면 이제부터는 온 공동체를 이 일에 연루시킬 의지를 가지고 있음을 시사한다(Japhet, cf. 29절). 그는 개혁은 혼자 하는 것보다 함께 하는 것이 훨씬 더 효율적이며 의미가 있음을 알고 있다.

히스기야가 성전에 도착해서 제일 먼저 한 일은 왕실과 유다 백성의 죄를 속죄받기 위해서 제물을 드리는 일이었다. 수송아지 일곱 마리, 숫양 일곱 마리, 어린 양 일곱 마리, 숫염소 일곱 마리를 드렸다(21절). 이스라엘은 오래전, 번제단을 봉헌할 때 네 가지 짐승을 제물로 드린 적이 있다(민 7:88; cf. 스 6:17; 8:35). 제일 먼저 수송아지의 피를 받아 제단에 뿌렸고, 그다음 숫양의 피 그리고 어린 양의 피를 뿌렸다(22절). 짐승들의 몸은 또한 번제로 드렸다(Rudolph, Japhet). 마지막으로 숫염소를 끌어다가 왕과 회중이 짐승들 위에 손을 얹고 난 후 염소들의 피를 속죄제물로 제단에 부었나(23-24설).

제사장들이 번제물을 드리며 분주한 동안 히스기야는 레위 찬양대에게 명령을 내려 악기를 연주하고 노래하게 했다. 저자는 성전에서 제사를 드리며 음악을 동반하게 된 근거로 다윗 시대를 회고한다. 예배에 음악이 동반하는 것은 다윗이 임의로 정한 일이 아니며 하나님이 왕의 선견자 갓과 선지자 나단을 통해 다윗에게 지시한 일이라고 한다(25절). 저자는 다윗이 법궤가 예루살렘에 안치된 후 더 이상 성소와 도구들을 운반할 필요가 없는 레위 사람들을 찬양대로 재편성할 때(cf. 대상 25장) 이 일이 선지자 나단을 통한 하나님의 명령에 근거한 일이라는 사실을 밝히지 않았다. 오랜 세월이 지난 다음 이 사실을 밝히는 이유가 어디에 있을까?

아마도 저자의 시대에 성전에서 예배를 드릴 때 음악이 함께하는 것에 대해서 정통성 문제가 제기된 것으로 생각된다. 이 일에 대해서 저자는 예배에 음악이 사용된 것은 다윗 시대 때부터 시작되었으며 임의로 결정한 일이 아니라 하나님의 명령에 따라 한 일이라고 한다. 그뿐만 아니라, 히스기야가 성전을 정화하고 예배를 다시 시작했을 때에도 예배에 음악을 동반하는 전통이 준수된 사실을 강조함으로써 예배에서의 음악 사용에 대한 정통성을 재차 강조하는 듯하다.

잠시 찬양대의 정통성과 정당성을 언급한 저자가 이날 예배의 전체적인 상황을 정리한다(26-30절). 지정된 레위 사람들과 제사장들이 악기를 연주했다(26절). 번제가 드려지기 시작하자 찬양대가 악기와 목소리로 하나님을 찬양했다(27절). 모든 번제가 드려질 때까지 연주와 찬양이 지속되었다(28절). 예배에 참여한 자들이 각자 역할을 다 해주었다. 제사를 마친 후 왕과 백성들이 모두 하나님 앞에 엎드려 주님을 경배했다(29절). 유다 왕 히스기야가 여호와 앞에서 절을 한다는 것은 곧 유다의 진정한 왕은 하나님이심을 고백하는 행위이다(Hill). 그들은 다윗과 아삽이 지은 시로 주님을 찬미했다. 역대기 저자는 여러 왕 중 유일하게 히스기야를 다윗처럼 높이 평가했다(2절). 이제 다윗과 아삽이 지은 노래를 부르는 히스기야를 새로운 다윗으로 묘사하고 있다(Japhet). 모두 감격과 기쁜 마음으로 하나님께 경배했다(30절). 기쁨은 역대기 저자가 가장 강조하는 예배의 한 부분이다.

Ⅳ. 유다의 마지막 왕들(29:1-36:21)
1장. 히스기야(29:1-32:33)
2. 성전 정화와 예배 회복(29:3-36)

(3) 기념 축제(29:31-36)

31 이에 히스기야가 말하여 이르되 너희가 이제 스스로 몸을 깨끗하게 하여 여호
와께 드렸으니 마땅히 나아와 제물과 감사제물을 여호와의 전으로 가져오라 하니
회중이 제물과 감사제물을 가져오되 무릇 마음에 원하는 자는 또한 번제물도 가
져오니 32 회중이 가져온 번제물의 수효는 수소가 칠십 마리요 숫양이 백 마리요

> 어린 양이 이백 마리이니 이는 다 여호와께 번제물로 드리는 것이며 33 또 구별하
> 여 드린 소가 육백 마리요 양이 삼천 마리라 34 그런데 제사장이 부족하여 그 모든
> 번제 짐승들의 가죽을 능히 벗기지 못하는 고로 그의 형제 레위 사람들이 그 일을
> 마치기까지 돕고 다른 제사장들이 성결하게 하기까지 기다렸으니 이는 레위 사람
> 들의 성결하게 함이 제사장들보다 성심이 있었음이라 35 번제와 화목제의 기름과
> 각 번제에 속한 전제들이 많더라 이와 같이 여호와의 전에서 섬기는 일이 순서대
> 로 갖추어지니라 36 이 일이 갑자기 되었으나 하나님께서 백성을 위하여 예비하셨
> 으므로 히스기야가 백성과 더불어 기뻐하였더라

왕과 백성들을 위한 번제와 속죄제물을 모두 드린 다음, 히스기야는 백성들에게 준비해 온 제물을 바치라고 지시했다(31절). 하나님께 드리는 예배는 일부 소수만이 독점할 수 있는 것이 아니라 모든 주의 백성에게 주신 특권이다. 그러므로 히스기야는 백성들에게 예배를 참관만 하는 것이 아니라 직접 참여할 수 있는 기회를 주고 있다. 백성들이 가져온 번제물의 수는 수소가 70마리, 숫양이 100마리, 어린 양이 200마리였다(32절). 번제물이 아닌 일반 예물(viz., 성전 유지를 위한 자원제물 등)은 소 600마리, 양 3,000마리였다(33절). 옛적에 솔로몬이 드린 제물에 비하면 매우 빈약하지만 그래도 마음을 담은 예물이었다.

번제물이 너무 많아 정결예식을 마친 제사장들만으로는 너무 버거워서 레위 사람들이 제물 잡는 일을 거들었다(34절; cf. 35절). 레위기 1:6에 의하면 제물을 드리는 자가 짐승을 잡아야 한다. 반면에 이 이야기에서는 레위 사람들과 제사장들만 짐승을 잡는다. 역대기 저자가 레위기 1:6에 상반되는 상황을 주장한다고 해석하기보다는, 다윗이 레위 사람들의 역할을 개혁할 때 제물 다듬는 일을 제사장들과 레위 사람들에게 일임한 것으로 생각하는 것이 바람직하다(Hill, cf. 대상 23:28, 32).

아직도 성결 예식을 마치지 않은 제사장들이 있었다는 것은(cf. 34절; 30:3) 제사장들이라고 모두 히스기야의 종교개혁을 적극적으로 지지한

것은 아니었음을 뜻한다. 그래서 그들은 다른 제사장들처럼 적극적으로 성결 예식에 참여하지 않았다. 저자는 이런 못난 제사장들을 보며 "사실, 자신들의 성결을 지키는 일에는, 제사장들보다는 레위 사람들이 더욱 성실하였다"라며 레위 사람들을 칭찬한다(34b절). 어떤 주석가는 역대기가 제사장들보다 레위 사람들을 좋아했기 때문에 이런 코멘트가 더해진 것이라고 한다(Rudolph).

이렇게 해서 아하스가 폐지했던 성전예배가 다시 시작되었다(35c절). 히스기야가 왕이 되자마자 매우 급하게 추진한 일이었지만 하나님이 도우셔서 왕과 백성들이 함께 기뻐했다(36절). 저자는 끊임없이 모든 영광을 하나님께 돌린다. 하나님은 주의 백성이 깨닫든 깨닫지 못하든지 간에 끊임없이 은총을 베푸시는 분이라는 점을 역설한다. 이날 밤 히스기야는 드디어 편안한 마음으로 잠을 잘 수 있었다. 성전이 다시 열리고 그와 유다를 눈동자처럼 지켜주시는 하나님께 드리는 예배가 다시 시작되었으니 얼마나 가슴 벅찬 하루였겠는가!

Ⅳ. 유다의 마지막 왕들(29:1–36:21)
1장. 히스기야(29:1–32:33)

3. 유월절 예배 초청(30:1-12)

1 히스기야가 온 이스라엘과 유다에 사람을 보내고 또 에브라임과 므낫세에 편지를
보내어 예루살렘 여호와의 전에 와서 이스라엘 하나님 여호와를 위하여 유월절을 지
키라 하니라 2 왕이 방백들과 예루살렘 온 회중과 더불어 의논하고 둘째 달에 유월절
을 지키려 하였으니 3 이는 성결하게 한 제사장들이 부족하고 백성도 예루살렘에 모
이지 못하였으므로 그 정한 때에 지킬수 없었음이라 4 왕과 온 회중이 이 일을 좋게
여기고 5 드디어 왕이 명령을 내려 브엘세바에서부터 단까지 온 이스라엘에 공포하
여 일제히 예루살렘으로 와서 이스라엘 하나님 여호와의 유월절을 지키라 하니 이는

**기록한 규례대로 오랫동안 지키지 못하였음이더라 6 보발꾼들이 왕과 방백들의 편지
를 받아 가지고 왕의 명령을 따라 온 이스라엘과 유다에 두루 다니며 전하니 일렀으
되 이스라엘 자손들아 너희는 아브라함과 이삭과 이스라엘의 하나님 여호와께로 돌
아오라 그리하면 그가 너희 남은 자 곧 앗수르 왕의 손에서 벗어난 자에게로 돌아오
시리라 7 너희 조상들과 너희 형제 같이 하지 말라 그들은 그의 조상들의 하나님 여
호와께 범죄하였으므로 여호와께서 멸망하도록 버려 두신 것을 너희가 똑똑히 보는
바니라 8 그런즉 너희 조상들 같이 목을 곧게 하지 말고 여호와께 돌아와 영원히 거
룩하게 하신 전에 들어가서 너희 하나님 여호와를 섬겨 그의 진노가 너희에게서 떠
나게 하라 9 너희가 만일 여호와께 돌아오면 너희 형제들과 너희 자녀가 사로잡은 자
들에게서 자비를 입어 다시 이 땅으로 돌아오리라 너희 하나님 여호와는 은혜로우시
고 자비하신지라 너희가 그에게로 돌아오면 그의 얼굴을 너희에게서 돌이키지 아니
하시리라 하였더라 10 보발꾼이 에브라임과 므낫세 지방 각 성읍으로 두루 다녀서 스
불론까지 이르렀으나 사람들이 그들을 조롱하며 비웃었더라 11 그러나 아셀과 므낫세
와 스불론 중에서 몇 사람이 스스로 겸손한 마음으로 예루살렘에 이르렀고 12 하나님
의 손이 또한 유다 사람들을 감동시키사 그들에게 왕과 방백들이 여호와의 말씀대로
전한 명령을 한 마음으로 준행하게 하셨더라**

닫혀있던 성전 문을 열고 부정으로 오염된 성전을 정화시켜 다시 하나님께 드리는 예배를 시작한 히스기야가 지난 수(십)년 동안 주의 백성이 지키지 못한 유월절을 대대적으로 기념하기로 했다. 그는 온 유다뿐만 아니라 망해버린 이스라엘의 옛 영토에도 사람을 보내 남아있는 이스라엘 사람들을 모두 초청했다. 성경은 히스기야의 유월절과 요시야의 유월절을 가장 인상적인 유월절 예배로 기록하고 있다.

일부 주석가들은 30장의 역사성과 시기에 대해서 문제 제기를 한다 (cf. Williamson, Dillard). 이스라엘이 율법을 갖게 된 것이 바벨론 포로생활 때라고 주장하는 사람들은 이 이야기가 실제적인 역사적 사실에 근거한 것이 아니라 역대기 저자가 만들어낸 것이라고 생각한다. 그러나

이스라엘의 율법이 포로기 때 만들어졌다는 주장은 가설에 불과하다. 게다가 이야기의 역사성을 부인할만한 증거가 없고(Japhet), 저자가 성전 정화작업과 직접적으로 연관시키는 것으로 보아(cf. 2-3절), 성전 정화가 끝난 다음 달에 있었던 일로 이해하는 것이 바람직하다.

성전의 기능을 성공적으로 복구한 히스기야가 여세를 몰아 유월절을 대대적으로 지키기로 했다. 왕은 온 이스라엘과 유다에 전갈을 보내 백성들을 예루살렘 성전에서 드려질 예배에 초청했다(1절). 원래 유월절은 첫째 달 14일이지만, 성전 정화에 16일이 걸린 데다가 정결 예식을 마친 제사장도 많이 부족한 터라 원래의 스케줄을 따를 수 없었다. 그래서 왕과 백성들이 함께 의논하여 유월절을 한 달 늦추어 둘째 달에 지키기로 했다(2절). 히스기야는 중요한 결정에 신하들과 백성들의 의견을 반영하는 민주주의적인 왕이었다. 유월절을 한 달 늦춘 또 다른 이유는 충분한 시간을 가지고 대대적으로 알려서 최대한으로 많은 사람들이 역사적인 예배에 참석할 수 있도록 하기 위함이었다(3절). 그렇다면 히스기야가 유월절을 첫째 달 14일에 지키라는 율법을 훼손하는 것은 아닌가? 그렇지 않다. 히스기야는 사람이 율법을 위해서 존재하는 것이 아니라 율법이 사람을 위해서 있다는 사실을 잘 알고 있다. 히스기야는 문자적으로 율법을 지키는 것이 중요한 것이 아니라 율법의 정신과 취지를 존중하는 것이 더 중요하다는 사실을 아는 믿음을 가진 사람이었다.

한 가지 중요한 사실은 히스기야가 유다 사람들뿐만 아니라 망해버린 북 왕국 이스라엘의 생존자들까지 잔치에 초청했다는 사실이다. 그는 에브라임과 므낫세 지파 사람들에게 특별히 편지를 보냈고(1절) 유다의 남쪽 끝 브엘세바에서 이스라엘의 북쪽 끝 단에 이르기까지 왕의 명령을 곳곳에 공포했다(5절). 히스기야의 유월절 기념예배는 나라가 분열된 이후 처음으로 유다와 이스라엘 사람들이 함께 예루살렘 성전에 모여 하나님께 예배를 드린다는 중요성을 지닌다.

북 왕국을 망하게 한 아시리아 제국이 종속국들에게 펼치는 외교정책은 세 단계로 나누어져 있다. 아시리아가 다른 나라를 정복하면 그 나라를 속국으로 지정한다. 이것이 첫 번째 단계이다. 속국은 아시리아에게 매년 미리 합의한 조항에 따라 조공을 바칠 의무가 있다. 또한 아시리아가 필요로 할 경우 속국은 군대를 조직하여 제국의 전쟁을 도와야 했다. 그러나 속국의 자치권을 인정하여 상당한 정치적 자율권을 허용했다. 문제만 일으키지 않고 조공만 잘 바치면 매우 관대하게 대했던 것이다.

만일 속국으로 있던 나라가 반역을 했다가 실패하여 다시 속국이 될 때에는 두 번째 단계가 적용된다. 그 순간 속국을 통치하고 있는 왕가(王家) 안에서 아시리아에 충성할 수 있는 인물을 찾을 수 있다면 그를 새 왕으로 임명했다. 아울러 반역한 나라의 영토 중 상당 부분을 빼앗아서 주변의 다른 속국에게 주거나 아시리아 제국이 관료들을 파견하여 직접 통치하는 주(province)로 만들었다. 또한 속국의 내부적 반대와 반역의 가능성을 줄이기 위해서 상당수의 상류층 사람을 인질로 끌고가 낯선 땅에 정착해서 살게 했다. 매년 바치는 조공의 액수도 늘리고 전쟁에 요구된 증원군의 숫자도 늘렸다.

두 번째 단계의 대상이었던 나라가 다시 반역하면 세 번째 단계가 적용된다. 세 번째 단계가 적용되면 통치하던 왕/반역한 왕을 폐위시키고 나라의 정치적 독립을 빼앗았다. 국가의 모든 영토가 아시리아의 주(州)로 편입되었으며 아시리아 총독과 관리들에 의해 통치됐다. 반역한 나라는 자치권을 완전히 잃게 되는 것이다. 남아있던 상류층과 주민 중 상당수가 강제로 끌려갔으며 그들의 자리를 타국에서 끌려온 상류층과 백성들이 채웠다. 그런 다음 온 나라에 혼합/혼혈결혼이 강요되었다. 이러한 결혼정책을 강요한 것은 민족의 정체성을 말살하거나 최소화하기 위해서였다. 피가 섞이면 섞일수록 반역도 덜할 것이라는 생각에서 강요한 정책이며 상당히 성공적이었다.

아시리아의 살만에셀(Shalmaneser V)이 주전 724-722년에 세 번째 단계에 속한 가나안 속국들의 반역을 응징하기 위해서 원정에 나섰다. 그는 이 원정을 통해 두로-세겜-사마리아를 평정하여 주민들을 포로로 잡아갔다. 북 왕국 이스라엘이 주전 722년에 아시리아의 손에 멸망한 이후 10지파의 순수 혈통이 희귀해진 것도 바로 이러한 이유에서였다. 히스기야가 왕이 된 해를 주전 715년으로 간주하면 왕위에 올랐을 때는 북 왕국 이스라엘이 이미 아시리아의 손에 망해서 백성들이 포로로 끌려간 지 7년이 지난 때였다. 예전 북 왕국의 영토였던 땅은 나누어져 아시리아의 주로 편입되었다. 물론 아시리아 사람들이 북 왕국 주민 모두를 잡아간 것은 아니다. 일부는 전쟁이 나자 주변 국가로 피난을 갔다가 돌아왔고, 일부는 아시리아 사람들이 이스라엘 땅에 남겨둔 자들이었다. 히스기야는 바로 이 사람들, 곧 망해버린 북 왕국의 생존자들을 유월절 예배에 초청했다.

히스기야가 전령들을 보내 백성들을 유월절 예배에 초청하면서 선포한 메시지는 예배 참석의 필요성과 긴급함을 강조하기 위해서 6개의 호격형, 7개의 과거를 회상하는 부정적인 명령형(viz., "~처럼 하지 말라"), 8개의 긍정적인 반응을 강요하는 부정적인 명령형(viz., "고집을 부리지 말라"), 9개의 목표를 설명하는 표현 등을 사용하고 있다(Japhet). 메시지의 내용은 다섯 가지 원리로 구성한다. (1) 주의 백성이 주께 돌아오면 하나님이 그들에게 돌아오신다(6절), (2) 백성이 당하는 고난은 그들이 하나님을 저버렸기 때문이다(7절), (3) 백성이 주님의 권한을 인정할 때에야 하나님의 진노가 멈춘다(8절), (4) 백성이 주께 돌아오면 포로들이 돌아온다(9a절), (5) 백성이 주께 돌아오면 하나님이 그들을 외면하지 않으신다(9b절). 이 원리들은 대부분 당시 유다와 이스라엘 백성이 겪고 있는 삶의 정황에 관한 것이지만, 동시에 영원한 원리와 원칙들을 반영한다. 하나씩 살펴보자.

첫째, 주의 백성이 주께 돌아오면 하나님이 그들에게 돌아오신다(6

절). 하나님과 백성의 관계가 지속될 동안에 하나님은 많이 참고 기다려주신다. 그래서 백성들이 범죄해도 쉽게 떠나시지 않는다. 징계를 통해서라도 백성들이 돌아와 관계를 지속할 수 있기를 바라신다. 그러나 사람의 죄가 너무 오랫동안 돌아오지 않을 때 하나님은 그들을 떠나신다. 일단 하나님이 떠난 다음에는 백성이 먼저 하나님을 찾아야만 그들에게 돌아오신다. 당연하다. 죄를 짓고도 죄를 인정하지 않는 자들에게 돌아오실 필요가 없다.

히스기야는 지난 수(십)년 동안 하나님께 범죄하여 주께서 이스라엘을 떠나셨는데 문제를 해결하려면 먼저 백성들이 겸손히 하나님을 찾아야 한다고 강조한다. 잘 이해가 가지 않으면 하나님이 어떻게 조상 아브라함, 이삭, 이스라엘(야곱)을 돌보셨는가를 생각해보라고 한다. 여호와를 "아브라함, 이삭, 야곱"의 하나님이라 부르는 것이 정상적이지만 히스기야는 남북왕국의 통일성을 강조하기 위해서 야곱 대신 북왕국의 이름이기도 한 "이스라엘"을 사용한다(Japhet). 이스라엘의 선조들은 매우 위협적인 상황에서도 하나님의 보호를 받아 복을 누리며 살았던 사람들이었다. 모두 다 그들이 하나님을 의지했기 때문이다. 히스기야가 추진하고 있는 유월절 예배야말로 주님께 돌아와 그분을 의지할 수 있는 좋은 기회를 제공할 것임을 암시한다.

둘째, 백성이 당하는 고난은 그들이 하나님을 저버렸기 때문이다(7절). 남 왕국 유다는 아하스 시대 때 많은 고난을 당한 것도 모자라 국제적 위상도 많이 위축되는 일을 경험했다. 이런 남 왕국의 어려운 형편이 북 왕국에 비하면 괜찮은 편이다. 북 왕국이 아시리아의 손에 망한지 벌써 7년이 지났기 때문이다. 히스기야는 유다와 이스라엘이 경험한 모든 고난과 시련이 배교에서 비롯되었다고 한다. 온 우주의 창조주이시자 통치자이신 여호와를 하나님으로 모시는 백성이 이런 일을 당하는 유일한 이유는 여호와께서 그들을 의도적으로 타민족들의 손에 붙이셨기 때문이다. 그렇다면 하나님은 왜 다른 나라들에게 유다와 이스라엘을 넘기셨을까?

히스기야는 주의 백성이 하나님을 저버렸기 때문이라고 한다. 주의 백성들이 당면하고 있는 고통과 어려움은 종교적으로 풀 수밖에 없다는 것이 히스기야의 주장이다. 그래서 백성들에게 조상들이 갔던 길, 곧 하나님께 재앙을 받았던 길을 떠나 주께 돌아오라고 권면한다. 히스기야는 만일 주의 백성이 돌아오지 않으면 하나님이 범죄한 조상들에게 하셨던 것처럼 앞으로 계속 그들을 남 보듯이 하시고 고난 속에 방치하실 것이라는 경고를 더한다. 왕은 지난 수(십)년 동안 지키지 못한 유월절을 함께 모여 지키면 이 문제도 해결될 것이라고 암시한다.

셋째, 백성이 주님의 권한을 인정할 때에야 하나님의 진노가 멈춘다(8절). 이스라엘이 경험하는 곤경과 어려움이 하나님이 내리신 재앙이라면 멈출 수 있는 유일한 방법은 하나님이 진노를 거두게 하시는 것밖에 없다. 그래서 히스기야는 주의 백성에게 하나님의 심판을 받았던 조상들처럼 고집을 부리지 말고 하나님께 돌아와 그분의 주권을 인정하라고 한다. 그렇다면 백성들이 어떻게 주님의 권한을 인정할 수 있을까? 왕은 그들이 성전으로 나아가 하나님께 예물을 드리고 죄를 고백하고 그분이 하나님이심을 고백하는 것이 바로 주님의 백성에 대한 권한을 인정하는 것이라고 한다. 예배와 고백을 통해 하나님을 인정해야만 이스라엘에 내려진 하나님의 진노가 멈출 수 있다.

넷째, 백성이 주께 돌아오면 포로들이 돌아온다(9a절). 북 왕국 이스라엘의 경우 많은 사람이 아시리아로 끌려가 돌아오지 못하고 있다. 떠난 사람들과 생이별을 경험한 주민들에게 이 문제는 현실적인 아픔을 극도로 자극하는 진실이었다. 히스기야는 당당하게 선언한다. 만일 남아있는 자들이 하나님께 돌아오면, 하나님이 가족과 친지들을 다시 이스라엘로 돌아오게 하실 것이라고 한다.

히스기야가 이렇게 확신을 가지고 말할 수 있는 이유는 두 가지이다. 먼저, 여호와는 이스라엘의 하나님이실 뿐만 아니라 온 세상을 다스리시는 분이시다. 이스라엘 주민들을 잡아간 아시리아도 하나님의 계획과 의지를 꺾을 수 없기 때문에 하나님이 작정만 하시면 그들은 돌아올 수 있다. 또한 히스기야는 이스라엘이 경험한 재앙이 하나님이 진노하신 결과였기 때문에 하나님의 진노가 풀리는 순간, 포로 문제도 해결될 것을 확신한다. 세상을 다스리시는 여호와께서 이스라엘 백성들을 인질로 끌고 갔던 아시리아가 다시 그들을 돌려보내게 하실 것이다. 만일 생존자들이 끌려간 자식들과 부모형제들을 보고 싶다면, 유월절 예배로 나오라는 히스기야의 권면이다.

다섯째, 백성이 주께 돌아오면 하나님이 그들을 외면하지 않으신다(9b절). 하나님은 자비롭고 은혜로운 분이시다. 그러므로 백성이 그분께 돌아오면 결코 냉대하지 않으실 것이다. 히스기야는 하나님께 돌아오면 현재 경험하는 어려움만 해결될 것이 아니라 하나님이 삶에 많은 복을 더하실 것을 확신한다. 유월절 예배에 나오면 궁핍하고 지친 삶이 활력을 찾고 풍요로워질 것이라고 한다. 히스기야는 여러 가지 논리로 북 왕국 이스라엘의 영토에 남아있는 사람들이 예루살렘으로 와서 유다 사람들과 함께 유월절 예배를 드리라고 초청한다. 만일 그의 뜻대로 이루어지면 유다와 이스라엘이 분열한 이후 이런 일은 처음이다.

히스기야가 보낸 사신들이 에브라임과 므낫세 지방을 두루 돌아다니며 왕의 의도를 알렸지만 모든 사람들이 좋게 받아들이지는 않았다. 어떤 사람들은 조롱하고 비웃었다(10절). 나라가 분열한 이후 200년 이상 하나님께 등을 돌리고 우상을 숭배한 이스라엘 사람이므로 모두가 여호와께 예배드리는 일을 좋아할 리 없었다. 다행히 아셀, 므낫세, 스불론 지파 사람 중에 일부는 감동이 되어 예루살렘을 찾았다(11절).

유다 사람들은 한마음이 되어 적극적으로 왕의 명령을 따랐다(12절). 이미 오랫동안 하나님에 대해 알아 왔고 최근 들어 히스기야가 얼마나 열심으로 하나님을 사모하고 있는가에 대해 잘 알고 있던 터라 냉소적인 반응은 찾아볼 수 없다. 그러나 저자는 유다 사람이 한마음이 되어 히스기야의 초청에 응한 일이 "하나님의 손"(יַד הָאֱלֹהִים)이 역사하신 결과라고 한다. 일은 히스기야가 시작했지만 하나님이 백성들을 감동시키셨기에 결과가 있었다는 것이다. 저자는 하나님이 보이지 않는 곳에서 어떻게 당신의 종들을 도우시는가에 대해서 확실히 알고 있는 사람이었다.

Ⅳ. 유다의 마지막 왕들(29:1–36:21)
1장. 히스기야(29:1–32:33)

4. 유월절과 무교절 예배(30:13-27)

13 둘째 달에 백성이 무교절을 지키려 하여 예루살렘에 많이 모이니 매우 큰 모임이
라 14 무리가 일어나 예루살렘에 있는 제단과 향단들을 모두 제거하여 기드론 시내에
던지고 15 둘째 달 열넷째 날에 유월절 양을 잡으니 제사장과 레위 사람이 부끄러워
하여 성결하게 하고 번제물을 가지고 여호와의 전에 이르러 16 규례대로 각각 자기들
의 처소에 서고 하나님의 사람 모세의 율법을 따라 제사장들이 레위 사람의 손에서
피를 받아 뿌리니라 17 회중 가운데 많은 사람이 자신들을 성결하게 하지 못하였으므
로 레위 사람들이 모든 부정한 사람을 위하여 유월절 양을 잡아 그들로 여호와 앞에
서 성결하게 하였으나 18 에브라임과 므낫세와 잇사갈과 스불론의 많은 무리는 자기
들을 깨끗하게 하지 아니하고 유월절 양을 먹어 기록한 규례를 어긴지라 히스기야가
그들을 위하여 기도하여 이르되 선하신 여호와여 사하옵소서 19 결심하고 하나님 곧
그의 조상들의 하나님 여호와를 구하는 사람은 누구든지 비록 성소의 결례대로 스
스로 깨끗하게 못하였을지라도 사하옵소서 하였더니 20 여호와께서 히스기야의 기도
를 들으시고 백성을 고치셨더라 21 예루살렘에 모인 이스라엘 자손이 크게 즐거워하
며 칠 일 동안 무교절을 지켰고 레위 사람들과 제사장들은 날마다 여호와를 칭송하
며 큰 소리 나는 악기를 울려 여호와를 찬양하였으며 22 히스기야는 여호와를 섬기는
일에 능숙한 모든 레위 사람들을 위로하였더라 이와 같이 절기 칠 일 동안에 무리가

먹으며 화목제를 드리고 그의 조상들의 하나님 여호와께 감사하였더라 23 온 회중이
다시 칠 일을 지키기로 결의하고 이에 또 칠 일을 즐겁게 지켰더라 24 유다 왕 히스기
야가 수송아지 천 마리와 양 칠천 마리를 회중에게 주었고 방백들은 수송아지 천 마
리와 양 만 마리를 회중에게 주었으며 자신들을 성결하게 한 제사장들도 많았더라
25 유다 온 회중과 제사장들과 레위 사람들과 이스라엘에서 온 모든 회중과 이스라엘
땅에서 나온 나그네들과 유다에 사는 나그네들이 다 즐거워하였으므로 26 예루살렘
에 큰 기쁨이 있었으니 이스라엘 왕 다윗의 아들 솔로몬 때로부터 이러한 기쁨이 예
루살렘에 없었더라 27 그 때에 제사장들과 레위 사람들이 일어나서 백성을 위하여 축
복하였으니 그 소리가 하늘에 들리고 그 기도가 여호와의 거룩한 처소 하늘에 이르
렀더라

모든 준비가 끝나고 드디어 온 백성이 예루살렘 성전에 모여 유월절과 무교절 예배를 드리는 날이 밝았다. 이스라엘 남자들은 의무적으로 매년 세 번씩 성전을 찾아가 예배를 드렸다. 바로 이집트에서 떠나온 일을 기념하는 유월절·무교절, 봄철 수확의 시작을 알리며 감사제단을 쌓는 칠칠절(맥추절), 가을 수확의 끝맺음과 이스라엘의 광야 여정을 기념하는 장막절(수장절) 때였다(출 23:14-17; 신 16:16-17). 이 중에서도 유월절은 맨 처음 있는 절기였으며, 유월절 바로 다음날부터 일주일 동안 지키는 것이 무교절이었다. 그래서 두 절기는 흔히 하나로 취급한다. 이스라엘이 종살이하던 이집트를 떠나게 된 일을 기념하는 이 절기들은 주의 백성의 정체성 확립에 가장 큰 기여를 한 것들이다. 히스기야는 자기 정권뿐만 아니라 온 이스라엘의 영적 각성과 새 출발을 상징하는 의미에서 이 예배를 준비했다.

한 달 동안 준비하고 광고한 보람이 있어 많은 사람들이 예루살렘으로 모여들었다(13절). 그들은 성전에서 주님께 예배드리기 전에 먼저 예루살렘 곳곳에 있었던 제단들과 향단들을 모두 제거하여 기드론 시내에 던졌다(14절). 그들은 여호와는 시기하는 하나님이시기에 이런 것

들을 그대로 방치해둔 상태에서 드리는 예배를 기뻐하실 리 없다는 것을 잘 알고 있었다. 그래서 온전한 마음으로 오직 주님만을 섬길 의지의 표현으로 아하스 시대에 세워진 온갖 단들을 모두 훼손하여 쓰레기 더미에 내다 버린 것이다.

예루살렘에서 우상숭배 흔적들을 제거한 다음 백성들은 유월절 양을 잡았다(15절). 규례에 따라 각 가정 단위로 한 마리씩 잡았을 것이다(Japhet). 평신도 백성들이 이처럼 열정을 가지고 율법에 기록된 규칙에 따라 유월절을 지키는 모습은 아하스의 농간에 놀아나 제구실을 못한 제사장들과 레위 사람들과 매우 대조적이다(Hill). 전(前) 달에 성전을 정화하고 재봉헌할 때 미처 정결 예식을 마치지 못해 참여하지 못했던 제사장들과 레위 사람들도 이번에는 함께했다(15절). 제사장들과 레위 사람들은 모세의 율법에 따라 자신들이 있어야 할 곳과 해야 할 일을 찾았다(16절). 제사장들과 레위 사람들이 함께 일하는 것은 아하스가 성전의 문에 못질을 한 이후로 아주 오랜만에 보는 모습이다.

유월절 예배에 참석한 사람 중 많은 사람이 성결 예식을 치르지 못한 상태에서 성전을 찾아왔다. 예루살렘으로 오는 길에 주검이나 그 외 부정한 것들을 접하게 되어서 부정해진 사람들도 있었다. 또한 아하스 때문에 유다에서 한참 동안 하나님께 드리는 제사가 멈춰서 많은 사람이 성결 예식이 무엇이고 왜 필요한가를 잊어버려서 빚어진 결과였을 것이다. 그래서 레위 사람들은 이들에게 성결 예식을 베풀었다(17절). 이런 레위 사람들의 노력에도 불구하고 기어이 일이 터졌다. 지난 200여 년 동안 여호와께 예배를 드려본 적이 없는 에브라임과 므낫세와 잇사갈과 스불론에서 온 이스라엘 백성 중 많은 사람이 부정한 상태에서 유월절 양을 먹은 것이다(18a절).

소식을 들은 히스기야는 이들을 위해서 중보기도를 드렸다(18b절). 오랫동안 여호와를 떠나 살다 보니 정결에 대한 이해가 부족하여 이런 일을 저질렀지만, 온 마음을 다해 조상의 하나님 여호와께 예배를 드렸으니 용서해 달라는 기도였다(19절). 하나님이 히스기야의 기도를 들으시고 그들을 치료하셨다(20절). 올바른 마음가짐과 의도가 율법의 문자적 준수보다 더 큰 효력을 발휘하는 순간이다(Japhet, Hill). 하나님이 히스기야가 기도한 것처럼 이들의 마음을 충분히 헤아리셨다.

또한 솔로몬이 성전 헌당예배 때 드렸던 기도에 대해 하나님이 "내 이름으로 일컫는 나의 백성이 스스로 겸손해져서, 기도하며 나를 찾고, 악한 길에서 떠나면, 내가 하늘에서 듣고 그 죄를 용서하여 주며, 그 땅을 다시 번영시켜 주겠다"(7:14, 새번역)라고 하신 약속이 지켜지는 순간이다(Williamson). 지도자들과 백성들이 하나님께 돌아와 그를 찾았으며(9절), 하나님 앞에 겸손한 자세를 취했으며(11절), 히스기야는 하나님의 용서를 구하는 기도를 드렸다. 그래서 하나님이 이들을 치료하신 것이다(20절).

"치료하셨다"(רפא)가 종종 이 일로 인해서 백성들에게 재앙이 임했고 히스기야의 기도로 재앙이 멈춘 것이라는 해석이 제기되기도 하지만, 정황과 본문의 내용을 볼 때 그런 의미는 아니다. 이 일로 인해서 빚어질 수 있는 재앙을 히스기야가 기도로 예방했다고 보는 것이 바람직하다(Ehrlich, Japhet). 아울러 하나님이 "백성을 치료하셨다"(אֶת־הָעָם יִרְפָּא)는 것은 하나님이 언약갱신을 통해서 다시 주의 백성으로 인정하셨다는 뜻을 포함한다(Hill). 지난 수백 년 동안 주님을 떠나 살던 북 왕국 사람들에게 더욱 의미 있는 말씀이다(Johnstone). 여로보암이 나라를 찢어서 나간 이후 깨져비린 관계가 일부 소수에게 회복되고 있다.

하나님이 히스기야의 기도를 들으셔서 본의 아니게 율법을 범한 자들을 용서하시자 백성들은 매우 기뻐했다(21절). 그리고 그 기쁨과 즐거움으로 다음 7일을 무교절로 지켰다. 절기가 진행되는 동안 매일 제사장들과 레위 사람들은 온갖 악기를 동원하여 주를 찬양하였다(21절). 7일 동안 진행한 절기에서 백성들의 기쁨과 성대한 찬양이 드러나고 있다. 특히 레위 사람들의 능수능란한 일 처리는 히스기야를 기쁘게 했고 왕은 아낌없이 격려해 주었다. 일부 주석가들은 본문의 "모든 레위 사람들"이 제사장들을 포함한다고 하지만(Japhet) 지금까지 저자가 꾸준히 두 부류를 구분한 점으로 보아 제사장들은 포함하지 않는 것으로 보는 것이 바람직하다(cf. 3, 15, 16절; cf. 25절). 저자가 제사장들에 대해서는 이런 말을 하지 않는 것은 역시 제사장들보다 레위 사람들에게 더 호의적이었음을 암시한다(cf. Hill)(29:34).

유월절과 무교절 예배를 은혜 중에 마친 이스라엘은 오랜 세월 동안 하나님께 예배드리지 못한 아쉬움을 조금이나마 달래기 위해서 한 주 더 예배드리기로 했다(23절). 또한 하나님이 함께하신 너무나 감격스러운 예배를 드리며 많은 은혜를 체험하니 집으로 돌아가기가 싫어졌다. 하나님이 율법보다 예배에 참여한 사람들의 마음을 헤아리신 것처럼(cf. 20절) 주의 백성도 율법이 요구한 것보다 1주일 더 긴 예배를 드리고자 했다. 그래서 연거푸 2주 동안 예배를 드리기로 결정하고 다시 1주일을 매우 즐겁게 보냈다.

히스기야는 1주일 동안 진행한 추가 예배를 위해서 수송아지 1천 마리와 양 7천 마리를 내놓았고 대신들은 수송아지 1천 마리와 양 1만 마리를 바쳤다(24절). 총 수송아지 2천 마리와 양 1만 7천 마리가 드려진 것이다. 이 짐승들은 번제로 바칠 뿐만 아니라 화목제로 드려서 예배드리는 백성들이 주님 앞에서 나누어 먹는 음식이 되었다.

예배에 참석한 사람들의 규모를 감안할 때 이 숫자는 결코 과장된 것이 아니다(Thompson, Japhet). 예배에 참석한 사람들은 일부 특권층이 아니라 이스라엘 온 회중이었으며 이스라엘과 유다 땅에 정착한 외국인 나그네들까지 함께했다(25절). 예배에 참석한 자들의 범위가 매우 포괄적이었음을 강조한다. 일주일 동안 진행된 추가 예배 역시 기쁨으로 가득했다(23, 25, 26절). 예배의 분위기가 강조되고 있다. 저자는 이처럼 예배의 기간보다 누가 참석했고 분위기가 어떠했는가에 관심을 집중한다.

솔로몬이 성전을 헌당한 이후로 이런 일이 없었다(26절). 그동안 저자는 히스기야를 새로운 솔로몬으로 묘사해 왔다(Williamson). 이제 히스기야를 노골적으로 솔로몬과 연결시키고 있다. 솔로몬이 성전을 헌당하며 드렸던 예배에 견줄만한 예배가 이스라엘 역사상 처음으로 히스기야 시대에 있었다(Japhet). 예배의 절정은 레위인 제사장들의 축도가 선포될 때였다(27절).

일부 성경들은 "레위인 제사장들"(הַכֹּהֲנִים הַלְוִיִּם)을 "레위 사람들과 제사장들"(개역; 공동; NIV; NRS)로 번역하여 마치 레위 사람들도 제사장들과 함께 축도한 것으로 해석하지만 이 히브리어 문구는 "레위인 제사장"(Levitical/Levite priests)으로 번역하는 것이 옳다(새번역; NAS; TNK; KJV). 저자가 이런 표현을 사용하는 데는 이유가 있다. 그동안 레위 사람들과 제사장들을 따로 구분하면서 제사장들이 오히려 레위 사람들보다 못하다고 했다(cf. 29:34). 드디어 2주 동안의 예배를 드리면서 이런 문제가 모두 해결되어 예배가 끝날 때에는 레위 사람들과 제사장들이 성전 사역과 종교지도자들이 해야 할 일에 있어서 한마음이 되었다는 사실을 이 표현으로 암시한다.

제자리를 찾은 제사장들의 축도가 하나님께 열납되었고 그들의 기도가 하늘에 이르렀다(27절). 저자는 이 말씀을 통해 진정한 예배에서 드려지는 기도와 축도는 하나님의 보좌까지 올라간다는 점을 강조한다. 기도를 들으신 하나님이 적절하게 응답하실 것을 암시한다. 올바른 예배와 기도의 응답은 떼어놓을 수 없는 관계이다. 저자는 이 점을 통해 독자들에게 신실한 예배를 회복하라고 권면한다. 그래야만 그들의 기도가 하나님께 열납될 것이기 때문이다.

Ⅳ. 유다의 마지막 왕들(29:1–36:21)
1장. 히스기야(29:1–32:33)

5. 공동체의 예물(31:1-21)

히스기야의 성전 정화와 재봉헌은 역사상 전례를 찾아볼 수 없는 감격스러운 유월절·무교절 예배로 이어졌다. 예배를 드린 자들이 얼마나 좋았던지 한 주 더 연장하여 2주 동안 매일 성전에서 예배를 드렸다. 예배가 진행된 2주 동안 유다 백성들과 망해버린 이스라엘 생존자들은 전에 느끼지 못한 은혜와 감동을 누렸다. 특별히 북 왕국의 생존자들은 왜 그들의 형제와 부모들이 아시리아의 손에 끌려가게 되었는가에 대한 깨우침도 얻게 되었을 것이다. 비록 많이 늦었지만 그래도 자신들만이라도 여호와께 돌아올 수 있게 된 것에 대해서 감사했을 것이다.

드디어 2주의 꿈 같은 시간이 지나 각자 살던 곳으로 돌아가야 했다. 그러나 자신들의 하나님을 향한 마음을 성전에 두고 떠나지 않았다. 그들은 그 마음을 품고 일상으로 돌아가 자신들이 속한 공동체를 대대적으로 개혁했다. 새로이 회복한 신앙이 삶을 완전히 변화시킨 것이다. 하나님이 이런 일을 하라고 우리에게 영적 부흥을 주신다. 하나님을 의식한 삶의 방식과 가치관으로 우리의 삶을 개혁하라고 말이다.

히스기야의 예배에 참석했던 사람들은 진정한 예배가 무엇인지를 확실히 깨달았다. 그들은 진정한 예배는 예배자의 삶에 진정한 변화를 가져온다는 사실을 알고 있었다. 하나님의 은혜를 2주 동안 경험한 사람들이 하나님께 보인 반응에 대해서 회고하는 본 텍스트는 다음과 같이 구분할 수 있다.

A. 우상 제거(31:1)

B. 성직자들 정비(31:2)

C. 성전을 위한 헌물(31:3-19)

D. 결론(31:20-21)

(1) 우상 제거(31:1)

1 이 모든 일이 끝나매 거기에 있는 이스라엘 무리가 나가서 유다 여러 성읍에 이르러 주상들을 깨뜨리며 아세라 목상들을 찍으며 유다와 베냐민과 에브라임과 므낫세 온 땅에서 산당들과 제단들을 제거하여 없애고 이스라엘 모든 자손이 각각 자기들의 본성 기업으로 돌아갔더라

성전에서 2주 동안 진행한 예배를 마친 사람들은 각자 자기 집으로 돌아가기 전에 한 가지 중요한 일을 했다. 여러 성읍을 돌아다니며 주상들을 깨뜨리고 아세라 목상을 찍으며 산당들과 제단들을 제거하여 없앴다(cf. 왕하 18:4). 그들은 2주 전에 여호와께 유월절·무교절 예배를 드리기 위해서 예루살렘에 도착하자마자 같은 일을 하여 아하스가 예루살렘 곳곳에 남겨두었던 온갖 우상숭배의 흔적을 말끔히 없애버린 적이 있다(30:14). 그 일 이후 2주 동안의 예배를 통해 하나님의 거룩하심을 새로이 체험한 그들은 여호와에 대한 확신과 자신감으로 예루살렘뿐만 아니라 유다 온 땅에서 우상숭배의 흔적을 모두 없애버린 것이다. 진정한 예배는 이처럼 예배 시간과 예배 공간에서만 진행되는 것이 아니라 삶 전체를 변화하고 지배하는 능력이 있다. 저자는 독자들에게 하나님이 원하시는 예배는 바로 이런 것이라는 사실을 강조한다(Selman).

백성들은 온 땅에서 우상숭배의 흔적을 모두 제거하고 난 다음에야 각자 고향으로 돌아갔다. 그들은 우상들을 제거하는 일이 매우 시급한 일임을 깨달았고 시급한 과제를 모두 마치기 전까지는 집으로 돌아갈 수 없다는 절박감으로 이 일에 참여한 것이다. 하나님이 이들의 열정을 얼마나 귀하게 여기셨을까? 참으로 감격스러운 헌신이고 결단이었다. 고향으로 돌아가는 발걸음도 매우 가벼웠을 것이다.

Ⅳ. 유다의 마지막 왕들(29:1-36:21)
1장. 히스기야(29:1-32:33)
5. 공동체의 예물(31:1-21)

(2) 성직자들 정비(31:2)

2 히스기야가 제사장들과 레위 사람들의 반열을 정하고 그들의 반열에 따라 각각 그들의 직임을 행하게 하되 곧 제사장들과 레위 사람들에게 번제와 화목제를 드리며 여호와의 휘장 문에서 섬기며 감사하며 찬송하게 하고

히스기야는 희미해지고 느슨해진 제사장들과 레위 사람들의 조직을 재정비했다. 옛적에 다윗이 법궤를 예루살렘으로 이송해 온 이후 더 이상 법궤와 성막 도구들을 운반할 일이 없던 레위 사람들에게 새로운 임무를 하게 했던 일을 연상케 한다. 히스기야는 새로운 다윗인 것이다(Johnstone). 히스기야는 제사장들과 레위 사람들을 (1) 번제를 드리는 자들, (2) 화목제를 드리는 자들, (3) 성전 예배에 참여하는 자들, (4) 찬양을 부르는 자들 등 네 그룹으로 구분했다.

히스기야가 성직자들을 이렇게 분류하는 것은 예배의 효율성을 높이기 위해서이다. 성직자들이 성전에서 우왕좌왕하는 것은 바람직하지 않을뿐더러 각자 맡은 분야에서 전문가가 되어 사역할 때 모든 것이 원활하고 평안해진다. 또한 이렇게 해야 예배드리러 성전을 찾은 사람들의 마음이 편안하다. 사역자들은 자신이 맡은 일에 있어서 전문가가 되어야 한다.

Ⅳ. 유다의 마지막 왕들(29:1-36:21)
1장. 히스기야(29:1-32:33)
5. 공동체의 예물(31:1-21)

(3) 성전을 위한 헌물(31:3-19)

히스기야는 즉위한 후 두 달 만에 아하스가 폐쇄시켰던 이스라엘 예배를 다시 복구시켰다. 굳게 닫혔던 성전 문을 다시 열고 모든 것을 복구했으며 유다 백성뿐만 아니라 이스라엘의 생존자들까지 초청해 성대하게 유월절·무교절을 지냈다. 여호와의 선하심을 체험한 백성들은 다시 한 번 주를 향한 마음을 불태우게 되었다. 대부흥이 임한 것이다.

그러나 일은 이제부터다. 주님께 드리는 예배를 다시 시작한 것도 매우 중요한 일이지만 앞으로 예배가 끊이지 않도록 성전과 제사장들과 레위 사람들이 필요로 하는 것들을 조달하는 일은 더욱 중요했다. 특히 성직자들은 성전 사역 외에 다른 직업이 있는 것이 아니며 거느린 식솔들까지 있었으니 편안한 마음으로 안정적인 사역을 할 수 있게 하려면 경제적 여건을 채워주어야 했다. 이 섹션은 히스기야가 어떻게 성전과 성직자들의 필요를 채웠는가를 기록하고 있으며 다음과 같이 구분할 수 있다.

A. 왕의 몫(31:3)
B. 백성들의 몫(31:4-7)
C. 창고 관리(31:8-13)
D. 성직자들의 몫 분배(31:14-19)

Ⅳ. 유다의 마지막 왕들(29:1–36:21)
1장. 히스기야(29:1–32:33)
5. 공동체의 예물(31:1–21)
(3) 성전을 위한 헌물(31:3–19)

① 왕의 몫(31:3)

3 또 왕의 재산 중에서 얼마를 정하여 여호와의 율법에 기록된 대로 번제 곧 아침과 저녁의 번제와 안식일과 초하루와 절기의 번제에 쓰게 하고

왕으로서 히스기야는 솔선수범 했다. 그는 자신의 가축 재산에서 아침저녁으로 드리는 번제에 쓸 짐승들을 바쳤을 뿐만 아니라 안식일과 초하루와 기타 절기의 번제에 쓸 짐승을 바쳤다. 성전에서 드려지는 번제는 모두 히스기야가 책임진 것이다. 평일에도 아침저녁으로 두 마리가 필요하니 여러 절기들을 감안하면 매년 수백 마리의 짐승을 드렸다는 뜻이다.

히스기야는 입으로만 하나님을 사랑한 것이 아니라 행동으로 사랑을 실천했다. 그는 온 이스라엘이 본받을만한 믿음의 소유자였으며, 무엇보다도 삶이 신앙을 증언하였다. 성경에서 히스기야는 유다의 왕으로서가 아니라 당시 가장 믿음이 좋은 사람으로 더 기억된다. 그는 실천하지 않으면서 남에게 강요하는 위선적 신앙이 아니라 솔선수범하여 하나의 모델로 제시해 보고 따라 하라는 모범적인 신앙의 소유자였다. 히스기야처럼 신앙인을 지도자로 따랐던 백성들은 얼마나 행복했을까!

> Ⅳ. 유다의 마지막 왕들(29:1–36:21)
> 1장. 히스기야(29:1–32:33)
> 5. 공동체의 예물(31:1–21)
> (3) 성전을 위한 헌물(31:3–19)

② 백성들의 몫(31:4–7)

4 또 예루살렘에 사는 백성을 명령하여 제사장들과 레위 사람들 몫의 음식을 주어
그들에게 여호와의 율법을 힘쓰게 하라 하니라 5 왕의 명령이 내리자 곧 이스라엘
자손이 곡식과 포도주와 기름과 꿀과 밭의 모든 소산의 첫 열매들을 풍성히 드렸
고 또 모든 것의 십일조를 많이 가져왔으며 6 유다 여러 성읍에 사는 이스라엘과
유다 자손들도 소와 양의 십일조를 가져왔고 또 그들의 하나님 여호와께 구별하
여 드릴 성물의 십일조를 가져왔으며 그것을 쌓아 여러 더미를 이루었는데 7 셋째
달에 그 더미들을 쌓기 시작하여 일곱째 달에 마친지라

히스기야가 성전에서 예배가 끊이지 않도록 최소한의 조치는 취했지만 온 성전을 홀로 끌고 가기에는 역부족이었다. 이 사실을 잘 알고 있었기에 백성들에게 그들의 몫을 감당하도록 명령을 내렸다. 이미 모범을 보인 히스기야는 백성들에게 자신 있게 말할 수 있었다. 히스기야는 제사장들과 레위 사람들이 생계를 걱정하지 않고 주님의 사역에만 전념할 수 있도록 여건을 만들어주는 것은 평신도인 자신과 백성들의 몫이라고 생각했다(4절).

백성들에게 제사장들과 레위 사람들을 위한 헌물을 가져오라고 했다. 물론 왕의 이러한 요구는 새로운 것이 아니다. 율법은 주의 백성이면 모두 십일조를 성전에 들여놓을 것을 요구한다. 왕은 그동안 백성들이 등한시한 의무를 상기시키는 것뿐이다. 이 부분에 있어서 백성들을 설득하고자 한 것이 아니라 요구하고 있다(Hill). 히스기야는 여호와를 사모하는 신앙에는 책임이 따른다는 점을 강조한다. 사역자들이 생계 때문에 사역을 게을리하거나 그만두는 일이 없도록 성도들이 필요를 채워주어야 한다는 뜻이다. 이 원리는 당연하고 합당한 일이었을 뿐만 아니라 율법이 요구하는 것이기도 했다.

히스기야가 명령을 내리니 제일 먼저 유다에 정착해서 사는 이스라엘 사람들이 온갖 농산물의 첫 소산과 십일조를 성전에 들여놓았다(5절). 여로보암이 열 지파를 끌고 나가 북 왕국 이스라엘을 세운 후 벧엘과 단에 우상을 세우고 이질적인 종교를 강요한 것에 반발하여 여호와만을 섬기겠다고 유다로 이주해온 사람들이 있었다(cf. 11:16; 15:9). 종교적인 이유에서 이주는 수십 년 동안 지속되었으며 이스라엘 왕 바아사가 남북을 연결하는 통로를 폐쇄할 때까지 계속되었다(16:1). 히스기야의 종교개혁을 적극적으로 지지하고 제일 먼저 예물을 내놓은 자들이 바로 이처럼 이주해온 사람들의 자손들이었다.

유다 백성들도 뒤질세라 방방곡곡에서 십일조를 성전으로 보냈다(6절). 그러나 첫 소산을 들여놓았다는 말은 없다. 북 왕국에서 내려온 사람들의 신앙에 비하면 이들은 조금 덜했던 것이다(Japhet). 백성들이 드린 예물이 성전에 차곡차곡 쌓이게 되었는데, 이 작업은 셋째 달에 시작하여 일곱째 달에 마무리했다(7절). 셋째 달에는 봄철 수확의 시작을 알리는 칠칠절이 있다(레 23:16-17). 일곱째 달에는 그 해 수확의 끝을 알리는 수장절이 있다(출 23:16). 농작물 수확이 계속되는 동안 백성들이 계속해서 헌물을 성전에 들여놓았다. 성전과 성직자들의 필요를 채우고 남을 만큼 많은 예물이 성전에 들어왔다. 백성들이 마음만 먹으면 얼마든지 성직자들이 생계를 걱정하지 않고 사역에만 전념할 수 있도록 할 수 있다는 사실이 드러났다.

역대기 저자는 신실하고 솔선수범하여 하나님께 기꺼이 드리는 왕은 다스리는 백성들도 하나님께 기꺼이 드리도록 설득하는 능력이 있다는 원리를 누누이 강조한다(대상 29:6-9; 대하 24:8-14; 31:5-10). 히스기야와 백성들 역시 이 원리를 다시 한 번 확인해 주는 좋은 사례이다(Dillard). 먼저 실천하는 지도자가 따르는 자들을 가장 확실하게 설득할 수 있다. 저자는 백성들이 주저하지 않고 이처럼 많은 예물을 성전에 들여놓은 일을 진정으로 회개하고 주님께 돌아온 증거로 간주한다(Hill).

Ⅳ. 유다의 마지막 왕들(29:1-36:21)
1장. 히스기야(29:1-32:33)
5. 공동체의 예물(31:1-21)
(3) 성전을 위한 헌물(31:3-19)

③ 창고 관리(31:8-13)

8 히스기야와 방백들이 와서 쌓인 더미들을 보고 여호와를 송축하고 그의 백성 이
스라엘을 위하여 축복하니라 9 히스기야가 그 더미들에 대하여 제사장들과 레위
사람들에게 물으니 10 사독의 족속 대제사장 아사랴가 그에게 대답하여 이르되 백
성이 예물을 여호와의 전에 드리기 시작함으로부터 우리가 만족하게 먹었으나 남
은 것이 많으니 이는 여호와께서 그의 백성에게 복을 주셨음이라 그 남은 것이 이
렇게 많이 쌓였나이다 11 그 때에 히스기야가 명령하여 여호와의 전 안에 방들을
준비하라 하므로 그렇게 준비하고 12 성심으로 그 예물과 십일조와 구별한 물건들
을 갖다 두고 레위 사람 고나냐가 그 일의 책임자가 되고 그의 아우 시므이는 부책
임자가 되며 13 여히엘과 아사시야와 나핫과 아사헬과 여리못과 요사밧과 엘리엘
과 이스마갸와 마핫과 브나야는 고나냐와 그의 아우 시므이의 수하에서 보살피는
자가 되니 이는 히스기야 왕과 하나님의 전을 관리하는 아사랴가 명령한 바이며

히스기야와 대신들이 성전을 방문했다가 백성들이 드린 물건들로 성

전이 가득한 것을 보고 매우 기뻤다. 짧은 시간에 백성들의 마음을 움직이셔서 기적을 이루신 하나님을 찬양했고 하나님이 주신 마음에 따라 아낌없이 드린 백성들을 칭찬했다(8절). 왕과 대신들이 성직자들에게 그들의 형편이 어떠한지에 대해서 직접 듣고 싶어서 물었다(9절).

왕의 질문에 대해서 사독의 자손인 아사랴 대제사장이 백성들의 예물로 인해 자신들의 삶이 풍요로워져서 사역에 전념할 수 있게 되었다고 간증했다(10절). 그 역시 기적은 하나님이 백성들에게 복을 베푸셔서 가능했다고 한다. 물론 그 해 농사가 풍작이었다는 뜻으로 풀이할 수 있지만 아사랴는 무엇보다 성전 문을 다시 연 지 얼마 지나지 않은 짧은 시간에 백성들이 이처럼 헌신적으로 드릴 수 있었던 것은 하나님이 믿음의 복을 주셨기 때문이라고 말한다.

대제사장의 말을 들은 히스기야는 성전 곳곳에 쌓여 방치되어 있는 예물에 대해서 실용적인 지시를 내렸다. 예물을 쌓아놓는 일은 결코 좋은 것이 아니며 적절하게 사용할 때 비로소 의미를 찾기 때문이다(Johnstone). 왕은 책임자와 일꾼들을 두어 성전 안에 방들/곳간들을 마련하고 백성들이 들여놓은 예물들을 보관하고 관리하도록 지시했다(12절). 이 일을 책임진 사람은 레위 사람 고나냐였으며 부책임자는 아우시므이였다. 두 사람은 관리만 하고 열 명을 뽑아 실질적인 일을 하도록 했다. 그들의 이름은 여히엘, 아사시야, 나핫, 아사헬, 여리못, 요사밧, 엘리엘, 이스마갸, 마핫, 브나야였다.

Ⅳ. 유다의 마지막 왕들(29:1–36:21)
1장. 히스기야(29:1–32:33)
5. 공동체의 예물(31:1–21)
(3) 성전을 위한 헌물(31:3–19)

④ 성직자들의 몫 분배(31:14–19)

14 동문지기 레위 사람 임나의 아들 고레는 즐거이 하나님께 드리는 예물을 맡아 여호와께 드리는 것과 모든 지성물을 나눠 주며 15 그의 수하의 에덴과 미냐민과

예수아와 스마야와 아마랴와 스가냐는 제사장들의 성읍들에 있어서 직임을 맡아 그의 형제들에게 반열대로 대소를 막론하고 나눠 주되 [16] 삼 세 이상으로 족보에 기록된 남자 외에 날마다 여호와의 전에 들어가서 그 반열대로 직무에 수종드는 자들에게 다 나눠 주며 [17] 또 그들의 족속대로 족보에 기록된 제사장들에게 나눠 주며 이십세 이상에서 그 반열대로 직무를 맡은 레위 사람들에게 나눠 주며 [18] 또 그 족보에 기록된 온 회중의 어린 아이들 아내들 자녀들에게 나눠 주었으니 이 회중은 성결하고 충실히 그 직분을 다하는 자며 [19] 각 성읍에서 등록된 사람이 있어 성읍 가까운 들에 사는 아론 자손 제사장들에게도 나눠 주되 제사장들의 모든 남자와 족보에 기록된 레위 사람들에게 나눠 주었더라

성경과 유태인들의 문헌들을 살펴보면 제사장들과 레위 사람들의 숫자가 너무 많아져서 그들을 여러 그룹으로 나누게 되었다. 예루살렘 성전에는 소수의 제사장들과 레위 사람들만이 상주해서 사역하게 했고 나머지 사람들은 여러 성읍에서 살다가 자기 그룹이 성전에서 사역할 차례가 되면 그때 예루살렘 성전에서 잠깐 머물렀다(Japhet). 백성들이 드리는 예물이 모두 예루살렘 성전에 모아졌기 때문에 이 헌물들을 지방에 사는 제사장들과 레위 사람들에게 공평하게 배급하는 일은 결코 쉬운 일이 아니었다.

분배 절차와 과정을 묘사하는 이 섹션은 상당한 언어적 불확실성(히브리어 텍스트의 의미가 정확하지 않음)을 지니고 있지만 대체로 다음과 같은 사실을 묘사하고 있다(Japhet). (1) 제사장들뿐만 아니라 레위 사람들에게도 몫이 돌아갔으며, 예루살렘에 있는 자들뿐만 아니라 지방에 있는 성직자들에게도 골고루 분배되었다, (2) 각 사람의 몫을 결정할 때 혈통, 나이, 거주하고 있는 장소 등이 고려되었다, (3) 제사장들의 경우 세 살 이상의 남자들만 몫을 받았다, (4) 레위 사람들의 경우 여자, 아이들을 포함한 가족 규모에 따라 몫을 받았다, (5) 예루살렘에 사는 성직자들의 몫 분배는 성전 문지기들이 6명의 행정직 사무관들의

도움을 받아 진행했으며, 지방에 사는 성직자들의 몫은 이 일을 위해서 임명된 사무관들에 의해 진행되었다.

성전 "동쪽 문"을 지키는 고레가 분배의 책임자였다(14절). "왕의 문"이라고도 하는 동쪽 문은(cf. 대상 9:18) 출입하는 사람의 숫자가 가장 많았기 때문에(cf. 23:5) 항상 가장 많은 문지기가 지키고 있었다. 고레는 성전의 보안과 성결을 책임지는 자 중 가장 우두머리였다(Japhet). 그는 에덴, 미냐민, 예수아, 스마야, 아마랴, 스가냐 등 여섯 명의 도움을 받아 일을 진행했다(15a절). 이들은 제사장들이 사는 성읍을 찾아다니면서 제사장들과 레위 사람들에게 임무에 따라 골고루 몫을 나누어주었다(15b-16절).

제사장들의 경우 3세 이상, 레위 사람들의 경우 20세 이상 사람들에게 딸린 식구를 감안하여 몫을 나누어주었다(16-17절). 설령 사역을 하지 않더라도 언제든지 필요하면 할 수 있다는 점을 고려하여 몫을 챙겨주었다(18절). 제사장들에게 할당된 13성읍(cf. 대상 6:57-60)에서 개인적인 재산을 소유하고 살던 제사장들에게도 몫을 나누어주었다(19절). 분배에 있어서 가장 중요한 기준은 사역을 하고 안하고가 아니라 족보였다. 옛적에 하나님이 레위 사람들과 아론의 자손들을 특별히 구분하셔서 성전 일을 맡기신 일을 존중하기 위해서였다.

> Ⅳ. 유다의 마지막 왕들(29:1-36:21)
> 1장. 히스기야(29:1-32:33)
> 5. 공동체의 예물(31:1-21)

(4) 결론(31:20-21)

20 히스기야가 온 유다에 이같이 행하되 그의 하나님 여호와 보시기에 선과 정의
와 진실함으로 행하였으니 21 그가 행하는 모든 일 곧 하나님의 전에 수종드는 일
에나 율법에나 계명에나 그의 하나님을 찾고 한 마음으로 행하여 형통하였더라

히스기야는 제사장들과 레위 사람들에 대한 조치가 유다 전역에서

꾸준히 준수되도록 하였다(20절). 역대기 저자는 이처럼 하나님을 향한 마음이 특별했던 히스기야에게 최고로 긍정적인 평가를 준다. "하나님 여호와 보시기에 선과 정의와 진실함으로 행하였다." 역대기에서 이처럼 "선하고"(טוֹב), "정의롭고"(יָשָׁר), "진실하다"(אֱמֶת)고 평가받은 사람은 흔하지 않다. 선하다는 것은 심성이 착하다는 것을, 정의롭다는 것은 잔꾀를 부리지 않고 곧은 길을 꿋꿋하게 간다는 것을, 진실하다는 것은 변함없는 믿음을 소유했다는 뜻이다(cf. HALOT). 역대기에서 히스기야는 요시야를 포함한 유다의 모든 왕보다 긍정적인 평가를 받는다(Japhet). 이런 평가를 받는 히스기야의 믿음이 부럽다.

저자가 히스기야를 이처럼 극찬하는 것은 왕의 삶이 남달랐기 때문이다. 왕은 성전을 관리하는 일이나 율법을 지키는 일이나 하나님을 찾는 일이나 하는 일마다 최선을 다했다(21절). 이스라엘 역사에서 찾아볼 수 없는 가장 훌륭한 왕이었다. 히스기야 이야기가 아직 끝나지 않았는데 저자가 이러한 평가를 내리는 것은 이때까지 내용은 다른 출처를 인용하여 정리한 것이며 앞으로 32장에서 언급할 내용은 열왕기를 바탕으로 한 것임을 알리는 신호탄으로 해석하기도 한다(Williamson).

히스기야가 어떤 동기에서 이처럼 광범위한 종교개혁을 단행하게 되었을까? 히스기야의 개혁이 아시리아에 대한 정치적 반역에서 비롯한 부산물(by-product)에 불과하다고 평가하는 학자가 있다(Noth). 그러나 유다가 여호와를 왕으로 섬기며 신정 통치를 지향한 사회였다는 점을 감안할 때 정치적 이슈와 종교적 이슈를 명백하게 구분하는 것은 결코 쉬운 일이 아니다(Gray). 아시리아의 위협 앞에 통일성을 유지하고 다윗과 솔로몬 시대의 영토를 다시 찾으려는 열망과 히스기야의 개인적인 확신이 개혁을 주도하게 한 것으로 보는 주석가도 있다(Wiseman). 그러나 본문이 말하는 대로 히스기야는 여호와 하나님에 대한 개인적인 확신과 신뢰에서 개혁을 단행했던 것으로 이해하는 것이 바람직하다(Cogan & Tadmor, House).

6. 산헤립의 침략(32:1-23)

히스기야에 대한 이야기가 시작된 이후 내용의 대부분을 자신만의 출처를 사용하여 이야기를 전개해온 저자가 열왕기가 왕에 대해서 기록하는 내용으로 돌아간다. 역대하 32장은 열왕기하 18:13-20:21(cf. 사 36-39장)을 요약 및 편집한 것이다. 그러나 다음 도표에서 볼 수 있듯이 경우에 따라서는 텍스트의 순서가 바뀌기도 하고 많은 분량을 언급하지 않은 채 뛰어넘기도 한다. 본문과 열왕기하 기사와 이사야서에 기록된 산헤립 침략 내용을 종합해보면 다음과 같다(cf. Japhet, Hill).

역대하	열왕기하	이사야
32:1	18:13	36:1
32:9-10	18:17-19	36:2-4
32:12	18:22	36:7
32:13-14	18:35	36:20
32:15	18:29	36:14
32:16	18:27-28a	36:12-13a
32:17	18:33, 35	36:18, 20
32:18	18:28a	36:13a
32:19	19:18	37:19
32:20	19:15a	37:15
32:24	20:1-2	38:1-2
32:31	20:12-19	39:1-8
32:32-33	20:20-21	

역대기 저자가 묘사하는 히스기야의 나머지 이야기는 아시리아 왕

산헤립의 예루살렘 침략을 중심으로 구성되어 있다. 산헤립의 침략은 이때까지 이스라엘 역사에서 솔로몬의 성전 건축과 북 왕국 이스라엘의 멸망과 함께 3대 주요 사건이었다(Hill). 아시리아가 수년 전에 북 왕국을 정복하고 주민들을 인질로 끌어간 것처럼 히스기야가 통치하는 유다도 이때 망했어야 한다. 그러나 하나님은 왕의 믿음을 보시고 유다를 아시리아의 손에서 구원하셨다.

그러므로 이 사건은 히스기야처럼 하나님을 전적으로 의지하며 나라를 통치한 왕이 주님께로부터 어떤 축복을 받았는가를 보여주는 좋은 예가 된다. 저자는 이 이야기를 통해서 하나님은 그를 사랑하는 자들을 곤경에서 구하는 분이시라는 사실을 강조한다. 이 이야기는 히스기야의 스피치(6-8절)와 아시리아 장군의 스피치(10-15절)를 중심으로 구성하며 다음과 같이 구분할 수 있다.

A. 전쟁 시작(32:1)
B. 공격 대비(32:2-8)
C. 아시리아 왕의 망언(32:9-19)
B'. 기도와 구원(32:20-21)
A'. 전쟁 결과(32:22-23)

Ⅳ. 유다의 마지막 왕들(29:1-36:21)
1장. 히스기야(29:1-32:33)
6. 산헤립의 침략(32:1-23)

(1) 전쟁 시작(32:1)

1 이 모든 충성된 일을 한 후에 앗수르 왕 산헤립이 유다에 들어와서 견고한 성읍들을 향하여 진을 치고 쳐서 점령하고자 한지라

역대기 저자는 이 전쟁에 대해서 열왕기나 이사야서처럼 자세하게 묘사하지 않는다. 그는 독자들이 이 책들에 기록된 내용을 익히 알고 있음을 전제하고 필요에 따라 사건을 상당히 요약해서 회고한다. 그는

"여호와가 자기 백성을 아시리아의 손에서 구원할 수 있는가?"라는 질문을 이야기의 중심 주제로 삼는다. 주제를 논하는 과정에서 저자는 누가 어떤 말을 했는가에 많은 관심을 쏟는다. 이 전쟁은 일종의 "말 싸움"(war of words)인 것이다(Selman).

히스기야가 하나님을 성실하게 섬기고 난 뒤에 아시리아의 산헤립이 유다로 쳐들어왔다. 저자는 이때가 언제쯤이었는지 밝히지 않지만 열왕기와 이사야서는 이때가 히스기야가 즉위한 지 14년째 되던 해(701 BC)였다고 한다(왕하 18:13; 사 36:1). 그러나 본문은 산헤립의 포괄적인 종교개혁과 전쟁에서 승리하게 된 일을 "원인-결과" 관계로 연결하기 위해서 "이 모든 충성된 일을 한 후에"(אַחֲרֵי הַדְּבָרִים)라는 문구로 이야기를 시작한다(Dillard, cf. Hill). 산헤립의 예루살렘 공략은 아시리아 기록에도 잘 보존되어 있다.

산헤립은 유다의 성읍들을 쉽게 정복할 수 있을 것으로 생각하고 침략해 왔다(1b절). 이와 같은 산헤립에 대한 언급을 통해 저자는 하나님을 겸손하게 섬기고 있는 히스기야와 교만한 산헤립을 대조한다(Hill). 겸손과 교만의 대결이다. 그렇다면 우리는 확신을 가지고 결말을 예측할 수 있다. 비록 군사적으로 히스기야가 산헤립의 상대가 될 수 없지만 겸손한 히스기야가 전쟁의 승자가 될 것이다. 하나님은 겸손한 자들을 존귀하게 하시고 교만한 자들은 내치시는 분이시기 때문이다. 히스기야가 자신의 능력으로 전쟁에서 승자가 되는 것이 아니라 교만한 자들을 심판하시는 하나님의 산헤립에 대한 응징을 통해 승자가 된다. 그러므로 전쟁은 처음부터 히스기야와 산헤립의 싸움이라기보다는 교만을 싫어하시는 여호와와 교만한 산헤립의 싸움이다.

Ⅳ. 유다의 마지막 왕들(29:1-36:21)
1장. 히스기야(29:1-32:33)
6. 산헤립의 침략(32:1-23)

(2) 공격 대비(32:2-8)

2 히스기야가 산헤립이 예루살렘을 치러 온 것을 보고 3 그의 방백들과 용사들과
더불어 의논하고 성 밖의 모든 물 근원을 막고자 하매 그들이 돕더라 4 이에 백성
이 많이 모여 모든 물 근원과 땅으로 흘러가는 시내를 막고 이르되 어찌 앗수르
왕들이 와서 많은 물을 얻게 하리요 하고 5 히스기야가 힘을 내어 무너진 모든 성
벽을 보수하되 망대까지 높이 쌓고 또 외성을 쌓고 다윗 성의 밀로를 견고하게 하
고 무기와 방패를 많이 만들고 6 군대 지휘관들을 세워 백성을 거느리게 하고 성
문 광장에서 자기 앞에 무리를 모으고 말로 위로하여 이르되 7 너희는 마음을 강
하게 하며 담대히 하고 앗수르 왕과 그를 따르는 온 무리로 말미암아 두려워하지
말며 놀라지 말라 우리와 함께 하시는 이가 그와 함께 하는 자보다 크니 8 그와 함
께 하는 자는 육신의 팔이요 우리와 함께 하시는 이는 우리의 하나님 여호와시라
반드시 우리를 도우시고 우리를 대신하여 싸우시리라 하매 백성이 유다 왕 히스
기야의 말로 말미암아 안심하니라

산헤립의 침략 소식을 듣고 히스기야는 할 수 있는 최선을 다했다. 교만한 산헤립을 심판하시는 일은 하나님의 몫이며 인간인 히스기야는 산헤립이 예루살렘까지 치러 올라올 것을 예측하고(2절) 자신이 할 수 있는 최선을 다한다. 이런 면에서 그의 반응은 암몬 사람들의 침략에 대응한 여호사밧과 많이 다르다. 여호사밧 이야기에서 군사적인 대응이 하나님의 신탁이 임할 때까지 미루어졌는데(20:20), 히스기야는 침략 소식을 듣자마자 행동을 취하고 한참 후인 20절에 가서야 첫 기도를 기록한다. 그는 매우 신속하게 자신이 해야 할 일을 진행하고 있다.

그렇다고 해서 히스기야가 여호사밧에 비해 절대 믿음이 나쁜 것은 아니다(cf. Hill). 그가 백성들에게 하는 말(7-8절)을 살펴보면 순발력과 신속함이 하나님을 향한 절대적인 신뢰에서 비롯했음을 알 수 있다

(Japhet). 그는 기도만 하는 사람이 아니라 기도에 인간의 최선을 겸비한 사람이었다. 전쟁은 분명 하나님이 하시는 일이지만 하나님이 하시는 전쟁의 인간 도구인 히스기야가 하나님의 의지와 계획에 따라 사용되기 위해서는 하나님과 완전한 조화를 이루어야 한다. 이런 면에서 왕은 자신의 역할을 잘 감당해 하나님의 뜻과 완전한 화음을 이루고 있는 것이다(Johnstone). 저자는 이런 히스기야를 유다 역사에서 가장 빛나는 왕으로 묘사한다.

히스기야는 구체적으로 세 가지 대비책을 강구하였다. (1) 식수 차단(3-4절), (2) 예루살렘의 요새화와 무기 확보(5절), (3) 군사적 조직 점검(6절). 대신들과 백성들의 참여를 매우 중요시 하는 리더십을 발휘했던 히스기야는(cf. 29:20) 먼저 대신들과 지도자들을 불러 상의한 다음에 이 같은 결정을 내렸다(3절). 첫째, 아시리아 군대에게 물을 공급할 수 있는 모든 샘들을 막았다(4절). 이 일에 있어서 히스기야는 백성들의 긴밀한 협조를 받아 공사를 진행했다(Japhet). 백성들도 지혜로운 왕의 결정을 마지못해 수용한 것이 아니라 전적으로 지지하고 있다. 역대기 저자는 이처럼 신실한 왕은 백성들의 무조건적인 지지를 받았다는 점을 누누이 강조한다. 훌륭한 리더는 먼저 따르는 자들을 설득시켜 강요하는 것이 아니라 의욕적으로 자기의 결정을 지지하도록 한다. 이게 바로 진정한 카리스마다.

이때 유명한 히스기야 터널이 완공되었는지 확실하지는 않지만(Hill) 충분한 가능성을 지니고 있다(cf. 30절; 왕하 20:20). 예루살렘 고고학의 빛나는 부분인 히스기야 터널은 당시 최첨단 기술 적용의 한 단면을 보여준다. 이 터널은 예루살렘 성 밖에 있는 기혼 샘으로부터 성안에 있는 실로암으로 식수를 끌어들이는 데 목적이 있었다. 만일 이 터널이 이때 완성된 것이라면 히스기야는 터널을 통해 예루살렘 사람들에게 지속적인 식수를 공급할 수 있었기에 산헤립에게 쉽게 항복하지 않고 묵묵히 하나님의 구원의 손길을 기다릴 수 있었다. 반면에 건기와 우기가 뚜렷

하게 구분되어 건기 때에는 물을 구하기가 매우 어려웠던 가나안 지역의 기후를 감안하면 아시리아 군대의 기세가 아무리 등등하다 할지라도 예루살렘 포위를 오랫동안 지속시키는 일이 결코 쉽지만은 않았을 것이다. 히스기야는 이 점을 노리고 제일 먼저 물 문제를 해결했다.

둘째, 히스기야는 예루살렘 성의 방어 능력을 강화시켰다(5절). 그는 네 가지 건축 사업을 추진했다. (1) 무너진 성벽은 다시 쌓고, (2) 망대들을 높이 쌓았으며, (3) 성벽 밖에다 또 한 겹으로 성벽을 쌓았고(cf. 사 22:10-11), (4) 다윗 성의 밀로를 견고한 요새로 강화했다(cf. 사 22:9). 창과 방패도 많이 만들었다. 최선을 다해 산헤립을 상대로 싸울 준비를 갖춘 것이다. 이와 같은 히스기야의 예루살렘 방어체제 보강이 산헤립으로 하여금 쉽게 예루살렘을 넘보지 못하게 하고 스스로 정복을 포기하게 했을 것이라는 추측도 있다(Japhet). 은밀히 역사하시는 하나님의 역할을 제외하고 인간의 눈에 비추어지는 현상적인 것들만 가지고 논한다면 충분히 설득력 있는 해석이다.

셋째, 히스기야는 예루살렘 주민 중 싸울 수 있는 성인 남자들을 모두 군대 조직에 편승시켰다(6절). 왕이 하는 모든 일에 설득이 되어 있던 터라 백성들은 적극적으로 왕을 지지했다. 게다가 자신과 가족의 생명이 달린 일이 아니었던가! 히스기야는 군사적으로 정비된 예루살렘 백성들을 한 곳에 모아놓고 연설을 했다. 그는 결코 예루살렘이 당면하고 있는 위협을 과소평가하지 않는다(7절).

침략해 오는 아시리아 사람들은 만만한 군대가 아니다. 성을 방어하겠다고 나선 시민들이 두려워할만한 상대이다. 그러나 히스기야는 강하고 담대할 것을 권면한다. 왕은 아시리아가 앞세우는 것이 군사력뿐이지만 유다에게는 무한한 능력을 소유하신 여호와가 함께하신다며 두 나라가 앞세우는 능력의 근원을 대조시키고 있다(8절). 히스기야가 전쟁에 대해서 낙관하는 이유가 바로 여기에 있다. 임마누엘!

"우리의 하나님 여호와"(יְהוָה אֱלֹהֵינוּ)(8절)는 이스라엘과 하나님 사이의 특별한 관계를 상징하는 표현이다(cf. 출 8:10). 이스라엘과 특별한 관계를 맺으신 하나님은 아시리아의 신과 비교를 거부하는 전능자이시며 바로 이 분께서 자신의 백성인 예루살렘 주민들과 함께하시며 도우시고 그들을 위해서 싸워주실 것이기 때문에 유다는 결과에 대해서 걱정하지 않아도 된다. 지난 수년 동안 왕이 단행한 종교개혁의 열매가 어떤 것들이었으며 이 개혁을 기뻐하신 하나님이 유다에 어떤 축복을 내려주셨는가를 피부로 느끼고 있었던 백성들이 왕의 확신과 신앙에 동요되어 큰 힘을 얻었다(8절). 왕과 백성들이 한마음이 되었다. 아시리아는 매우 어려운 전쟁을 하게 될 것이 뻔하다.

Ⅳ. 유다의 마지막 왕들(29:1-36:21)
1장. 히스기야(29:1-32:33)
6. 산헤립의 침략(32:1-23)

(3) 아시리아 왕의 망언(32:9-19)

9 그 후에 앗수르 왕 산헤립이 그의 온 군대를 거느리고 라기스를 치며 그의 신하
들을 예루살렘에 보내어 유다 왕 히스기야와 예루살렘에 있는 유다 무리에게 말
하여 이르기를 10 앗수르 왕 산헤립은 이같이 말하노라 너희가 예루살렘에 에워싸
여 있으면서 무엇을 의뢰하느냐 11 히스기야가 너희를 꾀어 이르기를 우리 하나님
여호와께서 우리를 앗수르 왕의 손에서 건져내시리라 하거니와 이 어찌 너희를
주림과 목마름으로 죽게 함이 아니냐 12 이 히스기야가 여호와의 산당들과 제단들
을 제거하여 버리고 유다와 예루살렘에 명령하여 이르기를 너희는 다만 한 제단
앞에서 예배하고 그 위에 분향하라 하지 아니하였느냐 13 나와 내 조상들이 이방
모든 백성들에게 행한 것을 너희가 알지 못하느냐 모든 나라의 신들이 능히 그들
의 땅을 내 손에서 건져낼 수 있었느냐 14 내 조상들이 진멸한 모든 나라의 그 모
든 신들 중에 누가 능히 그의 백성을 내 손에서 건져내었기에 너희 하나님이 능히
너희를 내 손에서 건지겠느냐 15 그런즉 이와 같이 너희는 히스기야에게 속지 말
라 꾀임을 받지 말라 그를 믿지도 말라 어떤 백성이나 어떤 나라의 신도 능히 자

기의 백성을 나의 손과 나의 조상들의 손에서 건져내지 못하였나니 하물며 너희
하나님이 너희를 내 손에서 건져내겠느냐 하였더라 16 산헤립의 신하들도 더욱 여
호와 하나님과 그의 종 히스기야를 비방하였으며 17 산헤립이 또 편지를 써 보내
어 이스라엘 하나님 여호와를 욕하고 비방하여 이르기를 모든 나라의 신들이 그
들의 백성을 내 손에서 구원하여 내지 못한 것 같이 히스기야의 신들도 그의 백성
을 내 손에서 구원하여 내지 못하리라 하고 18 산헤립의 신하가 유다 방언으로 크
게 소리 질러 예루살렘 성 위에 있는 백성을 놀라게 하고 괴롭게 하여 그 성을 점
령하려 하였는데 19 그들이 예루살렘의 하나님을 비방하기를 사람의 손으로 지은
세상 사람의 신들을 비방하듯 하였더라

히스기야와 주민들이 모든 대비를 마치고 영적으로도 무장한 뒤 드디어 아시리아의 군대가 예루살렘으로 쳐들어왔다(9절). 아시리아의 왕 산헤립은 라기스를 치고 있으면서 부하들을 보내 예루살렘을 공략했다. 산헤립은 예루살렘을 정복하기 쉬운 도성으로 얕잡아 보았기 때문에 본인이 직접 올 필요를 느끼지 못한 것으로 생각한다. 그의 교만이 극에 달하고 있는 것이다.

열왕기와 이사야서는 산헤립이 부하 랍사게를 통해서 히스기야와 예루살렘 주민들에게 한 말을 상세히 기록하고 있다(왕하 18:19-25, 27-35; 19:9-13; cf. 사 36:1-37:13). 반면에 역대기 저자는 랍사게가 산헤립의 전령이었다는 사실 등 모든 세부사항을 삭제하고 핵심 내용을 고작 8절로 요약한다(10-17절). 저자는 독자들이 이 사건에 대해서 다른 책들을 통해 상세하게 알고 있음을 전제하고 이야기를 진행하는 것이다(Hill).

산헤립이 전령을 통해 선포한 메시지의 핵심은 "너희가 무엇을 의뢰하느냐?"(10절)이다. 이 이슈는 히스기야뿐만 아니라 오늘을 살아가는 우리에게도 매우 중요한 질문이다. 저자는 열왕기에 기록된 산헤립의 메시지를 재정리하면서 "여호와는 결코 자기 백성을 구원할 수 없다"라는 아시리아 사람들의 주장을 부각한다(Williamson). 아시리아 사

람들의 주장은 여호와께서 유다를 구원하실 것이라고 선언한 히스기야의 주장과 대립을 이룬다. 물론 히스기야가 옳을 뿐만 아니라 아시리아 사람들은 여호와에 대해 망언을 하고 있다. 그러므로 그들은 결코 예루살렘을 정복할 수 없다. 하나님이 이런 망언을 간과하지 않으실 것이기 때문이다.

아시리아 사람들은 예루살렘 정복에 대한 자신감의 근거로 두 가지를 제시한다. 첫째, 히스기야가 개혁을 한답시고 수많은 산당을 제거해 오직 예루살렘에서만 예배를 드리라고 하는데 허물어버린 산당들은 바로 여호와의 산당들이다(11-12절). 이 논리에 의하면 산당의 주인이신 여호와께서 진노하여 히스기야를 치기로 작정하시고 아시리아를 보내셨다는 것이다(cf. 사 36:10).

산헤립의 주장은 진실이 아니다. 그럼에도 불구하고 이러한 주장은 듣고 있는 예루살렘 주민들에게 매우 큰 심리적 동요를 불러일으키기에 충분했다. 특히 산당 제거에 대해서 조금이라도 불편함이나 불확신이 있었는데 히스기야의 강요에 마지못해 따라갔던 사람들에게는 심각한 두려움이 임했을 것이다. 아시리아 사람들은 심리전(心理戰)의 진수를 보여주고 있다. 이처럼 고도의 심리전을 구상할 수 있었던 것은 히스기야와 유다에 대해서 철저한 연구를 해 두었기 때문이다.

둘째, 아시리아가 그동안 수많은 나라를 정복하는 과정에서 어떤 신도 자기의 백성을 아시리아 왕의 손에서 구원하지 못했다(13-15절). 유다보다 훨씬 더 큰 나라들도 속수무책으로 무너졌으니 이스라엘의 하나님 여호와도 예외가 될 수 없다는 것이다(cf. 17절). 그러니 히스기야가 어떤 신앙적인 말로 부추기더라도 속지 말라고 한다(15a절). 여기서 아시리아 왕의 망언이 극에 달한다. 그는 이스라엘 하나님 여호와를 다른 나라들의 무능한 우상들과 같은 부류로 취급하고 있다(cf. 19절). 하나님이 가장 싫어하시는 일을 하고 있으며 이런 모멸과 수치는 결코 하나님이 용납하실 리 없다(Selman). 그러니 하나님이 결코 그들의 주장과 망언이 현실이 되도록 내버려두지 않으실 것이다.

여호와 하나님이 침묵하지 않을 것이라는 사실을 알지 못할 뿐만 아니라 관심도 없는 아시리아 사람들은 더 날뛰었다. 하나님을 모욕하고 비방하는 편지를 써서 보내기도 했다(17절). 열왕기와 이사야서에 의하면 히스기야는 이 편지를 들고 성전을 찾아가서 하나님께 보시라고 제단 위에 펼쳐놓고 기도했다(왕하 19:14; 사 37:14). 아시리아 사람들은 예루살렘 성 위에 있는 백성들에게 고래고래 소리를 지르며 공포감을 조성하기도 했다(18절). 이런 공갈과 협박이 그들의 최후발악이 될 줄은 꿈에도 생각하지 못하고 말이다. '하룻강아지 범 무서운 줄 모른다'라는 말이 실감난다.

Ⅳ. 유다의 마지막 왕들(29:1–36:21)
1장. 히스기야(29:1–32:33)
6. 산헤립의 침략(32:1–23)

(4) 기도와 구원(32:20-21)

20 이러므로 히스기야 왕이 아모스의 아들 선지자 이사야와 더불어 하늘을 향하여
부르짖어 기도하였더니 21 여호와께서 한 천사를 보내어 앗수르 왕의 진영에서 모
든 큰 용사와 대장과 지휘관들을 멸하신지라 앗수르 왕이 낯이 뜨거워 그의 고국으로 돌아갔더니 그의 신의 전에 들어갔을 때에 그의 몸에서 난 자들이 거기서 칼로 죽였더라

히스기야는 아시리아 사람들의 망언과 협박에 대해서 이사야 선지자와 함께 하나님께 기도했다(20절). 열왕기에 의하면 이때 히스기야가 성전에 가서 기도했다고 하는데 저자는 이 사항을 언급하지 않는다. 기도의 능력은 특정한 곳에 제한되지 않고, 언제 어디서든지 나타날 수 있다는 점을 강조하기 위해서이다(Williamson). 또한 열왕기와 이사야서에 기록된 상세한 내용을 언급하지 않고 축약하는 것은 히스기야가 이미 백성들을 권면하면서 했던 말이(7-8절) 사건의 핵심을 완벽하게 정리하고 있기 때문에 더 이상 할 말이 없어서이다(Japhet).

하나님은 기도를 들으시고 한 천사를 보내셔서 아시리아 군대의 모든 큰 용사와 지휘관을 다 죽이셨다(21절). 열왕기는 아시리아군 18만 5천 명이 죽었다고 한다(왕하 19:35). 많은 학자는 아시리아 진영에 일종의 급성 전염병이 돈 것으로 이해한다(cf. Hill). 아시리아 왕은 망신만 당하고 급히 본국으로 돌아갔으며 자신이 숭배하는 신전에서 아들의 칼에 살해당했다(21절).

저자는 두 사건의 시간 차이를 좁혀서 마치 산헤립이 니느웨로 돌아가자마자 살해당한 것처럼 묘사하지만 실제적으로 두 사건 사이에 20년의 세월이 지났다. 아시리아 기록에 따르면 산헤립은 주전 681년에 그가 숭배하던 니스록(Nisroch) 신전에서 아들 아드람멜렉(Adrammelech)에 의해서 살해되었다(Wiseman). 니스록은 자신의 신전에서 예배드리는 숭배자도 보호하지 못하는 무능한 우상에 불과했다.

Ⅳ. 유다의 마지막 왕들(29:1-36:21)
1장. 히스기야(29:1-32:33)
6. 산헤립의 침략(32:1-23)

(5) 전쟁 결과(32:22-23)

22 이와 같이 여호와께서 히스기야와 예루살렘 주민을 앗수르 왕 산헤립의 손과
모든 적국의 손에서 구원하여 내사 사면으로 보호하시매 23 여러 사람이 예물을
가지고 예루살렘에 와서 여호와께 드리고 또 보물을 유다 왕 히스기야에게 드린
지라 이 후부터 히스기야가 모든 나라의 눈에 존귀하게 되었더라

산헤립은 예루살렘을 쉽게 정복할 것으로 생각했지만 하나님이 히스기야와 예루살렘 주민을 그의 손에서 구하셨다(22절). 아시리아 기록에 산헤립은 유다를 침략해 요새화된 성읍 46개를 정복했고 유다 백성 중 20만 명을 사로잡았다고 한다. 그는 여세를 몰아 예루살렘으로 진군하여 히스기야를 "새장에 새를 가두듯 예루살렘에 가두었다"(Hallo). 그러나 그가 예루살렘을 정복하여 입성했다는 기록은 없다. 정복에 실패한 것이다(Wiseman). 저자는 산헤립의 실패를 여호와께서 하신 일이라고 한다.

그뿐만 아니라 여호와께서 히스기야와 유다를 주변 모든 원수의 손에서 구하셨다(22절). 아시리아가 예루살렘 정복에 실패한 일을 통해 여호와의 손이 히스기야를 보호하고 있음을 깨달은 나라들은 예루살렘으로 사절단을 보내 히스기야에게 선물을 주었다. 저자가 기록하는 이 내용은 아시리아의 패배로 인한 당시 국제적 동요(ambivalence)를 잘 반영한다(Japhet). 히스기야는 주변 국가들로부터 존경받는 왕이 되었다(23절). 옛적 솔로몬의 국제적 명성을 연상케 한다(cf. 대하 9:23-24). 저자는 이 모든 것이 히스기야가 하나님을 잘 믿은 결과라는 점을 강조한다.

Ⅳ. 유다의 마지막 왕들(29:1–36:21)
1장. 히스기야(29:1–32:33)

7. 히스기야의 병과 교만(32:24-26)

24 그 때에 히스기야가 병들어 죽게 되었으므로 여호와께 기도하매 여호와께서 그에게 대답하시고 또 이적을 보이셨으나 25 히스기야가 마음이 교만하여 그 받은 은혜를 보답하지 아니하므로 진노가 그와 유다와 예루살렘에 내리게 되었더니 26 히스기야가 마음의 교만함을 뉘우치고 예루살렘 주민들도 그와 같이 하였으므로 여호와의 진노가 히스기야의 생전에는 그들에게 내리지 아니하니라

이 섹션은 열왕기하 20:1-3, 12-19; 이사야 38:1-3; 39:1-8 등에 기록된 내용을 근거로 한 것이나 많이 요약해서 다른 사건으로 생각될 정도이다. 히스기야가 병에 들어 죽게 되었다. 산헤립의 침략이 있을 때쯤에 있던 일이다(24절). 히스기야가 여호와께 기도하니 하나님이 기도를 들으시고 회복시켜 주셨다(cf. 사 38:1-8). 저자는 이사야가 하나님의 말씀을 전한 것, 히스기야가 눈물로 기도한 것, 하나님이 그에게 15년을 더해 주신 것, 징표로 아하스의 해시계가 되돌아간 것 등 세부사항을 모두 언급하지 않는다. 물론 저자가 이 일에 대해서 독자들이 잘 알고 있다는 것을 전제해서 이처럼 요약하고 또한 우리가 잠시 후에 보겠지만 이 이야기를 통해 다른 포인트를 강조하려고 사건의 전모를 축약한다.

하나님의 은총으로 다시 살게 된 히스기야가 교만해졌다. 그래서 받은 은혜에 감사하지 않았으며 그의 교만을 보신 하나님이 왕과 백성들에게 진노하셨다(25절). 상황을 깨달은 히스기야는 교만을 뉘우치고 백성들도 함께 회개하자 하나님은 왕이 살아있는 동안에는 그들을 벌하지 않으셨다(26절). 저자가 히스기야가 죽게 되었다가 기적적으로 살게 된 사건을 한 절에 요약한 이유가 이와 같은 사실을 드러내기 위해서다. 하나님은 아무리 신앙생활을 잘해왔던 사람이라 할지라도 교만해지면 치시는 분이시다.

다행히 하나님은 바로 다음 순간에라도 회개하면 진노를 돌이키시는 분이라는 사실도 알려 준다. 이 점을 강조하기 위해서 저자는 25-26절에서 "교만한 마음"(גָּבַהּ לִבּוֹ)을 두 차례, "진노"(קֶצֶף)를 두 차례, "겸손"(כנע)을 한 차례 사용한다. 이 섹션의 초점은 히스기야의 기적적인 회복이 아니라 그 이후에 있었던 교만과 회개에 맞추어져 있기 때문에 실제 사건을 요약한다.

이 사건은 리더십에 대해서도 경종을 울린다. 히스기야가 교만하자 하나님은 왕뿐만 아니라 다스리는 백성들에게도 진노하셨다. 반대로 히스기야가 회개하자 왕뿐만 아니라 다스리는 백성들에게도 평안이 임했다. 리더가 잘못하면 그를 따르는 자들도 함께 고통을 당하게 되고 리더가 잘하면 열매를 온 백성이 함께 누리게 된다. 또한 히스기야가 아버지 아하스로부터 우상숭배로 찌들어있던 나라를 물려받아 과감한 개혁을 단행하여 온 나라가 영적·물질적 축복을 누리게 된 것도 이와 같은 원리를 증언한다.

히스기야가 교만하여 죄를 지은 일이 구체적으로 어떤 사건이었는지 알 수 없다. 대부분의 학자는 아마도 바빌론에서 온 사절단에게 모든 보물을 보여준 일이었을 것으로 본다(Japhet, Hill, cf. 31절; 사 39장). 그러나 저자가 언급하지 않기 때문에 확신할 수는 없다. 신앙의 열정이 한순간도 식어서는 안 된다. 히스기야가 평생 하나님을 사모하며 살아오다가 한순간 교만해져서 하나님께 죄를 범했을 때 하나님은 그를 치셨다. 물론 그를 벌하는 것이 목적이 아니라 회개시키기 위해서였다. 그럼에도 불구하고 히스기야는 고통을 감수해야 했다. 가장 좋은 믿음은 꾸준히, 지속적으로 하나님을 바라보는 신앙이다.

Ⅳ. 유다의 마지막 왕들(29:1-36:21)
1장. 히스기야(29:1-32:33)

8. 히스기야의 부귀영화(32:27-31)

27 히스기야가 부와 영광이 지극한지라 이에 은금과 보석과 향품과 방패와 온갖 보배로운 그릇들을 위하여 창고를 세우며 28 곡식과 새 포도주와 기름의 산물을 위하여 창고를 세우며 온갖 짐승의 외양간을 세우며 양 떼의 우리를 갖추며 29 양 떼와 많은 소 떼를 위하여 성읍들을 세웠으니 이는 하나님이 그에게 재산을 심히 많이 주셨음이며 30 이 히스기야가 또 기혼의 윗샘물을 막아 그 아래로부터 다윗 성 서쪽으로 곧게 끌어들였으니 히스기야가 그의 모든 일에 형통하였더라 31 그러나 바벨론 방백들이 히스기야에게 사신을 보내어 그 땅에서 나타난 이적을 물을 때에 하나님이 히스기야를 떠나시고 그의 심중에 있는 것을 다 알고자 하사 시험하셨더라

저자는 하나님의 축복을 받은 히스기야가 대단한 부를 누렸다고 한다(27절). 히스기야가 전에 없던 많은 복을 누린 사실이 끊임없는 건축 사업을 통해 묘사된다. 부가 늘어남에 따라 저장할만한 갖가지 건물들이 필요했다. 이미 왕이 소유한 건물들로는 히스기야가 누리게 된 부를 다

저장할 수가 없었다. 히스기야는 온 세상의 영화를 한 몸에 누리게 되었으며 그의 명성에 걸맞게 많은 귀중품을 얻었다. 공간이 부족해서 귀중품 보관소를 지어 그 안에 은, 금, 보석, 향품, 방패 등 온갖 보물을 저장하였다(27절).

히스기야는 넘치는 곡물과 농산물을 저장하기 위해서 창고를 지었고 짐승들이 불어나 외양간을 세우고 우리를 만들었다(28절). 특히 많은 양떼를 거느렸다. 그의 정권이 안정되고 경제가 부흥하니 주민들도 늘었다. 그래서 많은 성읍들을 지었다(29절). 이들 중 일부는 히스기야의 짐승들을 관리했다. 모두 하나님이 내려주신 축복이었다(29절).

히스기야는 예루살렘 성 밖에 있는 기혼 샘에서 성안에 있는, 곧 다윗 성 서쪽에 있던 실로암으로 물을 끌어들이는 터널을 건설하기도 했다. 두 지점의 직경 거리는 320m에 불과하지만 실제 터널의 길이는 530m에 달한다. 터널은 암벽을 통과하고 있으며 안에는 여러 개의 'S' 곡선이 있다. 터널 벽에 새겨진 당시의 회고에 의하면 두 팀이 양쪽에서 터널을 뚫기 시작하여 8개월 만에 완성한 것으로 추정한다. 이 팀들은 때로는 45미터의 지하에서 일을 진행해 나갔다. 2700여 년 전에 이런 사업이 추진되었다는 사실 자체가 경의로울뿐이다. 또한 기혼 샘과 실로암의 수직적 변화는 겨우 2m에 불과하다는 것은 상당한 기술과 정밀도가 필요했던 것을 암시한다. 히스기야는 하나님의 은총을 입어 이와 같이 역사에 길이 빛나는 일도 할 수 있었다.

31절이 언급하는 바빌론 사절단에 관한 이야기는 열왕기하 20:12-19과 이사야 39:1-8에 상세히 기록하고 있다. 저자는 이 사건의 한 가지 측면만 언급한다. 하나님이 그의 인격을 시험하시려고 그가 하는 대로 내버려두셨다는 것이다. 일부 주석가들은 히스기야가 이 시험에 합격했다고 하지만(Japhet), 열왕기와 이사야서 저자들의 평가는 부정적이다. 역대기 저자도 이 점을 암시한다(cf. 25절). 하나님이 인격을 시험하려고 그대로 두셨는데 그는 결국 이 시험에 불합격하여 선지자 이사야를 통해 심판을 받았다. 저자는 히스기야가 참으로 훌륭한 왕이기는 하지만 이처럼 인간적인 연약함을 지닌 자였음을 회고함으로써 세 가지 교훈을 준다.

첫째, 하나님은 자기가 사랑하는 종들에게도 종종 시험을 주신다. 그들의 마음속에 무엇이 있는가를 테스트해보기 위해서가 아니라 하나님을 향한 온전한 믿음으로 사리판단을 지혜롭게 하는가를 알아보기 위해서이다(Hill, cf. 신 8:2-3). 둘째, 아무리 좋은 믿음을 지닌 자라 할지라도 끊임없이 자신을 성찰해야 한다. 어느 순간에 죄를 짓거나 타락할지 모르기 때문이다. 그러므로 신앙생활에 있어서 방심은 금물(禁物)이라는 점을 강조한다. 셋째, 히스기야처럼 믿음이 좋은 사람도 때로는 죄를 짓는다. 하나님이 이런 히스기야를 내치지 않으시고 끝까지 사랑하시고 보살펴주셨다. 이 사실이 주의 백성들에게 소망을 준다. 하나님은 한 번 관계를 맺으시면 끝까지 책임져주시며 경우에 따라서는 회개시키기 위해서 징계도 하시지만 결코 망하라고 심판을 행하는 분은 아니시다.

Ⅳ. 유다의 마지막 왕들(29:1-36:21)
1장. 히스기야(29:1-32:33)

9. 결론적 통치 요약(32:32-33)

32 히스기야의 남은 행적과 그의 모든 선한 일은 아모스의 아들 선지자 이사야의 묵
시 책과 유다와 이스라엘 열왕기에 기록되니라 33 히스기야가 그의 조상들과 함께 누
우매 온 유다와 예루살렘 주민이 그를 다윗 자손의 묘실 중 높은 곳에 장사하여 그의
죽음에 그에게 경의를 표하였더라 그의 아들 므낫세가 대신하여 왕이 되니라

저자는 히스기야의 나머지 통치 행적에 대해서는 아모스의 아들 선지자 "이사야의 묵시 책"과 "유다와 이스라엘 열왕기"를 보라고 한다. 역대기에서만 발견되는 히스기야에 관한 정보는 이 책들에서 비롯했음을 암시한다. 반면에 열왕기 저자는 "유다 왕 역대지략"만 언급한다(왕하 20:20).

히스기야가 죽자 백성들은 그의 죽음을 애도하고 업적을 높이 평가하여 다윗 자손의 묘실 가운데서도 가장 높은 곳에 장사하였다(33절). 이때까지 다윗 자손의 묘실에 묻히지 못한 왕들도 많았는데 히스기야는 가장 좋은 곳에 안치되었다. 그의 하나님을 향한 온전한 믿음이 높이 평가되는 순간이다. 학자들 사이에는 히스기야가 제2의 다윗인지(Mosis), 아니면 제2의 솔로몬인지에(Williamson) 대해서 논쟁이 있다. 그러나 우리가 주해를 통해 본 것처럼 새로운 다윗이면서 동시에 새로운 솔로몬이다(cf. Ackroyd, Dillard, Throntveit).

그가 죽자 뒤를 이어 므낫세가 왕이 되었다. 훌륭한 아버지를 둔 므낫세는 아버지의 발자취를 따라 훌륭한 왕이 될 것인가? 그렇게 되면 좋겠지만 꼭 그렇지 않을 수 있다는 것을 이미 형편없는 아하스에게서 히스기야와 같은 훌륭한 아들이 나왔던 사실이 입증한다. 인격과 신앙 형성에서 교육이 큰 역할을 하지만 어떤 부분은 태어나기 전부터 하나님이 결정하신다.

2장. 므낫세(33:1-20)

열왕기는 므낫세를 유다 역사상 가장 나쁜 왕으로 회고한다. 그는 유다의 왕 중 가장 오랫동안(55년) 통치하면서 가장 나쁜 짓을 많이 한 사람이었다. 므낫세는 할아버지 아하스보다도 나쁜 사람이었다. 오죽하면 그가 죽은 후에도 하나님이 "므낫세의 죄 때문에" 유다를 용서하지 않으실 것이라는 점을 누누이 말씀하신다(왕하 23:12, 26; 24:3). 역대기에서는 이처럼 형편없는 므낫세의 다른 측면이 드러난다. 비록 열왕기가 강조한 것처럼 하나님의 진노를 사기에 충분한 죄인이었지만 말년에 회개하여 하나님 앞에 바로 섰다는 사실을 이야기한다. 므낫세는 아무리 흉측한 죄인이라도 회개하면 하나님이 용서해주신다는 성경적 진리를 가장 확실하게 보여주는 사례이다.

본문에 기록한 므낫세 이야기는 열왕기하 21:1-18을 바탕으로 하고 있지만 많은 편집을 거쳤으며, 특히 회개한 것에 관한 이야기는 역대기 저자만이 가진 고유 출처(viz., "호새의 역사책", 19절)에서 가져온 것으로 생각한다. 고유 출처와 역대기가 회고하고 있는 므낫세의 회개를 근거로 외경에 속한 "므낫세의 기도"가 저작되었을 것이다. 므낫세의 이야기는 다음과 같은 구조를 지닌다(cf. Japhet). 왕의 회개가 가장 중심에 있으면서 통치 이야기의 전환점이 되고 있다.[3]

A. 서론적 통치 요약(33:1)

B. 므낫세의 죄(33:2-9)

C. 심판(33:10-11)

D. 회개와 회복(33:12-13)

C'. 재건(33:14)

B'. 므낫세의 종교개혁(33:15-17)[4]

A'. 결론적 통치 요약(33:18-20)

1. 서론적 통치 요약(33:1)

1 므낫세가 왕위에 오를 때에 나이가 십이 세라 예루살렘에서 오십오 년 동안 다스리며

므낫세(מְנַשֶּׁה; lit., "잊게 하는 자")는 12세에 왕이 되었으며 55년 동안 유다를 통치했다. 유다 역사상 가장 오랫동안 군림한 왕이었다. 유다를 장기 집권하고 훌륭한 신앙의 아버지를 두었던 므낫세에게 하나님이 기뻐하시는 삶을 기대하는 것은 당연한 일로 생각되지만 전혀 기대 밖의 삶을 살았다. 안타깝게 므낫세는 이스라엘 역사상 최악의 왕으로 기억되는 사람이다(cf. 9절). "호랑이는 죽어 가죽을 남기고 사람은 죽어 이름을 남긴다"라는데 참으로 수치스러운 이름을 남겼다. 오늘날 연대로 환산하면 통치 시기는 주전 697-643년쯤이며 처음 10년은 아버지 히스기야와 공동 통치한 것으로 생각한다(Thiele, cf. Hill).

---

3 다른 대안으로 다음과 같은 구조가 제시될 수 있다(cf. Allen).

A. 서론(33:1)

B. 배교(33:2-9)

C. 회개(33:10-13)

B'. 개혁(33:14-17)

A'. 결론(33:18-20)

4 재건(C')과 종교개혁(B')이 본 주석에서는 "재건과 개혁"이라는 타이틀로 함께 주해될 것이다.

Ⅳ. 유다의 마지막 왕들(29:1-36:21)
2장. 므낫세(33:1-20)

2. 므낫세의 죄(33:2-9)

2 여호와 보시기에 악을 행하여 여호와께서 이스라엘 자손 앞에서 쫓아내신 이방 사
람들의 가증한 일을 본받아 3 그의 아버지 히스기야가 헐어 버린 산당을 다시 세우며
바알들을 위하여 제단을 쌓으며 아세라 목상을 만들며 하늘의 모든 일월성신을 경배
하여 섬기며 4 여호와께서 전에 이르시기를 내가 내 이름을 예루살렘에 영원히 두리
라 하신 여호와의 전에 제단들을 쌓고 5 또 여호와의 전 두 마당에 하늘의 일월성신
을 위하여 제단들을 쌓고 6 또 힌놈의 아들 골짜기에서 그의 아들들을 불 가운데로
지나가게 하며 또 점치며 사술과 요술을 행하며 신접한 자와 박수를 신임하여 여호
와 보시기에 악을 많이 행하여 여호와를 진노하게 하였으며 7 또 자기가 만든 아로새
긴 목상을 하나님의 전에 세웠더라 옛적에 하나님이 이 성전에 대하여 다윗과 그의
아들 솔로몬에게 이르시기를 내가 이스라엘 모든 지파 중에서 택한 이 성전과 예루
살렘에 내 이름을 영원히 둘지라 8 만일 이스라엘 사람이 내가 명령한 일들 곧 모세
를 통하여 전한 모든 율법과 율례와 규례를 지켜 행하면 내가 그들의 발로 다시는 그
의 조상들에게 정하여 준 땅에서 옮기지 않게 하리라 하셨으나 9 유다와 예루살렘 주
민이 므낫세의 꾀임을 받고 악을 행한 것이 여호와께서 이스라엘 자손 앞에서 멸하
신 모든 나라보다 더욱 심하였더라

므낫세는 히스기야와 완전히 대조되는 삶을 살았다. 그는 하나님 보시기에 악한 일을 했을 뿐만 아니라 율법이 금하는 이교/배교적인 일은 모조리 다했다. 그래서 저자는 두 차례나 그의 삶을 "여호와께서 이스라엘 자손 앞에서 쫓아내신 이방 사람들의 가증한 일을 본받았다"라고 평가한다(2절; 9절; cf. 신 18:9). 또한 그의 삶과 통치는 "여호와 보시기에 악"(2절), "여호와 보시기에 많은 악"(6절), "악을 행한 것이 여호와께서 멸하신 모든 나라보다 더욱 심하였다"(9절)고 한다. 저자는 본문에서 세 차례의 점진적인 표현을 통해 그의 죄를 고발하고 있다(cf. Allen).

유다의 종교행태가 므낫세 시대에 최악에 달했으며 이런 왕과 백성의 모습은 가나안 사람들과 전혀 다를 바가 없었다. 이스라엘은 원래 가나안을 "여호와화"하라는 소명을 받았는데 므낫세가 다스리는 유다는 오히려 완전히 "가나안화" 되어있다. 원래 하나님이 가나안 사람들을 내치시고 땅을 이스라엘에게 주신 이유와 목적이 아무런 의미가 없어졌다. 앞으로 유다에게 임할 하나님의 심판을 예고한다.

므낫세가 도대체 어떤 일을 하였기에 저자로부터 "가나안 사람"으로 평가되는 것일까? 제일 먼저 아버지 히스기야가 헐어버렸던 산당들을 다시 세웠다(3a절). 아버지가 엄청난 정치적 위기를 당하면서까지(cf. 32:12) 추진했던 일을 아들이 한순간에 원점으로 되돌린 기가 막힌 일이다. 삶의 업적이라는 것이 이렇다. 쌓기는 어려워도 무너뜨리기는 너무나도 쉽다. 그러니 우리가 하나님을 위해서 많은 것을 이루는 것도 중요하지만 적절한 후임자들을 키워서 우리의 열정과 비전이 지속되게 하는 일도 매우 중요하다.

더 나아가 므낫세는 바알들과 아세라와 하늘의 별들을 숭배했다(3b절). 므낫세는 닥치는 대로 우상을 숭배하는 우상 중독자였다. 왜 이렇게 되었을까? 아버지의 철저한 여호와주의적인 삶이 오히려 반감을 준 것일까? 한 세대를 지나며 집안의 영적 상태가 이처럼 급속도로 몰락할 수 있다는 것이 잘 믿기지는 않지만 이것이 영적 전쟁의 실체이다. 그러니 부모들은 자녀들의 영성을 위해서 죽는 순간까지 기도해야 하며 한순간이라도 방심해서는 안 된다.

므낫세는 노골적으로 여호와 하나님을 자극했다. 예루살렘 성전에 갖가지 우상들을 도입한 것이다(4절). 그는 우상들을 숭배하는 제단들을 성전 여기저기에 세운 것도 모자라 자기 아들들을 힌놈의 아들 골짜기에서 번제물로 살라 바쳤다(6a절). 저자는 므낫세가 "그의 아들들"(בָּנָיו)을 불살라 바쳤다며 할아버지 아하스가 했던 가증한 일(cf. 28:3)과 동일하게 묘사한다(Allen). 므낫세는 제2의 아하스이다. 새로운 아하스가 된 므낫세는 아들들을 우상(viz., 몰렉)에게 바쳤다. 하나님을 무시하는 사람이 여호와께 바칠 리 없었고 하나님이 율법을 통해 인간 번제를 금하신다는 사실을 그가 모를 리 없었다. 자기 아이들을 인간 제물들로 바친 그의 모습은 할아버지 아하스를 연상케 한다.

왕은 온갖 점쟁이와 마술사들을 동원해서 이교적인 종교행위를 했다(6b절). 그의 행실은 하나님의 진노를 사기에 충분했다(6c절). 므낫세는 성전에 우상들에게 바치는 제단들만 세운 것이 아니라(4절) 자기가 만든 우상들도 세웠다(7a절). 저자는 이런 므낫세의 무례함과 배교적인 행위로부터 받은 충격을, 성전은 하나님이 "내가 이스라엘의 모든 지파 중에서 택한 이 성전과 예루살렘에 영원히 내 이름을 두겠다"(7b절) 라고 말씀하신 곳이라는 말로 대신한다. 므낫세는 유다의 왕으로뿐만 아니라 여호와의 백성으로서 도저히 해서는 안 될 일을 했다.

므낫세의 죄는 개인적인 문제로 끝나지 않았다. 그는 백성들을 꾀어 함께 우상들을 숭배하며 악한 일을 하게 했다. 우상숭배와 악행에 열심을 낸 것이다. 이런 므낫세의 모습은 이스라엘의 왕권이 지닌 역사와 의미를 완전히 배반하는 행위이다. 왕에 대한 율법(신 17:14-20)은 이스라엘의 왕은 무엇보다도 온 백성에게 믿음의 모범이 되어야 한다고 한다. 그런데 므낫세는 이 율법에 역행하는 행동을 하고 있다. 그러므로 머지않아 하나님의 심판이 그와 백성들에게 임할 것을 예측할 수 있다.

므낫세를 가나안 사람으로 평가했던 저자가(2절) 그의 농간에 놀아나 왕과 행실을 같이하는 백성들을 가나안 사람들에 비교한다(9절). 아니, 저자는 유다 사람들이 가나안 사람들보다 더 많은 우상을 숭배하고 더 많은 악을 저질렀다고 한다. 잘못된 리더로 말미암아 유다의 가나안화가 급물살을 탄 것이다. 영적 리더가 항상 마음에 두고 행실에 신중해야 할 진리가 하나 있다. 사람들을 죄로 인도하는 일이 죄에서부터 인도해내는 일보다 훨씬 더 쉽다는 사실이다.

3. 심판(33:10-11)

10 여호와께서 므낫세와 그의 백성에게 이르셨으나 그들이 듣지 아니하므로 11 여호와께서 앗수르 왕의 군대 지휘관들이 와서 치게 하시매 그들이 므낫세를 사로잡고 쇠사슬로 결박하여 바벨론으로 끌고 간지라

하나님이 아직도 시내 산 언약과 다윗과의 약속을 중요하게 여기신다면 결코 므낫세와 유다의 이런 행동을 지켜만 보셔서는 안 된다. 극단의 조치를 취하셔서 회개하도록 해야 한다. 시내 산 언약은 하나님의 이 같은 책임을 구체화시킨 문서였다(cf. 신 28-30장). 하나님은 먼저 왕과 백성에게 경고의 말씀을 선포하셨다(10절). 물론 선지자들을 보내셨다. 그러나 그들은 하나님의 말씀을 귀담아듣지 않았다.

그래서 결국 하나님은 아시리아 사람들을 도구로 사용하셔서 주의 백성인 유다를 치셨다. 아시리아 사람들은 므낫세를 쇠사슬로 묶어 바빌론으로 끌어갔다(11절). 쇠사슬에 묶인다는 것은 전쟁포로에게나 적용되는 최고의 수모였다. 백성들이 끌려갔다는 말이 없는 것으로 보아 하나님은 예루살렘과 유다 백성들은 그대로 두시고 므낫세만 끌려가게 하신 것으로 생각된다(cf. Japhet). 열왕기는 이 일에 대해서 언급하지 않는다. 아시리아의 기록에도 므낫세가 끌려간 일은 기록되어 있지 않다. 그러나 므낫세에 대한 아시리아의 기록이 거의 존재하지 않은 상황에서 이 사건의 진의를 논한다는 것은 무리다. 실제로 그가 아시리아 사람들의 손에 끌려갔을 가능성이 다분하다. 그가 아시리아의 옛 수도인 앗술이나 새 수도인 니느웨가 아닌 바빌론으로 끌려갔던 일이 이러한 가능성을 한층 더 높여준다.

왜 므낫세는 아시리아 사람들에 의해서 니느웨가 아닌 바빌론으로 끌려간 것일까? 아마도 바빌론 사람들이 사마스숨우킨(Shamash-shumukin)을 상대로 꾸민 역모에 연루되었다는 혐의를 받은 것으로 생각된다. 사마스숨우킨은 아시리아 제왕 아술바니발(Ashurbanipal)의 형제였으며 아술바니발에 의해서 바빌론 왕으로 임명되었다. 그런데 바빌론 사람들이 사마스숨우킨을 상대로 쿠데타를 일으켰다. 쿠데타는 주전 652-648년까지 지속되었는데 어떤 이유에서인지 므낫세가 여기에 연루된 혐의를 받은 것이다(Curtis, Rudolph, Japhet, Hill). 만일 므낫세가 이 일로 인해 바빌론까지 끌려갔다면 이 사건은 55년 통치가 거의 끝나가는 시점에 있었던 일이다.

Ⅳ. 유다의 마지막 왕들(29:1-36:21)
2장. 므낫세(33:1-20)

4. 회개와 회복(33:12-13)

12 그가 환난을 당하여 그의 하나님 여호와께 간구하고 그의 조상들의 하나님 앞에
크게 겸손하여 13 기도하였으므로 하나님이 그의 기도를 받으시며 그의 간구를 들으
시사 그가 예루살렘에 돌아와서 다시 왕위에 앉게 하시매 므낫세가 그제서야 여호와
께서 하나님이신 줄을 알았더라

바빌론으로 끌려간 므낫세가 고통 속에서 주님을 찾았다. 고통은 사람에게 두 가지 영향력을 행사한다. 첫째, 사람을 더 강퍅하게 만들고 더 꼬이게 할 수 있다. 아하스가 이런 예에 속한다(28:22). 둘째, 사람에게 자신을 되돌아보며 반성하게 할 수 있다. 므낫세의 경우가 이런 예에 속한다. 비록 그가 아하스를 모방했지만 결정적인 순간에는 할아버지의 길을 걷지 않고 회개했다.

므낫세의 회심은 성경에 기록된 여러 회심 이야기 중 기독교인들을 핍박하기 위해서 다마스쿠스로 가던 중 회심한 사울(훗날의 사도 바울) 다음으로 극적인 사건이다(Selman). 평생 우상숭배에 중독된 삶을 살았던 므낫세가 겸손히 조상의 하나님 여호와를 찾았다(12절). 그런데 하나님이 이런 므낫세를 용서하실까? 그가 지은 죄가 하도 많아서 낙관할 상황이 아닌 듯하다.

므낫세의 모든 죄악을 아시는 하나님이 그를 용서하셨다(13절). 아무리 흉악한 죄를 지은 사람이라 할지라도 회개하면 하나님이 용서하시고 다시 자녀로서 사랑하신다는 역대기 저자의 가르침이 절정에 달하고 있다. "하나님이 므낫세를 용서하셨다!" 하나님이 회개한 므낫세를 다시 예루살렘으로 돌아오게 하시고 다시 유다의 왕이 되게 해주셨다. 하나님의 은총을 체험한 므낫세는 그제서야 세상 어디에도 여호와 같은 분이 없다는 사실을 알게 되었다. 하나님의 사랑과 자비가 므낫세가 주님의 성품과 능력에 대해서 조금이라도 가지고 있을 수 있었던 모든 의심을 녹여버린 것이다. 하나님은 이렇게 죄인을 감동시키신다. 감동은 그분의 중요한 사역 방법이다.

5. 재건과 개혁(33:14-17)

14 그 후에 다윗 성 밖 기혼 서쪽 골짜기 안에 외성을 쌓되 어문 어귀까지 이르러 오벨을 둘러 매우 높이 쌓고 또 유다 모든 견고한 성읍에 군대 지휘관을 두며 15 이방 신들과 여호와의 전의 우상을 제거하며 여호와의 전을 건축한 산에와 예루살렘에 쌓은 모든 제단들을 다 성 밖에 던지고 16 여호와의 제단을 보수하고 화목제와 감사제를 그 제단 위에 드리고 유다를 명령하여 이스라엘 하나님 여호와를 섬기라 하매 17 백성이 그의 하나님 여호와께만 제사를 드렸으나 아직도 산당에서 제사를 드렸더라

하나님의 은총에 감동을 받아 세상에 여호와 같은 분이 없다는 사실을 알게 된 므낫세가 지금까지 하나님께 저질렀던 죄를 조금이나마 반성

하고 되돌리고자 하는 의미에서 몇 가지 정책을 추진했다. 첫째, 다윗 성 밖 기혼 샘 서쪽에서부터 물고기 문에 이르기까지 허물어진 성벽을 보수하고 한껏 더 높이 쌓았다(14절). 역대기 저자는 왕의 건설 업적을 꾸준히 하나님의 축복으로 묘사한다(Williamson). 회개한 므낫세가 하나님의 축복을 누리기 시작한 것이다.

기혼 샘은 히스기야가 만든 터널의 끝이었다. 저자가 구체적으로 기혼 샘을 언급한 것은 므낫세가 그제서야 아버지 히스기야의 길을 걷기 시작했음을 상징적으로 표현하기 위해서이다. 므낫세는 유다의 요새화된 성읍에 군대 지휘관들을 배치하여 백성들과 예루살렘을 보호했다.

므낫세는 자신이 성전 안에 설치했던 우상들과 목상들을 모조리 없애버렸다(15절). 성전 안에 있는 이방 제단들도 모두 제거했으며 예루살렘 곳곳에 세워둔 이교의 제단들도 모두 치워버렸다. 왕은 지난날에 저지른 잘못을 되돌리려고 안간힘을 쓰고 있다. 므낫세의 이런 노력은 죄를 지은 주의 백성이 회개하고 돌아오면 백성들뿐만 아니라 그들의 땅도 치료해 주시겠다는 하나님의 약속을 연상케 한다(7:14; cf. Hill). 므낫세가 자신이 세운 우상들을 스스로 제거하면서 어떤 생각을 했을까? 자신이 참 어리석었다는 생각이 엄습했을 것이다. 처음부터 우상을 숭배하지 않았으면 이런 수고를 하지 않아도 되는데. 그러나 늦게라도 하나님께 돌이킨 것이 끝까지 죄인으로 사는 것보다 천 배나 더 낫다.

므낫세는 예루살렘 성전에서 드리는 예배도 회복시켰다(16절). 그는 제단을 고치고, 화목제와 감사제를 드렸다. 또한 모든 백성에게 여호와 하나님을 섬길 것을 명령했다. 그러나 우리가 잘 알고 있듯이 예배를 회복한다고 해서 사람들의 마음이 자동적으로 회복되는 것은 아니다(Selman). 왕의 명령을 받은 사람 중 몇 사람이나 진심으로 회개하고 하나님을 섬겼는지 알 수가 없다. 그가 이교의 제단들과 우상들은 모두 제거했지만 산당들은 제거하지 않았기 때문에 백성들은 계속 산당에서 제사를 드렸다. 그러나 여호와께만 제사를 드렸다(17절). 산당들을 완전히 제거했으면 더 좋으련만 그래도 므낫세가 이 정도라도 했으니 참으로 다행이다.

Ⅳ. 유다의 마지막 왕들(29:1-36:21)
2장. 므낫세(33:1-20)

6. 결론적 통치 요약(33:18-20)

18 므낫세의 남은 사적과 그가 하나님께 한 기도와 선견자가 이스라엘 하나님 여호와
의 이름으로 권한 말씀은 모두 이스라엘 왕들의 행장에 기록되었고 19 또 그의 기도
와 그의 기도를 들으신 것과 그의 모든 죄와 허물과 겸손하기 전에 산당을 세운 곳과
아세라 목상과 우상을 세운 곳들이 다 호새의 사기에 기록되니라 20 므낫세가 그의
열조와 함께 누우매 그의 궁에 장사되고 그의 아들 아몬이 대신하여 왕이 되니라

저자는 므낫세에 대한 나머지 정보는 "이스라엘 왕들의 행장"과 "호새의 사기"(דִּבְרֵי חוֹזָי)에 기록되어 있다고 한다. 자신이 이 책들을 인용하여 므낫세의 이야기를 정리했음을 시사한다. 므낫세의 통치 요약을 다른 왕들의 것에 비교할 때 인상적인 것은 하나님께 기도했다는 것과 하나님이 기도를 받으시고 용서하신 것이 강하게 드러난다는 사실이다(18, 19절). 저자가 이러한 사실을 이곳에서 강조하는 것은 므낫세와 같이 형편없는 사람이 하나님의 용서를 받을 수 있었던 것은 하나님이 항상 열린 마음으로 죄인들이 회개하고 돌아오기를 기다리고 계시기 때문이라는 점을 강조하기 위해서이다(Selman). 또한 하나님은 어느 시대에든지 열린 마음으로 죄인들이 돌아오기를 기다리신다.

비록 므낫세가 자기 인생의 대부분을 형편없는 신앙인으로 살았으나 바빌론에서 회개한 뒤 하나님의 은혜를 체험하고 나서는 나머지 인생을 주를 위해서 살았다. 이 점이 인정되어 그는 죽어서 궁에서 장사되었다. 그가 죽자 아들 아몬이 뒤를 이어 왕이 되었다.

3장. 아몬(33:21-25)

[21] 아몬이 왕위에 오를 때에 나이가 이십이 세라 예루살렘에서 이 년 동안 다스리며
[22] 그의 아버지 므낫세의 행함 같이 여호와 보시기에 악을 행하여 아몬이 그의 아버
지 므낫세가 만든 아로새긴 모든 우상에게 제사하여 섬겼으며 [23] 이 아몬이 그의 아
버지 므낫세가 스스로 겸손함 같이 여호와 앞에서 스스로 겸손하지 아니하고 더욱
범죄하더니 [24] 그의 신하가 반역하여 왕을 궁중에서 죽이매 [25] 백성들이 아몬 왕을 반
역한 사람들을 다 죽이고 그의 아들 요시야를 대신하여 왕으로 삼으니라

아몬(אָמוֹן; lit., "장인/숙련된 자")에 관한 이야기는 열왕기의 내용을 거의 그대로 반영한다(cf. 왕하 21:19-26). 므낫세 이야기에서처럼 어머니의 이름은 삭제되었다. 아몬이 왕이 되었을 때 나이가 22세였으며 2년을 통치했다(21절). 오늘날의 연대로 계산하면 통치기간은 주전 643-641년쯤 된다(Thiele).

아몬은 아버지 므낫세처럼 하나님 보시기에 악을 행하였다(22절). 물론 므낫세가 회개하기 전의 모습을 뜻한다. 아몬은 므낫세가 만들어 세웠다가 모두 제거해버린 우상들을 숭배했다. 므낫세가 하나님께 회개했지만 우상숭배의 잔해가 아들 아몬의 영성을 황폐하게 만들었다. 게다가 아몬은 아버지처럼 나중에라도 회개한 것이 아니라 오히려 더 죄를 짓고 죄인으로 삶을 마감했다(23절).

아몬이 겨우 2년을 통치한 것에는 이유가 있다. 신하들이 반역하여 그를 암살했다(24절). 역대기 저자는 왕이 살해되는 일을 하나님의 심판으로 간주한다(Selman, Hill, cf. 24:25; 25:27). 그러나 어떤 이유에서인지 백성들은 암살자들을 죽이고 아몬의 아들 요시야를 왕으로 세웠다(25절). 아몬은 유다 왕 중 요아스와 아마샤에 이어 세 번째로 살해된 왕이 되었다.

4장. 요시야(34:1-36:1)

요시야는 유다 역사상 하나님을 사랑하여 가장 포괄적인 종교개혁을 추진한 왕 중 하나였다. 열왕기 저자는 그를 전무후무한 사람이라고 한다(왕하 23:25). 역대기 저자는 열왕기 저자처럼 요시야를 극찬하지는 않지만 그래도 여호사밧과 히스기야와 함께 유다의 왕들 가운데 가장 빛나는 인물 중 하나로 묘사한다(Williamson).

그러나 열왕기 저자와는 달리 역대기 저자는 므깃도에서 이집트의 왕 느고의 칼에 맞아 죽게 된 일을 하나님의 뜻을 거역했기 때문이라며 죽음에 대해서 부정적인 신학적 평가를 더한다(35:22). 이 일을 통해 역대기 저자는 요시야의 모든 선행이 자신의 생명을 구할 수 없었던 것처럼, 유다도 멸망과 포로생활을 피할 수 없게 될 것임을 경고한다. 그럼에도 불구하고 언젠가 유다는 요시야가 열정적으로 보급하고 지켰던 율법을 통해 다시 살게 될 것이다(De Vries).

역대기는 요시야의 이야기를 구성하면서 열왕기의 진행 순서를 그대로 따라가지만 새로이 추가되는 섹션들과 상당한 편집을 거친 부분들이 있어서 마치 열왕기의 것과는 매우 다른 새로운 이야기처럼 느껴지기도 한다(Japhet). 열왕기에 비교했을 때 역대기가 보이는 가장 큰 차이점들은 (1) 유월절 이야기 추가(35:1-19), (2) 므깃도 죽음에 대한 평가(35:20-25), (3) 평생을 통한 개혁(34:3-7) 등을 들 수 있다. 열왕기는 요시야의 종교적 개혁이 즉위 18년째 되던 해에 성전을 보수하다 발견한 율법책에 근거해서 그 이후에 진행된 일이라고 하는 반면에 역대기는 왕이 성인이 되자마자 시작한 개혁을 평생 동안 진행하는 과정에서 율법책을 발견한 것으로 묘사하고 있다.

많은 주석가는 요시야가 평생을 개혁가로 살았다고 하는 역대기의 평가를 더 선호한다(Dillard, Thompson, Johnstone, Hill). 열왕기와 역대기의 요시야 이야기 진행을 살펴보면 다음 도표가 보여주는 것처럼 공통점과 차이점를 지닌다(Japhet; cf. Johnstone).

역대하	내용	열왕기하
34:1-2	서론	22:1-2
34:3-7	요시야 즉위 8년째와 12년째 해	-
34:8-33	요시야 즉위 18년째 해: 성전 보수, 율법책 발견, 언약갱신, 개혁	22:3-23:23
35:1-19	유월절	-
-	요시야의 나머지 개혁	23:24-27
35:20-25	므깃도 전투와 요시야의 죽음	-
35:26-36:1	결론	23:28-30

요시야 이야기는 다음과 같이 구분할 수 있다.

A. 서론적 통치 요약(34:1-2)

B. 개혁의 첫 단계(34:3-7)

C. 즉위 18년째 되던 해(34:8-33)

D. 유월절(35:1-19)

E. 므깃도 전투(35:20-25)

F. 결론적 통치 요약(35:26-36:1)

Ⅳ. 유다의 마지막 왕들(29:1-36:21)
4장. 요시야(34:1-36:1)

1. 서론적 통치 요약(34:1-2)

1 요시야가 왕위에 오를 때에 나이가 팔 세라 예루살렘에서 삼십일 년 동안 다스리며
2 여호와 보시기에 정직하게 행하여 그의 조상 다윗의 길로 걸으며 좌우로 치우치지
아니하고

요시야(יֹאשִׁיָּהוּ; lit., "여호와께서 치유하시는 자")는 8세에 유다의 왕이 되었고 31년 동안 통치했다. 이때가 주전 641-609년쯤이다(Thiele). 이 기간에 고대 근동의 정치 무대에는 큰 변화가 있었다. 지난 세기 동안 이스라엘을 괴롭혔던 아시리아가 몰락하고 그 자리를 바빌론이 차지했다. 아시리아는 마지막 대왕 아슐바니발이 주전 627년에 죽은 이후 심각한 리더십의 위기를 맞았다. 기회를 엿보던 바빌론은 626년에 아시리아로부터 독립을 선언했으며, 이 해 이후 바빌론은 동맹국 메데와 함께 아시리아를 근동 지도에서 밀어내기 시작했다. 드디어 612년에 니느웨가 함락되었으며, 605년에는 갈그미스 전투를 통해서 아시리아의 역사는 막을 내렸다. 이처럼 급변하는 국제 정세 속에 유다는 잠시나마 상대적인 평안을 누렸다. 바빌론은 가나안 지역까지 원정을 나올 형편은 아니었으며 이집트 역시 가나안 지역의 작은 나라들에게 영향력을 행사할 만한 여건이 못 되는 상황이었기 때문이었다(House).

여덟 살의 어린 나이에 암살당한 아버지의 대를 이어 즉위한 그는 자칫 잘못하면 이용하려는 정치 세력의 농간에 놀아날 수 있었지만 하나님의 말씀을 따르며 자신의 정권을 든든하게 세워갔다. 열왕기처럼 저자는 요시야의 일생을 "그의 조상 다윗의 길로 걸으며 좌우로 치우치지 않은 삶"으로 묘사한다(2절; cf. 왕하 22:2). "좌로나 우로나 치우치지 않은 삶"은 모세의 율법을 잘 지켰다는 것을 뜻한다(Provan). 저자는 요시야의 모든 행적과 종교적인 삶을 전적으로 인정하고 칭찬하고 있다.

2. 개혁의 첫 단계(34:3-7)

3 아직도 어렸을 때 곧 왕위에 있은 지 팔 년에 그의 조상 다윗의 하나님을 비로소 찾
고 제십이년에 유다와 예루살렘을 비로소 정결하게 하여 그 산당들과 아세라 목상들
과 아로새긴 우상들과 부어 만든 우상들을 제거하여 버리매 4 무리가 왕 앞에서 바알
의 제단들을 헐었으며 왕이 또 그 제단 위에 높이 달린 태양상들을 찍고 또 아세라
목상들과 아로새긴 우상들과 부어 만든 우상들을 빻아 가루를 만들어 제사하던 자들
의 무덤에 뿌리고 5 제사장들의 뼈를 제단 위에서 불살라 유다와 예루살렘을 정결하
게 하였으며 6 또 므낫세와 에브라임과 시므온과 납달리까지 사면 황폐한 성읍들에
도 그렇게 행하여 7 제단들을 허물며 아세라 목상들과 아로새긴 우상들을 빻아 가루
를 만들며 온 이스라엘 땅에 있는 모든 태양상을 찍고 예루살렘으로 돌아왔더라

이 섹션에 묘사된 내용은 열왕기에는 없다. 열왕기 저자는 요시야에 대한 서론적 통치 요약(왕하 22:1-2)을 제시한 다음 곧장 즉위 18년째 되던 해의 일로 넘어간다. 열왕기 저자에게 요시야 즉위 18년째 되던 해에 있었던 일들이 가장 인상적이고 중요했기 때문에 거두절미하고 곧장 이 해에 있었던 일들을 조명한다. 반면에 역대기 저자는 왕이 16세 되던 해에 하나님을 찾았던 일과 20세 되던 해에 단행한 개혁을 회고하여 즉위 18년째 되던 해(viz., 왕이 26세 되던 해, 622 BC)의 일들이 결코 한순간에 즉흥적으로 시작된 일이 아니며 요시야가 상당히 오랫동안 추진해 왔던 종교개혁의 하이라이트라고 한다. 역대기 저자는 요시야 즉위 18년에 있었던 일을 지난 10여 년의 역사적 정황에서 제시한다.

요시야는 왕이 된 지 8년째 되던 해, 곧 나이가 16세 되던 해인 주전 633년에 조상 다윗의 하나님을 찾기 시작했다(3a절). 저자는 이런 요시야를 높이 평가한다. 그래서 저자는 요시야가 "아직도 매우 어린 나이에"(עוֹדֶנּוּ נַעַר) 하나님을 찾기 시작했다고 한다. 또한 우상들과 잡신들을

찾은 선왕들과 달리 조상 다윗의 하나님을 찾았다(דרש). 어린 요시야 왕은 오직 여호와를 향한 믿음만이 자신과 백성이 살 길임을 잘 알고 있었다. 요시야는 즉위한 지 12년째 되던 해, 곧 20세가 되던 주전 629년에 온 나라에서 우상들을 제거하는 종교개혁을 단행했다(3b절). 지난 4년 동안 성장해온 개인적인 신앙이 국가적인 정책으로 꽃을 피운 것이다. 고대 유태인 사회에서 20세는 성인이 되는 나이이며 레위 사람들이 사역을 시작하는 해이기도 했다(cf. 민 1:3; 대상 23:24). 그러므로 요시야가 성인이 되는 나이인 20세에 개혁을 시작한 것은 상당한 상징성을 지닌다(cf. Hill).

요시야의 명령에 따라 유다와 예루살렘에서 바알 신들을 숭배하던 제단들과 분향단들이 모두 헐렸다(4절). 할아버지 므낫세가 회개하고 나서 종교개혁을 단행했을 때에 남겨두었던 산당들을 모두 제거한 것이다(cf. 33:17). 물론 므낫세는 산당들에서 여호와께만 제사를 드리도록 했지만, 요시야에게는 한 곳에서만 제사를 드리라는 율법에 따라 산당들을 허는 일이 더 중요했다. 요시야는 아세라 목상들과 갖가지 새긴 우상들을 모두 가루로 빻아 우상들 앞에서 제사장 노릇을 하던 자들의 무덤에 뿌렸으며, 제사장들의 뼈를 우상에게 제사드리던 제단 위에서 불살라 유다와 예루살렘을 정결하게 했다(5절).

요시야는 유다와 예루살렘에서뿐만 아니라 므낫세와 에브라임과 시므온 지역, 납달리 지역까지 돌아다니며 개혁을 계속 추진했다(6절). 므낫세와 에브라임은 북 왕국을 대표하는 지파들이었으며, 시므온은 약속의 땅의 최남단에, 납달리는 최북단에 위치한 지파들이었다(Japhet). 저자는 요시야가 옛적에 다윗과 솔로몬이 다스렸던 온 이스라엘 영토에서 개혁을 단행했음을 강조한다. 옛 북 왕국의 영토에서도 예루살렘과 유다에서 한 것처럼 모든 제단을 헐고 우상을 빻아 가루로 만든 다음에야 예루살렘으로 돌아왔다(7절; cf. 왕하 23:15-20). 요시야가 아시리아의 주로 편입되었던 북 왕국 영토에서 자유로이 활동할 수 있었던 것은 당시 아시리아 제국의 기반이 상당히 흔들리고 있었음을 암시한다 (Japhet, Hill).

3. 즉위 18년째 되던 해(34:8-33)

이 섹션은 요시야가 즉위한 지 18년이 되던 해, 곧 나이가 26세가 되던 주전 622년에 있었던 일들을 회고하고 있다. 성전을 보수하다가 율법책을 발견한 일과 언약갱신에 관한 이야기이다. 레위 사람들이 공사를 감독한 일(12-13절) 외에는 열왕기하 22:3-23:23의 내용을 거의 그대로 반영하고 있다. 한 가지 차이점은 열왕기에서는 요시야가 대신들을 보내 힐기야 제사장에게 성전을 보수하도록 하고 왕은 이 일을 뒤에서 지원하는 역할을 하는 반면, 역대기에서는 왕이 대신들을 보내 모든 일을 선두에서 지휘한다는 것이다(Japhet). 본 텍스트는 다음과 같이 네 파트로 구분할 수 있다

A. 성전 보수공사(34:8-13)
B. 율법책 발견(34:14-21)
C. 훌다의 예언(34:22-28)
D. 언약갱신 예배(34:29-33)

(1) 성전 보수공사(34:8-13)

8 요시야가 왕위에 있은 지 열여덟째 해에 그 땅과 성전을 정결하게 하기를 마치
고 그의 하나님 여호와의 전을 수리하려 하여 아살랴의 아들 사반과 시장 마아세

야와 서기관 요아하스의 아들 요아를 보낸지라 [9] 그들이 대제사장 힐기야에게 나
아가 전에 하나님의 전에 헌금한 돈을 그에게 주니 이 돈은 문을 지키는 레위 사
람들이 므낫세와 에브라임과 남아 있는 모든 이스라엘 사람과 온 유다와 베냐민
과 예루살렘 주민들에게서 거둔 것이라 [10] 그 돈을 여호와의 전 공사를 감독하는
자들의 손에 넘기니 그들이 여호와의 전에 있는 일꾼들에게 주어 그 전을 수리하
게 하되 [11] 곧 목수들과 건축하는 자들에게 주어 다듬은 돌과 연접하는 나무를 사
며 유다 왕들이 헐어버린 성전들을 위하여 들보를 만들게 하매 [12] 그 사람들이 성
실하게 그 일을 하니라 그의 감독들은 레위 사람들 곧 므라리 자손 중 야핫과 오
바댜요 그핫 자손들 중 스가랴와 무술람이라 다 그 일을 감독하고 또 악기에 익숙
한 레위 사람들이 함께 하였으며 [13] 그들은 또 목도꾼을 감독하며 모든 공사 담당
자를 감독하고 어떤 레위 사람은 서기와 관리와 문지기가 되었더라

유다와 옛 이스라엘의 모든 영토에서 우상들과 산당들을 제거하고 예루살렘으로 돌아온 요시야가(cf. 7절) 낡은 성전에 관심을 돌렸다(8절). 왕은 지속적으로 추진하고 있는 종교개혁의 일환으로 오랜 세월을 지나며 훼손된 성전을 보수하기로 했다. 왕은 세월이 지나며 자연스럽게 부식된 것이 아니라 유다의 왕들이 의도적으로 파손한 부분들을 수리했다(cf. 11절). 요시야는 선왕들의 죄로 인한 파괴의 흔적을 지우려고 했다. 이때가 그가 즉위한 지 18년째 되는 해였으며 그의 나이가 26세였던 주전 622년쯤 된다.[5]

요시야는 아살랴의 아들 사반과 마아세야 성주와 요아하스의 아들 요아 서기관 등 세 사람을 지명하여 성전 보수공사를 추진하게 했다(8절). 열왕기는 세 사람 중 사반만 언급한다(왕하 23:3). 많은 주석가는 열왕기와 역대기가 사용한 출처들에는 나머지 두 사람의 이름도 기록되어 있지만 열왕기 저자가 자신의 책에 포함시키지 않은 것이라고 한다

5 학자들은 이 해가 주전 623년 혹은 621년이라 하기도 하는데, 필자는 622년으로 간주하고자 한다.

(Rudolph, Williamson). 학자들이 이렇게 결론짓는 것은 구약에서 왕들이 중요한 일을 위해서 대신들을 보낼 때 흔히 세 사람 이상을 보내기 때문이다. 히스기야는 산헤립의 부하 랍사게에게 세 명을 보냈으며(왕하 18:18, 26, 37) 이사야 선지자에게는 여러 사람을 보냈다(왕하 19:2). 요시야는 잠시 후에 훌다에게 제사장 힐기야와 다른 네 명을 보낸다(34:20; cf. 왕하 22:12). 열왕기 저자가 왜 두 사람의 이름을 누락했는지는 알 수 없다.

왕의 임명을 받은 세 대신들은 힐기야 대제사장을 찾아가서 성전에 들어온 돈을 그에게 건네주었다. 이 돈은 온 유다와 이스라엘 사람들로부터 거두어들인 돈이었으며 레위 사람들이 모은 것이었다(9절). 요시야 시대로부터 거의 200년 전에 요아스가 비슷한 일을 했다(24:1-14). 요시야가 공사를 위해서 사용하는 돈도 요아스가 세워놓은 전례에 따라(24:4-11) 백성들이 성전에 바친 헌금을 모은 것이다. 그가 일을 하면서 도입한 방법도 할아버지 요아스가 사용했던 방법과 동일했다. 감독관들에게 모든 돈을 주어 일하는 인부들에게 품삯을 주도록 했고 어떤 회계 보고도 요구하지 않았다(10-11절; cf. 왕하 12:3-7). 모두 정직하게 일했으며, 요시야는 네 명의 레위 사람들을 감독으로 두어 공사를 감독하게 했다. 므라리 자손 가운데는 야핫과 오바댜, 그핫 자손 가운데서는 스가랴와 무술람이 감독이 되어 공사를 진행했다(12절). 어떤 이유에서인지 게르손의 자손들은 감독으로 임명되지 않았다.

감독관들은 모두 음악에 능숙한 사람들이었다(12절). 그러나 왜 이 일을 감독하는 사람들이 음악인들이었을까? 본문에 추가적 내용이 없기 때문에 잘 설명이 되지 않는다. 그래서 일부 주석가들은 "악기에 익숙한 자들"(כָּל־מֵבִין בִּכְלֵי־שִׁיר)을 13절 마지막 부분으로 옮길 것을 제안한다(Curtis, Rudolph, Japhet). 이렇게 할 경우 13절 마지막 부분은 레위 사람들의 서열을 정리하는데, 그 순서가 서기-관리-문지기-음악인이라는 뜻이다(cf. NEB).

Ⅳ. 유다의 마지막 왕들(29:1-36:21)
4장. 요시야(34:1-36:1)
3. 즉위 18년째 되던 해(34:8-33)

(2) 율법책 발견(34:14-21)

14 무리가 여호와의 전에 헌금한 돈을 꺼낼 때에 제사장 힐기야가 모세가 전한 여
호와의 율법책을 발견하고 15 힐기야가 서기관 사반에게 말하여 이르되 내가 여호
와의 전에서 율법책을 발견하였노라 하고 힐기야가 그 책을 사반에게 주매 16 사반
이 책을 가지고 왕에게 나아가서 복명하여 이르되 왕께서 종들에게 명령하신 것을
종들이 다 준행하였나이다 17 또 여호와의 전에서 발견한 돈을 쏟아서 감독자들과
일꾼들에게 주었나이다 하고 18 서기관 사반이 또 왕에게 아뢰어 이르되 제사장 힐
기야가 내게 책을 주더이다 하고 사반이 왕 앞에서 그것을 읽으매 19 왕이 율법의
말씀을 듣자 곧 자기 옷을 찢더라 20 왕이 힐기야와 사반의 아들 아히감과 미가의
아들 압돈과 서기관 사반과 왕의 시종 아사야에게 명령하여 이르되 21 너희는 가서
나와 및 이스라엘과 유다의 남은 자들을 위하여 이 발견한 책의 말씀에 대하여 여
호와께 물으라 우리 조상들이 여호와의 말씀을 지키지 아니하고 이 책에 기록된
모든 것을 준행하지 아니하였으므로 여호와께서 우리에게 쏟으신 진노가 크도다
하니라

성전을 보수하는 과정에서 힐기야 대제사장이 모세가 전한 율법책(סֵפֶר הַתּוֹרָה)을 발견했다(14절). 이스라엘 종교의 중심이 되는 율법책이 한동안 잊혀졌다가 발견되는 것이 우리는 잘 이해가 가지 않지만 충분히 가능한 일이다. 아시리아와 같은 외국군의 침략에서 이 책을 보호하기 위해서 숨겨 두었다가 세월이 지나며 잊혀진 것일 수도 있고, 아니면 유다의 악한 왕들(아하스, 므낫세 등)이 예배를 폐지할 때 이 율법책도 파괴하려고 한 것을 막기 위해서 숨겼다가 세월에 묻혔을 수도 있다(cf. Hill).

힐기야는 발견한 책을 서기관 사반에게 넘겨주었고(15절) 사반은 그 책을 왕에게 가지고 가서 보고했다(16절). 사반은 전반적인 성전 보수

공사가 잘 끝났음을 먼저 보고한 뒤 힐기야 제사장에게서 넘겨받은 책에 관해서 보고하고 왕에게 읽어주었다(17-18절). 사반이 읽어준 율법을 듣고 요시야는 옷을 찢으며 애통해했다(19절). 옷을 찢는 일은 매우 심각한 국가적·개인적 위기에 대한 반응이다. 요시야는 이 책에 기록된 말씀을 듣는 순간 온 유다에 큰 재앙이 임할 것을 직감했다. 왕은 곧장 힐기야, 아히감, 압돈, 사반, 아사야 등 5명의 대신들을 주님께 보내 두루마리에 기록된 내용에 대한 하나님의 뜻을 알아오라고 했다(20-21절). 잠시 후에 보겠지만 선지자에게 가서 하나님의 신탁을 받아오라는 의미이다.

그런데 이 책에는 도대체 어떤 내용이 담겨 있었기에 왕이 이렇게 비통해 하며 두려워한 것일까? 그가 나라의 범죄를 인정하고 민족의 미래에 대해서 매우 불안해 하는 모습으로 보아(cf. 21절) 이 책에는 최소한 신명기 27-28장의 내용이 담겨 있었을 것으로 생각한다(House). 그동안 유다의 역사가 어떠했는가를 감안할 때 율법책이 요구하는 내용이 요시야에게는 너무 충격적이었다.

학자들은 성전에서 발견된 책의 내용과 정체에 대해서 많은 논쟁을 벌여왔다. 데베트(de Wette) 이후 상당수의 주석가가 이 책이 신명기였다고 결론지었으며(cf. Eissfeldt, Dillard), 여기에 근거해서 모세오경의 모세 저작권에 관해서 많은 문제를 제기했다. 이러한 주장의 선구자가 1895년에 신명기 주석을 펴낸 드라이버(S. R. Driver)였다. 그는 이 사건에 근거해서 신명기는 주전 622년 바로 전에 쓰여진 책이라고 했다. 일부 학자들은 신명기는 힐기야를 비롯한 요시야 시대의 종교 지도자들이 당시에 저작한 것이며 성전에서 발견된 것처럼 일을 꾸민 것은 일종의 조작극이라고 하기도 했다.

반면에 요시야의 종교개혁이 단순히 신명기적 사고에서만 비롯된 것이 아니라는 주장도 만만치 않다. 요시야가 단행한 개혁에는 신명기의 내용과 비슷한 부분들이 있지만 일치하지는 않기 때문에 성전에서 발견된 "신명기"에만 의존해서 개혁을 단행했다 말하기는 어렵다는 것이다(von Rad). 요시야의 개혁은 신명기와 전혀 상관없이 진행했다고 주장하는 학자도 있다(Mayes). 요시야 시대 때 성전에서 발견된 책은 신명기의 원조이며, 훗날 여호수아, 사사기, 사무엘상·하, 열왕기상·하 등을 집필하는 원동력이 되었고 이 책도 많이 확장되어 오늘날의 신명기가 되었다는 주장도 있다(Noth). 즉, 요시야 시대 때 성전에서 발견된 책의 정체에 대해서는 아직도 논란이 많다.

신명기가 책의 구조로 삼고 있는 헷 족속(Hittite) 계약 양식이 요시야 시대보다는 모세 시대에 널리 사용되었던 점에 근거하여 힐기야가 성전에서 발견한 책은 신명기와 무관하다는 견해도 만만치 않다(Kline, Craigie, Merrill). 신명기뿐만 아니라 모세오경의 다른 부분들도 요시야 개혁의 활력소가 되었다는 주장도 있다(Harrison). 이 모든 학자들의 논쟁에 있어서 참조해야 할 한 가지 중요한 단서는 모세오경 안에서 "율법책"(סֵפֶר הַתּוֹרָה)이라는 명칭은 오직 신명기 안에서만 사용하는 표현이라는 것이다(신 28:61; 29:21; 30:10; 31:26). 본문의 내용을 감안할 때, 한 가지 확실한 것은 모세의 가르침이 오랜 세월 동안 잘 준수되지 않거나 잊혀졌다가 이 일이 계기가 되어 새롭게 부각되고 있다는 사실이다. 역대기 저자는 분명 모세오경 전체가 이때 발견한 것으로 묘사하고 있다(Japhet).

Ⅳ. 유다의 마지막 왕들(29:1–36:21)
4장. 요시야(34:1–36:1)
3. 즉위 18년째 되던 해(34:8–33)

(3) 훌다의 예언(34:22-28)

22 이에 힐기야와 왕이 보낸 사람들이 여선지자 훌다에게로 나아가니 그는 하스라의 손자 독핫의 아들로서 예복을 관리하는 살룸의 아내라 예루살렘 둘째 구역에 살았더라 그들이 그에게 이 뜻을 전하매 23 훌다가 그들에게 이르되 이스라엘의

하나님 여호와께서 이같이 말씀하시기를 너희는 너희를 내게 보낸 사람에게 말하
라 하시니라 24 여호와께서 이같이 말씀하시기를 내가 이 곳과 그 주민에게 재앙
을 내리되 곧 유다 왕 앞에서 읽은 책에 기록된 모든 저주대로 하리니 25 이는 이
백성들이 나를 버리고 다른 신들에게 분향하며 그의 손의 모든 행위로 나의 노여
움을 샀음이라 그러므로 나의 노여움을 이 곳에 쏟으매 꺼지지 아니하리라 하라
하셨느니라 26 너희를 보내어 여호와께 묻게 한 유다 왕에게는 너희가 이렇게 전
하라 이스라엘의 하나님 여호와께서 이같이 말씀하시기를 네가 들은 말을 의논하
건대 27 내가 이 곳과 그 주민을 가리켜 말한 것을 네가 듣고 마음이 연약하여 하
나님 앞 곧 내 앞에서 겸손하여 옷을 찢고 통곡하였으므로 나도 네 말을 들었노라
여호와가 말하였느니라 28 그러므로 내가 네게 너의 조상들에게 돌아가서 평안히
묘실로 들어가게 하리니 내가 이 곳과 그 주민에게 내리는 모든 재앙을 네가 눈으
로 보지 못하리라 하셨느니라 이에 사신들이 왕에게 복명하니라

요시야가 보낸 신하들은 힐기야 제사장과 함께 훌다라는 여선지자를 찾아갔다. 예레미야는 이미 5년 전에 선지자 소명을 받은 상황이었다(렘 1:2). 스바냐 역시 이때 사역하던 선지자였다(습 1:1). 그런데 왜 이들은 두 선지자들을 제쳐놓고 훌다, 그것도 여선지자를 찾아간 것일까? 어떤 주석가는 힐기야와 훌다의 남편 살룸과의 관계 때문이었다고 한다. 살룸이 예복을 관리하는 일을 했는데(22절), 이 일로 인해서 살룸과 힐기야가 친분을 가지고 있었고 이런 이유에서 힐기야가 대신들을 이끌고 살룸의 아내 훌다 선지자를 찾았다는 것이다(Hill). 그러나 정확한 이유는 알 수 없다.

많지 않지만 구약에서는 몇 명의 여인들이 선지자라는 호칭을 받는다. 미리암(출 15:20), 드보라(삿 4:4), 훌다(왕하 22:14), 노아다(느 6:14), 이사야의 아내(사 8:3). 이들 중 노아다만 부정적인 평가를 받고 나머지는 모두 긍정적인 평가를 받는다. 남자 선지자들처럼 흔하지는 않았지만 여선지자들의 활동도 괄목할만하다. 그러므로 하필이면 왜 여선지자에

게 갔는가라는 질문은 적절하지 않다. 왜 예레미야, 스바냐를 제쳐놓고 훌다를 찾아갔는가에 대해서는 이렇게 생각할 수 있다. 우리는 이 대신들이 어떠한 근거에서 이러한 결정을 내리게 되었는지 알 수 없다. 예레미야가 우리에게 책을 남겼지만 그는 스스로를 그 시대에 잊혀진 자로 생각했다. 반면에 훌다는 요시야에게 하나님의 말씀을 주지만 글은 남기지 못했다(Montgomery & Gehman). 하나님이 여러 모양으로 종들을 사용하신 것이다.

훌다는 그녀를 찾아온 요시야의 대신들에게 좋은 소식을 들려주지 않았다. 지난 수백 년 동안 반복한 민족의 죄 때문에 요시야가 읽은 율법책에 기록된 대로 하나님의 진노가 머지않아 이 민족에게 임할 것을 선포했다(24-25절). 신명기 28:15-68에 기록된 말씀이 현실로 드러날 것이라는 경고였다. 반면에 여선지자는 요시야에게는 개인적인 위로와 평안의 말씀을 주었다. 하나님이 왕이 말씀을 읽고 괴로워하며 근신하는 것을 보셨고 그의 마음을 아시는 하나님이 요시야 시대에는 재앙이 임하지 않도록 하시겠다는 위로였다(27-28절). 역대기 저자는 이 말씀을 통해 독자들에게 요시야처럼 하나님 앞에 겸손할 것을 권면한다(Williamson).

하나님은 요시야가 편안히 조상의 묘에 묻힌 다음에야 심판을 시작하실 것을 약속하셨다(28절). 우리는 이미 히스기야 이야기를 통해서 이스라엘에 대한 하나님의 진노가 보류되는 것을 목격했다(cf. 32:20-23). 요시야 이야기에서도 그의 신실함 때문에 하나님의 심판이 보류되는 것을 다시 체험하고 있다. 이처럼 하나님은 한 사람의 믿음을 보고 국가적 심판도 보류하는 은혜를 베푸는 분이시다. 특히 그 사람이 리더일 경우에는 더욱 그렇게 하신다.

(4) 언약갱신 예배(34:29-33)

29 왕이 사람을 보내어 유다와 예루살렘의 모든 장로를 불러 모으고 30 여호와의
전에 올라가매 유다 모든 사람과 예루살렘 주민들과 제사장들과 레위 사람들과
모든 백성이 노소를 막론하고 다 함께 한지라 왕이 여호와의 전 안에서 발견한 언
약책의 모든 말씀을 읽어 무리의 귀에 들려 주고 31 왕이 자기 처소에 서서 여호와
앞에서 언약을 세우되 마음을 다하고 목숨을 다하여 여호와를 순종하고 그의 계
명과 법도와 율례를 지켜 이 책에 기록된 언약의 말씀을 이루리라 하고 32 예루살
렘과 베냐민에 있는 자들이 다 여기에 참여하게 하매 예루살렘 주민이 하나님 곧
그의 조상들의 하나님의 언약을 따르니라 33 이와 같이 요시야가 이스라엘 자손에
게 속한 모든 땅에서 가증한 것들을 다 제거하여 버리고 이스라엘의 모든 사람으
로 그들의 하나님 여호와를 섬기게 하였으므로 요시야가 사는 날에 백성이 그들
의 조상들의 하나님 여호와께 복종하고 떠나지 아니하였더라

여선지자 훌다로부터 하나님의 뜻이 어떠한가를 듣게 된 요시야는 잠잠히 있을 수 없었다(cf. 왕하 23:1-3). 여선지자는 분명히 그의 시대에는 재앙이 임하지 않을 것이라고 선언했다. 그러나 자신의 시대의 평안과 상관없이 온 이스라엘이 개혁되어야 한다고 생각했다. 그래서 온 유다에 전령을 보내 모두 예루살렘 성전에 모이게 했다(30절). 그는 성전에 모인 모든 백성에게 새로이 발견된 율법책에 기록된 모든 말씀을 읽어주도록 하였다.

율법책 낭독이 끝난 다음에 하나님 앞에서 온 백성과 함께 앞으로 율법책에 기록된 내용대로 살아갈 것을 맹세하는 언약을 세웠다(31절). 이 길만이 이스라엘의 살 길이라는 것을 잘 알고 있었다. 비록 하나님이 이미 유다에 대해서 심판을 선언하셨지만 지금이라도 주의 백성이 돌아와 회개하면 하나님이 은혜를 베푸시고 심지어는 이미 선포된 심

판을 회수 내지는 유보하실 수 있다는 점을 왕은 잘 알고 있는 것이다(Keil). 여호와 안에는 항상 용서와 자비가 있다. 그래서 그는 이스라엘의 회심을 언약 갱신으로 유도한다.

요시야가 언약을 갱신하는 장면에 왕과 장로들과 제사장들과 백성들이 함께하는 것이(30절) 마치 솔로몬이 성전을 헌당했던 때와 비슷한 분위기를 연출하고 있다(cf. 왕상 8장). 본문은 이 예배에 레위 사람들이 함께했다고 하는데, 열왕기는 레위 사람들 대신 선지자들이 함께했다고 한다(왕하 23:2). 역대기 저자의 레위 사람들에 대한 긍정적인 관심을 잘 보여주고 있는 예이다(Japhet). 여기에 기록된 언약 갱신은 신명기를 통해 기록된 것과 여호수아 시대 때 있었던 것(수 24:1-27)과 함께 구약 역사의 매우 중요한 사건으로 기억된다(House).

왕과 백성들은 갱신한 언약에 대한 마음가짐을 새로이 했다. 그리고 곧장 자신들의 의지를 행동으로 보여주었다. 유다와 이스라엘 땅에서 우상들과 모든 혐오스러운 것들을 다 없애버린 것이다(33절). 저자는 언급하지 않지만 열왕기는 이때 요시야와 백성들이 열 가지의 이교적인 물건들과 예배 요소들을 제거했다고 한다(왕하 23:4-14).

Ⅳ. 유다의 마지막 왕들(29:1-36:21)
4장. 요시야(34:1-36:1)

4. 유월절(35:1-19)

성전을 보수하다가 발견한 율법책에 따라 온 백성과 함께 여호와 하나님과의 언약을 갱신한 요시야는 유월절을 지켰다. 그의 즉위 18년째 되던 해에 시작한 개혁의 바람이 계속되고 있는 것이다(Hill)(cf. 19절). 물론 요시야에게 유월절을 지킨다는 것은 특별한 일이 아니고 성전에서 발견된 율법책이 지시하는 대로 행하는 것뿐이었다. 출애굽기 12:1-11과 신명기 16:1-8은 이스라엘에게 하나님의 은혜로 이집트를 떠나온 사건을 기념하며 유월절을 지키라고 명령한다. 그러나 불행하게도 유다는 오랜 세월 동안 율법이 지시한 대로 이 절기를 제대로 지키지 못하다가 요시야의 리더십 아래 기념예배를 드리게 된다. 본 텍스트는 다음과 같이 네 파트로 구분한다.

A. 요약(35:1)
　B. 준비(35:2-9)
　B'. 예배(35:10-17)
A'. 평가(35:18-19)

Ⅳ. 유다의 마지막 왕들(29:1-36:21)
4장. 요시야(34:1-36:1)
4. 유월절(35:1-19)

(1) 요약(35:1)

1 요시야가 예루살렘에서 여호와께 유월절을 지켜 첫째 달 열넷째 날에 유월절 어린 양을 잡으니라

유월절은 첫째 달 14일에 지키는 절기이며, 혹시라도 여러 가지 어려운 사정으로 인해 이때 지키지 못하는 자들을 위해서 둘째 달 14일에 지키는 절기였다(민 9:1-14). 요시야는 율법에 따라 첫째 달 14일에 유월절을 지켰다. 그가 즉위한 지 18년 되던 해, 곧 26세 되던 주전 622년쯤 일이다(cf. 19절). 열왕기는 요시야가 주도한 유월절 예배가 이스라엘 역사상 가장 중요한 예배 중 하나였다고 회고한다. "사사들이 이스라엘을 다스리던 시대로부터 이스라엘과 유다 왕들의 시대에 이르기까지, 어느 시대에도 이와 같은 유월절을 지킨 일은 없었다"(왕하 23:22, 새번역). 그럼에도 불구하고 열왕기는 유월절 예배에 대해서 한 절로 간략하게 정리하지만(cf. 왕하 23:21), 역대기는 이 예배를 매우 상세하게 기록한다. 역대기 저자의 예배에 대한 관심을 잘 표현하는 대목이다.

역대기에는 또 하나의 중요한 유월절 예배가 있다. 히스기야가 유다의 왕이 된 다음 제일 먼저 진행했던 성전정화 프로젝트가 끝난 이후에 드린 예배였다(cf. 30장). 요시야와 히스기야의 유월절은 많은 사람이 참석한 가운데 매우 성대하게 치러졌다는 점, 둘 다 같은 원리에 의하여 진행되었다는 점, 저자의 높은 관심을 받았다는 점 등의 공통점이 있다. 반면에 차이점도 있다. 히스기야의 유월절 기념예배는 즉흥적으로 진행된 성향이 짙은 반면, 요시야의 유월절 예배는 이 예배를 제도화하기 위한 것에 목적을 두고 있다(Japhet). 히스기야의 유월절 예배는 종교개혁의 일부인 것에 반해, 요시야의 유월절 예배는 종교개혁을 마무리한 후, 성전을 어떻게 사용하는 것이 적절한가에 대한 예를 보여주고 있다(Selman). 그래서 요시야는 이 예배를 레위 사람들과 제사장들의 행정적·조직적 역할에 바탕을 두고 드린다(cf. 2-6절).

Ⅳ. 유다의 마지막 왕들(29:1-36:21)
4장. 요시야(34:1-36:1)
4. 유월절(35:1-19)

(2) 준비(35:2-9)

2 왕이 제사장들에게 그들의 직분을 맡기고 격려하여 여호와의 전에서 직무를 수
행하게 하고 3 또 여호와 앞에 구별되어서 온 이스라엘을 가르치는 레위 사람에게
이르되 거룩한 궤를 이스라엘 왕 다윗의 아들 솔로몬이 건축한 전 가운데 두고 다
시는 너희 어깨에 메지 말고 마땅히 너희의 하나님 여호와와 그의 백성 이스라엘
을 섬길 것이라 4 너희는 이스라엘 왕 다윗의 글과 다윗의 아들 솔로몬의 글을 준
행하여 너희 족속대로 반열을 따라 스스로 준비하고 5 너희 형제 모든 백성의 족
속의 서열대로 또는 레위 족속의 서열대로 성소에 서서 6 스스로 성결하게 하고
유월절 어린 양을 잡아 너희 형제들을 위하여 준비하되 여호와께서 모세를 통하
여 전하신 말씀을 따라 행할지니라 7 요시야가 그 모인 모든 이를 위하여 백성들
에게 자기의 소유 양 떼 중에서 어린 양과 어린 염소 삼만 마리와 수소 삼천 마리
를 내어 유월절 제물로 주매 8 방백들도 즐거이 희생을 드려 백성과 제사장들과

레위 사람들에게 주었고 하나님의 전을 주장하는 자 힐기야와 스가랴와 여히엘은 제사장들에게 양 이천육백 마리와 수소 삼백 마리를 유월절 제물로 주었고 9 또 레위 사람들의 우두머리들 곧 고나냐와 그의 형제 스마야와 느다넬과 또 하사뱌와 여이엘과 요사밧은 양 오천 마리와 수소 오백 마리를 레위 사람들에게 유월절 제물로 주었더라

요시야는 먼저 제사장들을 불러 각자가 해야 할 임무를 맡기고 격려했다(2절). "격려하다"(חזק)는 "힘을 돋우다/힘을 내게 하다"라는 뜻이다(HALOT). 요시야는 어떻게 하면 사람들이 의무감에서 일하는 것이 아니라 자발적으로 최선을 다해 성심껏 일하는가에 대해서 잘 알고 있었던 사람이다. 사람은 자신을 인정하는 사람의 격려를 받을 때 최선을 다하며 경우에 따라 초인적인 능력도 발휘한다. 요시야는 이 원리를 최대한으로 활용하여 유월절 예배에서 가장 중요한 역할을 하게 될 제사장들의 마음을 준비시킨다. 요시야가 사전에 제사장들을 격려하는 또 하나의 목적은 예배의 중요성을 상기시킴으로써 어떤 이유에서든지 제사장들로 인해서 조그만 오염/부정이라도 이 예배에 스며들지 않게 하기 위해서였다(cf. 30:3, 15).

요시야는 레위 사람들에게도 그들의 임무에 대해서 상기시켜 주었다. 저자는 레위 사람들을 두 가지로 묘사한다. (1) "온 이스라엘을 가르치는 자들"(הַמְּבִינִים לְכָל־יִשְׂרָאֵל), (2) "여호와께 거룩하게 구별된 자들"(הַקְּדוֹשִׁים לַיהוָה)(3절). 레위 사람들의 근본적인 사명은 이스라엘 백성들에게 하나님의 율법을 가르치는 일과 하나님께 구별된 삶을 사는 것이라는 뜻이다. 오늘날 목회자들도 레위 사람들의 두 가지 사명을 공유하고 있다. 목회자는 무엇보다 하나님의 말씀으로 성도들을 가르쳐야 하며, 삶을 통해서 본인이 가르치는 원리와 가치관의 실현을 성도들과 세상에 보여주어야 한다.

저자는 요시야가 레위 사람들을 권면한 내용을 상당히 상세하게 기록한다(3b-6절). 이와 같은 현상은 레위 사람들에 대한 저자의 끊임없는 관심을 반영하고 있다(Japhet). 왕은 스피치를 통해서 레위 사람들에게 먼저 이곳저곳 떠도는 법궤를 성전에 안치시킬 것을 명령하는 듯하다(3b절). 그래서 일부 주석가들은 이 말씀을 므낫세 시대를 지나면서 성전에서 다른 곳으로 옮겨졌던 법궤를 요시야가 다시 성전에 안치시키라는 것으로(Pseudo-Rashi) 혹은 악한 왕들이나 침입자들의 손에서 법궤를 보호하기 위해서 숨겨둔 것을 다시 성전으로 복귀시키라는 것으로(Kimchi) 혹은 파괴된 법궤를 다시 만들라는 명령으로(Haran) 이해했다(cf. Japhet).

그러나 요시야가 레위 사람들의 역할을 말하면서 "솔로몬 왕이 지은 성전"과(3절) "다윗 왕이 글로 써서 지시한 것"과(4절) "다윗의 아들 솔로몬이 글로 써서 지시한 것"(4절) 등 이미 기정사실이 된 역사적 사건들을 언급하는 것은 이 말씀도 문맥상 이미 있었던 일을 회고하고 있음을 암시한다(McConville, Johnstone). 그래서 학자들은 이 문장을 "법궤는 솔로몬이 지은 집(성전)에 안치되었다. 너희는 더 이상 법궤를 지고 다닐 필요가 없다"(cf. LXX)로 이해할 것을 주장한다(Japhet, cf. Hill). 모든 정황을 고려할 때 가장 합리적인 대안이다.

요시야는 레위 사람들에게 하나님과 주의 백성을 섬기는 일에 전념할 것을 권한다(3c절). 왕은 말씀을 통해 성직자들의 가장 중요한 임무를 정의하고 있다. 그들의 첫째 임무는 하나님을 섬기는 것이요, 둘째 임무는 주의 백성을 섬기는 일이다. 또한 두 가지의 순서가 바뀌어도 안 된다. 하나님을 먼저 섬기고 백성을 섬기는 것이지, 백성을 먼저 섬기고 하나님을 섬기는 사람은 사명을 잘 감당할 수 없다.

요시야는 레위 사람들에게 주님과 백성들을 섬기는 일에 있어서 분명 가이드라인이 있음을 시사한다. 그는 레위 사람들에게 다윗과 솔로몬이 글로 써서 지시한 것들에 따라 가문별, 갈래별로 각자 해야 할 일에 충실할 것을 당부한다(5절). 다윗 시대 이후로 각 집안에 따라 어떤 사람은 찬양대로, 어떤 사람은 문지기로, 어떤 사람은 관리인 등으로 일하게 된 역사적 지침을 준수해 달라는 것이다.

요시야는 레위 사람들에게 한 가지 임무를 추가한다. 유월절 어린 양과 염소를 잡는 일이다(6절). 원래 유월절 양과 염소는 집안의 가장이 잡았다(cf. 출 12:3-6; 신 16:5-6). 그러다가 히스기야 유월절 때 참석자들의 부정함으로 인해서 레위 사람들이 이 일을 했었다(30:17). 이제 요시야는 유월절 어린 양과 염소를 잡는 일을 레위 사람들이 도맡아서 하도록 제도화하고 있다. 왕은 레위 사람들이 모든 일을 수행하는 일에 있어서 모세를 통해 주신 하나님의 말씀을 따라할 것을 당부하며 스피치를 마친다(6b절).

요시야는 성직자들에게 유월절 예배를 철저히 준비하도록 한 다음, 유월절 예배에 참석할 백성들을 위해서 가축을 헌물했다(7절). 그는 어린 양과 염소 3만 마리와 수소 3천 마리를 내놓았다(7절). 왕의 솔선수범에 감동한 신하들도 많은 짐승을 기꺼이 헌물했다(8절). 왕과 지도자들이 기쁜 마음으로 이 일을 하고 있다. 저자는 리더십의 솔선수범을 통해 독자들에게 관용(generosity)의 중요성을 강조한다(Hill).

제사장인 힐기야와 스가랴와 여히엘 등 세 사람은 어린 양과 염소 2,600마리, 그리고 수소 300마리를 내놓았다(8절). 레위 사람들의 지도자들이었던 고나냐, 스마야, 느다넬, 하시뱌, 여이엘, 요사밧 등 6명은 어린 양과 염소 5,000마리와 수소 500마리를 내놓았다(9절). 성경에서 짐승들이 제물로 드려지는 경우를 살펴보면 대체적으로 수소의 숫자는 양과 염소 숫자의 10분의 1정도이다(Japhet).

유월절 예배를 위해서 왕과 지도자들은 총 어린 양과 염소 3만 7,600마리, 그리고 수소 3,800마리를 헌납했다. 아무리 가난한 자들이라도 결코 경제적인 어려움 때문에 예배에 참석하지 못하는 일이 없도록 하기 위한 지도자들의 배려였다. 덕분에 유월절에서 바친 짐승들이 히스기야의 유월절에 바친 양과 염소 1만7천 마리와 수소 2천 마리보다 배가 더 많았다. 참으로 이스라엘 역사에 길이 남을 예배였다.

(3) 예배(35:10-17)

10 이와 같이 섬길 일이 구비되매 왕의 명령을 따라 제사장들은 그들의 처소에 서
고 레위 사람들은 그들의 반열대로 서고 11 유월절 양을 잡으니 제사장들은 그들의
손에서 피를 받아 뿌리고 또 레위 사람들은 잡은 짐승의 가죽을 벗기고 12 그 번제
물을 옮겨 족속의 서열대로 모든 백성에게 나누어 모세의 책에 기록된 대로 여호
와께 드리게 하고 소도 그와 같이 하고 13 이에 규례대로 유월절 양을 불에 굽고
그 나머지 성물은 솥과 가마와 냄비에 삶아 모든 백성들에게 속히 분배하고 14 그
후에 자기와 제사장들을 위하여 준비하니 이는 아론의 자손 제사장들이 번제와
기름을 저녁까지 드리므로 레위 사람들이 자기와 아론의 자손 제사장들을 위하여
준비함이더라 15 아삽의 자손 노래하는 자들은 다윗과 아삽과 헤만과 왕의 선견자
여두둔이 명령한 대로 자기 처소에 있고 문지기들은 각 문에 있고 그 직무에서 떠
날 것이 없었으니 이는 그의 형제 레위 사람들이 그들을 위하여 준비하였음이더
라 16 이와 같이 당일에 여호와를 섬길 일이 다 준비되매 요시야 왕의 명령대로 유
월절을 지키며 번제를 여호와의 제단에 드렸으며 17 그 때에 모인 이스라엘 자손
이 유월절을 지키고 이어서 무교절을 칠 일 동안 지켰으니

요시야의 유월절 예배는 사전에 철저하게 준비한 것처럼 완벽하게 진행되었다. 예배가 시작되자 제사장들과 레위 사람들은 각자 맡은 곳에 있으면서 임무를 잘 수행하였다(10절). 레위 사람들은 양과 염소를 잡았고 제사장들은 짐승들의 피를 제단에 뿌렸다(11절). 번제물로 바칠 짐승들은 율법에 따라 가문별로 나눠주어 드리게 하였다(12절).

학자들은 유월절 제물이 번제와 함께 드려지는 일을 상당히 혼란스럽게 여긴다(12, 14절). 율법에는 이런 규정이 없기 때문이다. 그래서 일

부 주석가들은 이 "번제"(עֹלָה)를 제단에서 태워진 유월절 제물의 일부분으로 풀이하기도 하고(Williamson, Dillard), 유월절 예물을 동반하는 번제라고 하기도 한다(Selman, cf. 레 1:3-9). 연속되는 예식에서 레위 사람들이 자신들과 제사장들을 위해서 "희생제물의 기름기"를 태웠다는 정황을 고려할 때(14절), "번제"(עֹלָה)는 유월절 양과 염소의 일부분을 뜻하는 것으로 생각된다(Japhet, cf. Hill).

레위 사람들은 유월절 짐승들을 규례에 따라 굽고 나머지는 삶아서 예배에 참석한 백성들에게 주었다(13절). 유월절이 집안별로 지켜졌던 때에는 가장이 양을 잡고 피를 문설주에 발랐는데, 히스기야와 요시야 시대에 접어들면서 온 백성이 성전에 모여 유월절을 지키게 되자 예식이 상당히 수정되었다(Hill). 율법은 유월절 짐승을 삶지 말고 불에 구워 먹으라고 하지만(출 12:8-9), 물에 삶아 먹으라고 하기도 한다(신 16:7, 공동). 역대기는 본문을 통해 두 가지 명령을 조화시키고 있다(Japhet).

레위 사람들은 참석한 백성들에게 유월절 양과 염소 고기를 신속하게(רוּץ) 분배한 다음(13절), 예배를 진행하느라 분주한 레위 사람들과 제사장들의 몫을 챙겼다(14-15절). 유월절 절기는 이집트를 떠나온 날 전야의 긴급함을 기념하는 절기이기 때문에 모든 참석자에게 고기가 신속하게 주어졌음을 강조한다(Hill).

레위 사람들의 배려로 성직자들도 모두 각자 배치된 곳에서 분주히 맡은 일을 하느라고 정작 유월절을 지키지 못하는 일은 없었다. 저자는 레위 사람들의 적극적인 노력으로 그날 예배가 요시야 왕이 기대한 것처럼 성대하고 은혜롭게 진행되었다고 한다(16절). 백성들은 유월절에 연이어 7일 동안 무교절을 지켰다(17절). 무교절은 유월절 다음날부터 일주일 동안 지키는 절기였으며 이스라엘이 이집트에서 탈출해서 나온 일을 기념했다.

요시야가 유월절을 성대하게 지킨 일은 언약 백성 이스라엘이 자신들의 신학적인 뿌리를 찾고 그들의 주인인 여호와께 돌아가게 하기 위한 노력이었다(House). 비록 훌다가 유다에는 소망이 없다는 신탁을 주었지만 요시야는 주의 백성의 운명을 바꾸고자 열심히 노력하고 있다. 이 길만이 자신과 유다가 살 길이라고 생각했기 때문이다.

Ⅳ. 유다의 마지막 왕들(29:1–36:21)
4장. 요시야(34:1–36:1)
4. 유월절(35:1–19)

(4) 평가(35:18-19)

18 선지자 사무엘 이후로 이스라엘 가운데서 유월절을 이같이 지키지 못하였고 이스라엘 모든 왕들도 요시야가 제사장들과 레위 사람들과 모인 온 유다와 이스라엘 무리와 예루살렘 주민과 함께 지킨 것처럼은 유월절을 지키지 못하였더라
19 요시야가 왕위에 있은 지 열여덟째 해에 이 유월절을 지켰더라

저자는 "예언자 사무엘 이후로 이스라엘 안에서 이처럼 유월절을 지킨 예가 없었고, 이스라엘의 역대 왕들 가운데서도, 요시야가 제사장들과 레위 사람들과 그 때에 거기 모인 온 유다와 이스라엘 사람들과 예루살렘 주민들과 함께 지킨 그런 유월절은, 일찍이 지켜 본 왕이 없었다"(18절, 새번역)라며 이때 일을 긍정적으로 평가한다. 히스기야 때도 정말 감동적으로 유월절 절기를 지켰지만 요시야의 유월절은 히스기야의 것을 초월하는 큰 종교 행사였다. 아마도 참석한 인원들과 바쳐진 제물의 양에 있어서 히스기야의 유월절 행사의 규모를 초월했다는 의미일 것이다(Dillard).

그런데 왜 저자는 열왕기의 "사사들이 이스라엘을 다스리던 시대로부터"(왕하 23:22)라는 말을 "예언자 사무엘 이후로"라는 말로 대체하는 것일까? 물론 사무엘은 마지막 사사였기 때문에 별문제는 없다. 그럼에도 불구하고 굳이 왜 사사들을 사무엘이라는 한 개인의 이름으로 대체하는 것일까? 이것을 요시야가 유월절을 사무엘이 다윗에게 조언한 것보다 더 성대하게 지냈다는 뜻으로 풀이하는 사람도 있고(Johnstone), 사무엘이 포로기 이후 시대 이스라엘에서 "제사장-선지자"의 원형(prototype)으로 자리잡았기 때문이라고 하는 주석가도 있다(Hill).

역대기 저자는 사사 시대를 전혀 언급하지 않는다. 유일한 예외가 "내가 온 이스라엘과 함께 옮겨 다닌 모든 곳에서, 내가 내 백성을 돌보라고 명한 이스라엘의 어떤 사사에게, 나에게 백향목 집을 지어 주지 않은 것을 두고 말한 적이 있느냐?"(대상 17:6, 새번역)라는 사무엘하 7:7을 재인용한 말씀이다. 그런데 역대기는 사무엘을 매우 중요한 인물로 묘사한다. 사무엘서를 벗어나서 사무엘의 이름이 구약 성경에서 아홉 번 등장하는데 이 중 일곱 번은 역대기에서 언급한다(대상 6:28, 33-34; 9:22; 11:3; 26:28; 29:29). 나머지 두 번은 예레미야 15:1과 시편 99:6이다.

역대기 저자에 의하면 사무엘은 다윗 왕에 대해서 책을 남겼을 뿐만 아니라 성전 문지기들을 정할 때에도 다윗과 함께했다. 여러 가지 면에서 사무엘은 사울과 이전 시대를 대표하는 인물이었다(cf. 대상 26:28). 그러므로 저자는 "사사들"을 사무엘로 대체하여 "다윗 이전 시대"의 의미를 그대로 유지하면서 동시에 지금까지 언급을 꺼려했던 사사 시대에 대한 침묵을 그대로 유지한다(Japhet). 저자가 왜 사사 시대에 대해서 이처럼 침묵을 유지하는지 알 수는 없다.

5. 므깃도 전투(35:20-25)

[20] 이 모든 일 후 곧 요시야가 성전을 정돈하기를 마친 후에 애굽 왕 느고가 유브라데 강 가의 갈그미스를 치러 올라왔으므로 요시야가 나가서 방비하였더니 [21] 느고가 요시야에게 사신을 보내어 이르되 유다 왕이여 내가 그대와 무슨 관계가 있느냐 내

가 오늘 그대를 치려는 것이 아니요 나와 더불어 싸우는 족속을 치려는 것이라 하나
님이 나에게 명령하사 속히 하라 하셨은즉 하나님이 나와 함께 계시니 그대는 하나
님을 거스르지 말라 그대를 멸하실까 하노라 하나 [22] 요시야가 몸을 돌이켜 떠나기를
싫어하고 오히려 변장하고 그와 싸우고자 하여 하나님의 입에서 나온 느고의 말을
듣지 아니하고 므깃도 골짜기에 이르러 싸울 때에 [23] 활 쏘는 자가 요시야 왕을 쏜지
라 왕이 그의 신하들에게 이르되 내가 중상을 입었으니 나를 도와 나가게 하라 [24] 그
부하들이 그를 병거에서 내리게 하고 그의 버금 병거에 태워 예루살렘에 이른 후에
그가 죽으니 그의 조상들의 묘실에 장사되니라 온 유다와 예루살렘 사람들이 요시야
를 슬퍼하고 [25] 예레미야는 그를 위하여 애가를 지었으며 모든 노래하는 남자들과 여
자들은 요시야를 슬피 노래하니 이스라엘에 규례가 되어 오늘까지 이르렀으며 그 가
사는 애가 중에 기록되었더라

요시야 즉위 18년째 되던 해의 여러 가지 종교적 일이 일어난 다음에 있었던 일이다(20절). 저자는 몇 년이 지난 다음에 이런 일이 있었는가에 대해서 언급하지 않지만 이때부터 13년이 지난(cf. 34:1) 주전 609년에 있었던 일이다(cf. Thiele). 당시 근동지역은 군주국이 바뀌는 진통을 겪고 있었다. 지난 200여 년 동안 국제적 무대에서 초강대국으로 군림해왔던 아시리아는 627년에 마지막 대왕 아술바니발(Ashurbanipal)의 죽음을 맞이했다. 이때까지 아시리아의 지배 아래 있었던 바빌론이 아시리아 제국의 쇠퇴를 틈타 독립을 선언하고 동쪽에서부터 아시리아의 영토를 정복하기 시작했다. 아시리아의 수도 앗술과 중심 도시 니느웨가 힘없이 무너졌으며, 609년에는 바빌론 군에게 연속으로 패배를 맛본 아시리아 패잔병이 유프라테스 강 어귀의 갈그미스에 모였다.

이런 와중에 요시야가 죽었다. 요시야는 이스라엘 역사상 가장 획기적이고 포괄적인 종교개혁을 단행한 왕에 걸맞지 않는 죽음을 당했다. 이집트의 바로 느고(Neco II)가 주전 609년에 아시리아가 바빌론에 의해 망하게 된 것을 보고 아시리아의 왕을 돕는다는 명분으로 큰 군대를 이

끌고 유프라테스 강 쪽으로 진군했다. 근동의 신진 세력으로 급부상하는 바빌론을 견제하고, 동시에 이집트가 이번 기회를 통해 근동의 군주가 되어 보겠다는 야심에서였다.

느고가 가나안 지역을 지날 때 요시야가 므깃도에서 그의 앞길을 막아섰다(20절). 므깃도는 이집트와 시리아를 연결하는 무역길이 지나는 협곡으로 갈멜 산 근처에 있다(Hill). 이곳을 잘 이용하면 적은 수로도 수많은 무리의 이동을 막을 수 있다. 그러나 규모가 작고 보잘 것 없는 유다 군은 결코 이집트 군의 적수가 될 수 없었다. 처음부터 무모한 싸움이었다. 요시야는 느고를 속이기 위해서 변장을 하기도 했다(22절). 그러나 요시야는 결국 적군이 쏜 화살에 맞아 목숨을 잃었다(23-24절).

요시야가 왜 이처럼 무모한 짓을 했을까? 저자는 요시야가 느고는 여호와의 뜻을 받들고 출정하고 있다는 경고에도 불구하고 무모하게 그의 길을 가로막다가 변을 당했다고 한다(21-22절). 이 무렵 근동 지역의 국제 무대를 살펴보면 답이 나온다. 아시리아의 마지막 대왕 아술바니발이 주전 627년에 죽은 이후로 아시리아는 리더십 위기에 접어들었다. 이때를 놓치지 않고 바빌론은 626년에 독립을 선언하고 동쪽에서부터 아시리아를 압박하기 시작했다. 아시리아는 날이 갈수록 거세게 밀어붙이는 바빌론을 대항하여 싸우느라 가나안 지역에 신경 쓸 겨를이 없었다. 그래서 요시야는 아시리아에 반역을 하고도 상대적인 평안을 누릴 수 있었다.

이런 상황에서 느고가 아시리아를 돕겠다고 북상하고 있다! 일부 학자들은 이때 요시야가 친바빌론 정책을 펴고 있었기에 이집트의 진로를 막을 수 밖에 없었다고 하지만(Bright), 바빌론에 우호적인 외교정책을 펼치지 않았더라도 이집트가 아시리아를 돕겠다고 나선 것은 요시야에게는 별로 반가운 일이 아니다. 만일 이집트가 이 전쟁을 이기면 유다는 다시 아시리아나 이집트의 통제 아래 있어야 하기 때문이다. 히스기야가 하나님의 은혜를 입어 기적적으로 나라를 구했던 것처럼 요시야가 하나님이 이 전쟁에 개입하셔서 승리를 주실 것을 확신해서 이런 일을 벌였다는 해석도 있다(House).

이유가 무엇이든 간에 저자의 요시야에 대한 평가도 참담하다. 요시야가 죽게 된 것은 그가 하나님이 느고를 통해 하신 말씀을 듣지 않았기 때문이라고 한다(22절). 저자의 이러한 평가는 우리로 하여금 한 가지 중요한 질문을 하게 한다. 하나님이 느고를 통해서 요시야에게 말씀하시는 것인지, 아니면 느고가 하나님의 이름을 빙자하여 자기 말을 하고 있는 것인지를 어떻게 분별할 수 있단 말인가?

본문은 여기에 대해서 침묵한다. 이 문제를 해결하기 위해서 외경에 있는 제1일 에스드라서는 선지자 예레미야가 요시야에게 하나님의 뜻을 알렸다고 한다(1:28). 요시야가 결코 모르고 이런 일을 저질렀을 가능성을 배제하는 것이다. 그러나 본문이 이 사실을 언급하지 않기 때문에 실제로 일어난 일이라고 보기는 어렵다. 아마도 요시야는 지난 수십 년 동안 하나님의 인도하심에 따라 살아온 사람이기에 본인이 마음만 열었더라면 충분히 분별할 수 있다고 전제하는 듯하다(cf. Hill).

요시야는 평생 하나님을 사랑하고 말씀에 순종하는 삶을 살았지만 마지막 사건에서는 하나님의 음성을 분별하기에는 너무나도 영적 판단력이 흐려져 있다. 마치 할아버지 히스기야가 평생을 신실하게 살다가 한순간에 교만해져 하나님을 거역했던 것처럼 말이다(cf. 32:25). 역대기 저자는 요시야의 예를 통해서 믿음의 삶에서 방심은 금물이라는 사실을 강조한다.

온 유다와 예루살렘 사람들은 요시야의 시신을 조상들의 묘에 장사하고 그의 죽음을 매우 슬퍼했다(24절). 그는 참으로 많은 존경과 인기를 누린 왕이었다. 예레미야 선지자는 왕의 죽음을 기념하며 애가를 지었다. 이 노래는 "애가집"(הַקִּינוֹת)에 실려있으며, 이후 저자의 시대에 이르기까지 사람들이 요시야의 죽음을 애곡할 때면 이 노래를 불렀다(25절). 이 책은 예레미야의 애가로 알려진 정경이 아니다. 정경에 포함된 예레미야애가는 주전 586년에 있었던 예루살렘 멸망을 기념하는 노래이다. 어찌 되었든 간에 요시야는 역대기 저자가 살던 시대에 이르기까지 업적이 두루 기념되는 훌륭한 왕이었다.

6. 결론적 통치 요약(35:26-36:1)

26 요시야의 남은 사적과 여호와의 율법에 기록된 대로 행한 모든 선한 일과 27 그의
처음부터 끝까지의 행적은 이스라엘과 유다 열왕기에 기록되니라 36:1 그 땅의 백성이
요시야의 아들 여호아하스를 세워 그의 아버지를 대신하여 예루살렘에서 왕으로 삼
으니

저자는 요시야를 율법에 기록된 대로 살았던 왕으로 평가한다(26절). 율법대로 살았던 그는 많은 선한 업적을 남겼다. 요시야의 나머지 업적과 통치의 이모저모는 "이스라엘과 유다 열왕기"에 기록되어 있다(27절). 백성들은 요시야의 아들 여호아하스를 왕으로 세웠다(36:1). 왕이 자연사를 당하면 [왕이 죽기 전에 지명한] 아들이 대를 이어 왕이 되었다. 반면에 왕이 암살을 당하면 백성들은 죽은 왕의 아들을 데려다 왕으로 세웠다(cf. 26:1; 33:24-25). 요시야가 암살당한 것은 아니지만 전쟁에서 전사했기 때문에 동일한 방법을 통해 그의 아들이 왕이 되었다.

여호아하스와 그의 형제 여호야김(엘리야김)의 나이를 비교해보면 여호아하스가 두 살 더 어리다(cf. 36:5). 백성들이 왜 여호야김을 왕으로 세우지 않고 동생 여호아하스를 왕으로 세웠는지는 알 수 없다. 혹시 백성들이 느고가 예루살렘을 공격해서 정복하게 되면 왕으로 있는 자를 인질로 끌고 갈 것을 예견하고 이렇게 한 것일까?

5장. 유다의 마지막 왕들(36:2-12)

유다의 마지막 대왕인 요시야가 죽었다. 이제부터 유다의 역사는 급격한 하향세를 타다 결국 30여 년 후에 바빌론의 손에 종말을 맞이한다. 요시야의 죽음은 유다의 자치권이 끝났음을 상징한다. 므깃도에서 요시야의 공격을 받았던 느고가 예루살렘을 정복하고는 백성들이 유다의 왕으로 세운 여호아하스를 이집트로 잡아가고 여호야김을 왕으로 세웠기 때문이다. 이때부터 외부의 간섭이 유다 정계를 주도한다. 여호야김의 대를 이어 왕이 되었던 여호야긴은 바빌론 사람들이 잡아갔고 바빌론 사람들은 시드기야를 유다의 왕으로 세웠다. 시드기야는 유다의 마지막 왕이었다.

요시야의 죽음은 곧 유다의 자치권 상실을 의미한다는 관점에서 볼 때 유다의 "70년 포로생활"(36:21; cf. 렘 25:11)은 요시야의 죽음으로 시작되었다. 그러므로 저자는 이 섹션이 언급하는 유다의 마지막 왕들에 대한 회고를 최대한 간략하게 한다. 저자가 이처럼 마지막 네 왕들에 대해서 매우 간략하게 묘사하는 것은 주의 백성이 타국으로 끌려가야 하는 현실이 급속하게 다가오고 있음을 암시한다(Selman). 유다의 마지막 네 왕의 통치에 대해서는 다음 도표를 참조하라.

왕	통치기간	비고
여호아하스	609 BC에 3개월	이집트로 끌려감
여호야김	609-598 BC	바빌론으로 잠시 끌려감, 예루살렘이 포위된 상황에서 의문사
여호야긴	597 BC에 3개월	바빌론으로 끌려감
시드기야	597-586 BC	바빌론으로 끌려가다 객사

위 도표가 언급하는 유다의 마지막 왕들에 대한 기록을 회고하는 본문은 다음과 같이 구분한다.

A. 여호아하스(36:2-4)

B. 여호야김(36:5-8)

C. 여호야긴(36:9-10)

D. 시드기야(36:11-12)

Ⅳ. 유다의 마지막 왕들(29:1-36:21)
5장. 유다의 마지막 왕들(36:2-12)

1. 여호아하스(36:2-4)

2 여호아하스가 왕위에 오를 때에 나이가 이십삼 세더라 그가 예루살렘에서 다스린
지 석 달에 3 애굽 왕이 예루살렘에서 그의 왕위를 폐하고 또 그 나라에 은 백 달란트
와 금 한 달란트를 벌금으로 내게 하며 4 애굽 왕 느고가 또 그의 형제 엘리아김을 세
워 유다와 예루살렘 왕으로 삼고 그의 이름을 고쳐 여호야김이라 하고 그의 형제 여
호아하스를 애굽으로 잡아갔더라

여호아하스(יְהוֹאָחָז; lit., "여호와가 붙드는 자")가 요시야의 대를 이어 왕이 되었을 때 그의 나이는 23세였다(2절). 그러나 그의 통치는 불과 세 달밖에 지속되지 않았다. 므깃도에서 요시야를 죽인 이집트 왕 느고가 예루살렘으로 진군해와 정복하여 유다의 정치에 관여했기 때문이다(3절). 이제부터 유다는 정치적 독립성을 잃게 되어 앞으로 계속 외부세력이 왕을 결정할 것이다.

느고는 유다 백성이 왕으로 세운 여호아하스를 폐위시키고 그를 이집트로 잡아갔다(4절). 여호아하스가 다시 유다로 돌아왔다는 기록은 어디에도 없다. 그는 젊은 나이에 이집트로 끌려가 그곳에서 생을 마감했던 것이다(왕하 23:34). 이집트 왕은 전쟁에 패한 유다에게 은 100달란트(바빌론 달란트로 3,030kg)와 금 한 달란트(30kg)를 조공으로 요구했다(3절). 느고는 여호아하스의 형 엘리야김(אֶלְיָקִים; lit., "하나님이 일으킨 자")의 이름을 여호야김(יְהוֹיָקִים; lit., "여호와가 일으킨 자")으로 바꾸고 그를 왕으로 세웠다(4절).

Ⅳ. 유다의 마지막 왕들(29:1–36:21)
5장. 유다의 마지막 왕들(36:2–12)

2. 여호야김(36:5-8)

5 여호야김이 왕위에 오를 때에 나이가 이십오 세라 예루살렘에서 십일 년 동안 다스
리며 그의 하나님 여호와 보시기에 악을 행하였더라 6 바벨론 왕 느부갓네살이 올라
와서 그를 치고 그를 쇠사슬로 결박하여 바벨론으로 잡아가고 7 느부갓네살이 또 여
호와의 전 기구들을 바벨론으로 가져다가 바벨론에 있는 자기 신당에 두었더라 8 여
호야김의 남은 사적과 그가 행한 모든 가증한 일들과 그에게 발견된 악행이 이스라
엘과 유다 열왕기에 기록되니라 그의 아들 여호야긴이 대신하여 왕이 되니라

이집트 왕 느고가 여호야김(יְהוֹיָקִים; lit., "여호와가 일으킨 자")을 유다의 왕으로 세웠을 때 그의 나이는 25세였으며 11년 동안 나라를 다스렸다(5절). 이때가 주전 609-598년이다. 열왕기는 역대기보다 여호야김의 행적에 대해서 훨씬 더 자세하게 기록한다. 그러나 역대기 저자는 "그가 하나님 여호와 보시기에 악을 행했다"(5절)라는 간략한 말로 그의 행적에 대한 평가를 끝낸다. 실제로 여호야김은 참 선지자 예레미야를 죽이려 한 사람이었으며 그가 선포한 하나님의 말씀을 갈기갈기 찢어서 불에 태운 불손한 자였다(cf. 렘 36:16-26). 그는 하나님의 말씀을 전하고 이집트로 도피했던 선지자 우리야를 죽이기도 했다(렘 26:23).

느부갓네살이 예루살렘을 침략해 성전 안에 있는 온갖 기구들을 바빌론으로 가져가면서 여호야김도 잡아갔다(6절). 이사야 선지자가 히스기야에게 예언한 말씀이 성취된 것이다(cf. 왕하 20:17). 열왕기는 여호야김이 느부갓네살을 3년 동안 섬기다가 반역했다는 사실은 기록하지만 바빌론으로 끌려간 일은 기록하지 않았다(왕하 24:1). 아마도 므낫세가 바빌론으로 끌려갔던 일처럼 열왕기 저자는 유다의 왕이 잠시 동안 인질로 끌려간 사실에 대해서 기록할만한 가치를 못 느낀 것 같다(33:11; cf. 단 1:1-2).

반면에 역대기 저자는 두 사람의 이야기를 통해 한 가지 교훈을 강조하고자 한다. 므낫세와 여호야김 모두 바빌론으로 끌려가기는 마찬가지였지만, 한 사람은 이 일로 인해서 회개하고 하나님을 찾았고, 한 사람은 끝까지 하나님을 찾지 않았다는 것이다. 저자는 독자들에게 회개한 므낫세를 닮으라고 한다. 여호야김의 나머지 행적은 모두 "이스라엘과 유다 열왕기"에 기록되어 있다. 그가 죽자 아들인 여호야긴이 그의 뒤를 이어 왕이 되었다.

여호야김이 통치하던 시절에 정확히 무슨 일이 있었는가? 바빌론 자료들과 성경적 자료들을 종합해보면 이렇다. 므깃도에서 요시야의 방해를 받은 느고와 이집트 군도 상당한 피해를 입은 것으로 생각된다. 그들이 갈그미스로 진군하는 일을 멈추고 본국으로 돌아가 몇 년 후에야 다시 출정하기 때문이다.

느고는 주전 605년에 갈그미스에서 아시리아의 패잔병을 도와 바빌론을 상대로 전투를 벌였다. 처음에는 느보(Nabopolassar)와 아들 느부갓네살이 이끈 바빌론이 불리해 보이는 싸움이었지만, 메대가 바빌론을 지원하기 위해 전쟁에 참여하면서 전쟁은 순식간에 바빌론의 승리로 끝났다. 얼마 후 바빌론 군대는 하맛에서 또다시 이집트 군을 물리쳤다. 이 전쟁으로 인해 아시리아는 드디어 영원히 지구상에서 사라졌으며 이집트의 바로 느고는 패잔병을 이끌고 본국으로 돌아갔다.

아버지 느보는 바빌론으로 돌아갔고 아들 느부갓네살은 여세를 몰아 이집트와 가나안 접경 지역까지 진군했다. 그는 유다에 들러서 일부 귀족들을 인질로 삼아 바빌론으로 후송했다. 이때 끌려간 사람 중에 다니엘이 있었다(cf. 단 1:1). 이집트의 반격도 만만치 않아서 전쟁은 무승부로 끝날 상황이었다. 바빌론과 이집트가 대치하던 상황에서 바빌론에 머물던 느보가 죽었다는 소식을 듣고 느부갓네살이 그의 대를 이어 왕이 되기 위해서 급히 바빌론으로 돌아갔다. 이때가 주전 604년이다. 이 해를 기점으로 바빌론은 고대 근동의 초강대국이 되었다.

이듬해인 주전 603년에 여호야김은 느부갓네살에게 충성을 맹세하고 바빌론의 속국이 되었지만 5년 후에 반역했다. 바빌론이 반역한 여호야김과 유다를 응징하기 위해 유다를 쳐들어왔다. 예루살렘이 바빌론에게 포위된 상태에서 여호야김은 의문사를 당했다. 많은 학자가 친바빌론파 정치인들이 바빌론의 진노를 달래기 위해서 반역한 여호야김을 암살한 것으로 생각한다. 이때가 주전 598년 12월이었다.

Ⅳ. 유다의 마지막 왕들(29:1–36:21)
5장. 유다의 마지막 왕들(36:2–12)

3. 여호야긴(36:9–10)

9 여호야긴이 왕위에 오를 때에 나이가 팔 세라 예루살렘에서 석달 열흘 동안 다스리
며 여호와 보시기에 악을 행하였더라 10 그 해에 느부갓네살 왕이 사람을 보내어 여

호야긴을 바벨론으로 잡아가고 여호와의 전의 귀한 그릇들도 함께 가져가고 그의 숙부 시드기야를 세워 유다와 예루살렘 왕으로 삼았더라

여호야긴(יְהוֹיָכִין; lit., "여호와가 세우신 자")이 왕이 되었을 때 그의 나이는 18세였다. 이때가 주전 597년이다. 본문은 그의 나이를 8세라고 하지만, 열왕기와 칠십인역 등은 18세라고 한다(왕하 24:8). 10단위가 빠져버린 것이다. 그는 석달 열흘 동안 유다를 통치했다(9절). 고작 100일 남짓 왕으로 군림한 것이다. 비록 짧은 시간이었지만 그도 아버지 여호야김처럼 악한 짓을 했다. 부전자전이다. 그래서 저자는 그가 여호와 보시기에 악을 행했다고 한다(9절).

여호야긴은 주전 597년 봄에 인질이 되어 바벨론으로 끌려갔다. 이때 성전에 있던 온갖 귀중품도 약탈당했다(10절). 바벨론 사람들은 여호야긴의 숙부 시드기야를 유다의 왕으로 세웠다. 시드기야는 유다의 마지막 왕이었다. 여호야긴과 함께 바벨론으로 끌려간 사람 중에 선지자 에스겔이 있었다(cf. 겔 1:1-2).

Ⅳ. 유다의 마지막 왕들(29:1-36:21)
5장. 유다의 마지막 왕들(36:2-12)

4. 시드기야(36:11-12)

11 시드기야가 왕위에 오를 때에 나이가 이십일 세라 예루살렘에서 십일 년 동안 다스리며 12 그의 하나님 여호와 보시기에 악을 행하고 선지자 예레미야가 여호와의 말씀으로 일러도 그 앞에서 겸손하지 아니하였으며

시드기야(צִדְקִיָּהוּ; lit., "여호와는 의로우시다")가 왕이 되었을 때 나이는 21세였다(11절). 그는 11년 동안 통치했다. 이때가 주전 597-586년이었다. 그의 이름은 상당한 상징성을 지니고 있다. 시드기야의 통치를 마지막으로 하나님의 심판이 유다에게 임하는데, 이 심판에 있어서 "여호와는 의로우신" 것이다. 시드기야는 하나님 보시기에 악한 일을 했다(12절). 예레미야를 통한 하나님의 말씀을 겸손히 받아들이지도 않았다.

예레미야서에 기록된 바에 의하면 시드기야는 매우 우유부단한 사람이었다. 때로는 예레미야를 찾아가거나 초청하여 하나님의 말씀을 듣고자 했다(cf. 렘 21:1; 37:1-3, 17-21). 그러나 정작 예레미야가 하나님의 말씀을 들려주면 주춤했다. 그의 부하들이 두려워서였다. 유다의 리더에게 우유부단함은 치명적인 결함이었으며 결국 결단력 부재 때문에 나라는 파국에 이르게 된다.

6장. 유다의 최후(36:13-21)

유다의 마지막 네 왕에 대해서 매우 간략하게 정리한 저자가 드디어 유다의 멸망과 귀양에 대해서 언급한다. 그는 유다의 멸망과 귀양을 정치적·외교적 관점이나 경제적 관점에서 조명하지 않는다. 저자는 오직 신학적 관점에서 사건을 정리한다. 하나님이 왜 자기 백성인 유다에게 이런 일을 하셨는가라는 질문에 답하고 있는 것이다. 저자는 이스라엘의 하나님은 공의롭기 때문에 자기 백성을 바빌론으로 보냈다고 한다. 유다의 바빌론 귀양살이는 여호와 하나님의 공평하심을 입증하는 사건인 것이다.

열왕기는 므낫세의 죄가 유다의 멸망에 가장 큰 요인으로 작용했다고 하지만(왕하 24:3-4), 역대기 저자는 어느 특정한 개인들을 비난하지 않는다. 그는 온 나라가 하나님께 죄를 범한 결과라고 한다(14절). 남녀노소 할 것 없이 모두 죄인이라는 것이다. 그뿐만 아니라 이 재앙은 하루 이틀 사이에 결정된 일이 아니라 지난 수백 년 동안 유다가 하나님께 지은 온갖 죄의 결정판으로 본다. 본 텍스트는 다음과 같이 두 섹션으로 나눈다.

A. 멸망을 가져온 요인들(36:13-16)

B. 멸망을 안겨준 나라(36:17-21)

Ⅳ. 유다의 마지막 왕들(29:1-36:21)
6장. 유다의 최후(36:13-21)

1. 멸망을 가져온 요인들(36:13-16)

13 또한 느부갓네살 왕이 그를 그의 하나님을 가리켜 맹세하게 하였으나 그가 왕을
배반하고 목을 곧게 하며 마음을 완악하게 하여 이스라엘 하나님 여호와께로 돌아오
지 아니하였고 14 모든 제사장들의 우두머리들과 백성도 크게 범죄하여 이방 모든 가
증한 일을 따라서 여호와께서 예루살렘에 거룩하게 두신 그의 전을 더럽게 하였으
며 15 그 조상들의 하나님 여호와께서 그의 백성과 그 거하시는 곳을 아끼사 부지런
히 그의 사신들을 그 백성에게 보내어 이르셨으나 16 그의 백성이 하나님의 사신들을
비웃고 그의 말씀을 멸시하며 그의 선지자를 욕하여 여호와의 진노를 그의 백성에게
미치게 하여 회복할 수 없게 하였으므로

저자는 유다가 멸망한 이유를 정확하게 밝힌다. 첫째, 잘못된 왕정이다(13절). 느부갓네살은 시드기야에게 충성을 강요했고 시드기야는 처음에 강요에 못 이겨 바빌론을 섬기는 척했지만 결국 반역했다. 그렇다고 해서 그가 신앙을 회복하고 여호와께 돌아온 것도 아니었다. 시드기야는 오만과 불손으로 가득 찬 왕이었다. 사실 여호야긴을 인질로 잡아가고 시드기야를 왕으로 세운 사람은 바빌론 사람들이었다. 그러므로 시드기야는 바빌론 사람들에게 충성해야 하는 명분을 가지고 있다. 그런데도 바빌론 사람들을 반역한 것이다. 예레미야 선지자는 시드기야에게 바빌론에 반역하지 않는 것이 하나님의 뜻이라고 누누이 말했다. 그러나 선지자의 말을 듣지 않았다. 한 걸음 더 나아가 시드기야는 유다와 이스라엘의 왕들을 대표하는 자였다. 저자는 시드기야의 신실하지 못한 모습을 통해 유다의 왕권을 비난하고 있다.

둘째, 잘못된 종교이다(14절). 제사장들의 근본적 사명은 백성들에게 하나님의 말씀을 가르치고 그들을 주님께 인도하는 일이었다. 그런데 그들은 백성들과 한통속이 되어 우상을 숭배했다. 제사장들과 백성들이 해서는 안 될 일을 한 것이다. 그것도 모자라 성전까지 더럽혔다. 우상숭배를 하나님의 집에까지 끌어들였다. 역대기에서 성전은 세상에서 가장 중요하고 거룩한 곳으로 하나님이 머무시는 곳이다. 이런 성소를 다른 사람도 아닌 주의 백성과 제사장이 더럽혔다. 저자는 분열왕국 이후 지금까지 유다와 예루살렘 주민들이 행한 일을 이렇게 요약한다.

셋째, 선지자를 조롱하는 완악함이다(15-16절). 만일 하나님이 유다의 죄를 보고만 계셨다면 하나님께도 일부 책임이 있다. 그래서 하나님은 잘못된 종교지도자들과 백성들에게 선지자를 보내셔서 회개를 권면하셨다. 회개하면 용서해주실 계획도 가지고 계셨으나 그들은 선지자의 말씀을 듣기는커녕 오히려 조롱하고 그들이 선포한 하나님의 말씀을 무시했다. 하나님의 특사를 조롱했으니, 곧 하나님을 조롱한 것과 다름이 없다. 만일 백성들이 제사장들의 꾀임에 넘어가 죄를 지었다면 선지자들의 메시지를 듣고 돌아왔을 것이다. 그러나 그들은 스스로 악의 길을 걸었던 사람들이기에 전혀 돌아올 생각이 없다. 역대기 저자는 여호야다의 아들 스가랴가 회개를 권면하다가 요아스와 백성들의 손에 순교당했던 일도 회상한다. 결국 하나님의 진노가 하늘까지 치솟았다.

Ⅳ. 유다의 마지막 왕들(29:1-36:21)
6장. 유다의 최후(36:13-21)

2. 멸망을 안겨준 나라(36:17-21)

17 하나님이 갈대아 왕의 손에 그들을 다 넘기시매 그가 와서 그들의 성전에서 칼로 청
년들을 죽이며 청년 남녀와 노인과 병약한 사람을 긍휼히 여기지 아니하였으며 18 또
하나님의 전의 대소 그릇들과 여호와의 전의 보물과 왕과 방백들의 보물을 다 바벨론
으로 가져가고 19 또 하나님의 전을 불사르며 예루살렘 성벽을 헐며 그들의 모든 궁실
을 불사르며 그들의 모든 귀한 그릇들을 부수고 20 칼에서 살아 남은 자를 그가 바벨

론으로 사로잡아가매 무리가 거기서 갈대아 왕과 그의 자손의 노예가 되어 바사국이 통치할 때까지 이르니라 [21] 이에 토지가 황폐하여 땅이 안식년을 누림 같이 안식하여 칠십 년을 지냈으니 여호와께서 예레미야의 입으로 하신 말씀이 이루어졌더라

결국 하나님은 바빌론의 왕을 불러다가 자기 백성을 치게 하셨다(17a절). 바빌론의 유다 침략과 정복은 이스라엘의 하나님 여호와께서 바빌론 신 마르둑에게 무릎 꿇은 사건이 아니라, 역사를 주관하시는 하나님이 주의 백성들을 치기 위해서 바빌론을 진노의 막대기로 사용하신 것을 의미한다. 물론 바빌론의 왕이 여호와 하나님을 알 리 없었다. 그는 자신도 모르게 여호와께 이용당하고 있다.

바빌론은 잔인하기 그지 없었다. 그들은 거리에서나, 집에서나, 심지어는 성전에서도 남녀노소를 가리지 않고 살인을 했다(17b절). 하나님이 바빌론 손에 자기 백성들을 넘기셨기 때문에 가능한 일이었다(17c절). 이들의 극에 달한 폭력은 하나님의 심정을 상징하기도 했다. 지난 수백 년 동안 끊임없이 하나님께 죄를 범한 유다가 치러야 할 죗값이었다. 물론 하나님은 그들을 용서하시고 다시 백성으로 받아들이실 것이다. 그러나 먼저 죗값을 치러야 한다.

바빌론 사람들은 성전 보물들을 포함한 유다의 모든 귀중품을 모조리 빼앗아갔다(18절). 그들은 이미 성전을 약탈한 적이 있다(36:7, 10). 그러므로 이번에는 그나마 남은 것들을 모조리 긁어간 것이다. 이것으로도 모자라 바빌론 사람들은 여호와의 성전에 불을 질렀다(19절). 예루살렘 성벽을 허물고 왕궁도 불살랐다. 예루살렘은 주전 586년 8월 말에 함락되었으며 10월에 성전이 불탔다.

바빌론 사람들은 살아남은 유다 사람들을 본국으로 끌고 가서 노예로 삼았다(20절). 하나님의 도우심으로 이집트에서 노예생활을 청산하고 가나안에 정착하여 새로운 나라를 시작한 지 800여 년 만에 주의 백성은 다시 다른 나라의 노예가 되었다. 이번에는 약속의 땅에서 이집트보다 훨씬 더 먼 동쪽 끝 바빌론이었다. 주의 백성은 페르시아 제국이 근동의 군주가 되기까지 바빌론에서 노예생활을 해야 했다. 옛적에 그들의 조상이 이집트의 노예로 살았던 것처럼 말이다.

이러한 현실이 주의 백성에게는 매우 고통스럽고 수치스러운 일이었지만 죄로 오염된 약속의 땅에는 안식의 기회가 되었다(21절; cf. 레 18:24-28). 예레미야가 "땅이 70년 동안 황폐하게 되어, 그동안 누리지 못한 안식을 다 누리게 될 것이다"라고 선포한 말씀이 그대로 된 것이다(렘 25:11; cf. 단 9:2). 저자는 하나님의 말씀은 하나도 틀림없이 모두 다 이루어진다는 사실을 강조한다.

7장. 고레스의 칙령(36:22-23)

22 바사의 고레스 왕 원년에 여호와께서 예레미야의 입으로 하신 말씀을 이루시려고
여호와께서 바사의 고레스 왕의 마음을 감동시키시매 그가 온 나라에 공포도 하고
조서도 내려 이르되 23 바사 왕 고레스가 이같이 말하노니 하늘의 신 여호와께서 세
상 만국을 내게 주셨고 나에게 명령하여 유다 예루살렘에 성전을 건축하라 하셨나니
너희 중에 그의 백성된 자는 다 올라갈지어다 너희 하나님 여호와께서 함께 하시기
를 원하노라 하였더라

역대기 저자는 책을 시작할 때 사용한 자료의 내용을 그대로 도입했다. 전수된 계보들을 그대로 인용한 것이다(cf. 대상 1장). 그는 이제 동일한 방법으로 끝을 맺는다. 고레스의 칙령을 인용하여 책을 마무리한다. 이 섹션이 책의 맺는말(epilogue)인가, 아니면 부록(appendix)인가에 대해서 다소 논란이 있기는 하다. 부록이라고 주장하는 사람들은 원래 이 부분이 역대기에 없었는데 훗날 누군가가 삽입했다고 한다(Williamson). 맺는말이라고 하는 사람들은 저자가 원래부터 책을 이 이야기로 맺었다고 주장한다(Selman).

지금까지 역대기가 전개해온 메시지를 감안하면 이 책에 적절한 결말이다. 역대기 저자가 끊임없이 강조한 메시지 중 하나는 하나님의 말씀은 신실해서 꼭 그대로 이루어진다는 사실이다. 또한 한 가지 강조된 것은 아무리 흉악한 죄를 지었다 할지라도 회개하면 용서하신다는 가

르침이다. 고레스 칙령은 이 두 가지를 하나로 묶어 다시 한 번 백성들에게 하나님에 대한 믿음과 회개를 권면한다. 이 섹션은 역대기의 메시지에 잘 어울리는 맺는말인 것이다.

멸망과 죽음과 탄식으로 가득하여 어둡기만 했던 분위기가 순식간에 밝아진다. 고레스가 페르시아의 왕이 된 해에 하나님의 말씀은 꼭 이루어진다는 사실을 확인해주는 일이 일어났기 때문이다. 유다를 멸하신 하나님이 때가 되면(viz., 70년이 지나면) 그들을 다시 본국으로 데려오겠다고 하셨다(cf. 21절). 드디어 그날이 밝아온 것이다.

페르시아의 기록에 의하면 고레스는 별다른 저항 없이 바빌론을 함락시켰다. 바빌론 왕족들의 사치와 실정(失政)에 지친 백성들이 고레스가 바빌론으로 진군해오자 그의 군대를 위해서 굳게 닫혀있던 바빌론 성문을 안쪽에서 열어주었다. 이때가 주전 539년 10월이었다. 고레스는 이 승리를 기념하기 위해서 이듬해인 538년에 바빌론으로 끌려온 모든 민족에게 조상의 나라로 돌아갈 수 있다는 칙령을 선포했다. 이 칙령의 내용은 고레스의 통도장(Cyrus Cylinder)에 기록되어 있다. 유다 백성들도 이 칙령의 수혜자가 된다. 성경은 이런 일을 한 고레스를 매우 호의적으로 묘사하며(cf. 스 1장) 심지어 그를 여호와의 종이라고 부른다(cf. 사 44:28; 45:1).

저자가 포로가 되어 강제로 바빌론으로 끌려온 사람들은 본국으로 돌아갈 수 있다고 선포하는 고레스의 칙령을 책의 마지막에 도입한 것은 또 하나의 시작을 예고하기 위해서이다. 옛적에 이집트에서 탈출한 일이 이스라엘에게 새로운 출발이었던 것처럼, 주의 백성이 바빌론을 떠나 본국으로 돌아가면 새로운 시작을 기대할 수 있다. 새로운 시작을 강조하기 위해서 저자는 그동안 자신의 책에서 한 번도 사용한 적이 없는 하나님에 대한 호칭을 고레스의 칙령 중에 사용하고 있다. "하늘의 신 여호와"(אֱלֹהֵי הַשָּׁמַיִם)(23절; cf. Japhet). 저자는 새 시대가 머지않아 열릴 것이라는 기대감을 조성하고 있다. 역대기는 매우 긍정적이고 미래

지향적인 분위기로 막을 내리고 있다. 하나님의 신실하심이 다시 한 번 확인되는 순간이다.